Naturpark Teutoburger Wald

mit Wiehen- und Eggegebirge

Sylvia und Thilo Behla

GPX-Daten zum Download

www.kompass.de/gpx

Kostenloser Download der GPX-Daten der im Wanderführer enthaltenen Wandertouren. Mehr Informationen auf Seite 3.

AUTOREN

Sylvia und Thilo Behla • sind Geologen, begeisterte Wanderer und so oft es geht auf Schusters Rappen unterwegs. Von ihnen sind bei KOMPASS 2013 und 2015 Wanderführer über das Sauerland erschienen. Dieses Mal nahmen die beiden den Teutoburger Wald und das angrenzende Wiehen- und Eggegebirge unter ihre neugierige Lupe. Wohnhaft am Nordrand der deutschen Mittelgebirge, stellten die Behlas fest, dass das Tourengebiet von ihren heimatlichen Gefilden gar nicht weit entfernt ist. Und dass sie zwischen Porta Westfalica und hessischer Grenze viel Neues entdecken konnten und weiterempfehlen können.

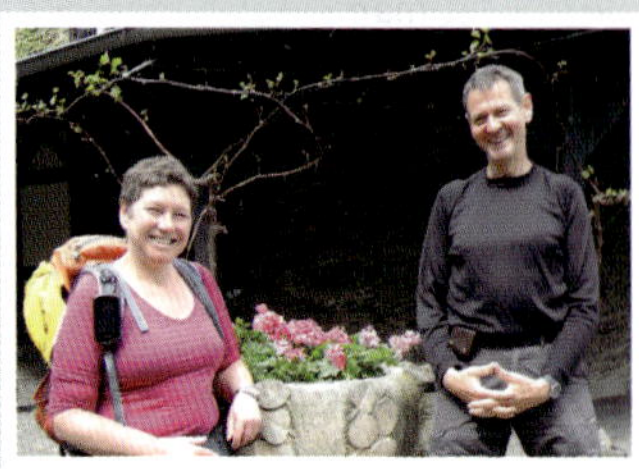

VORWORT

Eine große Wanderkunst ist es nicht, die Kämme von Wiehen, Teuto und Egge abzuschreiten. Man investiert ein paar Sommerwochen, folgt drei durchlaufenden Markierungen und ist nach 320 Kilometern ungefähr einen Zentimeter kleiner.
Wer aber verpflegungs- oder übernachtungshalber in die angrenzenden Dörfer und Städte geht oder wer abkommt vom rechten Kammweg, wird schnell erstaunt sein über das, was das Osnabrücker Land und die Region Ostwestfalen-Lippe zu bieten haben. Gepflegte Ortskerne mit stolzem Fachwerk. Klöster, Mühlen, historische Parkanlagen, Ritterburgen und Schlösser in oft berückendem Erhaltungszustand. Geschichtsspuren allerorten: Saurierfährten, Hünengräber, germanische Fliehburgen, karolingische Burganlagen, gewaltige Monumente. Mystische Orte und Zentren modernen Lebens. Augenzwinkernde Anekdoten und herzzerreißende Sagen. Und Dutzende namhafter oder unscheinbarer Gipfel, aneinandergereiht wie Perlen auf einer Schnur und gern mit Aussichtstürmen verziert. Von wo aus die Blicke das Weite suchen in den angrenzenden Naturräumen Norddeutsche Tiefebene, Lippische Berge, Münsterland, Paderborner Hochfläche oder Oberwälder Land.
Die Bewohner dieser schönen Gegend sind oft wanderbegeistert, entsprechend gut informiert und sehr auskunfts-, weil kontaktfreudig. Wir selbst haben durch sie ungeplante Wanderimpulse und überraschende Ein- und Ausblicke erhalten. So setzen wir mit dieser Auswahl auf eine gelungene Mischung aus „Touren-Folgsamkeit“ und Entdeckerfreude!

Ihre Thilo Behla, Sylvia Behla

ORIENTIERUNG MIT GPS

Für Navigationsgeräte und Apps haben wir auf unserer Webseite alle Touren im GPX-Format zum Download bereitgestellt:

www.kompass.de/gpx

Hier findet man alle weiteren Informationen. Einfach das richtige Produkt auf der Seite auswählen, die Daten herunterladen und auf das Zielgerät oder in die gewünschte App importieren.

Mehrwert mit Spaßfaktor: Ob vorab zur Planung, als Sicherheit für unterwegs oder zum Erinnern und Archivieren der gegangenen Tour. Die digitale Wanderroute ist in vielerlei Hinsicht wertvoll. Ein Blick auf die Daten hilft Neues zu entdecken und liefert Inspirationen für die nächsten Touren. Alle Wandertouren aus diesem Führer stehen im GPX-Format kompakt und genau zur Verfügung.

Was ist ein GPX-Track? GPX ist ein Datenformat für Geodaten. Das Wort GPS steht für Global Positioning System (Globales Positionsbestimmungssystem). Mit einem GPX-Track bekommt man die rote Linie, also den Wanderpfad, als geografische Koordinaten.

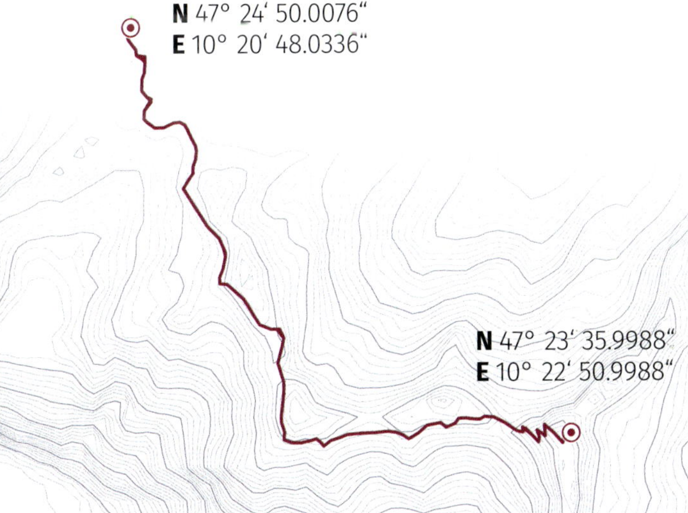

INHALT UND TOURENÜBERSICHT

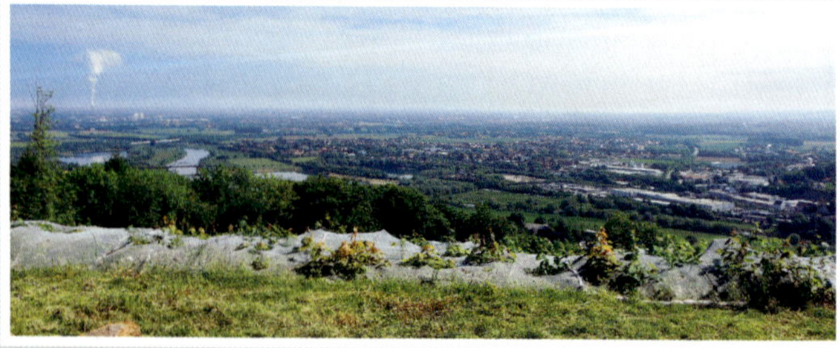

Kaiser Wilhelms Denkmalblick geht zur Weserschleife bei Porta Westfalica

km	h	hm	hm									Karte
10,4	3:15	440	440	✓	✓		✓		✓		✓	750
7,5	2:00	20	20	✓	✓		✓		✓	✓		750
13,2	4:00	485	485	✓	✓		✓	✓	✓		✓	750
6,1	2:00	265	265	✓	✓		✓		✓		✓	750
18,5	5:15	590	590	✓	✓		✓		✓			750
13,8	4:00	395	395	✓	✓		✓		✓		✓	750
12,7	3:30	315	315	✓	✓		✓		✓			750
23,7	7:00	785	785	✓	✓		✓		✓		✓	750
12,9	3:30	295	295	✓	✓		✓		✓		✓	750
15	4:15	265	265	✓	✓		✓		✓		✓	750
10,8	2:45	140	140	✓	✓		✓		✓		✓	750
11,8	3:15	155	170	✓	✓		✓		✓	✓	✓	750

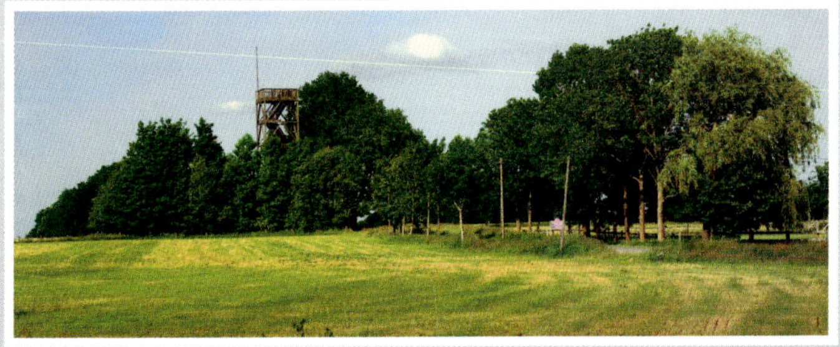

Der Venner Turm ragt 20 m in den Himmel des Osnabrücker Landes

INHALT UND TOURENÜBERSICHT

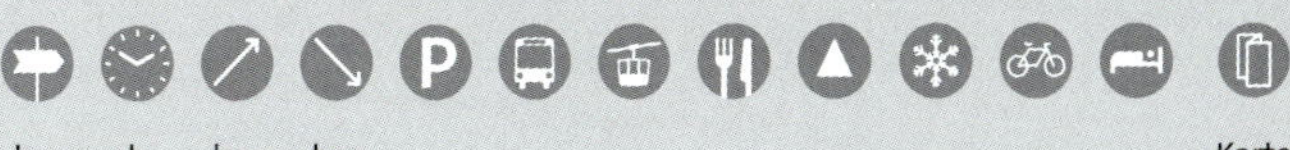

km	h	hm	hm									Karte
10,4	2:45	60	60	✓	✓		✓		✓	✓	✓	849
15,4	4:15	250	250	✓	✓		✓		✓		✓	849
12,1	3:30	330	330	✓	✓		✓		✓		✓	849
12,6	3:30	315	315	✓	✓		✓		✓		✓	849
6,2	1:45	180	180	✓	✓		✓		✓		✓	750
10,1	3:00	305	305	✓	✓				✓		✓	750
20,4	5:45	465	465	✓	✓		✓		✓		✓	750
10,6	3:15	400	400	✓	✓		✓	✓	✓			750
11,5	3:15	320	320	✓	✓			✓	✓		✓	750
13,5	3:45	285	285	✓	✓		✓		✓	✓	✓	750
16,2	4:30	420	420	✓	✓		✓	✓	✓			750
9,5	2:30	60	60	✓	✓		✓		✓	✓	✓	750
13,3	4:00	520	520	✓	✓		✓		✓		✓	750
8,7	2:30	280	280	✓	✓				✓		✓	750
14,3	4:00	385	385	✓	✓		✓		✓		✓	750
12	3:30	370	370	✓	✓		✓		✓		✓	750
11	3:00	250	250	✓	✓		✓	✓	✓		✓	750
11,2	2:45	85	85	✓	✓		✓		✓	✓	✓	844
10,9	3:00	265	265	✓	✓		✓	✓	✓		✓	750
19,1	5:30	505	505	✓	✓		✓	✓	✓		✓	750
11,9	3:30	360	360	✓	✓		✓	✓	✓			844
8,3	2:15	205	205	✓	✓		✓		✓	✓	✓	844

INHALT UND TOURENÜBERSICHT

km	h	hm	hm									Karte
18,2	5:15	520	520	✓	✓		✓	✓	✓		✓	844
14,3	4:15	475	475	✓	✓		✓	✓	✓		✓	844
15,9	4:30	475	475	✓	✓		✓	✓	✓		✓	844
17,3	5:00	510	510	✓	✓		✓	✓	✓			848
8	2:15	220	220	✓	✓		✓		✓	✓	✓	844
10,9	3:00	180	180	✓	✓		✓		✓	✓	✓	844
14	4:00	385	385	✓	✓		✓	✓	✓		✓	844
17,1	5:00	510	510	✓			✓	✓	✓			844
16,7	4:45	430	430	✓	✓		✓		✓			844
6,2	1:45	160	160	✓	✓		✓		✓		✓	844
29,4	8:15	765	765	✓	✓		✓	✓	✓		✓	844
19,9	6:00	715	715	✓	✓		✓	✓	✓		✓	844
18	5:00	350	350	✓	✓		✓		✓		✓	844
20,7	5:45	485	485	✓	✓		✓		✓		✓	844
14,4	4:00	330	330	✓	✓		✓		✓		✓	844
5,7	1:45	200	200	✓	✓		✓		✓			844
17,6	5:00	390	390	✓	✓		✓		✓			844
19,9	5:30	460	460	✓	✓				✓		✓	844
16	4:30	390	390	✓	✓		✓		✓		✓	844
20,6	5:45	465	465	✓	✓		✓		✓		✓	844
18,4	5:00	410	410	✓	✓		✓		✓			844

GEBIETSÜBERSICHTSKARTE

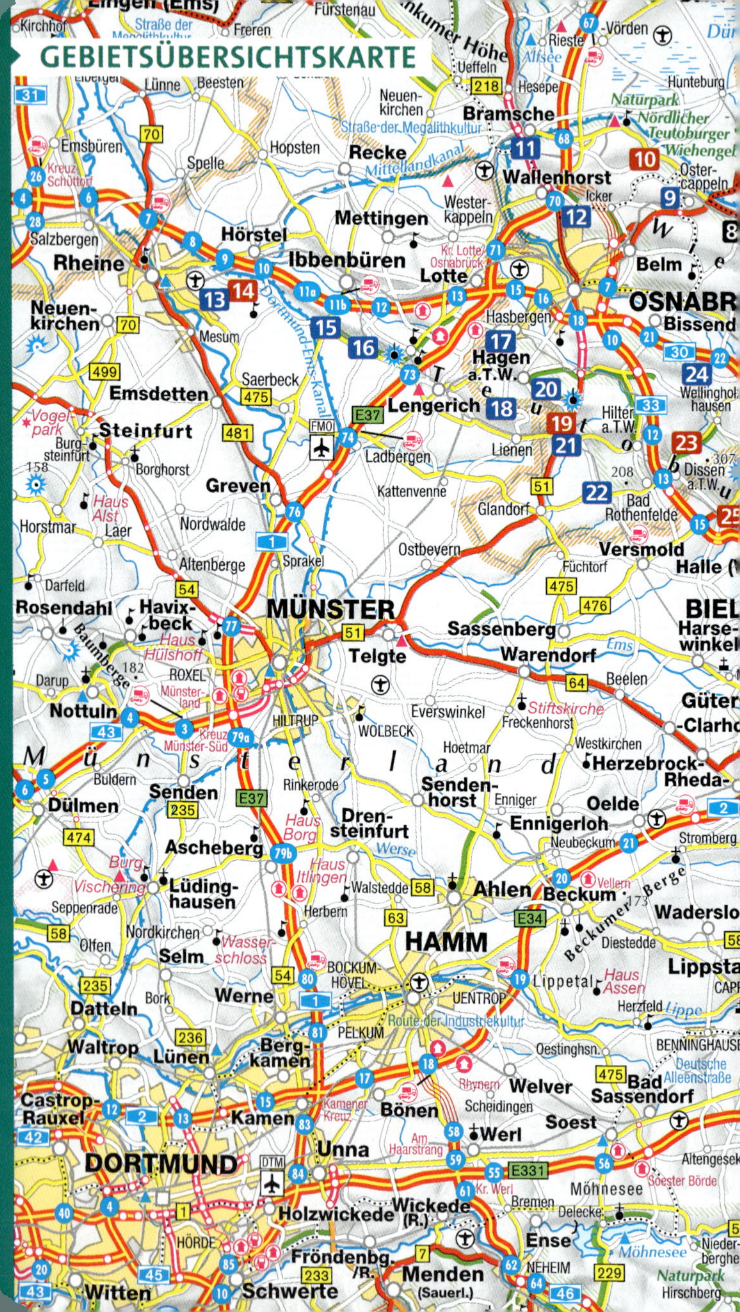

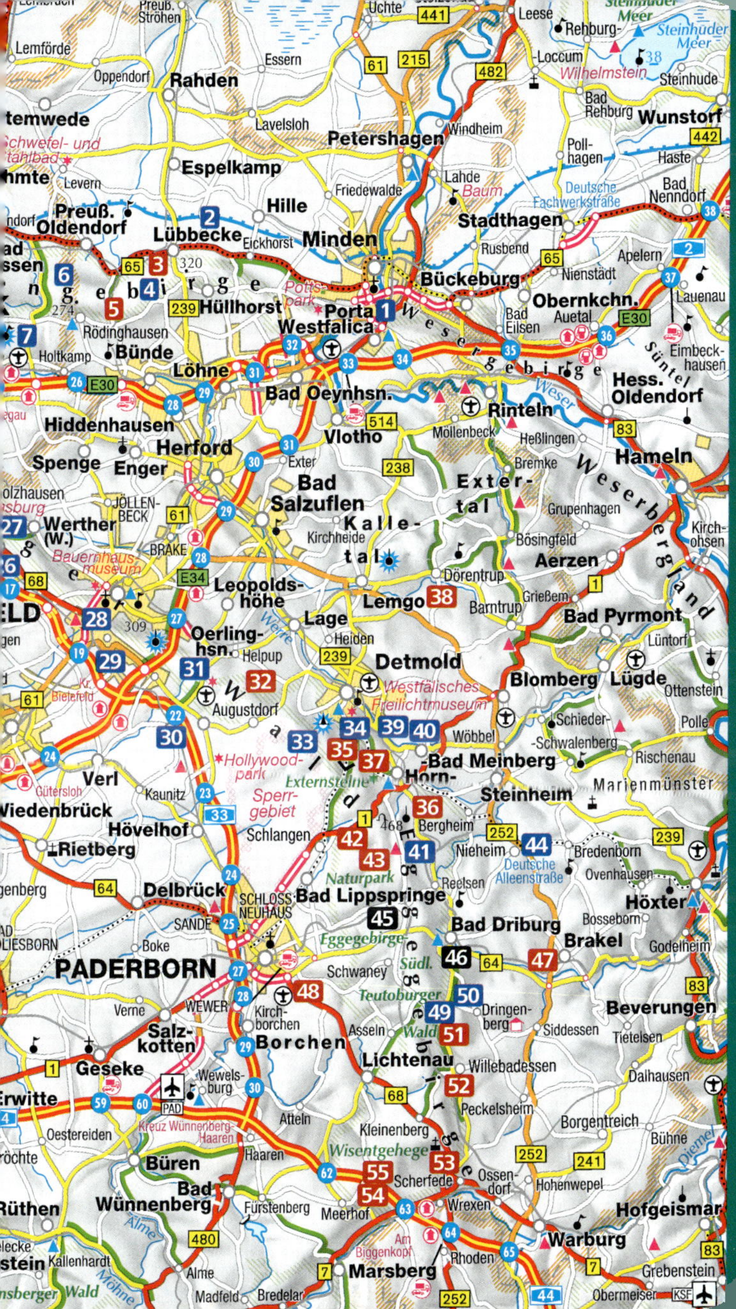

Lemförde
Preuß. Ströhen
Uchte
Leese
Rehburg-
Steinhuder Meer
Oppendorf
Rahden
Essern
Loccum
Wilhelmstein
Steinhude
Stemwede
Lavelsloh
Petershagen
Windheim
Bad Rehburg
Wunstorf
Schwefel- und Stahlbad
Espelkamp
Poll-hagen
Haste
Levern
Friedewalde
Lahde
Baum
Deutsche Fachwerkstraße
Bad Nenndorf
Preuß. Oldendorf
Hille
Stadthagen
Lübbecke
Eickhorst
Minden
Rusbend
Apelern
Bückeburg
Nienstädt
Lauenau
Hüllhorst
Potts-park
Porta Westfalica
Obernkchn.
Auetal
Bad Eilsen
Rödinghausen
Bünde
Holtkamp
Löhne
Bad Oeynhsn.
Weser
Wesergebirge
Süntel
Eimbeck-hausen
Hess. Oldendorf
Rinteln
Möllenbeck
Heßlingen
Hiddenhausen
Vlotho
Hameln
Herford
Spenge
Enger
Exter
Bad Salzuflen
Bremke
Extertal
Weserbergland
Grupenhagen
Jöllen-beck
Werther (W.)
Kirchheide
Kalletal
Bösingfeld
Kirch-ohsen
Brake
Bauernhaus-museum
Aerzen
Dörentrup
Leopoldshöhe
Lemgo
Barntrup
Grießem
Bad Pyrmont
Lage
Werre
Heiden
Lüntorf
Oerlinghsn.
Helpup
Detmold
Blomberg
Lügde
Ottenstein
Westfälisches Freilichtmuseum
Bielefeld
Augustdorf
Schieder-Schwalenberg
Wöbbel
Polle
Bad Meinberg
Rischenau
Hollywood-park
Externsteine
Horn-
Steinheim
Marienmünster
Verl
Gütersloh
Kaunitz
Sperr-gebiet
Wiedenbrück
Hövelhof
Schlangen
Bergheim
Rietberg
Nieheim
Bredenborn
Deutsche Alleenstraße
Naturpark
Reelsen
Ovenhausen
Delbrück
Bad Lippspringe
Höxter
Schloss Neuhaus
Sande
Bad Driburg
Bosseborn
Liesborn
Boke
Eggegebirge
Brakel
Godelheim
Paderborn
Schwaney
Südl. Teutoburger Wald
Verne
Wewer
Kirch-borchen
Dringen-berg
Beverungen
Salz-kotten
Borchen
Asseln
Siddessen
Tietelsen
Geseke
Lichtenau
Willebadessen
Dalhausen
Erwitte
Wewels-burg
PAD
Oestereiden
Kreuz Wünnenberg-Haaren
Atteln
Peckelsheim
Borgentreich
Bühne
Kleinenberg
Diemel
Haaren
Wisentgehege
Büren
Scherfede
Ossen-dorf
Hohenwepel
Bad Wünnenberg
Fürstenberg
Rüthen
Meerhof
Wrexen
Hofgeismar
Alme
Warburg
Am Biggenkopf
Kallenhardt
Rhoden
Marsberg
Grebenstein
Möhne
Madfeld
Bredelar
Obermeiser
KSF

Ein Bild von einer Landschaft

Wie ein leicht geöffneter Schnabel ragen Wiehengebirge und Teutoburger Wald ins Norddeutsche Tiefland. Das Weser-Leine-Bergland formt den Hinterkopf, ausgezeichnet vom Lauf der Weser. Versteckt als Zunge im Schnabelinneren: das Lipper Bergland. Alles wird getragen vom Eggegebirge, einem starken Hals, der mit der vorgewölbten Senne sogar einen Kropf besitzt.

All diese sozusagen verkopften Teile eines stilisierten Wandervogels gehören dem flächenmächtigen Niedersächsischen Bergland, das sich als Mittelgebirgsregion auch auf den Norden Nordrhein-Westfalens und Hessens ausdehnt. Dieser geografisch, geschichtlich und kulturwirtschaftlich vielgestaltigen Landschaft hat der bewahrende Mensch zwei Naturparks gegeben.

Natur- und Geopark TERRA.vita

(bis 2002 Naturpark Nördlicher Teutoburger Wald-Wiehengebirge)

Der Natur- und Geopark TERRA.vita umfasst das Wiehengebirge, den Nördlichen Teutoburger Wald, das Osnabrücker Land dazwischen und die Ankumer Höhe nordwestlich von Osnabrück in Richtung Emsland. Er wurde 2004 in das Geopark-Netzwerk der UNESCO aufgenommen und 2015 sogar zum UNESCO Global Geopark erklärt. Grund ist die überaus üppige geologische Ausbeute aus 300 Mio. Jahren Erdgeschichte. Sie tritt in zahllosen Felsformationen, Abbaustätten und Landschaftsformen zutage und wurde von den Naturparkhelfern in eine allgemeinverständliche Lesart übersetzt. Das Erwandern vieler solcher Geotope gehört zum Attraktivsten, was TERRA.vita in petto hat.

Wiehengebirge

Wie wäre es, wenn man in die Luft gehen und dabei die Höhe stets variieren könnte?

Wer sich, aus dem Norddeutschen Tiefland kommend, im Tiefflug nach Süden bewegt, trifft, zum Beispiel auf Höhe der Stadt Lübbecke, unvermittelt auf die Mittelgebirgsschwelle. Wie eine geschlossene Burgmauer

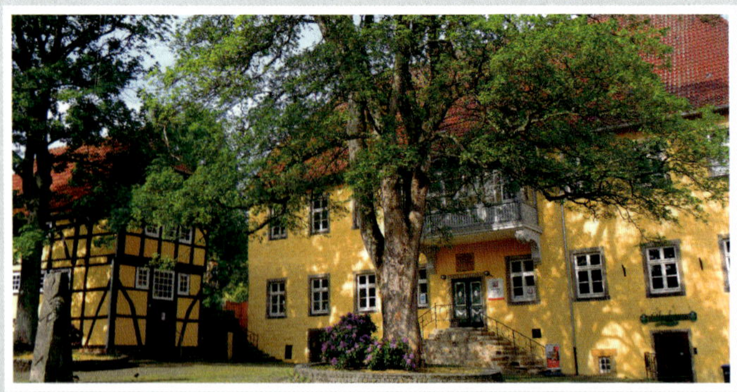

Der Burgmannshof in Lübbecke

mit dem Mittellandkanal als Graben davor, wächst das Wiehengebirge um etwa einen viertel Kilometer aus der Ebene.
Gleich hinter dem Kanal schwenkt man nach links, stößt auf das Große Torfmoor (Tour 2) – ein Naturschutzgebiet als Gletscherprodukt der Weichsel-Kaltzeit, fliegt ungehindert zum Westrand der Kreisstadt Minden und biegt schließlich nach Süden ab.
An der Porta Westfalica durchtrennt die Weser den Mittelgebirgswall und markiert den Ostrand des Wiehengebirges. Ein Stück hinauf und die Burgmauer gerät sofort zur Kammlinie. Sie ist zunächst auffallend gerade und vor allem auffallend schmal. Nie breiter als 2,5 km ist hier der Zug. Steil abfallend nach Süden, gemächlicher sich senkend nach Norden. Die Bruchschollentektonik Berge versetzender Kräfte wollte es so. Dem folgte auch der Bewuchs, denn die gebirgsbildenden beinharten Jurasandsteine sind von anspruchsarmem Buchenwald fast völlig bedeckt. In früherer Zeit zog baumarmes Weideland von Norden her weit hinauf, ehe auch hier mit einer Änderung der wirtschaftlichen Nutzung massiv aufgeforstet wurde. Aus diesen Tagen stammt mutmaßlich die namensgebende Bedeutung für das volksmundartlich abgekürzte „Wiehen“: Wiesen oder Weiden.
Das Gestein geriet auch in den Blick der Bergleute, denn es enthält Eisenerz, das mal abbauwürdig war: das sogenannte Wittekindsflöz im Portasandstein. Benannt nach der Westfälischen Pforte. Der Überflieger ahnt von alldem nichts, denn seine Aufmerksamkeit ist auf das Kaiser-Wilhelm-Denkmal (Tour 1) gerichtet, das den Monarchen in gänzlich unbescheidenen Maßen für die Ewigkeit ehrt.
So wird der schnurgerade Wiehengebirgskamm überquert. Die Region war im Frühmittelalter sächsisches Stammesgebiet, wovon die gut erforschten Wallanlagen der Wittekindsburg und der Babilonie (Tour 4) zeugen. Letztere gilt als einer der Stammsitze des Sachsenherzogs Widukind, einer weiteren historischen Prominenz der Region, der hier auch das erste und letzte Licht der Welt erblickt haben soll und dessen silberne Wiege, unbestätigten Sagen zufolge, im Berginneren steht und von uralten sächsischen Soldaten bewacht wird.
Etwa auf Höhe Lübbeckes passiert plötzlich etwas mit dem Gebirge. Etwa dort, wo mit Heidbrink & Co (Tour 3) die einzigen 300er überquert werden, knickt das Wiehen nach Südwesten ab und wird deutlich breiter. Zudem waldärmer, nadelbaumiger, stärker längs- und querzertalt. Und hinter der Landesgrenze zu Niedersachsen unterm Nonnenstein (Tour 5) bekommt es gebirgige Randerscheinungen: Die Egge bei Preußisch-Oldendorf mit dem fruchtbaren Eggetal dazwischen (Tour 6) und die Meller Berge im Süden (Tour 7), für die sich allerdings das Osnabrücker Hügelland zuständig fühlt.
Am Straßendurchbruch beim Bad Essener Stadtteil Barkhausen nimmt das Wiehengebirge wieder seinen gewohnten Lauf nach Nordwesten und verlässt ihn auch nicht mehr bis zu seinem Eintauchen in das Tiefland bei Bramsche. Gelegenheit also, genauer hinzuschauen, was am Boden zu entdecken ist. Drei Zeit-

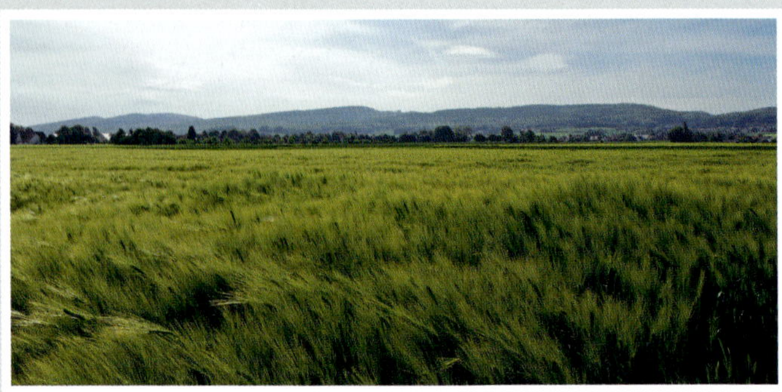

Das Wiehengebirge – wie ein Burgwall über der Tiefebene

reisen geben Aufschluss. Die erste ist idyllisch-maritim. Lange vor Entstehen des Bergzuges, vor 150 Mio. Jahren, gab es hier eine Art Jurassic Park. Flaches Meer zur Rechten, Küstenland zur Linken, dazu Getier in gewaltigen Größenunterschieden. Kleinstlebewesen in der Brandung und Riesensaurier als Strandwanderer. Letztere haben sich im Wortsinn verewigt. In einer Steinbruchwand bei Barkhausen (Tour 8) haben sie ihre Spuren hinterlassen. Geh-Fährten von 11 Dinos am tektonisch steil gestellten Fels wurden gezählt und erhalten. Die zweite Reise führt in die Jungsteinzeit. Vor etwa fünftausend Jahren erstreckte sich die Megalithkultur vom Osnabrücker Land bis an die Ems und in den Raum Oldenburg. Unverrückbare Zeitzeugen sind wuchtige Großsteingräber aus Findlingen. Einige der sogenannten Hünengräber finden sich in der Nähe von Ostercappeln (Tour 9). Der letzte Zeitausflug führt in das Jahr 9 n. Chr. Funddichte und -qualität sowie deren militärgeschichtliche Erforschung lassen kaum einen Zweifel daran, dass sich am Kalkrieser Berg (Tour 10) – übrigens auch so ein Bergsatellit des Wiehen – die legendäre Varusschlacht zugetragen hat und in der Folge Nordwestdeutschland nie Teil von Italien wurde. Ihr ist das Museum und Park Kalkriese gewidmet; das Großmonument für den antiken Sieger Arminius alias Hermann steht allerdings ein paar gemütliche Flugstunden entfernt im südlichen Teutoburger Wald.

Das Wiehengebirge schleicht zunehmend aus. Südlich der Stadt Bramsche wird an der Penter Egge (Tour 11) die 100 m-Marke unterschritten, dann geht es kontinuierlich bergab. Zwar ragt ein Stück nordwestlich die Ankumer Höhe nochmals vergleichsweise hoch in den Himmel, doch ist das umgebende Artland der TERRA.vita nicht Teil dieses Wanderführers. So beschreibt man einen Bogen nach Süden und nähert sich der Hauptstadt des Naturparks. Auf sehr natürlichem Wege, denn folgt man dem Flüsschen Nette bei Rulle (Tour 12), wird es ein entspannter Mäanderflug, wissenswert ergänzt um die Wassermühle Nettetal, die schon im Mittelalter die Wasserkraft dienst-

bar machte und ein wohlerhaltenes Beispiel ist für den historischen „Maschinenbau“ in der Region.
Am Rathaus Osnabrück endet mit der Besiegelung des Westfälischen Friedens geschichtlich der Dreißigjährige Krieg und regional der Wanderteil Wiehengebirge. Nicht aber das touristische Einzugsgebiet des Natur- und Geoparks TERRA.vita, das nun in den südlich angrenzenden Teutoburger Wald lockt!

Nördlicher Teutoburger Wald

Je höher man über den Autobahnen 1, 30 und 33 steht, desto verkehrsberuhigter wird der Überflug. Und desto eindrücklicher die Landschaft. Denn hier liegt, weniger hoch als die flankierenden Bergkämme, relativ dünn besiedelt, mit einem flächenmäßigen Vorherrschen der Feldwirtschaft und fruchtbar bewässert durch kleinere und größere Flüsse wie der Hase, das Osnabrücker Hügelland. Es gehört ebenfalls zum Naturpark und gilt als das Kerngebiet des Osnabrücker Landes.
Neben den schon erwähnten Meller Bergen weist dieser zu Niedersachsen gehörende Landstrich eine weitere deutliche Erhebung auf. Der Hüggel erzählt aber vor allem eine geologische und bergbauliche Geschichte (Tour 17). Die tektonisch verwickelte Entstehungsgeschichte des Berges geriet zum Segen Rohstoff liebender Auftraggeber und lieferte Steinkohle, Kalkstein, Eisenerze, Buntmetallerze und sogar etwas Silber. Erz und Kalk wurden mit der Hüggelbahn zur Weiterverarbeitung nach Georgsmarienhütte gerollt.
Dann geht es vorübergehend nach Westfalen zurück, nämlich weit nach Westen, fast bis nach Rheine. Im Grenzgebiet zwischen Emsland und Westfälischer Bucht, am Rand des flächenmäßig weit nach Süden ausgreifenden Münsterlandes und sich teilweise damit überschneidend liegt hier zu Füßen eine jahrhundertealte Grafschaft – nach dem Herrschergeschlecht Tecklenburger Land genannt. Und bei der Fachwerkschönheit Bevergern (Tour 13) beginnt das, was mit „Teutoburger Wald“ begrifflich einige Berühmtheit erlangt hat und gemeinsam mit seiner südlichen Fortsetzung, dem Eggegebirge, als Hermannshöhen bekannt ist.
Zunächst kommt er daher wie ein Déjà-vu mit dem ausklingenden Wiehengebirge (Tour 14): Die erste Erhebung, der Huckberg, keine 100 m hoch, lang und schmal, nordwest-südost-gerichtet. Doch bald wird er wuchtiger und mit den Dörenther Klippen (Tour 15) ausgesprochen felsenfest. So bestaunt man den imposanten Turm des „Hockenden Weibes“ von allen Seiten. Er besteht aus dem verwitterungsbeständigen Osning-Sandstein, einer später verfestigten und zum Gebirge aufgetürmten Meeresablagerung der Unterkreide. Dieses Material wurde von Mutter Erde für den Hauptkamm verwendet, wohingegen sie sich beim nördlichen und südlichen Parallelkamm für Kalkstein entschied.
Das Wort Osning muss noch erklärt werden: Es ist der Urname dieses Gebirges und bedeutet wohl „Heiliger Waldkamm“. Um 1600 verfielen Gelehrte darauf, den Begriff „teutoburgiensis saltus“ zu übernehmen, das Teutoburgische Waldgebirge, in das der römische Historiker Tacitus die militärische Katastrophe der Varuslegionen verortete. Spätestens

seit der propagandistischen Überhöhung durch die kaiserliche Weihung des Hermannsdenkmals bei Detmold 1875 war der Name Osning passé und führt nur noch in der lokalen Umgebung des Ebberges bei Bielefeld ein beschränktes Weiterleben. Im Sprachgebrauch der Moderne hat sich der längliche Name im Volksmund zu „Teuto" verkürzt.

Inzwischen hat der Segelflug Tecklenburg erreicht (Tour 16). Die Stammburg der Tecklenburger Grafen, die heute darin befindlichen Freilichtspiele und das pittoreske Fachwerkensemble der Altstadt verlocken zur Landung und eingehenden Bodenerkundung.

Nun wird auch der Teuto deutlich breiter und findet im Borgberg bei Hagen (Tour 18) und vor allem im großen Massiv des Dörenbergs bei Georgsmarienhütte (Tour 20) zwei nördliche und im Übrigen nochmals niedersächsische Begleiter. Letzterer ist mit 331 m zugleich der höchste Berg im mittleren Teutoburger Wald, der auch als Weser-Ems-Wasserscheide fungiert.

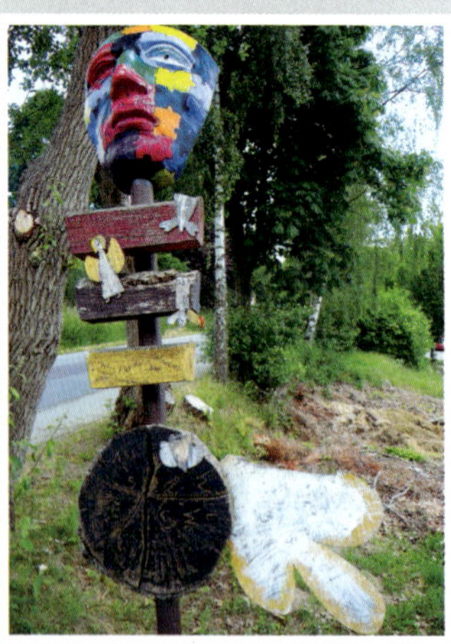

Die Maske als Symbol der VarusRegion

Bad Iburg unterbricht, wie auch Tecklenburg, den durchgehenden Waldkamm mit großer urbaner Präsenz. Und war ebenfalls für regionale Würdenträger repräsentant, denn im baulich und optisch überragenden Schloss residierten jahrhundertelang die Osnabrücker Bischöfe. Gleichsam residiert die Stadt zwischen Westerbecker Berg im Westen (Tour 19), dem höchsten Tecklenburger Landpunkt, von dessen Steinbrüchen sich einmal eine Materialseilbahn zum nördlich vorgelagerten Hüggel spannte und dem östlichen Freedengebiet: Der Lenz ist da, wenn dort der üppig blühende Hohle Lerchensporn die scharenweise anrückenden Besucher verzückt (Tour 21). Ganz in der Nähe lohnt ein Kurzflug nach Süden in das Heilquellen-Duo Bad Laer/Bad Rothenfelde, wo rings um sprudelnde Solen eine gepflegte Kurstruktur wuchs und die Vielfalt der Bodenschätze der TERRA.vita unterstreicht (Tour 22).

Ein letztes Naturereignis entspringt dem niedersächsischen Naturparkteil. In einem quellreichen Gebiet zwischen Wellingholzhausen und Dissen (Tour 23) hat die Hase ihren Ursprung. Ein Gewässer, das die Osnabrücker Innenstadt durchfließt und nach 170 km bei Meppen in die Ems eingeht, zuvor jedoch an der Bifurkation ein Drittel ihres Umfangs an die Else abgibt (Tour 24).

Ab Borgholzhausen, nun endgültig in Westfalen, zerfasert der Kamm, folgt in zwei bis drei minderstark ausgeprägten Strängen der eingeschlagenen Grundrichtung und passiert die Lindenstadt Halle (Westf.) mit dem bekannten Gerry-Weber-Stadion und zwei sehenswerten Geschichtspfaden (Tour 26). 300 m hohe Kammaufragungen sind nun keine Seltenheit mehr, wohl aber die Burg Ravensberg. Vom 11.–14. Jh. Stammsitz der Ravensberger Grafen, dann den meteorologischen und politischen Stürmen ausgesetzt, ist die gut erhaltene Höhenburg offen für Besuch (Tour 25).

Überfliegt man den schmalen Kamm am Grünen Weg von Halle nach Werther, sticht rechts die Kaiser-Friedrich-Gedächtnishütte heraus. Der Lokalname Schwedenschanze zeugt vom Dreißigjährigen Krieg, der sich auch in dieser Region austobte (Tour 27).

Egal aus welcher Höhe: Von der germanischen Fluchtburg über dem Jostberg ist nichts mehr zu sehen (Tour 28). Die Fläche wich einem Fernmeldeturm der Deutschen Telekom, der den Superlativ „höchstes Gebäude Bielefelds" im Grundstein trägt. Von dort geht es in stetem Sinkflug hinab nach Bielefeld, der mit über 300.000 Einwohnern einzigen Großstadt dieser Wanderregion. Unübersehbares Wahrzeichen der Stadt ist der 37 m hohe Bergfried der mittelalterlichen Sparrenburg, die auch der Kontrolle des Osningpasses diente. Am Pass endet dieser Naturpark.

Naturpark Teutoburger Wald/ Eggegebirge

2.711 km² groß ist der Naturpark. Wem das zu abstrakt ist, der schaue auf die Karte: In einem, nach Westen ausbauchenden Bogen von Herford über Bielefeld nach Paderborn, im Osten begrenzt durch die Weser und im Süden durch die hessische Landesgrenze, „beinhaltet" der Naturpark das Lippische Bergland, die Senne, Teile der Paderborner Hochfläche, das Oberwälder Land und die Warburger Börde. Gleichsam als Rückgrat und optisch von herausragender Bedeutung, durchziehen der Südliche Teutoburger Wald und das Eggegebirge das Gebiet in voller Länge.

Unter den vielen Sonderkennzeichen des Naturparks ist einer besonders nennenswert: Heilgarten Deutschlands. Denn hier gibt es besonders viele Heilbäder. Die Voraussetzung schufen die regen tektonischen Arbeiten der geologischen Vorzeit und der Wasserreichtum der Region. In natürlicher Zusammenarbeit entstand ein üppiges Netz aus Thermalquellen und Mooren – für Kur, Wellness und fürs Wandern.

Südlicher Teutoburger Wald

Wer am Ende des jährlich stattfindenden Hermannslaufes die Bielefelder Sparrenburg – und damit praktisch die Naturparkgrenze erreicht hat, ist fast die gesamte Kammlänge des Südlichen Teutoburger Waldes abgelaufen.

Wohl dem, der fliegen kann! Der nämlich erhebt sich in den Bielefelder Himmel und peilt die weitere Flugrichtung an. Sie entspricht ganz der bekannten aus dem nördlichen Teil: Von Nordwest nach Südost. Während das nördliche Vorland meist flach, waldarm, landwirtschaftlich geprägt und durch die Stadtnähe recht dicht besiedelt ist, wirkt die südliche Umgebung deutlich grüner, weniger stark eingesenkt und vor allem weniger urban.

Schaut man auf den Kammverlauf bis etwa nach Detmold, verdeutlicht sich seine Funktion als Wasserscheide. Eine Vielzahl von Gewässern als fließende Übergänge von Quelle über Bach zum Fluss geht hier zu Tal. Die nordseitigen gehen in die Weser ein, die südseitigen sind der Ems und dem Rhein geneigt. Das Gestein besteht aus Osningsandstein der Unterkreide und ist so hart, dass der Bergzug aus der Umgebung ragt wie der Widerrist eines gigantischen Tieres. Die Haupterhebungen sind der Ebberg mit dem Aussichtsturm Eiserner Anton (Tour 29), der Tönsberg, in dessen tragendem Städtchen das Archäologische Freilichtmuseum auf frühzeitliche Besiedlung verweist (Tour 31) und der große Ehberg, der einem Teil des Teutos gehört, der dort Lippischer Wald heißt (Tour 32). Diese Berge überragen die 300-m-Marke und schwingen sich allmählich auf zum Hauptgipfel des Gebirges.
Geht man noch mehr in die Luft, weitet sich der Blickwinkel auf die angrenzenden Landschaften. Im Südwesten des Teutos, etwa zwischen Bielefeld und Paderborn, erstreckt sich lang und schmal auf etwa 250 km² die Senne. Sie ist ein sandiges und damit nährstoffarmes Produkt der abschmelzenden Eiszeitgletscher. Mächtige Sandbänke, häufig vom Winde verweht, schufen, so gut es botanisch eben ging, eine Heide- und Moorlandschaft mit kleineren Waldflächen wie dem Holter Wald (Tour 30). Heute eine selten gewordene Kulturlandschaft, die in weiten Teilen den Truppenübungsplatz Senne trägt.
Nordöstlich des Kammes zieht das Lippische Bergland seine weiten Kreise (Tour 38). Fliegt man bodennah wird deutlich, wie stark zergliedert und zertalt dieses Hügel- und Bergland ist, das im knapp 500 m hohen Köterberg kulminiert.
Im erneuten Anflug an den nun schon südlichsten Teutoburger Wald, fallen kleine bewaldete Aufragungen ins Adlerauge. Der Leistruper Wald und das Beller Holz (Touren 39 und 40) nahe dem Heilort Bad Meinberg mit historischem Kurgarten dienten den Anrainern früher als Hudewald. Anstelle aufwendiger Rodungen wurde das liebe Vieh zur Weide in den Wald getrieben.
Den rechten Flügel nach unten und schon schwebt man über Detmold (Tour 34). Jahrhundertelang war die Stadt Zentrum der Herrscher zur Lippe, was man an den repräsentativen Bauwerken bestaunen kann. Außerdem umschließen die Stadtgrenzen das größte Freilichtmuseum Deutschlands.
Überhaupt ist Detmold ein touristischer Magnetpol, denn an seinen Stadtgrenzen geht es mit Attraktionen hoch her: Im Wortsinn, denn ganz im Süden steht der Barnacken, mit 446 m der Hauptgipfel des Teutoburger Waldes (Tour 37). Dann, unübersehbar aus der Vogel- und landläufigen Perspektive: das Hermannsdenkmal. Erbaut auf dem Berg Grotenburg mit vorrömischer Ringwallanlage gilt es als das Fanal des deutschen Freiheitskampfes. Ein Symbol gegen Fremdherrschaft von tatsächlich herausragender Bedeutung (Tour 33). Weiters die artenreichste Greifvogelwarte Europas im Detmolder Stadtteil Berlebeck, der Dreiflussstein, an dem es die Wassereinzugsgebiete von Ems, Rhein und Weser auf den Punkt bringen

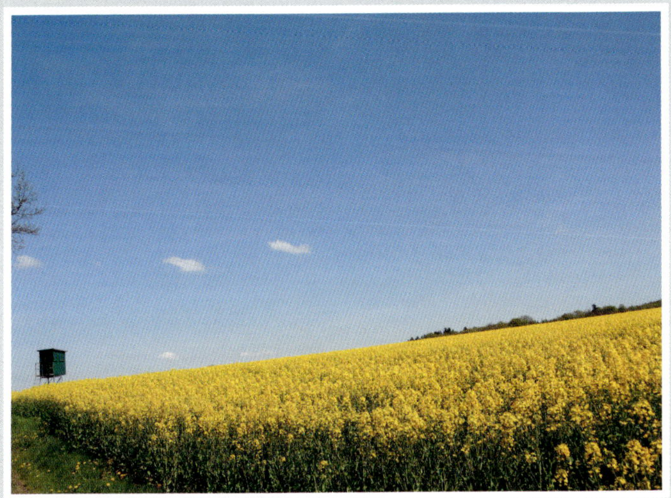

Wenn der Frühling Farbe bekennt – Rapsfeld bei Altenbeken

und die Ruine Falkenburg, eine ritterliche Höhenburg, von der aus die Edelherren zur Lippe im Mittelalter die Geschichte der Region schrieben (Tour 35). Und zu guter Letzt – oder zu allem Anfang – die berühmten Externsteine (Tour 36). Seit Jahrtausenden ein magischer Ort voller geheimer Kräfte und tiefer Spiritualität. Oder doch nur eine einfache, wenn auch sehenswerte Felsgruppe aus Osningsandstein?

Ist alles eingehend studiert, erhebt sich der Flugkünstler in wieder überschaubare Gefilde. Er findet das Gebirge nun breit und alsbald nach Süden geneigt. Wie das Knie eines Beines in Schrittstellung. Es hat auch eine Naht, die Ober- vom Unterschenkel trennt. Am wildromantischen Tal des Silberbaches, der von Veldrom nach Leopoldstal fließt, endet der Südliche Teutoburger Wald.

Eggegebirge

Will man einen Eindruck vom Eggegebirge gewinnen muss man hoch hinaus. So beantwortet sich zusehends die Frage nach dem Namen, denn Egge steht im Niederdeutschen in etwa für lang gestreckter Bergkamm. Bei genügend hochfliegender Betrachtungsweise erkennt man viele Kilometer südlich ein mächtiges Bergland. Es gehört dem Sauerland, dessen Grenzfluss Diemel an der hessischen Grenze das Eggegebirge nach Süden abschließt. Bleibt man voll auf der Höhe, fällt auf, was es im Wiehen & Teuto so nicht gibt: Es ist meist breit gelagert; so, als müsse es sich gegen die kalkkarstig ebene Paderborner Hochfläche im Westen und das weitläufig-hügelige Oberwälder Land und dessen südlichen Anschluss, die Warburger Börde im Osten, behaupten. Der Berg-

zug überspringt immer wieder die 400-m-Latte – und liegt als Rhein-Weser-Wasserscheide alles andere als symmetrisch im Land. Nach Westen fällt es sanft ab und die westlich des Kammes entspringenden Wässer können verhalten dem Rhein entgegenplätschern. Anders im Osten: Hier bricht der Kamm schon im Obersten oft schroff ab, bildet Klippen und Felskanten, fällt jäh und über Dutzende Meter fast senkrecht ins Tal. Der Weg der hier hervorquellenden Fließe zur nahen Weser ist dementsprechend kurz und eilig.
Aus dem Tal des Silberbaches geht es hangsteil hinauf zum Lippischen und Preußischen Velmerstot. Der eine trägt einen Gipfelobelisken, der andere den Eggeturm und das Prädikat „Höchster Gipfel im Eggegebirge". Den hat er sich mit 468 m erworben. Der Rundblick ist geologisch unverbaubar und auch ohne Flugkraft umfassend. Der ihm zu Bergfüßen liegende Sandebecker Vulkan, der zugleich nördlichste Deutschlands, zeugt davon, wie sehr das Erdinnere vor noch gar nicht langer Zeit aufgemischt wurde (Tour 41).
Das Erdinnere bleibt auch im Folgenden landschafts- und nutzungsbestimmend. Kalkgesteine der Kreidezeit, sogenannte Pläner, sind Baustoff einiger bedeutender Klufthöhlen in der nördlichen Egge und winterlicher Rückzugsort für Fledermäuse (Hohlsteinhöhle und Bielsteinschlucht, Tour 42). Und auch im Untergrund der Eggegebirgsränder brauen sich seit Langem mineralische Lösungen zusammen, die als Thermalquellen an die Erdoberfläche treten und das Entstehen der Kurorte Bad Lippspringe und Bad Driburg (Tour 46) mit ihrer gepflegten Bäderarchitektur und weitläufigen Parklandschaft ermöglichten und über Jahrhunderte prägten.
Der Neuwald bei Bad Lippspringe ist ein dem Hauptkamm westlich vorgelagertes geschlossenes Bergwaldgebiet, das die Durbeke teilt. Dieser Bach führt nur selten Wasser, schuf aber ein wiesengrünes Tal, das als Weideland genutzt wird und typisch ist für die ländlich geprägte Wirtschaft der Region (Tour 43).
Die nördliche Egge endet etwa auf Höhe Altenbekens mit dem Tal der Beke. Welch große logistische Hürden das Eggegebirge stellte, zeigt sich an den eisenbahntechnischen Leistungen des 19. Jhs., als es den Ingenieuren und Arbeitern gelang, den 1632 m langen Rehbergtunnel durch den Berg zu treiben und mit dem die Beke überspannenden Großen Viadukt die noch immer größte Kalksandsteinbrücke Europas zu bauen (Tour 45).
Gelegenheit, auch diesem Bergzug den Rücken zu kehren, nach Osten abzudrehen und sich ein Stück der Weser zu nähern. Das dazwischenliegende Oberwälder Land geht namentlich auf die Zeit des Fürstbistums Paderborn zurück, als der, aus Paderborner Sicht hinter dem Eggegebirge liegende Verwaltungsbereich als „oberwaldisch" bezeichnet wurde. Die mit erheblichem Gefälle der Weser zuströmenden Gewässer schneiden sich in den älteren, aber relativ weichen Muschelkalkuntergrund und sorgen für ein abwechslungsreiches, meist ackerbaulich genutztes Gelände mit einzelnen, relativ isolierten Aufragungen wie dem Holsterberg bei Nieheim oder dem Brakeler Bergland (Touren 44 und 47).

Will der Flugkundige nun auch das Land im Westen sehen, muss er sehr weit sich emporschwingen. Erst dann kann er ermessen, welches Ausmaß die Paderborner Hochfläche hat, denn sie ist Westfalens größte Karstlandschaft. Doch ist das Gebiet nicht homogen, langweilig schon gar nicht. Gerade südlich Paderborns zeigt es feine Zergliederung in Berg und Tal, dazu viele architektonische Einzigartigkeiten (Tour 48).
Die stets horizontbestimmende Egge lädt zum Rückflug und zeigt im Mittelteil einen schmaleren Kamm, etwa zwischen Altenbeken und Willebadessen. Er ist stramm nord-südgerichtet und weist eine Auffälligkeit auf: Im Asseler Wald ist der Berg für die Zuglinie Altenbeken–Warburg untertunnelt. Oberflächige Einrichtungen wie Notzugänge weisen darauf hin. Ein anderes Alleinstellungsmerkmal bildet der Nethestausee. Er lässt den 50 km langen Zufluss der Weser schon kurz nach seinem Erscheinen zu einer 4,5 ha großen Seefläche werden (Tour 51).
Dieser Eggeteil ist vor allem geschichtlich-architektonisch interessant. Oder imposant, je nach Draufschau, denn das Gebiet gehörte bis zur Einverleibung ins Königreich Preußen Anfang der 19. Jhs. zum Fürstbistum Paderborn. Die geistlich-weltliche Wohnlichkeit jener Zeit zeigt sich im Wasserschloss Neuenheerse (Tour 49), der Burg Dringenberg (Tour 50) und im Benediktinerinnen-Kloster Willebadessen (Tour 52). Wer von letzterem aus zum Eggekamm fliegt, dem steht die Luft vor Mystik. In heidnischen Zeiten muss es hier zugegangen sein, wovon seltsame Symbole im und am Boden zeugen. Dem bereitete Karl der Große mit der Christianisierung ausgangs des 8. Jhs. ein Ende und hinterließ am Kammobersten eine 8 ha große Wallburg. Reste dieser Karlsschanze sind noch heute gut erkennbar.

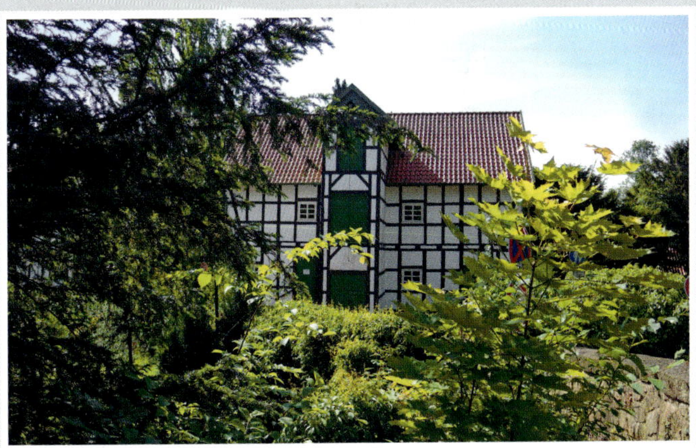
Fachwerk prägt die Baukultur in der Region

DAS GEBIET

Wie in einem Nordstau am bergmächtigen Sauerland wuchtet der Südteil des Eggegebirges gehörig in die Breite. Er ist waldreich, tief zertalt und nochmals über 400 m hoch. Der bisher nord-süd-gerichtete Kamm, der aufgrund seiner schroff abfallenden Ostflanke fast wie eine Schneide daherkommt, biegt nun nach Südwesten um – und behält seinen felsigen Charakter noch eine Weile bei. Ein eindrückliches Anschauungsstück hierfür liefert das Klippen- und Felsenmeer bei Hardehausen (Tour 53). Dann verliert sich der „Grat" im waldig-hohen Marschallshagen.

Interessant sind die Flanken der Südegge. An ihrem abrupt endenden Westrand liegt die weitläufige und hervorragend erhaltene Anlage des Klosters Dalheim, das mit der Barockisierung des mehr als 800 Jahre alten Ordenssitzes geistliches Zentrum des Bistums Paderborn war (Tour 54). Ganz im Südosten, schon im Anflug auf die hessische Grenze, beim Warburger Stadtteil Scherfede, gibt es das Wisentgehege, in dem auf 170 ha Fläche Europas größte Landtiere prächtig gedeihen. Dem Lauf des Hammerbaches folgend findet sich das dazugehörige Waldinformationszentrum Hammerhof, eine Umweltbildungseinrichtung für naturnahe Forstwirtschaft mit Einkehrmöglichkeit (Tour 55).

Am Ufer der Diemel, dem Grenzfluss zu Hessen, endet der große Flug über Wiehengebirge, Teutoburger Wald, Eggegebirge und ihre Randgebiete. Was sich aus der Höhe erschloss, war ein Bild von einer Landschaft. Geomorphologisch, wie Geografen sagen. Was verborgen blieb, sind die Menschen dieser Gegend. Ihre Lebensgewohnheiten, ihre Traditionen, ihre Mundart. Wie sie das Gebiet heute prägen und wirtschaftlich, kulturell, aber auch wandertouristisch beleben. Um sich auch dem zu nähern, hänge man die Flügel an den Haken und schnüre die Wanderstiefel!

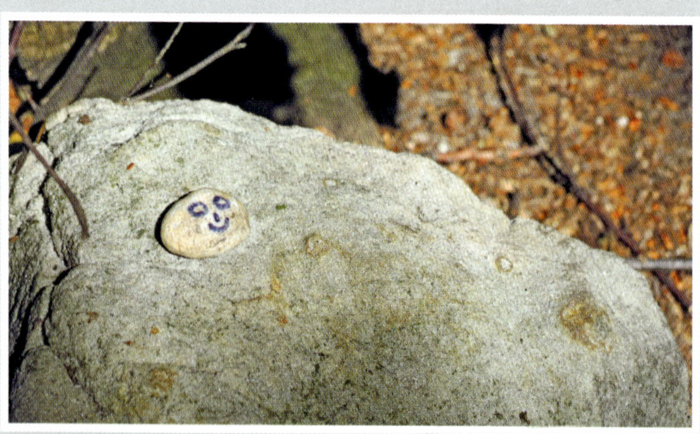

Lachkiesel

DIE WANDERWEGE UND IHRE MARKIERUNGEN

Welch ausgeprägtes Wandergebiet in diesem Buch vorgestellt wird, zeigt sein üppiges Wegenetz und seine gut durchdachte Ausschilderung. Zwei Europäische Fernwanderwege nehmen hier ihren Lauf. Alle drei Mittelgebirge sind durch fortlaufende Kammwege erschlossen. Überregionale Wanderwege bringen die vielfältige Natur- und Kulturlandschaft zur Strecke. Lokale Themenwege machen auf Reizvolles abseits der Hauptstraßen aufmerksam. Und es gibt die klassischen Wegweiser mit Zielen, Entfernungsangaben und Piktogrammen für Parkplätze, Haltestellen, Schutzhütten, Einkehr- und Übernachtungsmöglichkeiten, für Museen, Kirchen und mehr. Sie finden sich häufig an Schilderpfählen, errichtet von den Betreuern der „Wandervollen“ Teuto- oder Varus-Region mit Infotelefon, Standort und Standortnummer.
Im Großen und Ganzen wie im Kleinen und Besonderen findet der Wanderer Orientierung dort, wo sie ihm dienlich ist: informativ, sachverständig und unaufdringlich.

Europäischer Fernwanderweg 1
Der E1 verbindet Skandinavien mit Italien und bietet in Deutschland die große Nord-Süd-Durchquerung. Er erreicht das Tourengebiet bei Detmold, durchzieht den südöstlichen Teutoburger Wald und folgt dann dem Kamm des Eggegebirges. Markiert ist der Weg durch ein weißes Andreaskreuz auf schwarzem Spiegel, teils auch durch den Namenszug, seine Abkürzung und geografische Eckdaten.

Europäischer Fernwanderweg 11
Im Gegensatz zum E1 führt der E11 von West nach Ost. Zwischen den Niederlanden und Polen verläuft der Weg im Norden Deutschlands. In diesem Buch folgt er dem Kamm des Wiehengebirges zwischen Osnabrück und Porta Westfalica. Die Schilder enthalten meist den Namen des Weges sowie geografische Hauptziele.

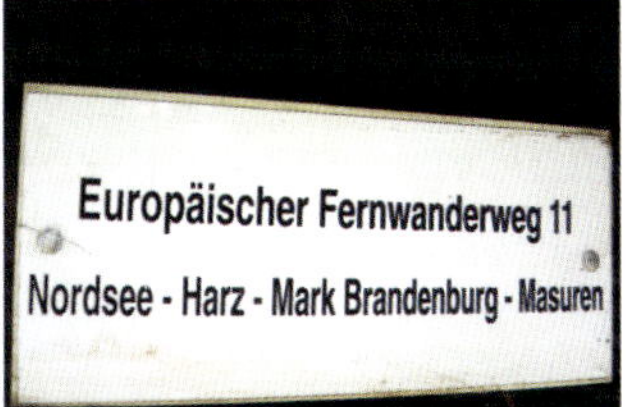

Wittekindsweg
Der Wittekindsweg als Teil des E11 ist ein ca. 95 km langer Weitwanderweg, der konzeptionell in Osnabrück beginnt, über den Kamm des Wiehengebirges führt und in Porta Westfalica endet. Im Buch ist er in umgekehrter Richtung beschrieben und trägt die Markierung weiß-roter Querbalken. Der Weg wird vom Wiehengebirgsverband Weser-Ems e.V. betreut.

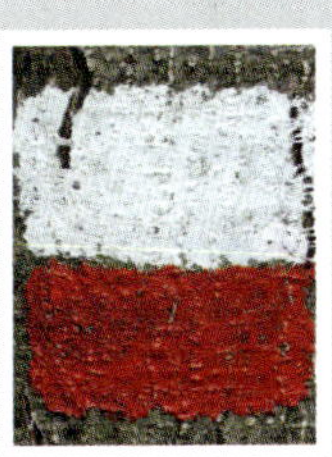

DIE WANDERWEGE UND IHRE MARKIERUNGEN

Hermannsweg

Der Weg erinnert namentlich an Hermann, den Germanenführer im Kampf gegen die Römer. Er misst 156 km und ca. 3100 Hm, beginnt in Rheine, überquert den Teuto-Kamm und endet am Gipfel des Lippischen Velmerstot bzw. in Leopoldstal. Zusammen mit dem südlich angrenzenden Eggeweg bildet er die sogenannten Hermannshöhen. Die Markierung: weißes H auf schwarzem Quadrat. Die Zugangswege: weißer Winkel. Die Zuständigkeit: der Teutoburger-Wald-Verband e.V.
www.hermannsweg.de

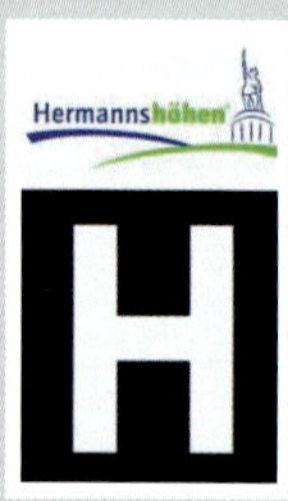

Eggeweg

Der Eggeweg als erstgekürter „Qualitätsweg Wanderbares Deutschland" ist ein ca. 70 km langes Stück des E1 und mit weißem X auf schwarzem Spiegel gekennzeichnet. Er beginnt im Norden an den Externsteinen des Teutoburger Waldes und geht im Süden am Endpunkt Niedermarsberg ins Sauerland über. Gemeinsam mit dem Hermannsweg bildet er die sogenannten Hermannshöhen. Ein weißer Winkel weist die Zugangswege.
Betreuer ist der Eggegebirgsverein e.V.

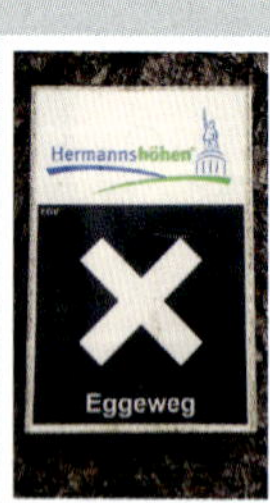

Arminiusweg

Symbolischer Pate für den Arminiusweg ist die 1990 gefundene Gesichtsmaske eines römischen Reiterhelms. Der knapp 100 km lange Wanderweg, der in Porta Westfalica beginnt und am Museumspark Kalkriese endet, verläuft meist nördlich des Wiehengebirges, orientiert sich an den regionalen Spuren der Römer und gibt hierüber auf Infotafeln Auskunft. Details liefert das Freizeitportal der Geoinformation und Landesvermessung Niedersachsen unter www.geolife.de.

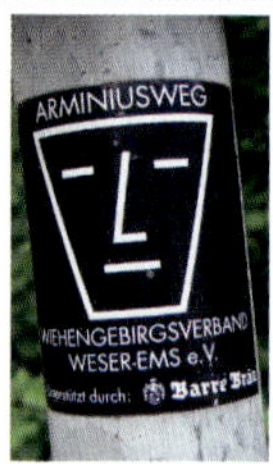

DiVa Walk

Der DiVa Walk ist ein 105 km langer Rundwanderweg im Natur- und Geopark TERRA.vita und umspannt Teile des Osnabrücker Landes. Sein Name fokussiert auf die Dinosaurierfährten bei Barkhausen und die Fundregion der Varusschlacht bei Kalkriese, wirbt aber auch für den Besuch historischer Mühlen, vorzeitlicher Hünengräber und sechs regionaltypischer Ortschaften. Der Schriftzug und eine weiße Figur vor

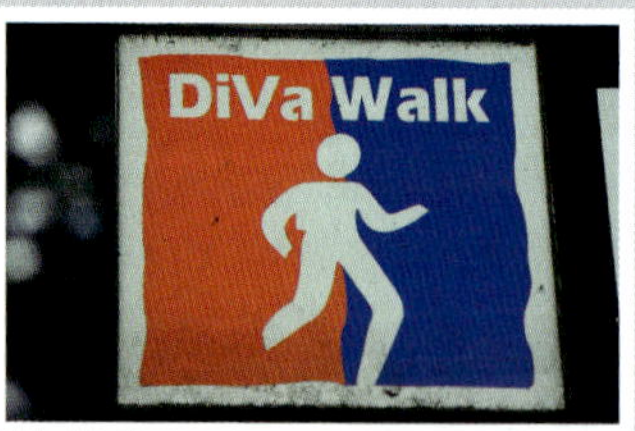

orange-blauem Grund symbolisieren den Weg. www.divawalk.de

Mühlenweg

Der „Mühlenweg am Wiehengebirge“ ist ein Rundwanderweg im Osnabrücker Land und widmet sich den landschaftlichen und baulichen Zeitzeugen der Regionalgeschichte.

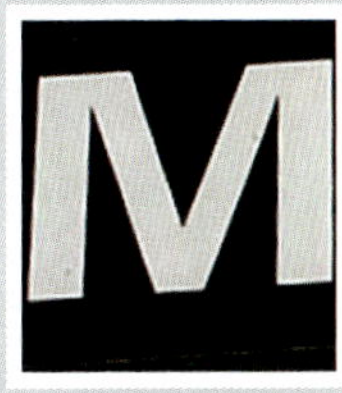

Hat aber, wie es der Name sagt, vor allem die neun Wasser- und zwei Windmühlen der Umgebung im Blick. Auf der 97 km langen Strecke, die mit einem weißen M auf schwarzem Grund markiert ist, erlebt der Wanderer viel Wissenswertes über die „ersten Maschinen des Menschen“.
www.muehlenweg-am-wiehengebirge.de

Hünenweg

Dieser 208 km lange Weitwanderweg beginnt in Osnabrück und verlässt das Tourengebiet dieses Buches nach Nordwesten, wo zwei Wegäste in Emmen und Papenburg enden. Er folgt einer erstaunlich großen Zahl jungsteinzeitlicher Großstein-,

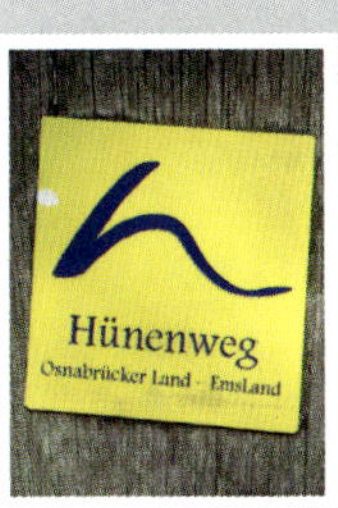

eben Hünengräber, denen sich parallel dazu auch die Straße der Megalithkultur widmet. Die Strecke, die aus dem Friesenweg hervorging, ist mit einem geschwungenen blauen h auf gelbem Spiegel gekennzeichnet.
www.huenenweg.de

Ahornweg

Der Ahornweg im Teutoburger Wald ist etwa 100 km lang. Seine Wegschleife trägt die Form einer Acht mit Bad Iburg als Berührungspunkt. Er lockt in die abwechslungsreiche

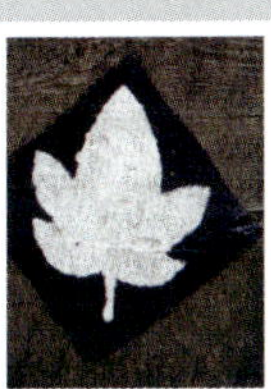

Gegend des südlichen Osnabrücker Landes, die auf sechs anregenden Routen erwandert und von fünf Aussichtstürmen in Augenschein genommen werden kann. Die Markierung des Weges: ein stilisiertes weißes Ahornblatt in hochkant stehendem schwarzem Quadrat.
www.ahornweg-wandern.de

Lönspfad

In Norddeutschland und den angrenzenden Mittelgebirgen ist der Heimatdichter und Naturforscher Hermann Löns (1866–1914) in Straßennamen und auf Gedenksteinen

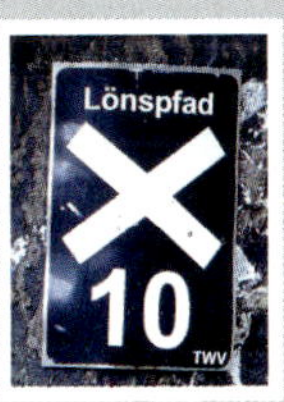

oft verewigt. Im Teutoburger Wald und seinem Südrand, der Senne, wurde ein ganzer „Pfad“ nach ihm benannt. Es handelt sich um einen Weitwanderweg, der auf 44 km Länge und fast 1.000 Höhenmetern die Orte Oerlinghausen und Horn-Bad Meinberg verbindet. Der Lönspfad ist mit X10 gekennzeichnet.

DIE WANDERWEGE UND IHRE MARKIERUNGEN

Lokale Wege/Themenwege

Viele Lokalpatrioten haben ihre Leitspuren in dieser Landschaft hinterlassen. Den zahllosen Buchstaben, Ziffern und Kombinationen aus beidem folgen die vorgestellten Touren nur selten. Und es gibt Themenwege, auf denen dem Wanderer vorgeschlagen wird, Landschaftsformen, Kulturgeschichte oder modernen Gestaltungskonzepten zu begegnen. Warum nicht? Der Eggetaler Panorama-Rundwanderweg (Tour 6), das Naturpark-Projekt NaturZeitReise (Tour 29) oder der Viadukt-Wanderweg Altenbeken (Tour 45) bieten sich dafür an.

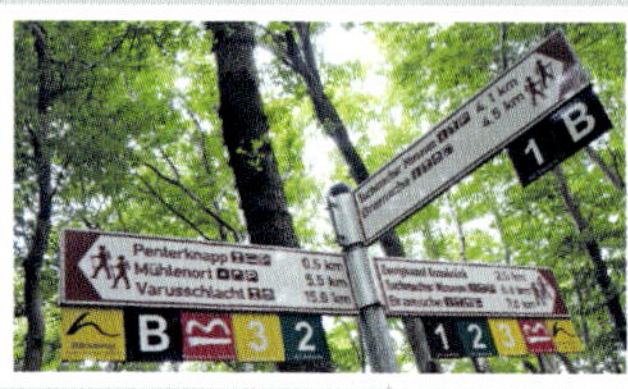

NÜTZLICHE KONTAKTE RUND UMS WANDERN

Wandern ist einfach. Man fängt irgendwo an, setzt einen Fuß vor den anderen und kommt irgendwo an. Dann braucht es noch Infos über Tourenlänge, Höhenmeter, Gehzeiten, Streckenführung, Markierungen, Tipps für Sehenswertes unterwegs. Dafür ist dieses Buch sehr gut. Und doch gehört noch mehr zum Wandern. Was genau gibt es in den Städten und Dörfern zu sehen? Welche Gastgeber passen zu mir? Gibt es aktuelle Veranstaltungen und kulturelle Tipps? Gibt es einen Transportservice? Wie wird das Wanderwetter? Locken angrenzende Gebiete auf neue Wege? Dafür mögen diese Internetseiten nützliche Kontakte sein:

Wiehengebirgsverband Weser-Ems e.V. in Osnabrück
www.wiehengebirgsverband-weser-ems.de

Tourismusverband Osnabrücker Land e. V.
www.osnabruecker-land.de

Natur- und Geopark TERRA.vita in Osnabrück
www.geopark-terravita.de

Tecklenburger Land Tourismus e.V. in Tecklenburg
www.tecklenburger-land-tourismus.de

Teutoburger-Wald-Verband e.V. in Bielefeld
www.teutoburgerwaldverein.de

Teutoburger Wald Tourismus in Bielefeld
www.teutoburgerwald.de

Hermannshöhen
https://hermannshoehen.teutoburgerwald.de

Eggegebirgsverein e.V. in Bad Driburg
www.eggegebirgsverein.de

HINWEIS

Wettermelder können heutzutage schon gut in die Zukunft schauen, trotzdem empfiehlt sich die Mitnahme von Wetterschutz. Man weiß ja nie. Gleiches gilt für die Verpflegung in flüssiger und fester Form. Das schließt die Einkehr in einer der oft urigen Wanderwirtschaften am Wegesrand nicht aus. Die absoluten Höhen der Bergzüge sind unspektakulär. Erstaunlich steil dagegen sind die Anstiege aus den Randtälern oder von den zahlreichen Pässen. Die Höhen-/Längen-Profile unterstreichen das; drum prüfe man vorab seine Kondition.

Wo möglich, wurde auf den Bringdienst öffentlicher Verkehrsmittel gesetzt. Das war leider nicht immer machbar. Auch verkehren manche Busse nur werktags. Also bitte vorher checken. Alle Wanderungen gelten als wintertauglich. Nicht aber als für Kinder geeignet. Das gilt für die schwarzen und teilweise auch roten Touren. Vielleicht bieten sich Teilstrecken an.

Ist Baden hervorgehoben, sind damit Freibäder am Weg gemeint. Badeseen gibt es auch, doch sind die oft ein Stück entfernt. Radtauglich? Das ist eine Frage der Betrachtung, der Fahrrad- und Fahrtechnik. Dies ist ein Wanderführer und die Kämme werden von Wanderern rege begangen. Drahteselfahrer werden um Einhaltung des Prinzips der friedlichen Koexistenz gebeten.

Obwohl auf vielen Wanderungen, die dem Kammverlauf folgen, Berge mit Namen und Höhenangabe bestiegen werden, und auch wenn der Hügel Schmittenhöhe (Tour 10) sein Kreuz zu tragen hat, ist der Legende nach nur der jeweils höchste Punkt der drei Gebirgszüge der Gipfel.

Im Gebiet wimmelt es von Sehenswürdigkeiten mit „erBaulichem" aus vielen Jahrhunderten. Großartige Burgen, Klöster, Parks und Schlösser sind Teil der regionalen Wanderwege. So auch in diesem Buch.

Und für das Kennenlernen der umfang- und artenreichen Einkehr- und Übernachtungsmöglichkeiten könnte man ganze Urlaube hergeben.

SCHWIERIGKEITSGRADE

■ LEICHT

Leichte Touren mit Gehzeiten bis etwa vier Stunden. Die Wege sind weit überwiegend sehr gut gangbar, steile Passagen halten sich stets in Grenzen. Diese Wanderungen sind für Familien mit Kindern uneingeschränkt empfohlen. Typisch für diese Kategorie sind die Touren im eher flachen Wiehengebirge.

■ MITTEL

Mittelschwere Wanderungen mit Gehzeiten von etwa vier bis ca. sechs Stunden. Diese Wege verlangen nicht mehr Trittsicherheit als die „blauen", doch fordern die längeren Strecken mehr Kondition und Bereitschaft zu größeren Höhenunterschieden. Für Kinder ab 10 Jahren meist gut geeignet. Touren dieser Kategorie finden sich häufiger im Teutoburger Wald.

■ **SCHWER**

Anspruchsvolle Touren mit sechs und mehr Gehstunden. Auch hier ist die Wegbeschaffenheit nicht schlechter als in den anderen Kategorien, dafür haben es Streckenlänge und zu bewältigende Höhenmeter in sich. Die Mitnahme von Kindern sollte sich nach deren Kondition richten. Schwarze Touren weist vor allem das gleichmäßig höhere Eggegebirge auf.

UNSERE LIEBLINGSTOUR

Von Fels und Tal (Tour 36, Seite 184)
Vom logistischen Endpunkt des Hermannsweges, dem Bahnhof Leopoldstal, geht es über 200 Höhenmeter hinauf zum Lippischen Velmerstot, dem kleineren der beiden Doppelgipfel. Bei guter Luftqualität geht der Blick bis zum Kasseler Habichtswald. Direkt im Anschluss führt der Weg durch das romantische Silberbachtal mit echtem Gebirgsbach, dessen Wasser einst Mühlen und Schleifanlagen antrieb. Hinter zwei weiteren Bergen betören die gut gebauten Externsteine die Sinne des Besuchers. Drei davon können bestiegen werden. Der Rückweg bietet eine Alternative und macht die Tour rund. Nicht umsonst laufen auf diesem zauberhaften Stück Natur Hermanns- und Eggeweg gemeinsam. Kein Wanderer sollte sie versäumen!

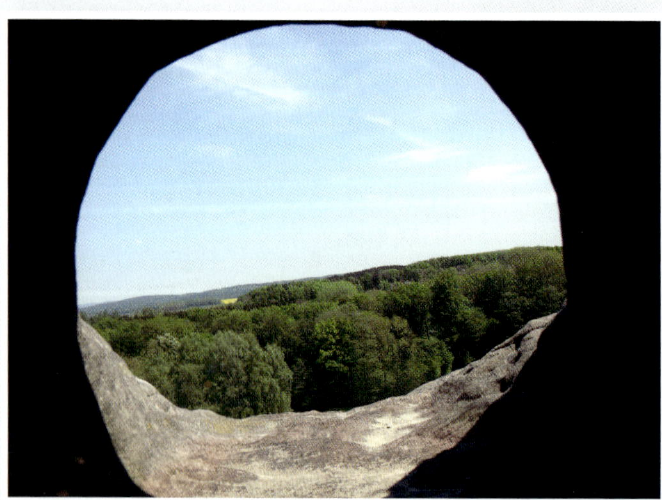

Bullaugen-Flair in der Altarnische des zweiten Externsteines

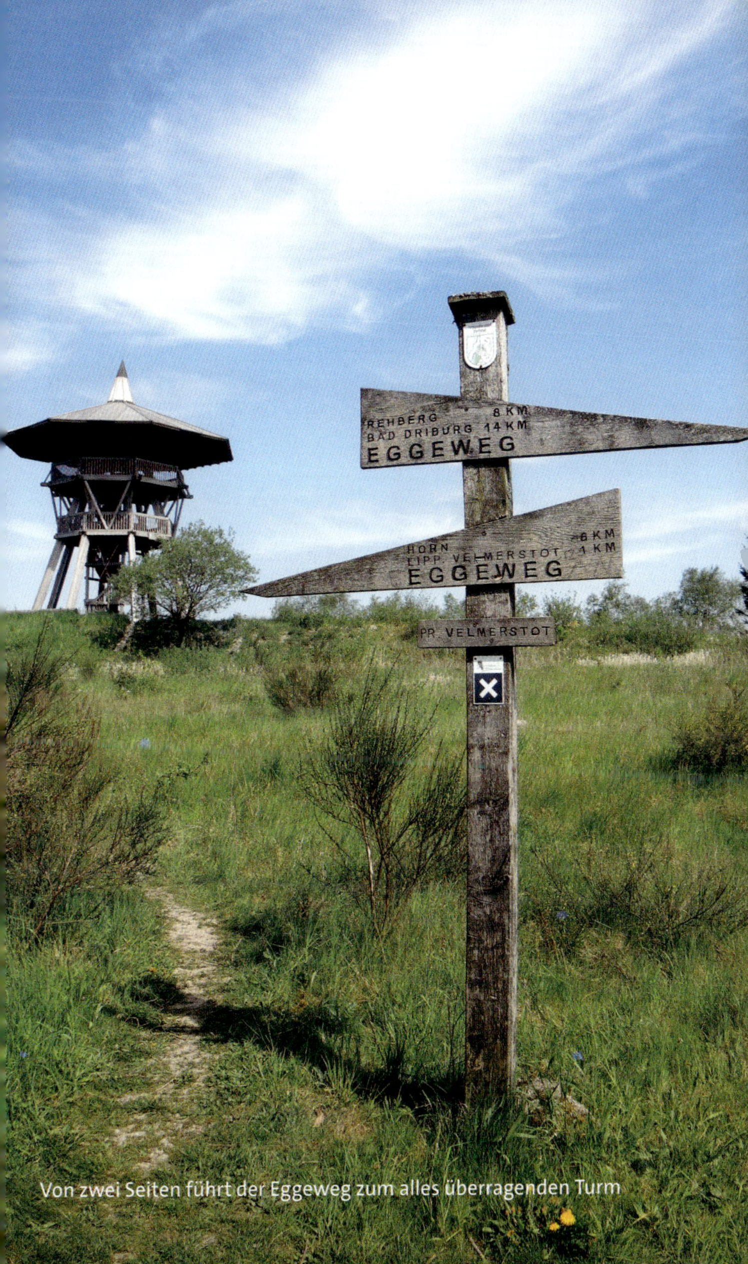

Von zwei Seiten führt der Eggeweg zum alles überragenden Turm

UNSERE HIGHLIGHTS

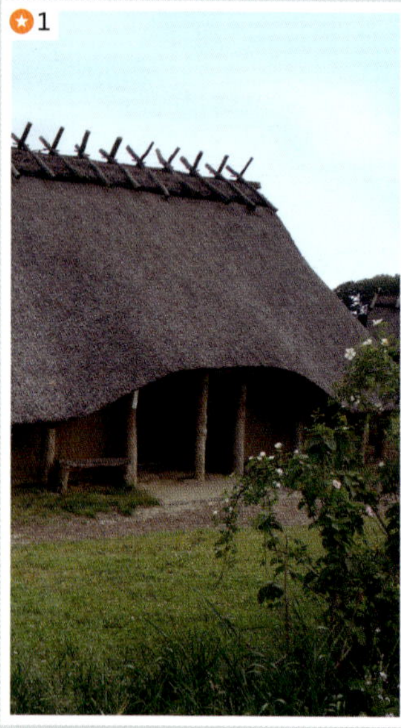

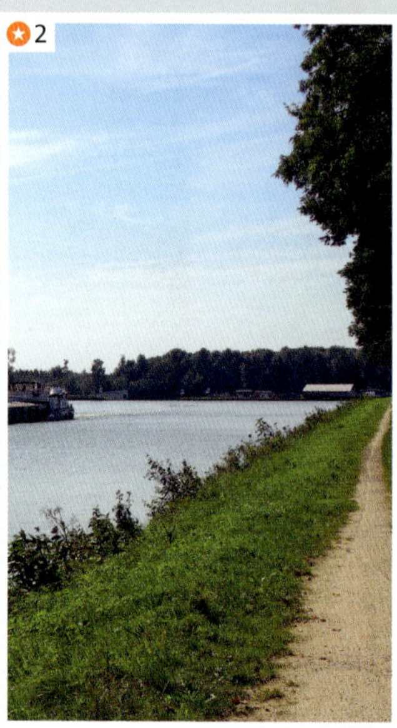

1: Von Germanen und Römern
Diese Tour zwischen Mittellandkanal und Wiehengebirge bietet ein buntes Natur- und Kulturspektrum. Venne mit historischer Mühle und Eisenzeithaus, einen kleinen Berg mit Gipfelkreuz, die Umgebung von Schloss Neu Barenaue, Kanalschifffahrt, einen Aussichtsturm. Vor allem aber führt sie weit in die Geschichte zurück, denn in der Umgebung um den Kalkrieser Berg hat sich wohl die berühmte Varusschlacht zugetragen. Die Wanderung lädt ein zu einer fantasievollen Zeitreise und in das großartige Museum und Park Kalkriese.
→ Tour 10, Seite 74

2: Von kleinen und großen Wegen
Die münsterländischen Pättken (hochdeutsch: kleine Pfade) sind seit je markant für Bevergern und seine Umgebung. Der 156 km lange Hermannsweg verfolgt diese Landschaft über Berg und Tal. Dortmund-Ems- und Mittellandkanal durchströmen das Gebiet mit Ufer begleitenden Trassen. All diese kleinen und großen Wege sind miteinander verbunden und mit den Attraktionen dieser anschauungsreichen Tour: Die Bevergerner Altstadt mit Levedags Mühle, Teutos westlichste Berge, die Schöne Aussicht, Kloster Gravenhorst, das Nasse Dreieck.
→ Tour 14, Seite 91

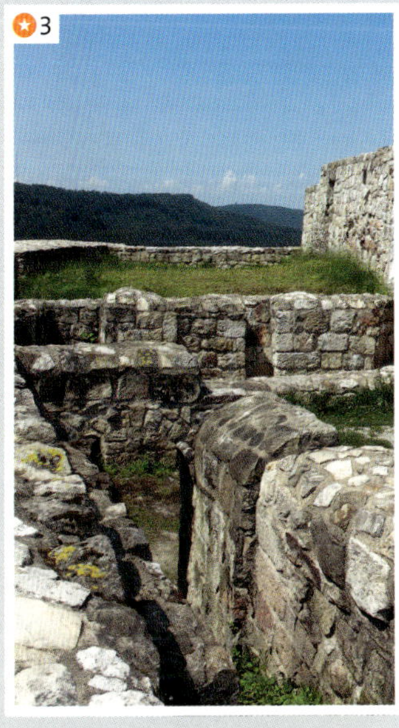

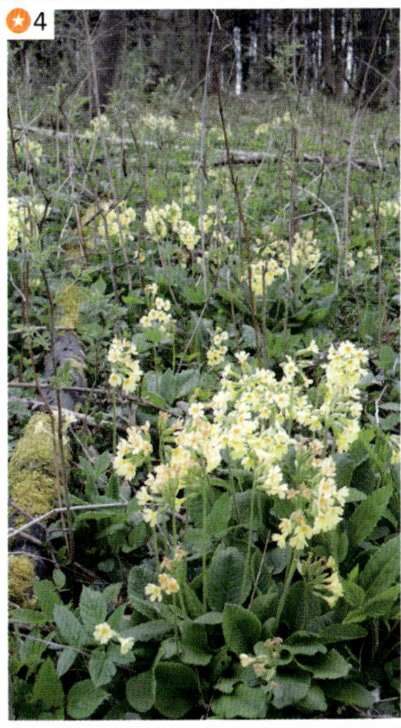

3: Von Herrschern der Lüfte und des Landes
Diese Wanderung hat echt Profil: In zwei langen Anstiegen werden Bergeshöhen um die 400 m überwunden. Dazwischen ist Gelegenheit, im historischen Kreuzkrug die Seele und beanspruchten Beine baumeln zu lassen. Profil hat die Tour aber auch aus anderem Grund, denn sie beginnt und endet an der Adlerwarte Berlebeck, wo Greifvögel bei spannenden Flugschauen virtuos die Luft unsicher machen. Außerdem wird der Nachfolger an die Ruine Falkenburg geführt, eine der besterhaltenen mittelalterlichen Höhenburgen weit und breit.
→ Tour 35, Seite 179

4: Von Blumen und Höhlen
Sehr blumig sind die Wonnemonate April und Mai mit hangdeckendem Hohlen Lerchensporn im Langental. Auch am Hohlestein gibt es Artenvielfältiges zu entdecken: Anemonen, Veilchen, Orchideen, Schlüsselblumen – der Wanderer kann die Aufzählung beliebig erweitern. Die Klufthöhlen am Hohle- und Bielstein haben ebenfalls mit dem Kalender zu tun, denn hier überwintern zahlreiche Fledermausarten. Blumenböden und Fledermaushöhlen haben etwas gemeinsam: Sie bilden in der Egge Fauna-Flora-Habitate zur Wahrung des europäischen Naturerbes.
→ Tour 42, Seite 210

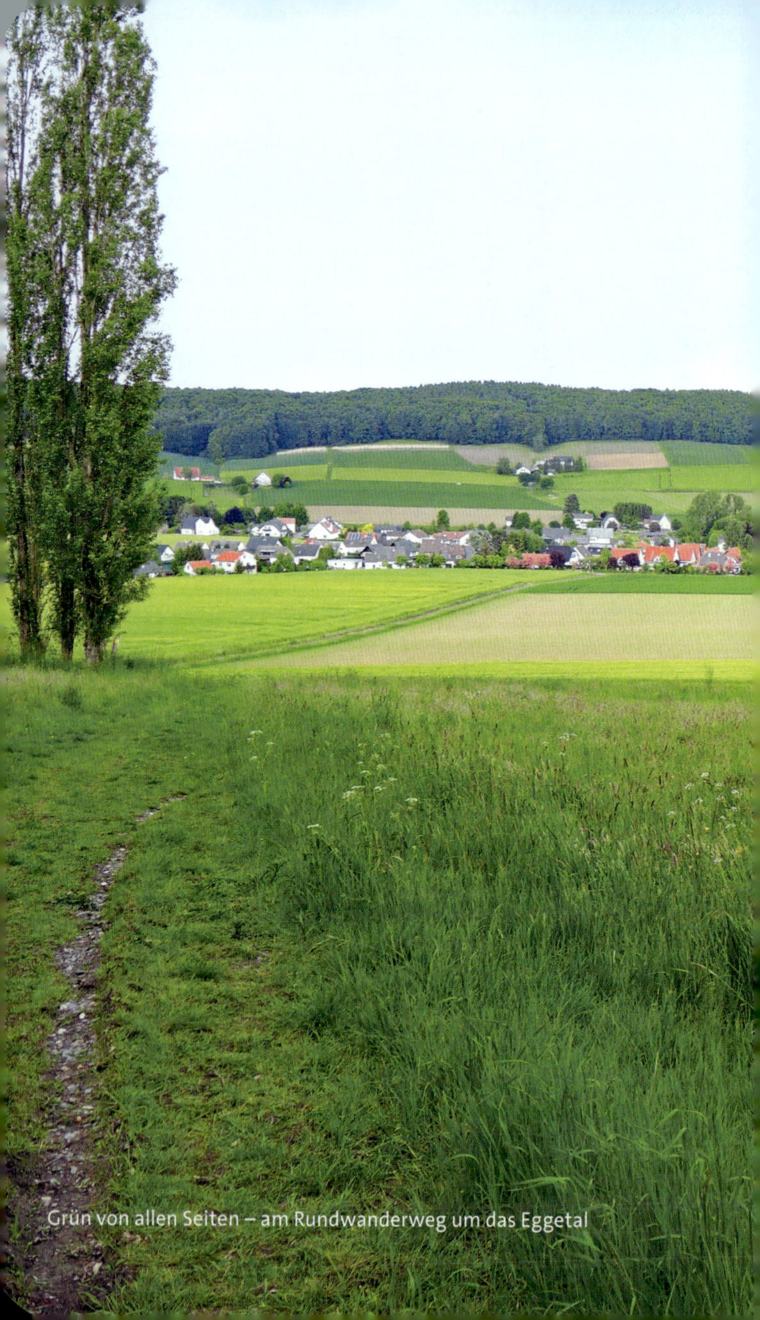

Grün von allen Seiten – am Rundwanderweg um das Eggetal

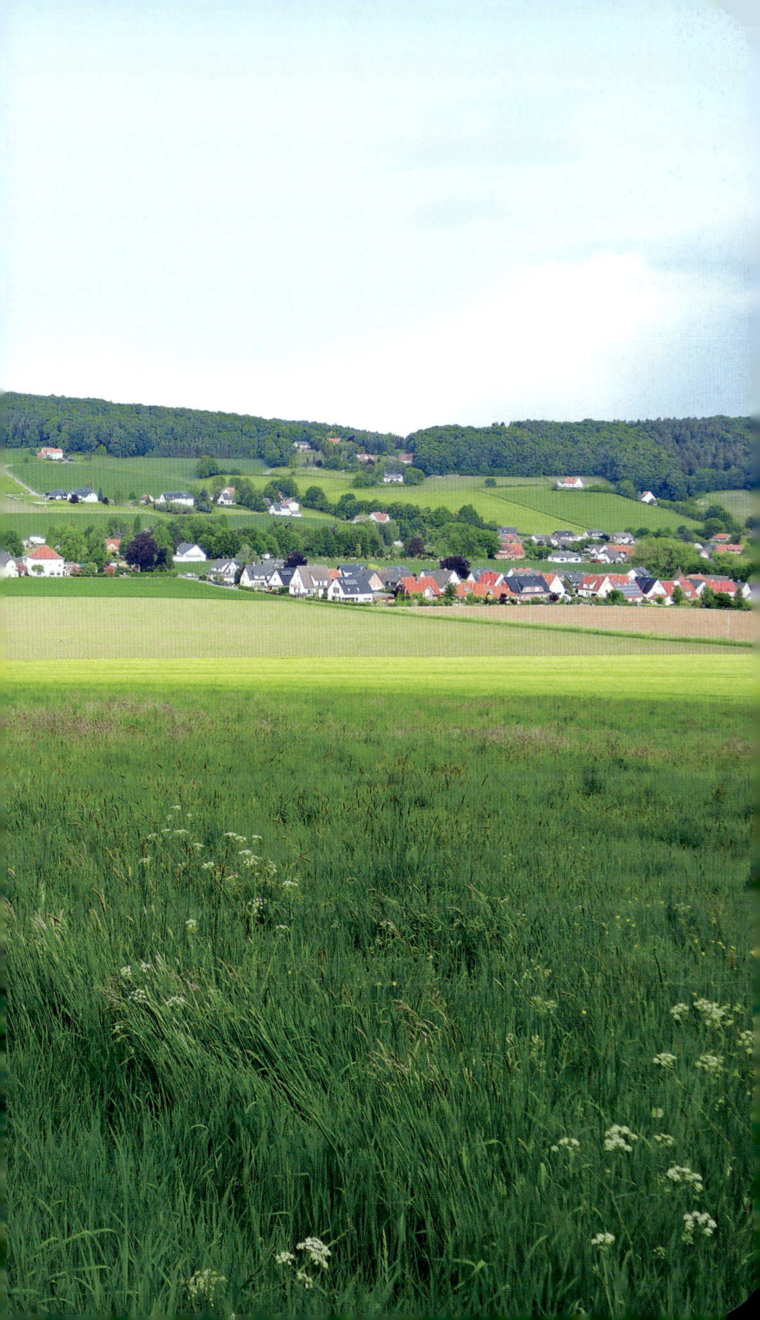

1

ZUM WITTEKINDSBERG ÜBER DER PORTA WESTFALICA

Kaiser Wilhelm, Graf von Moltke und ein Wilder Schmied

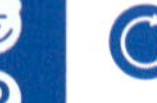 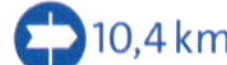 10,4 km  3:15 h  440 hm  440 hm 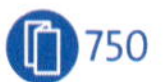 750

START | Parkplatz Hotel Kaiserhof, Bushaltestelle Unterm Willem (Linie 414) oder Shuttle-Bus Kaiser-Wilhelm-Linie 518 an Wochenenden / Feiertagen
[GPS: UTM Zone 32 x: 493.994 m y: 5.788.452 m]
CHARAKTER | Steiler Aufstieg zum Kamm, dann leichte und höhepunktreiche Wanderung.

Gleich um die Bergecke, in Barkhausen, beginnt – oder endet – der Wittekindsweg, der über 95 km dem Kammverlauf des Wiehengebirges nacheilt und in Osnabrück endet – oder eben beginnt. Er ist im Wortsinn herausragender Teil des Europäischen Fernwanderweges 11. Ihm widmet sich diese Tour auf ihren ersten Kilometern und taucht dabei ein in bewaldete Natur und spannende Geschichte.

Das **Hotel Kaiserhof** **01** war Außenlager des KZ Neuengamme. Im Festsaal hausten Häftlinge, die in nahen Erzgruben schufteten. Am Parkplatz gehen wir rechts in den Wald (Osnabrück E 11 Arminiusweg). An der Gabelung rechts zu einem Rastplatz. Weiteres Symbol: weißroter Querbalken (Wittekindsweg s. S. 23). Rechts aus dem Wald. Eine Straße touchierend, links zur Goethe-Freilichtbühne,

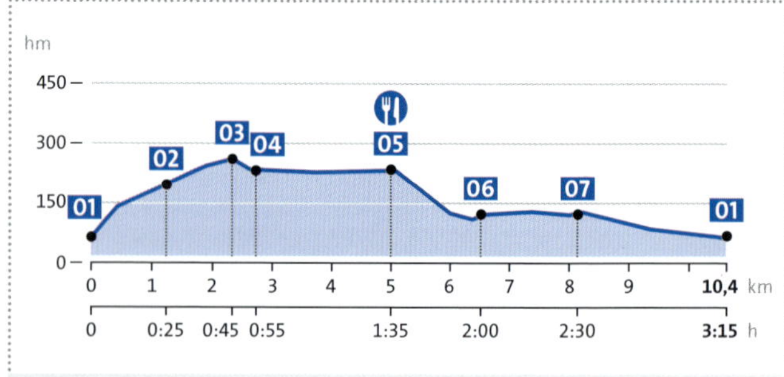

01 Hotel Kaiserhof, 61 m; **02** Kaiser-Wilhelm-Denkmal, 205 m; **03** Moltketurm, 270 m; **04** Wittekindsburg, 251 m; **05** Zum Wilden Schmied, 250 m; **06** Dehmer Burg, 121 m; **07** Friedhof, 126 m

vor deren Felskulisse ganz schönes Theater gemacht wird. In Naturkulisse führt unser Weg (A 2) durch steilen, zertalten Waldhang. Wir queren die Fahrstraße, gelangen zum großen Parkplatz. Nun sicher nicht mehr allein, folgen wir der Stichstraße, bis das **Kaiser-Wilhelm-Denkmal** 02 überragend vor uns auftaucht. 88 m hoch ist das einstige deutsche Nationaldenkmal von 1896, das den 1. Wilhelm ehrt. Gemessenen Schrittes nehmen wir eine Freitreppe, steigen zum Kuppelbau, das den Bronzekaiser trägt. Folgen wir seinem erlauchten Blick, öffnet sich uns das weite Land beidseits der Westfälischen Pforte mit dem Wesergebirge als trennender Bergnaht. Dem Besucherzentrum in der Ringterrasse sollten wir Zeit widmen, dann weist hinterm Denkmal ein Geländer den Weiterweg. Steil sind die Hänge, schmal der Rücken, der unseren Pfad trägt. Infotafeln eines Wald- und Kulturpfades vermitteln Lokalkenntnis. Links eine Holzhütte namens Silberblick. Der geht südwärts über Weserbogen und Lippische Berge. Die Kammlinie zieht zum **Moltketurm** 03. Nach der Erbauung 1828/29 war er als Signalpunkt gedacht. 1906 wurde er zu Ehren des preußischen Generalfeldmarschalls Helmuth Graf von Moltke umbenannt. Eine Wendeltreppe führt hinauf, doch ist der Ausblick durch hohen Bewuchs bescheiden. Wir erreichen das geschichtsträchtige Areal der in vorrömischer Zeit angelegten **Wittekindsburg** 04. Unglaublich, was eine Fläche von 2/3 km x 100 m beherbergen kann: Das ehemalige Hotel Wittekindsburg, die sagenhafte Wittekindsquelle, die romanische Kapelle Margarethenklus und die Kreuz-

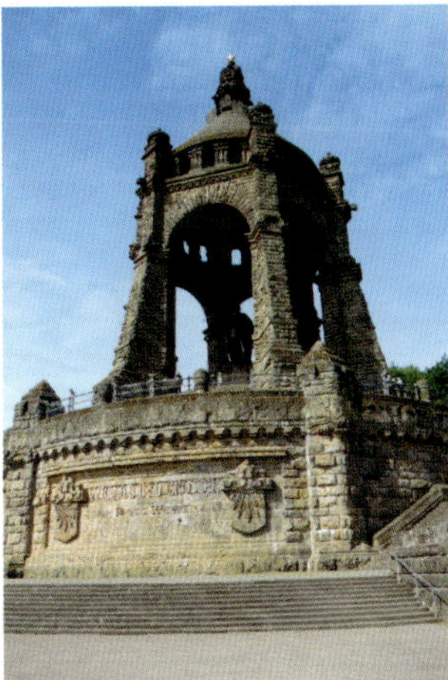
Kaiser Wilhelm grüßt aus seinem Denkmal

kirche, deren Mauerreste und Grabfunde aus dem 10. Jh. einen gläsernen Schutzbau tragen. Nach vollständiger Erkundung folgen wir dem Kammobersten hinter der Kreuzkirche auf dem Pfad zu einer Gabelung. Links hinab, halbrechts, dann bereitet ein Baumschild auf das nächste Ziel vor. Ein ebenes Stück und das Gasthaus **Zum Wilden Schmied** 05 ist erreicht. Der Namensgeber war ein Lebemann vorm Herrn, der, wie man heute sagt, die Kontrolle über sein Leben verlor und sich hierher zurückzog. Links hinter der Wirtschaft auf schmalem Steig hinab (A1+2). Z-förmig schneidet der Weg den Waldhang. Ein Stück geradeaus, an einer Querung links (A1). Deutlich unterm lichten Kamm schwingt sich unser Rückweg durch dichten Tann. Der Kontrast vom Belebten zum Einsamen tut gut. Nach rechts, kräftig hinab, vor dem Waldrand am Schild Dehmer Burg

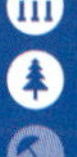

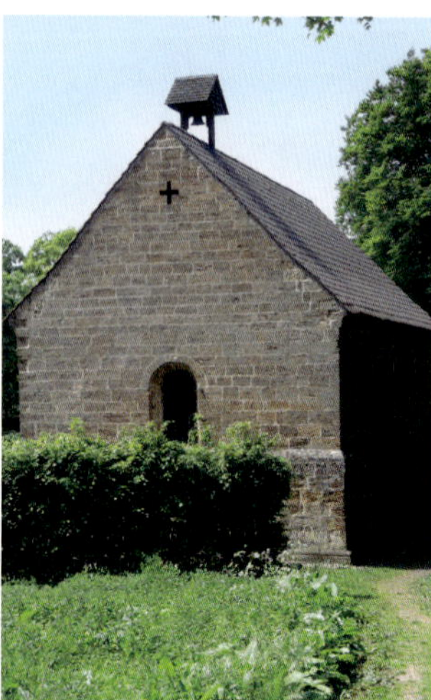

Die Margarethenkapelle aus romanischer Zeit

links (A1). Die **Dehmer Burg** 06 ist eine wallförmige Aufragung im Wald. Hier stand um 500 v. Chr. eine Fliehburg, die Talansässigen Schutz vor nahenden Feinden bot. Lichter wird der Forst, wiesengrün leuchtet der Waldrand. Ein kleiner, schmiedeeisern umzäunter **Friedhof** 07 weckt unsere Aufmerksamkeit. Grabinschriften verraten, dass hier seit Mitte des 19. Jhs. die anglebige Familie Ströver bestattet wurde. In Waldrandnähe begeben wir uns fast auf Weserniveau. Oberhalb der B61 auf einen Plattenweg. Bevor der zur Sackgasse wird, links auf Forstweg. An einem Querweg rechts (PW), auf A1+2 bis fast zur Bundesstraße. Den Glanz der Weser vor Augen treten wir hinter einer Schranke aus dem Wald und gehen die letzten, gleichsam ersten Meter der Tour.

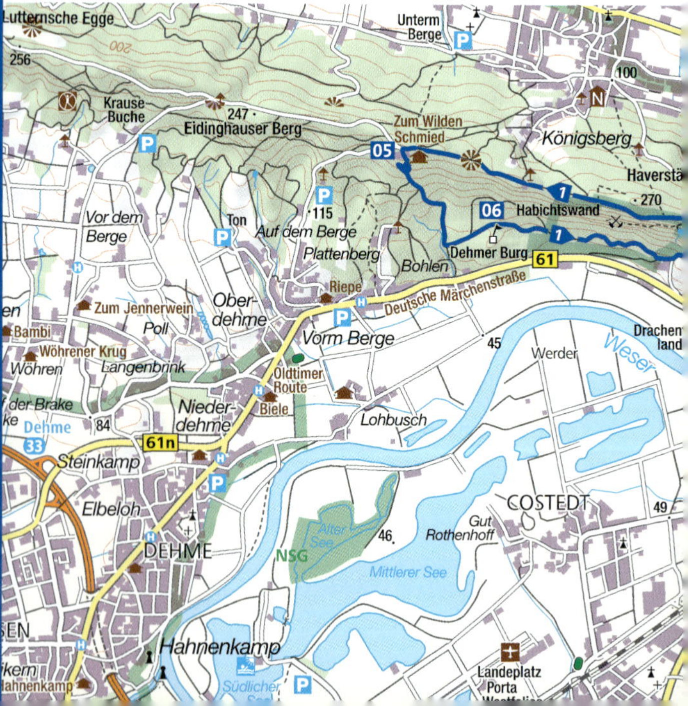

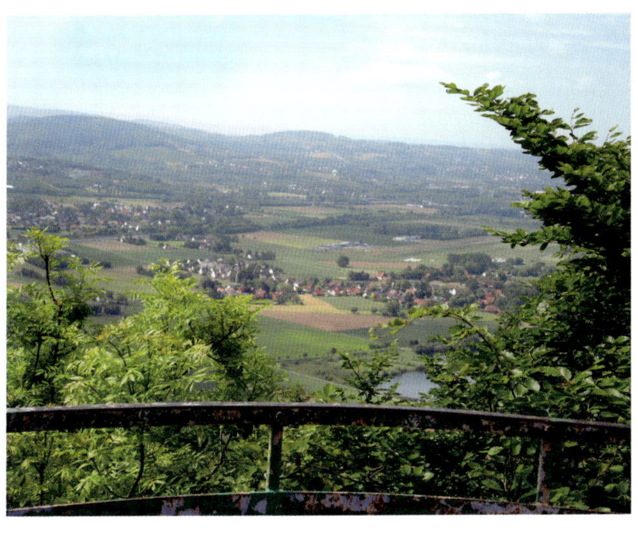

Moltketurmschau auf Weser und Lippische Berge

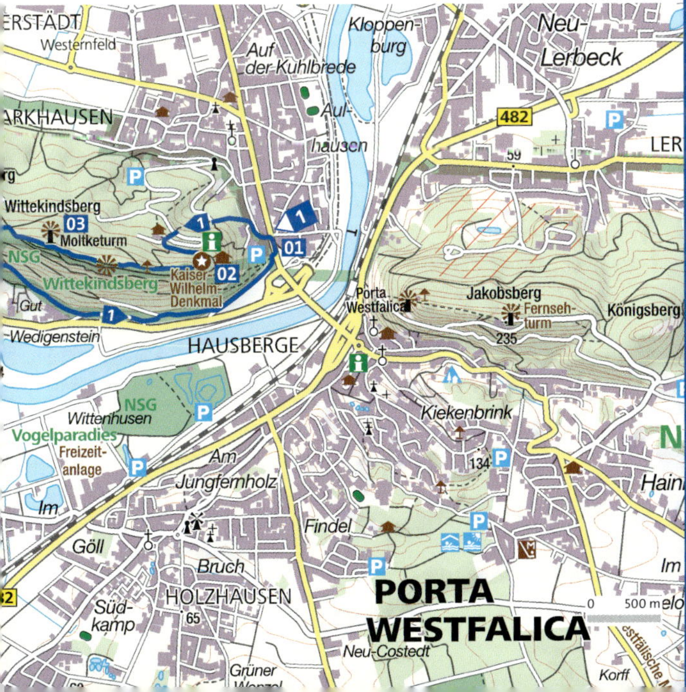

Das LWL-Besucherzentrum im Kaiser-Wilhelm-Denkmal

Beim LWL-Besucherzentrum im Kaiser-Wilhelm-Denkmal steht LWL für Landschaftsverband Westfalen-Lippe. Das Besucherzentrum steht für multimedial, interaktiv und vielfältig aufbereitete Infos zum Denkmal und zur Kultur und Natur drumherum. Das Zentrum mit sechs Besucherstationen und Gastronomie „Wilhelm 1896" wurde 2018 meisterhaft in die Ringterrasse des Monumentes gebaut. Na und das Kaiser-Wilhelm-Denkmal steht dem Ganzen eindrucksvoll gegenüber.
www.kaiser-wilhelm-denkmal.lwl.org/de/

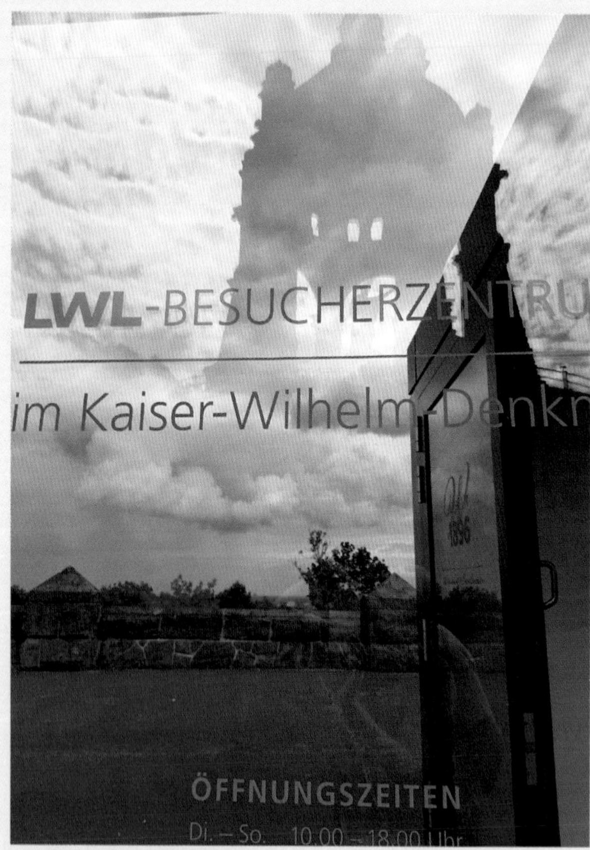

Berghotel Wittekindsburg

DAS GROSSE TORFMOOR

Naturidyll zwischen Mittellandkanal und Wiehengebirge

 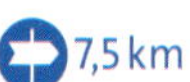

 2:00 h 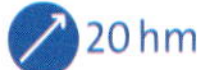

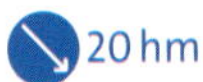

START | Parkplatz Großes Torfmoor Moordamm oder Bushaltestelle Gehlenbeck/Freibad Linie 581 MühlenkreisBus GmbH (Mo.–Fr.) [GPS: UTM Zone 32 x: 477.785 m y: 5.797.936 m]
CHARAKTER | Bestens markierte, brettebene und bei Wegtreue gefahrlose Naturerkundung.

Einst war das Große Torfmoor ein unüberwindbares Hindernis – 20 km lang, 3 km breit und schrecklich tief. Erst eingelegte Holzbohlen schafften Wagemutigen ein Weiterkommen. Reste eines historischen Knüppeldammes wurden wiederentdeckt – und noch einiges mehr. Wer hier auf sicherem Untergrund wandert, entdeckt im größten Moorgebiet Nordrhein-Westfalens Zeugen der Vergangenheit und ein wahres Naturidyll der Gegenwart.

▶ Um es vorwegzunehmen: Diese Rundtour schaffen Leistungsorientierte leicht in 2 Stunden. Uns jedoch sind Geduld, Neugierde und Entdeckerfreude empfohlen, aus denen sich ein ausgedehnter Aufenthalt mischen lässt – im Torfmoor, im Besucherzentrum Moorhus oder im startpunktnahen Café Vogelnest. Wir lassen also die Uhren am **Ausgangsort** 01 zurück und finden am Parkplatzende eine Schautafel, die uns das Torfmoor zum Europäischen Schutzgebiet erklärt. Hier ist uns auch der rot markierte Rundwanderweg vorgezeichnet. Und ausgezeichnet bestückt durch schlau gesetzte Holzpfähle

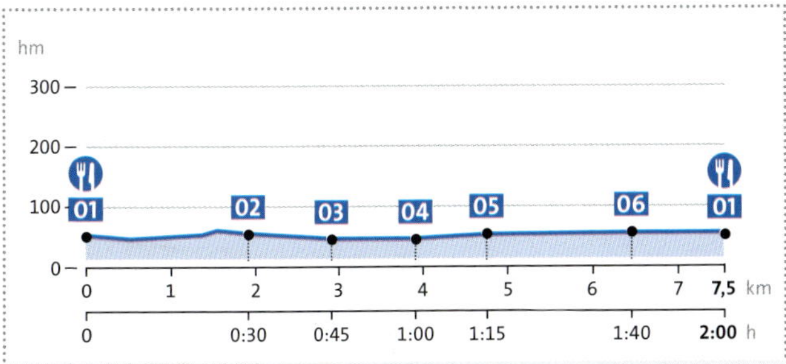

01 Parkplatz Großes Torfmoor, 51 m; 02 Nordturm, 51 m; 03 Schutzhütte, 49 m; 04 Südturm, 48 m; 05 Moorschutzhof, 49 m; 06 Westturm, 51 m

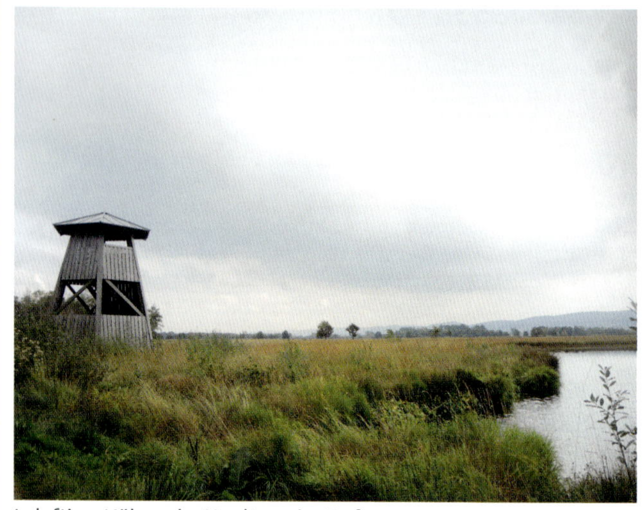

In luftiger Höhe – der Nordturm im Torfmoor

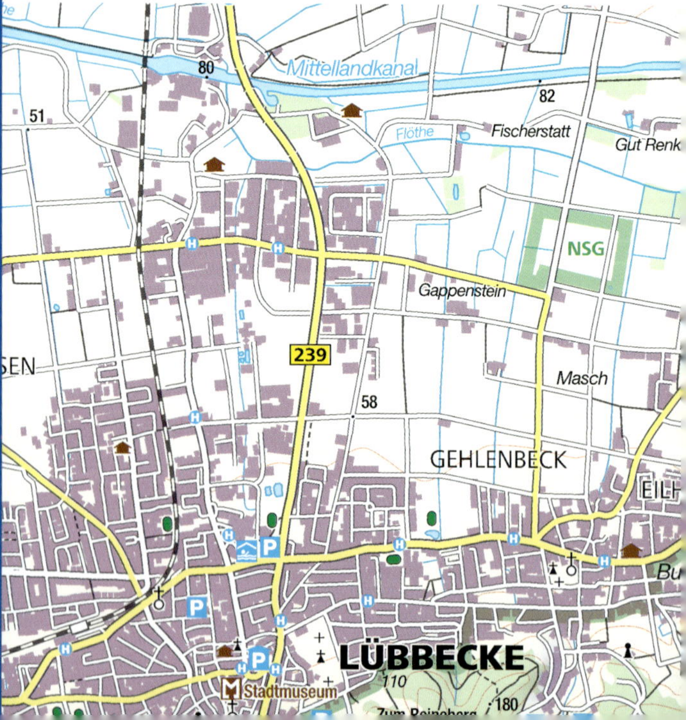

mit roten Pfeilen. Wir laufen ostwärts. Nach kurzem Auftakt aus Birken- und Eichenholz gelangen wir in freies, vollkommen plattes Gelände, aus dem am rechten Horizont das Wiehengebirge fast mauerartig emporwächst. Auf flachem Sandkamm geht es ins Offene, beidseits flankiert von artenreicher Flora aus Birkenbüschen, Heide, Ginster, Wasserdost, Wollgras oder Schilf, die hier üppig versumpft. Wir gelangen an eine sperrende Schranke als Rettungspunkt mit Notfallinfos. Davor links. Ein Holzweg sorgt für trockene Füße. Wir touchieren ein Birkenwäldchen, das vom nahen Mittellandkanal trennt. Wie schön muss es hier zur Heideblüte sein! Einzelne Bäume geben dem Ebenmaß des Flachlandes Struktur. Wieder Holzbohlen, diesmal mit Geländer. Dieser sogenannte Holzweg mündet in einen Moorerlebnispfad. Eine unübersehbare Station ist der **Nordturm** 02 als Aussichtswarte über das hier sehr seenreiche Torfmoor.

Wir folgen dem roten Pfeil – oder besser dem Holzweg, denn so erschließen sich uns auf Tafeln und in Schaukästen Torffunde wie Steinbeil oder Moorleiche. Auf nun befestigtem Weiterweg (Stellerleger Damm) geht es schnurgerade Nettelstedt und dem Wiehengebirge entgegen. An einer Tafel zum Naturheilmittel Torf steht eine **Schutzhütte** 03 mit Moormatschkuhle zur Fußpflege im Schlammtretbecken. Dahinter halbrechts auf schmaleren Pfad. Vor ausgedehnten Feldern

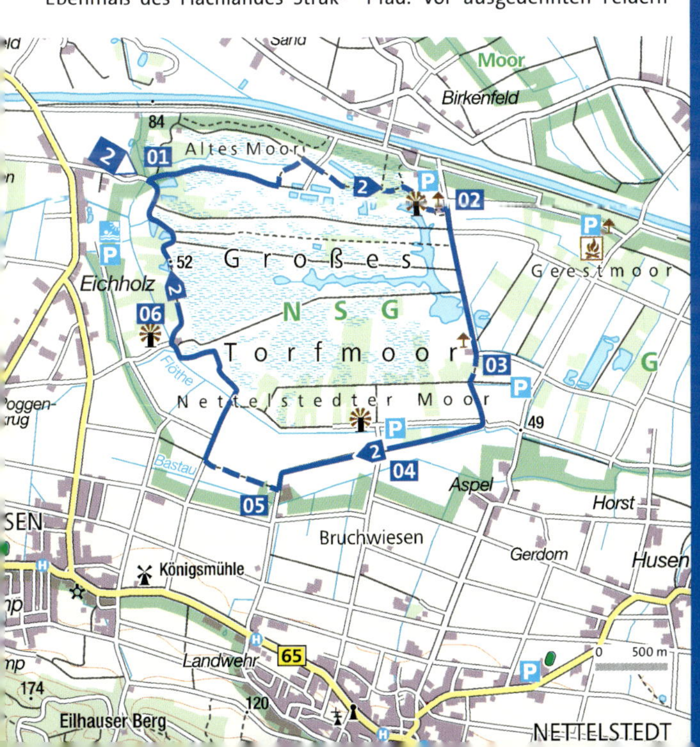

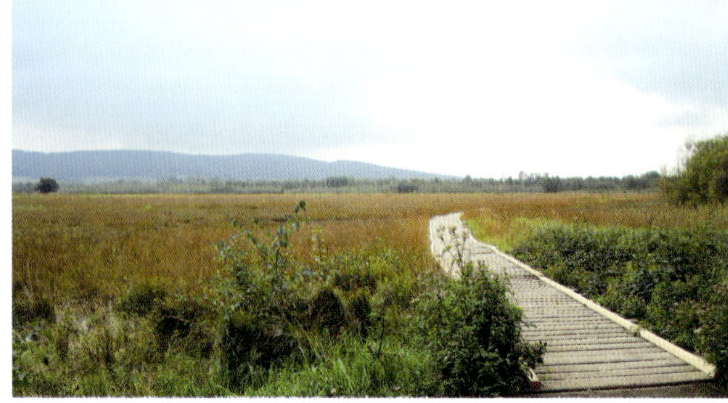

Vom Knüppeldamm zum Holzweg – unverzichtbare Gehhilfe im Moor

und zwischen den Bächen Flöthe und Bastau nach rechts. Dieser Flötheweg trägt uns zu einem Parkplatz mit aussichtsreichem **Südturm** 04. Ein Asphaltstück, neben dem oft Schnucken weiden um Baumtriebe an der Moorentwässerung zu hindern, verlassen wir an einem **Moorschutzhof** 05. Wir erfahren, dass sich hier ein Brutgebiet für Weißstörche befindet. Hinter dem Hof etwas Obacht: rechts ab und auf schönem Wiesenweg gen West. Wir biegen rechts auf ein Teersträßchen (Bruchwiesendamm), folgen diesem nach Nordost, überqueren die Flöthe, halten uns links. Sehr malerisch schlängelt sich der Weg. Ein von Trauerweiden gesäumter Bohlendamm deckt weichen Grund. An einer Straßenzufahrt von links gehen wir geradeaus. Kurz darauf erhebt sich der **Westturm** 06 für weiteren freien Moorblick. Noch eine lauschige Waldpassage an kleinen Wasserwegen und Sumpfseen, noch ein Lichtblick mit den Häusern von Eichholz, dann ist diese runde Sache eigentlich zu Ende. Wäre da nicht in nächster Nähe das Moorhus (www.moorhus.eu) zur Vertiefung des Erlebten ...

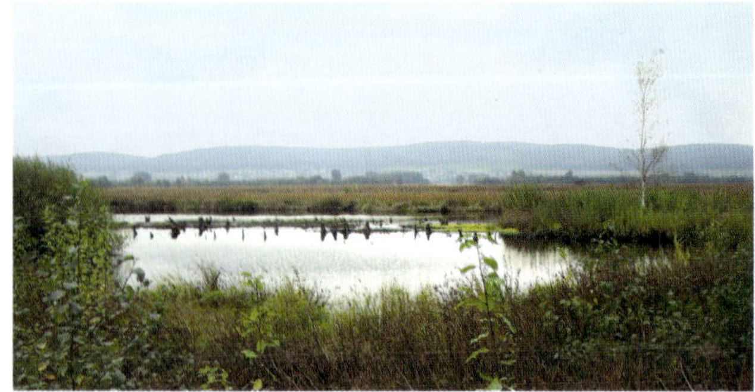

Moorgewässer sind Lebenselixier unzähliger Tier- und Pflanzenarten

HEIDBRINK, KNIEBRINK UND WURZELBRINK

Auf die drei Höchsten des Wiehengebirges

 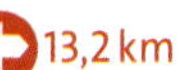 13,2 km 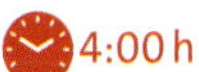 4:00 h 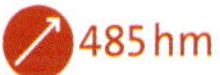 485 hm  485 hm 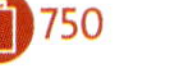 750

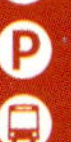

START | Parkplatz Kreuzkampweg am Lübbecker Friedhof oder Bushaltestelle Friedhof der Linie 514
[GPS: UTM Zone 32 x: 474.574 m y: 5.795.028 m]
CHARAKTER | Viel Wald auf nicht steilen Forstwegen, etwas Stadtkontakt gegen Ende der Tour.

Im Wiehengebirge stehen drei Berge, die die 300-Meter-Marke überragen. Der erste trägt einen Gedenkstein, der zweite bemerkenswerten Bewuchs, der dritte einen Aussichtsturm. Diese Tour folgt einem Wanderweg, der alle drei verbindet. Nach dem Abstieg wird ein baulich gelungenes Stück Lübbecke erschlossen. Ein Städtchen, dessen nähere Erkundung sich lohnt.

▶ Am **Friedhof** 01 ziehen wir wald- und bergwärts und links in die Reineburgstraße. 1990 wurde in der Region die Gesichtsmaske eines römischen Reiterhelmes gefunden. Auf ein Piktogramm reduziert, kennzeichnet sie den Arminiusweg (s.S. 24) und unseren Weg zum **Schützenvereinshaus** 02. Ergänzt um die verschiedenfarbigen Ziffern 1-3, zuletzt mit der „grünen 3", finden wir in oft dichtem Buchenwald – zwischendrin überrascht von einem Weitblick ins Norddeutsche Tiefland – hinauf zum Kamm. Wir befinden uns auf dem Wittekindsweg, markiert mit

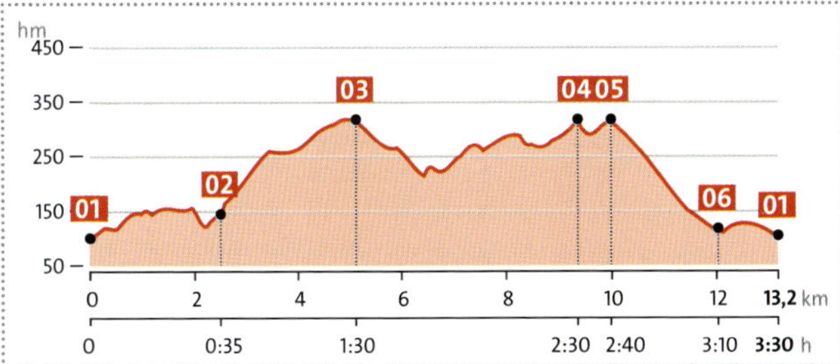

01 Parkplatz am Friedhof, 106 m; 02 Schützenvereinshaus Gehlenbeck, 147 m; 03 Heidbrink, 320 m; 04 Kniebrink, 315 m; 05 Wurzelbrink, 318 m; 06 B 239/Museum der Barre-Brauerei, 132 m

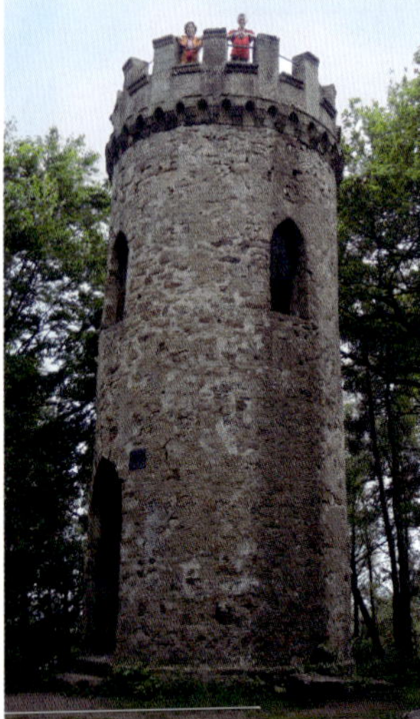
Der Wartturm auf dem Wurzelbrink

weißrotem Querbalken (s.S. 23). Ein Hohlweg, dann wird das Gelände an einer Schutzhütte wieder zahm. Immer auf „weiß-rot" achtend kündigt sich der Höhepunkt des Wiehengebirges an: Erst steilt der Weg auf, dann begegnen wir der „Hütte auf dem Heidbrink", einem Sendemast und dem Hinweis „Zum Stein". Ein Abstecher und wir stehen auf dem **Heidbrink** 03 ganze 320 m über dem Meer, dazu ein Sandstein mit Tafel, die Wappen der Grenzgemeinden tragend. Zurück zum Kammweg, links auf ein Teersträßchen, hinab in eines der vielen Täler, die den Kamm durchschneiden. Dieses führt die B239, die wir auf der Wittekindsbrücke verkehrsberuhigt überqueren. Rechts. Wir tauschen Straßengeräusche gegen Waldesruhe und Asphalt gegen Naturgrund. Im Linksbogen empor und

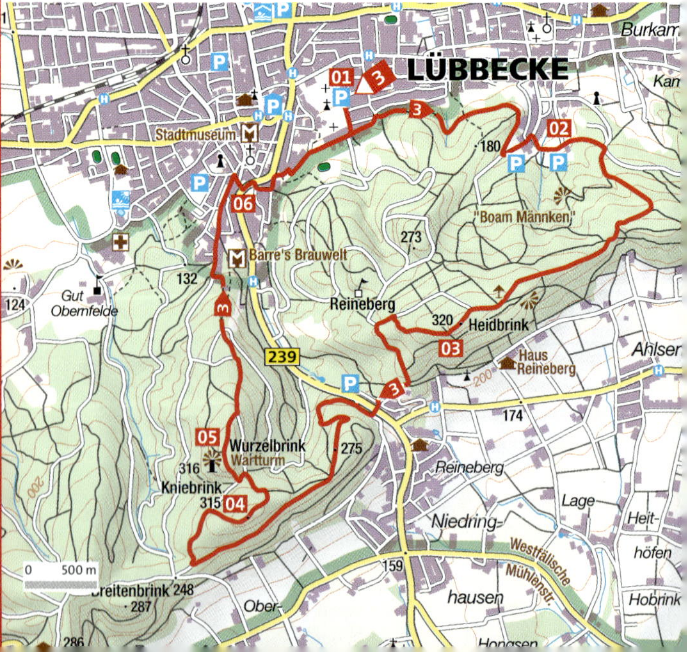

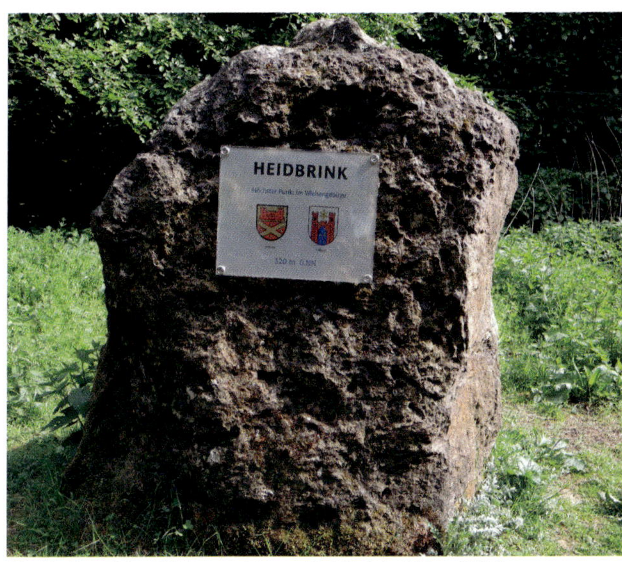

Ein Hoch auf das Wiehengebirge – Heidbrink, 320 m üNN!

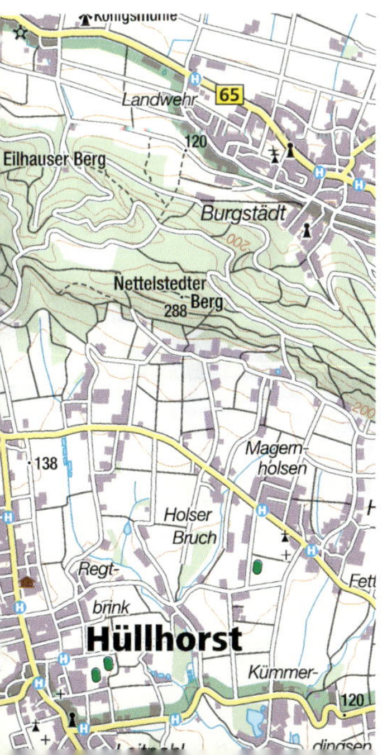

nehmen geradeaus Anlauf zum zweiten Tagesberg. Vor einer Gabelung ein Wegestein: „Horst's Höhe, Bergkirchen" an der Vorderseite, „Wartturm, Lübbecke" rechts dahinter. Hier hinauf (A 6). Etwas Obacht und wir finden zur Rechten einen fahrzeuggespurten Weg, der hinaufleitet zum rundbuckligen, baumarmen, 315 m hohen **Kniebrink** 04.

Nachdem 2007 der Orkan Kyrill wütete, haben Fingerhut, junge Birken, Brombeer- und Ginsterbüsche das botanische Zepter übernommen. Sie sind widerstandsfähiger als viele Nadelhölzer, die starken Stürmen kaum gewachsen sind. Auf zur 3. Bergetappe! Nach Norden hinab und aus der Freifläche wieder in Wald. Einen querenden Forstweg nach links, kurz darauf wieder links auf noch breitere Piste. Nach 50 m ein erneuter Wegstein mit der Inschrift

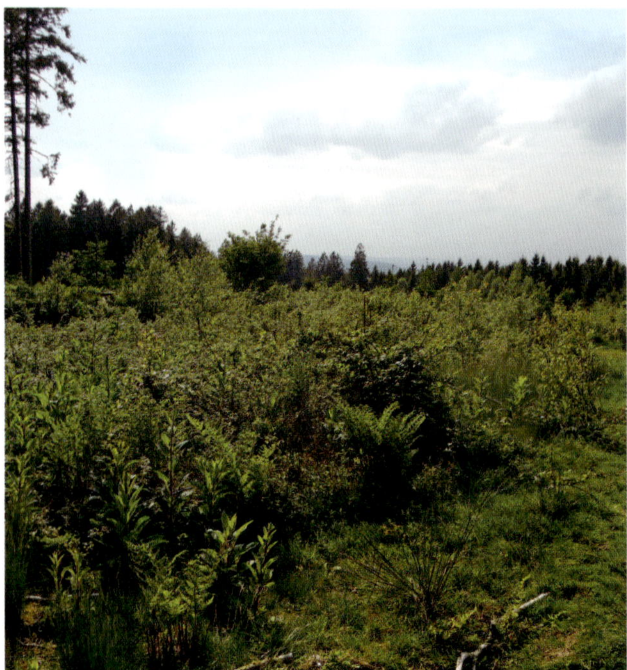

Buschland auf dem Kniebrink

„Wartturm". In spitzem Winkel nach rechts und einen steilen Trampelpfad (A 6) hinauf zum **Wurzelbrink** 05. Hier, auf 318 m Seehöhe, thront der Wartturm, ein 1857 errichtetes Bauwerk, das wir besteigen können, wenngleich das Panorama meist an nächststehenden Bäumen endet.

Auf breitem Weg geradeaus. Wo der markant nach links knickt, einen meist unmarkierten, doch deutlichen Pfad geradeaus. Einen Querweg kreuzend, hinab zu den ersten Häusern Lübbeckes. Wieder festen urbanen Boden unter den Füßen passieren wir schmucke Behausungen. Eine breite Straße mit Parkanlage und Tennisplatz zur Linken, vorbei an der Prachtvilla Wilhelmsplatz 2, gelangen wir erneut zur **B239** mit lohnendem Besuch des **Museums der Barre-Brauerei** 06. Hurtig über die Bundesstraße, gegenüber die Straße Haberland, links die Ostertorstraße hinauf. Rechts Waldrand, links wohlständiges Ambiente, geht es die Obere Tilkenbreite entlang. Hier grüßt der Arminiusweg wieder und begleitet uns zum Parkplatz. Mit etwas Hinschauen findet sich der Wegweiser stets am rechten Fleck. Noch Wald, dann zieht die Lehmkuhlenstraße zurück in den Ort. An den ersten Häusern rechts. Ein letzter kleiner Anstieg bringt uns ans Ende.

Lübbecke – Stadt der Barre-Brauerei

Im Süden der ostwestfälischen Stadt Lübbecke gibt es seit 1842 die Brauerei Ernst Barre, die seither in Privatbesitz ist. Einzigartig in der Region ist das Museum Barre's Brauwelt, das im einstigen Gär- und Lagerkeller untergebracht ist. In den Gewölben wird die einstige Bierherstellung anhand von originalen Maschinen und Bottichen gezeigt. Eine umfassende Gastronomie gehört dazu. „Barre" ist auch in der Lübbecker Altstadt ein Begriff. Jedes Jahr im August wird auf dem Marktplatz das Bierbrunnenfest gefeiert. Was 1954 mit dem Bau des Bierbrunnens begann, aus dem werbewirksam Freibier sprudeln sollte, ist inzwischen zu einem begehrten Volksfest geworden.

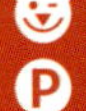

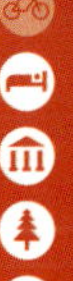

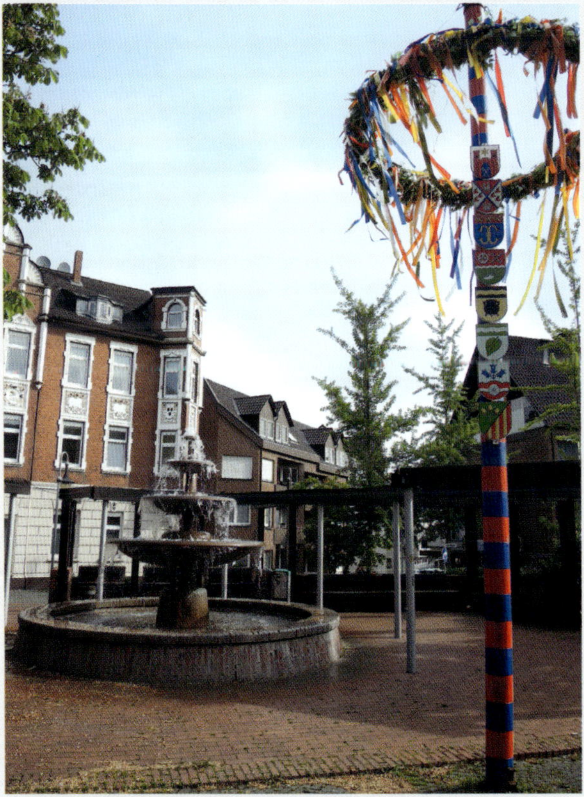

Der Lübbecker Bierbrunnen

4

ÜBER DIE BABILONIE ZUM KAHLEWART

Eine sagenhafte Burg und eine lebendige Bühne

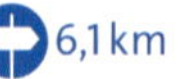

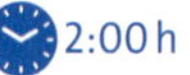

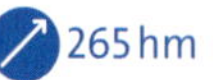

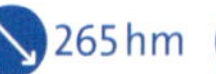

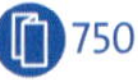

START | Wanderparkplatz Babilonie in Obermehnen oder Bushaltestelle Heckmann, TaxiBus AST628TB [GPS: UTM Zone 32 x: 471.192 m y: 5.792.192 m]
CHARAKTER | Eine typische Wiehengebirgstour; der Weg zum Kamm ist manchmal steil, aber unschwer und sehr gut markiert.

Vom Talort Obermehnen ist der Weg zur Kammlinie wiehengebirgig kurz, gut ausgebaut, manchmal steil, immer waldig, ziemlich zertalt und mit einer historischen Attraktion angereichert: der Wallburg Babilonie. Bevor der Wanderer den Kamm wieder verlässt, passiert er die Freilichtbühne Kahle Wart.

Die Veranstaltungen an dieser ungewöhnlichen Location beginnen vormittags, nachmittags oder abends und könnten somit Einfluss auf die Tourenplanung haben!

▶ In Verlängerung des **Wanderparkplatzes Babilonie** 01 gehen wir nur wenige Meter zum ersten Geschichten- und Geschichtskontakt, die ringgemauerte Babiloniequelle mit Quellstein. Ihr Wasser, das in heilender Konzentration radioaktiv ist, fließt auf eine Reinigungssage zurück, der zufolge der sächsische Herzog Widukind hier, von Aussatz geplagt, Linderung fand. Wir schwenken rechts, passieren das Haus Nr. 37. Der Weg, der uns kammwärts führt, trägt eine an Bäume handgemalte grüne A3 in weißem

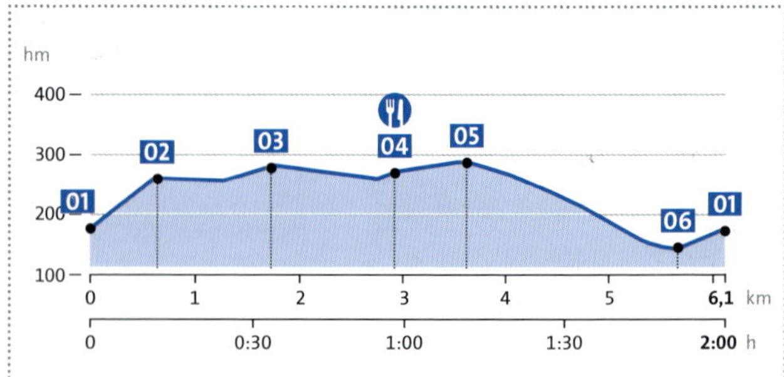

01 Wanderparkplatz Babilonie, 156 m; 02 Babilonie, 254 m; 03 Schierecks Tempel, 269 m; 04 Hotel-Restaurant Kahle Wart/Freilichtbühne, 261 m; 05 Kahlewart, 286 m; 06 Bushaltestelle, 121 m

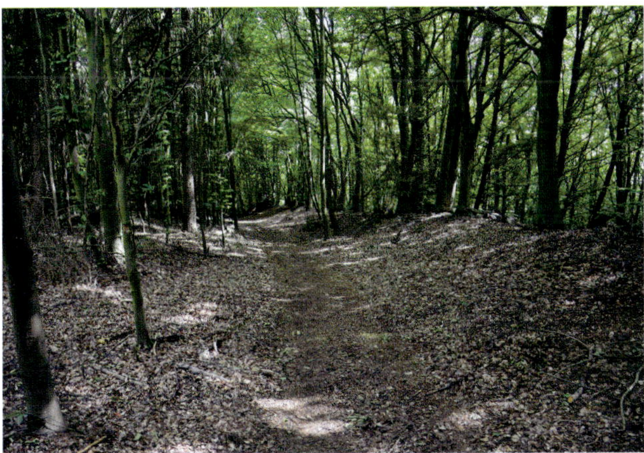

Widukinds Stätte des Schicksals – die Babilonie

Viereck. Dazu ein Hz für Herzog. Bald zieht ein Waldpfad wie ein Hohlweg steil nach links empor, der an einer Rastbank einen breiteren Forstweg quert und unbeirrt geradeaus verfolgt wird. Ehe man sich's versieht, stehen wir in der Doppelwallanlage der vorrömischen Fliehburg **Babilonie** 02, die im 8. Jh. unter den ortsansässigen Sachsen baulich überprägt wurde und der Legende nach Herzog Widukinds Geburts- und Sterbeort war. Es braucht Fantasie oder archäologische Rekonstruktionsgabe, um die einstige Wallburg im Geiste wieder auferstehen zu lassen. Zuoberst in der Kernburg steht ein Gedenkstein für Prof. Friedrich Langewiesche, der großen Anteil an der Entdeckung der Babilonie hatte. In einem Bogen geht es hinab. Finden wir eine Glockenblume? Sie wäre ein legendär sicheres Zeichen dafür, dass sich darunter ein Schatz befindet, den Wikukind mit seinen Soldaten bewacht! Ein breiterer Weg (gelb A4) nimmt uns nach rechts auf. Ihm folgen wir nach wenigen Metern an einer Gabelung links hinauf. Der Burgwall steht mit dem Wiehengebirgskamm sozusagen auf Augenhöhe. Demgemäß eben gehen wir auf stets breiter Forststraße über Süd nach Ost auf Höhe von **Schierecks Tempel** 03, erreichen hinter einer Schranke den weißrot markierten Kamm oder Wittekindsweg (s. S. 23) und kurz darauf einen weitflächigen Parkplatz, den wir der Länge nach überqueren. Jenseits der querenden Fahrstraße lesen wir „Freilichtbühne Kahle Wart". Nur 300 m entfernt steht das **Hotel-Restaurant Kahle Wart**, zuvor aber, nach nur wenigen Metern ein hölzernes Tor, das die Aufschrift Kahle-Wart und das Kammwegsymbol trägt. Dahinter empfängt uns das Kassenhäuschen, durch das wir in spielfreier Zeit das bühnenreife Gelände der **Freilichtbühne** 04 betreten, denn der Kammweg führt hier durch. Die Kulisse ist liebevoll-ländlich: Fachwerkhäuschen mit bunten Schnitzereien, ein stilisierter Bauerngarten. 1948 ging das erste

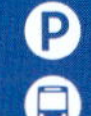

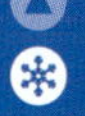

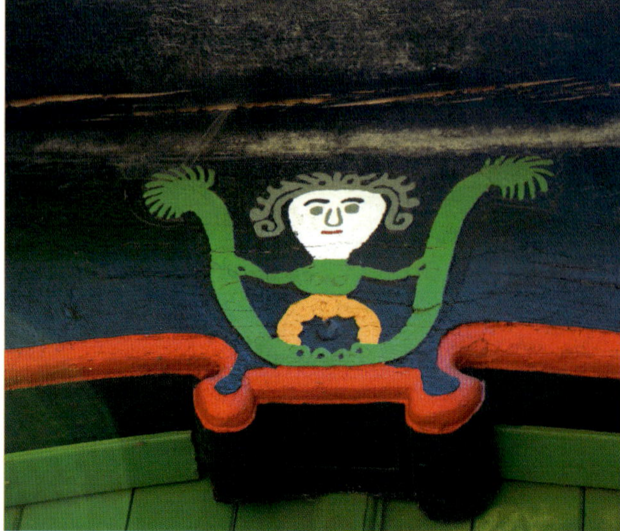

Bühne Kahle Wart mit Entdeckerfreude

Mal der Vorhang auf. Heute werden in den Sommermonaten zu unterschiedlichen Tageszeiten meist Stücke in Plattdeutsch oder Volkstänze aufgeführt. Wieder im Wald, wird ein weiterer Parkplatz überquert. Wir orientieren uns noch an der weiß-roten Markierung. Der bühnentragende Berg, der den Weg geringfügig anhebt, heißt treffend **Kahlewart** 05. An der folgenden Kreuzung finden wir an einem Stamm ein eingezacktes Wegschild mit der Aufschrift Obermehnen Kummerbrink. Hier geht es links hinab (rot A 4). Sehr bequem und behände gelangen wir ins Tal, erreichen in schöner Hanglage die ersten Häuser von Obermehnen mit dem eigentlich unverständlichen Namen Kummerbrink. Die Straße weiter talwärts, dann links in den Herzog-Wittekind-Weg. Wir bemühen die **Bushaltestelle** 06 oder gehen links ein Stück den Kahle-Wart-Weg hinauf und sofort rechts in den Babilonieweg, der als Sackgasse zum **Wanderparkplatz Babilonie** 01 führt.

Geschnitzte Bühnenornamentik am Kahle Wart

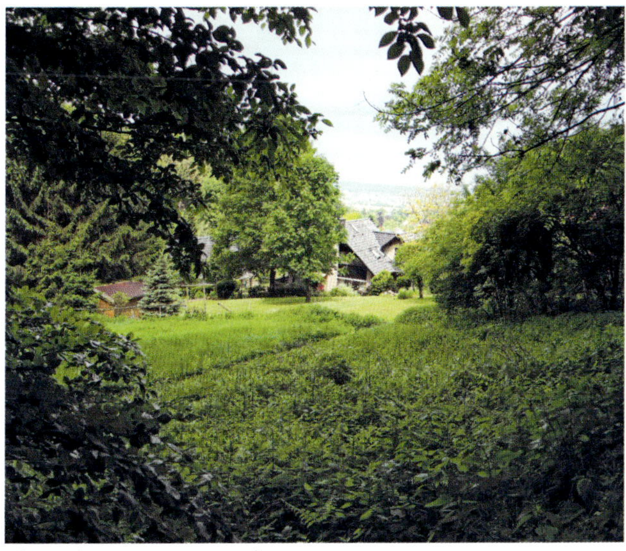

Obermehnen in grüner Hanglage

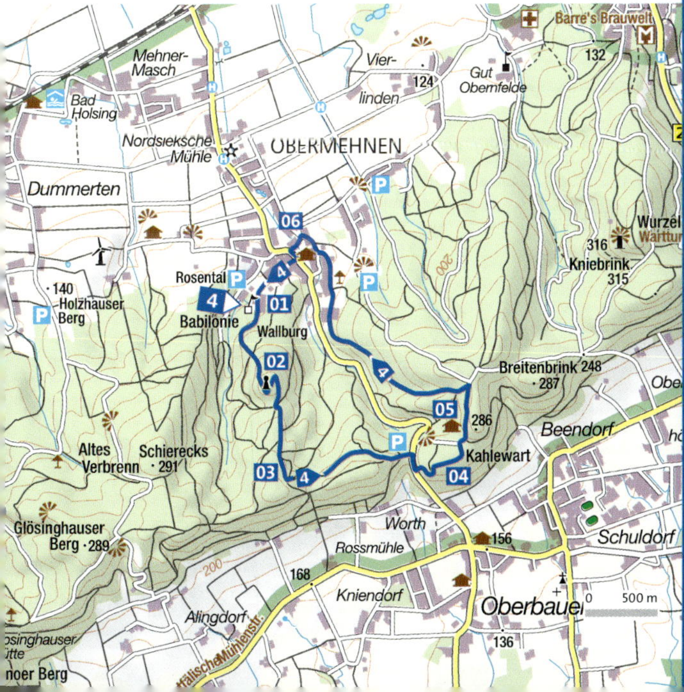

NONNENSTEIN, GRÜNER SEE UND KELLENBERGE

Zwei Berge in zwei Bundesländern mit einem See in Grenznähe

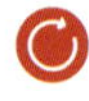 18,5 km  5:15 h 590 hm 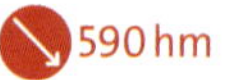 590 hm  750

START | Parkplatz am Bedarfshalt Neue Mühle der Ravensberger Bahn Bielefeld – Rahden
[GPS: UTM Zone 32 x: 467.368 m y: 5.790.418 m]
CHARAKTER | Recht lange, aber weitgehend wenig steile Wanderung. Allein für den Grünen See lohnt sich das Ja-Wort zur Tour.

„Zur Mitfahrt bitte gut sichtbar am Bahnsteig aufstellen, beim Ausstieg Haltewunsch durch Knopfdruck anzeigen“! Wer dem folgt, kann die vorgestellte Rundtour bequem mit der Bahn angehen. Wer auch der Wegbeschreibung folgt, bewegt sich grenzüberschreitend auf dem Wiehengebirgskamm: Er ersteigt den nordrhein-westfälischen Nonnenstein, findet hinter der Landesgrenze den Grünen See mit pfiffiger Einkehr und besucht die niedersächsischen Kellenberge.

▶ Vom **Haltepunkt der Ravensberger Bahn** 01 überqueren wir die L557 und rechts die Landkreisgrenze Herford-Minden/Lübbecke. Links finden wir den Hinweis Wittekindsweg/Nonnenstein. Und sind in der richtigen Spur, wenn wir kurz darauf nicht dem

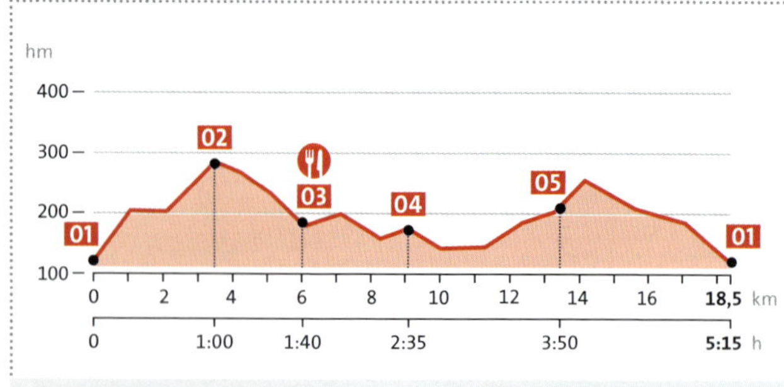

01 Haltepunkt der Ravensberger Bahn, 109 m; 02 Nonnenstein, 274 m; 03 Grüner See, 168 m; 04 Kleiner Kellenberg, 166 m; 05 Mennonitisches Ferienheim, 195 m

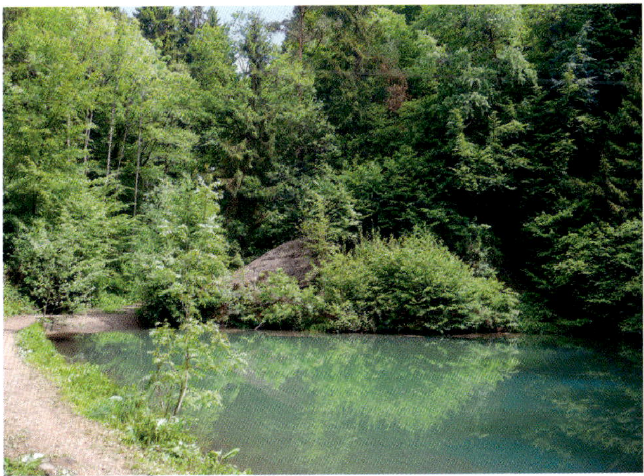

Der Grüne See füllt einen alten Steinbruch

breiten Geradeausweg (weißer Ring) folgen, sondern uns mit weiß-rotem Querbalken (s. S. 23) kurz links und bei nächster Gelegenheit wieder rechts halten. Einmalig steil wird es, der Weg zieht wie ein Laub(en)gang grün und schmal über 100 Hm hinauf zum Kamm. Immer „weiß-rot" nach. An einer Schutzhütte fühlen wir uns vom Rückweg berührt. Laut Tafel ist hier die Mitte des Wittekindsweges. An einer Gabelung ein Straßenschild „Kammweg": rechts hinauf. Sehr wanderfreundlich gelangen wir auf den 274 m hohen **Nonnenstein** 02, der zwei trutzige, sandsteinerne Bauwerke trägt: Die 6 m hohe Bismarck-Feuersäule und einen Aussichtsturm, der ebenfalls Nonnenstein heißt. Dazu ein üppig ausgestatteter Rastplatz mit Infotafeln. Wenn wir die jederzeit zugänglichen 70 Turmstufen erklimmen, steht am südlichen Horizont die lange Kammlinie des Teutoburger Waldes, der im Hauptteil dieses Buches nachgegangen wird. Der Weiterweg ist geologisch interessant: Meterhohe Sandsteinfelsen setzen sich hervorragend in Szene, dazu ein Hinweisschild zur Lesart dieser Natur. An einem Schutzpilz verspringt die Piste nach rechts, fällt als Hohlweg steil ab und wechselt nach Niedersachsen. Kleine Holztäfelchen **„Grüner See"** 03 (A 2) leiten rechts vom Kammweg weg und hinab zur Talsohle. Dieses 2 m tiefe und 20 m lange hellgrüne Auge im dunkelgrünen Antlitz des Waldes ist ein Gebirgssee. Wenngleich ein künstlicher, denn sein Becken war bis 1936 ein Steinbruch. Seine erfrischende Farbe verdankt das Wasser dem darin gelösten Kalziumkarbonat. Begehbar ausgebaut ist am Nordufer ein 5 m hoher Wasserfall, der in den See stürzt. Naheliegende Einkehr: Die am Wochenende oder nach Vereinbarung geöffnete Seehütte. Dem Bachlauf folgend gehen wir hinab zum Parkplatz, überqueren die Kammstraße, folgen ihr kurz und betreten an einem Haus

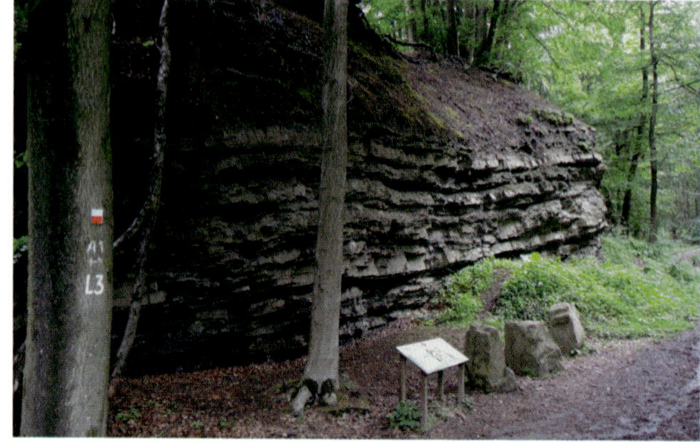

Geologie zum Anfassen – Sandsteinklippen aus der Jurazeit

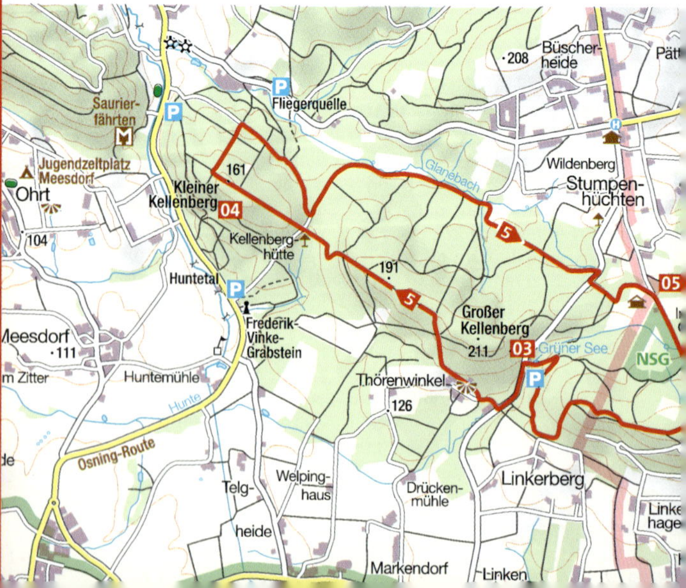

(Bushaltestelle) mit dem Wittekindsweg das Gebiet der Kellenberge. Durch lichten Buchenwald rechts hinauf, bleiben wir etwas unterhalb des Großen Kellenberges. Die Kammlinie senkt sich wieder merklich, links der Kellenbergrast mit Bänken queren wir einen Betonplattenweg. Noch einmal geht es hinauf, denn auch der **Kleine Kellenberg** **04** will nicht gering geschätzt sein. Bevor es deutlich hinab geht, lesen wir „Aussichtspunkt 100 m, freier Ausblick auf Buer und Meesdorf" nach links. Der Panoramaabstecher lohnt. Dann ist Ort und Zeit zur Umkehr; zurück zum Kammweg, über diesen hinweg. Vor einem etwas versteckten Hüttchen rechts mit „1“ (Rundwanderweg Kleiner Kellenberg). Grüne Infotafeln begleiten uns – sie ziehen einen Themenkreis um den Wald. Der Plattenweg vom Hinweg wird wieder erreicht und nach links befolgt. Links unter uns fließt der Glanebach, der das Wiehengebirge von der Egge trennt, die hier nah heranrückt. Auf diesem Weg leicht ansteigend erreichen wir auch die Straße wieder. Neben ihr etwa 100 m nach rechts, dann orientieren wir uns an den Hinweisen Berghütte und **Mennonitisches Ferienheim** 05 links hinauf. Wir passieren beide Anlagen, gehen geradeaus. Hinter dem „Wurzelwerk“ – einem umgedrehten Baum – mit weißem Kreis nach links. Bald nimmt uns ein Querweg nach rechts auf und führt in einem Linksbogen wieder empor. Immer dem weißen Kreis folgend geht es stets unterhalb der Kammlinie zurück zum Start. Nur einmal, an der Schutzhütte, wird der Hinweg berührt, sonst bietet uns diese Route eine erholsame Alternative.

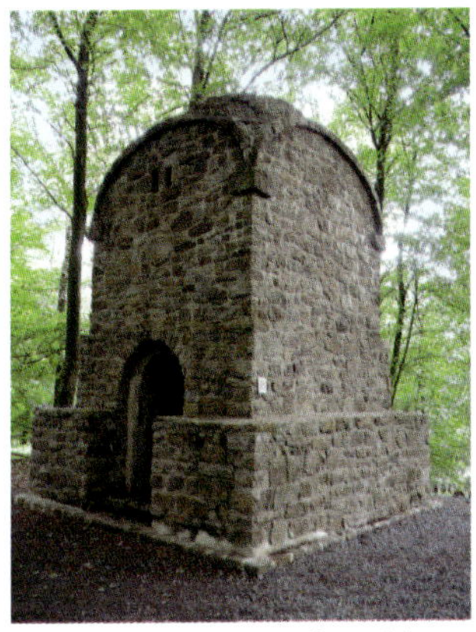

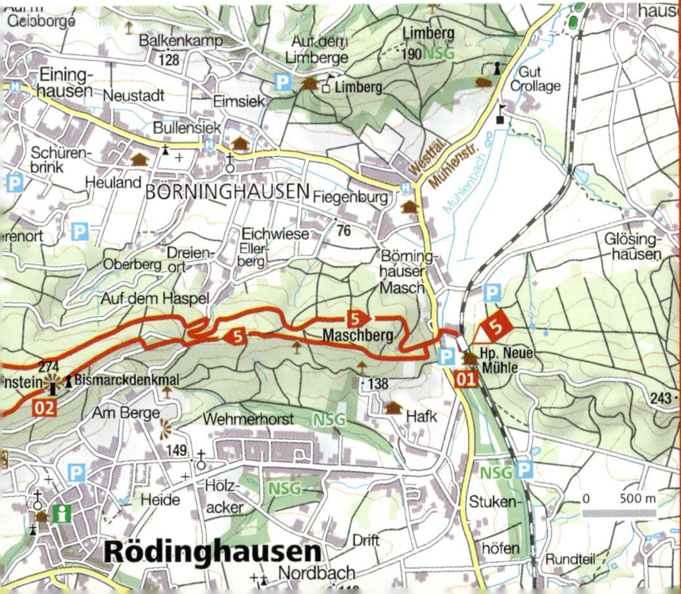

Die Bismarck-Feuersäule auf dem Nonnenstein

6

DER EGGETALER PANORAMA-RUNDWANDERWEG

Wo Egge und Wiehengebirge eng zusammenrücken

 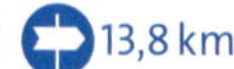

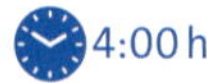

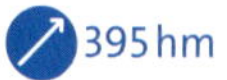

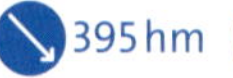

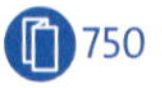

START | Wanderparkplatz Schwarzer Brink oder in Eininghausen, Haltestelle Becker, Linie 262, MKB-MühlenkreisBus GmbH (Mo.–So.) [GPS: UTM Zone 32 x: 463.235 m y: 5.793.335 m]
CHARAKTER | Sehr aussichtsreiche Tour oft in Waldrandnähe, mit zwei Tal- und Ortsdurchquerungen.

Im Süden zieht das Wiehengebirge sein langes Band. Im Norden hockt die waldreiche Egge: 7 km lang, 200 m hoch, nahe des westfälischen Städtchens Preußisch-Oldendorf. Dazwischen liegt das Eggetal, beide Bergzüge auf kurzem Abstand haltend. Ein sonnenverwöhntes Längstal mit alten Obstplantagen, reicher Forstwirtschaft und stattlichen Gemeinden. Der Heimatverein Eggetal e. V. schuf 2015 einen Rundwanderweg, der dies schöne Stück Natur und Kultur panoramareich umschließt. Die Tour folgt ihm in voller Länge und gönnt dem Wanderer mit der Burgruine Limberg einen lohnenden Abstecher.

▶ Los geht's am **Wanderparkplatz Schwarzer Brink** 01 nahe dem turmhohen Höhepunkt, der unsere Rückkehr erwartet. Uns begrüßt die Markierung der Tour: Ein schwarzes E im Kreis auf gelbem Grund. Ihr vertrauen wir uns bedenkenlos an, wenn wir einen

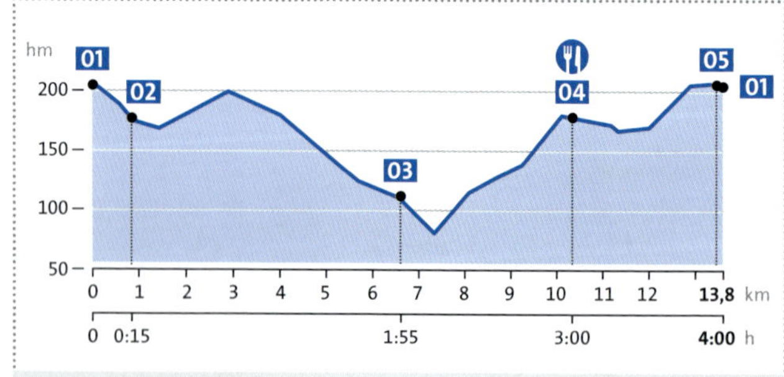

01 Wanderparkplatz Schwarzer Brink, 206 m; 02 Eininghausen, 174 m; 03 Börninghauser Masch 110 m; 04 Burg Limberg, 181 m; 05 Wiehenturm, 207 m

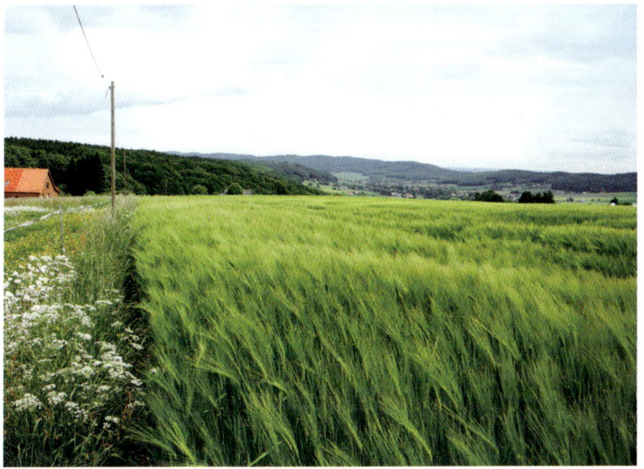

Das Eggetal – fruchtbares Land am Wiehengebirge

großen Bogen um das Eggetal machen. Wir nehmen die Straße nach Rödinghausen. Hinter dem ersten Haus links und am Feldrand hinab. Schön, wenn das Wetter passt, denn flankiert von Bergwäldern geht unser Blick weit übers Tal. An einem freistehenden Haus rechts. Vor einer Landwirtschaft links ein Teersträßchen hinab nach **Eininghausen** 02. Es ist ein Teil des östlich folgenden Börninghausen und wurde bereits vor 1000 Jahren erwähnt.

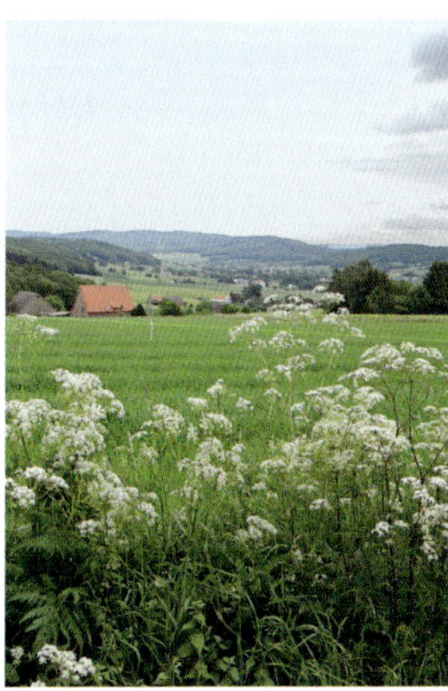

Im Süden des Eggetales zieht das Wiehengebirge sein langes Band

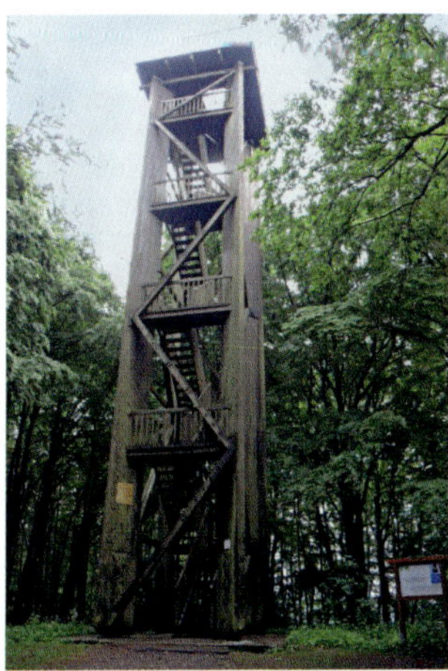

Prominenter Blickfang – der Wiehenturm

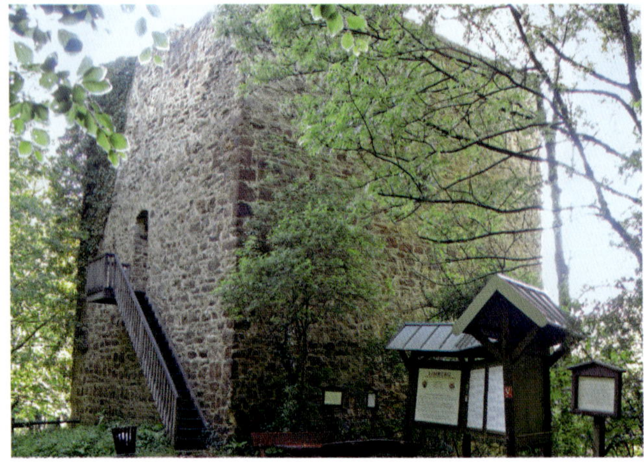

Im Wohnturm der Burg Limberg kann man heiraten!

Die Siedlung kreuzend gelangen wir zur Eggetaler Straße mit Bushaltestelle Becker. Bald rechts Zum Schürenbrink, nach Süd aus dem Ort und hinauf zum Waldrand des Wiehengebirges. Ein paar hundert Meter ins Baumreich, dann an breitem Forstweg links. Eine Zeit lang geht es zwischen Bäumen dahin. An einer Pappelreihe sind wir wieder im Freien, wenden uns rechts. Interessant: Das Tal hat keinen kompakten Dorfkern, sondern den Charakter einer Streusiedlung. Die ab dem 15. Jh. verstreut angelegten Höfe prägen noch heute das bauliche Bild. Mehrfach haben wir Hauskontakt nahe Börninghausen, dann schickt uns der Heimatverein wieder hinauf und macht dem Panoramaweg alle Ehre. Wir lassen absteigend das Wiehengebirge zurück, haben am Kleinen Weg des Ortsteils **Börninghauser Masch** 03 den Umkehrpunkt erreicht. Rechts in den Fiegenburgweg. Hier ist ein Abzweig nach rechts zum Haltepunkt Neue Mühle der Ravensberger Bahn. Unsere Markierung führt dorthin oder als Start von

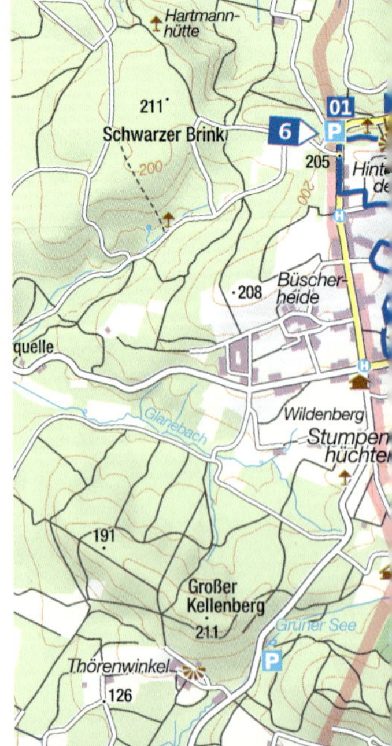

dort hierher. Wieder ist die Eggetalsohle durchschritten. Vor der Straße Lübbecke–Rödinghausen links die Hohestiege hinauf, ausweislich Hotel-Café Forsthaus Limberg. An den letzten Häusern geradeaus und auf einem Feldweg der Egge entgegen. Ein Stück querfeldein zu einem Holzpfosten mit unserem Symbol. Hier rechts, empor zum Wald mit Schild Naturschutzgebiet. Ein schmaler Steig führt sportlich durch Forst. Nun teils in Wald, teils an einzelnen Häusern, stets aber hinauf zu einer Querstraße. Ehe wir einem Holzschild halblinks zum Aussichtsturm folgen, tätigen wir unbedingt den versprochenen Abstecher. Eine Fahrstraße führt zum Forsthaus, einer gehobenen Adresse für Einkehr und Unterkunft, dann zur **Burg Limberg** **04**, deren Wallanlagen und Ringmauern ruinöse Zeugen mittelalterlicher Bautätigkeit sind. Der 12 m hohe Wohnturm der 1319 beurkundeten Höhenburg ist in beneidenswertem Zustand. Eine Außentreppe führt hinauf zu einer Tür. Ließen wir uns im Forsthaus den Schlüssel geben, dürfen wir das Innere besichtigen – oder hier auch heiraten! Das bekannte Stück zurück, geradeaus, ein kurzes Stück rechts der Bäume. An einer Schranke links hinab in den Wald und zur Schutzhütte Hinter der Egge (Aussichtsturm 2 km). Immer in Waldrandnähe mit schönstem Eggetalblick gelangen wir zum **Wiehenturm** **05**. Erklimmen wir seine 23,5 m hohen hölzernen Meter, konzentriert sich uns der Panoramaweg in einem großartigen, allumfassenden Rundblick. Auch den **Parkplatz** **01** sehen wir, der schnell erreicht ist.

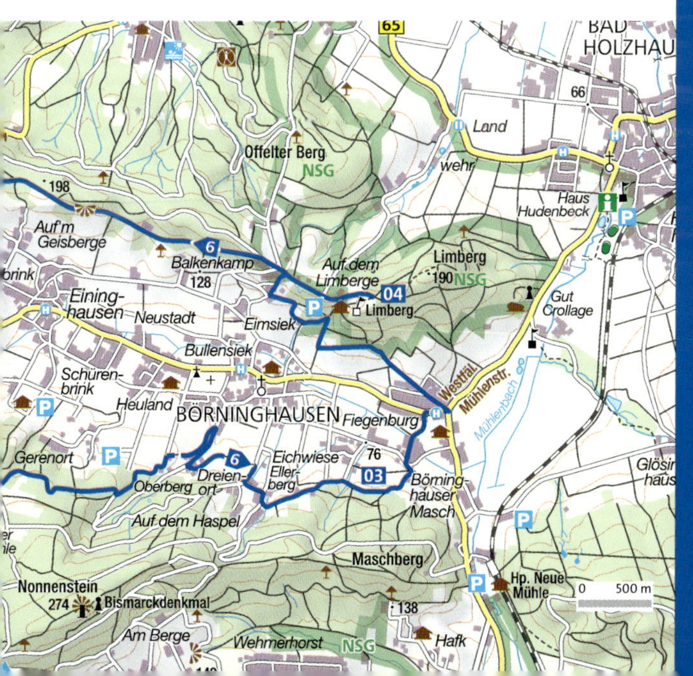

7

IN DEN MELLER BERGEN

Drei Aussichtstürme und ehemaliger Wildschweinpark

 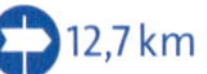 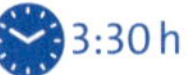 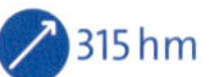 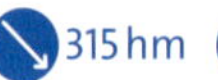 

START | Wanderparkplatz Friedenshöhe oder Bushaltestelle Buer Ziegelei Linie 306 Melle – Buer
[GPS: UTM Zone 32 x: 458.406 m y: 5.787.537 m]
CHARAKTER | Sehr abwechslungsreiche Wanderung mit drei Turmpanoramen und Wildschwein-Nostalgie im ehemaligen Wildpark.

Das gibt´s nur hier: drei Aussichtstürme in wanderbarer Nähe und ein 200 ha großer ehemaliger Wildpark, in dessen dichtem Busch- und Waldland bis vor Kurzem viele Wildschweine hausten. Wer die Türme besteigt und der Tour 80 hm hinzufügt, kann sehen, dass die Meller Berge ein morphologisches Eigenleben führen und dem Wiehengebirge südlich vorgelagert sind. Im einstigen Wildpark, durch den diese Wanderung führt, mag Wildschwein-Nostalgie aufkommen. Garantiert aber ein gutes Gefühl für die Natur im Wald und das Panorama von den Türmen.

Am **Wanderparkplatz** 01 gehen wir den 3-Türme-Weg (römische 3 ohne oberen Querbalken) geradeaus hinauf. Gelangen schnell an eine Kreuzung, an der wir uns links halten und den ersten Turm erreichen: Die 2014 renovierte und als Klimaturm Melle-Buer thematisierte **Friedenshöhe** 02. Von der 30 m hohen Plattform zeigt sich das nahe Bergband des Wiehengebirges – und das nächste Turmziel. Zurück zur Kreuzung, leicht links geradeaus (3-Türme-Weg) und zum Meller Bergkamm. Vorbei am verwachsenen Hüttchen Blo-

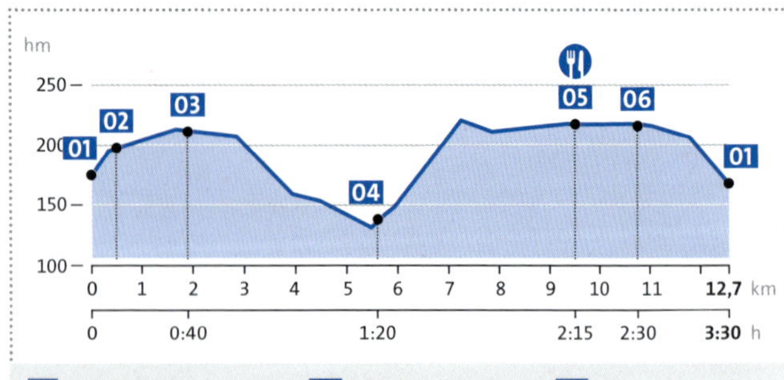

01 Wanderparkplatz, 162 m; 02 Friedenshöhe, 195 m; 03 Ottoshöhe, 209 m; 04 Am Weberhaus, 121 m; 05 Diedrichsburg, 219 m; 06 Schutzhütte Thomaskreuz, 221 m

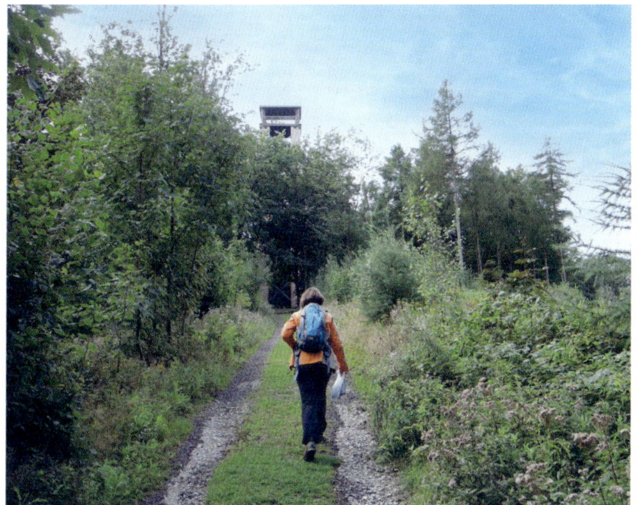

Auf die Türme – fertig – los!

menbaum und mit weitem Blick nach Süd, den uns die Stürme der letzten Jahre freigeräumt haben. Mit dieser Blickrichtung und dem 3-Türme-Weg bald links ab. Bleibend auf der Höhe nehmen wir an einer 5er-Kreuzung den zweiten Weg von links, orientieren uns am Schild **Ottoshöhe** 03 und stehen staunend vor dem zweiten Aussichtsbau. Etwas niedriger als der vorherige und in der 4. Turmgeneration an dieser Stelle besticht er durch gewaltige Douglasienstämme, die ihn außen und in der Mitte stützen. Wir folgen dem Weglauf, den Südblick sehnend an den Teutoburger Wald

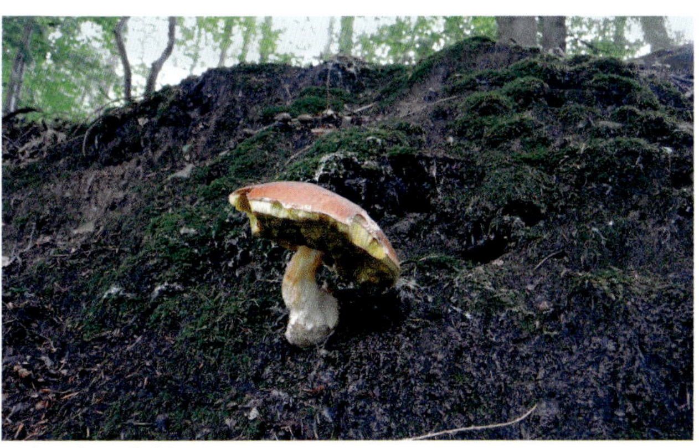

Ein' großen Pilz bitte!

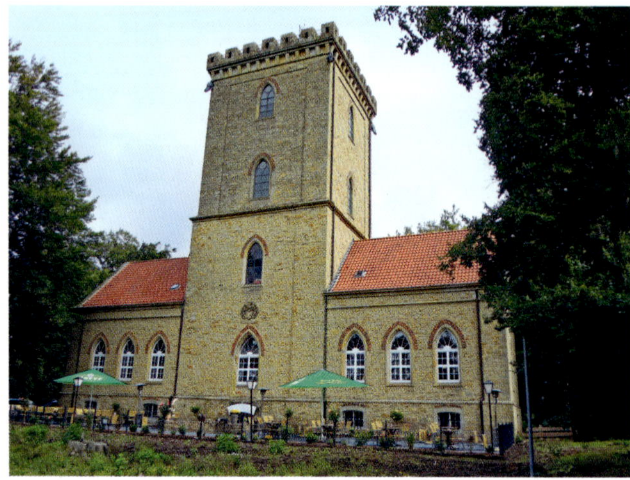

Aussichtsturm, Einkehr und Museum – die Diedrichsburg

geheftet. Verlassen an einer Kreuzung den 3-Türme-Weg, überlassen uns geradeaus gehend (weißer Kreis/weißer Punkt) dem Tal. So erreichen wir den Waldrand nahe Melle, trennen uns von den runden Zeichen, halten uns mit 3/1/9 rechts am Wald. Ein schlechtes Teersträßchen führt uns gen Norden. Am Abzweig zur Ottoshöhe geradeaus. Folgen den Holzschildern Zwickenbach auf einem Schotterweg.

Die 9 zieht rechts ins Zwickenbachtal. 3/1 und wir nehmen den Restweg zum Parkplatz **Am Weberhaus** 04, in dessen Nähe das gleichnamige Café vielleicht wieder geöffnet hat. Dem Wildpark steht nun noch ein Aufstieg im Weg. Vor dem Parkplatz wandern wir nach rechts (8) und an einer Wegverzweigung geradeaus (Buer/3/8). Gemächlich gewinnen wir an Höhe, haben Muße am mäandrierenden Zwickenbach unter uns. Nach einem Linksbogen (rechts zwei steile Varianten)

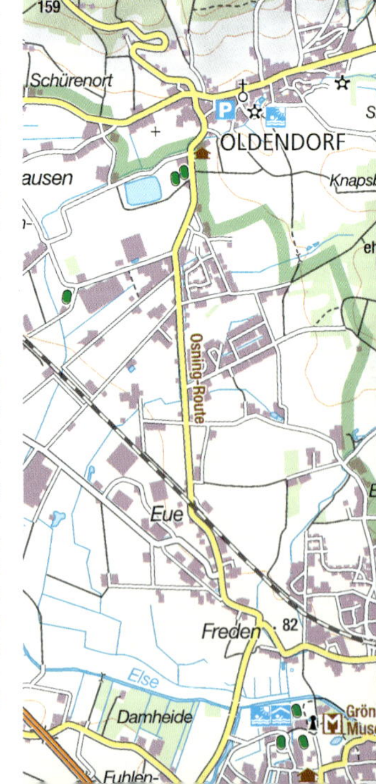

noch etwa 100 m, dann verlassen wir 3/8 geradeaus und bewältigen unmarkiert auf altem Forstweg ein steiles Stück zu einem Querweg. Wieder auf 3/8 nach links, bald auch wieder auf den 3-Türme-Weg. Ein paar Meter links und wir stehen am Rand des einstigen Wildschweinparks. Die Einzäunung wird allmählich zurückgebaut. So durchwandern wir ungehindert ein Tälchen und finden auf der Auffahrtsstraße zur **Diedrichsburg** 05, mit 219 m höchster Meller Bergpunkt.

Der neogotische Bau aus dem 19. Jh. wird vom 3. Tourenturm bekrönt und führt eine Gastronomie. Auf dem 200 Hektar großen Gelände hausten 150 eingehegte Wildscheine, denen man im frei zugänglichen Areal nahe sein konnte. Nach neuer Mindestgrößenvorschrift fehlten ihm jedoch 30 Hektar, weshalb er aufgegeben und das Getier umgesiedelt wurde. Rechts der Burganlage führt der 3-Türme-Weg als schmaler Pfad steil hinab und stößt auf den querenden Weg 5, den Wildschweinlehrpfad, wo das viele Borstenvieh den Boden großflächig zu Wildacker pflügte.

Nun immer geradeaus und mit 4/8, vorbei an der **Schutzhütte Thomaskreuz** 06, zur Einmündung des 3-Türme-Weges aus Richtung Ottoshöhe. Der Restweg ist bekannt von einer Zeit, als wir noch nicht wussten, was die Meller Berge alles zu bieten haben.

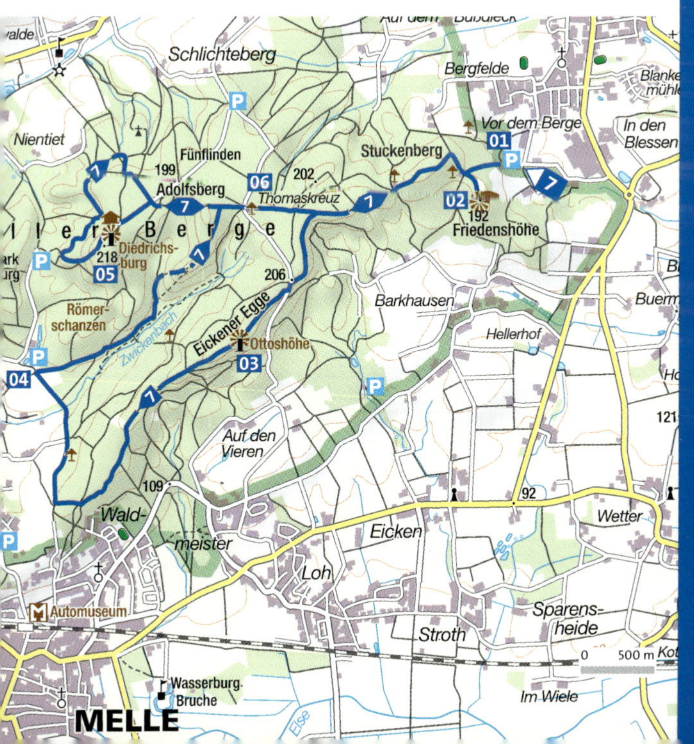

8

DIE SAURIERFÄHRTEN BEI BAD ESSEN

Wo prähistorisches Großwild seine Spuren hinterließ

 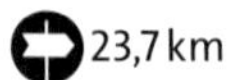 23,7 km 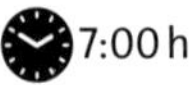 7:00 h 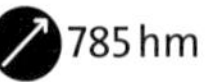 785 hm  785 hm  750

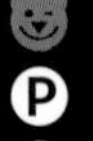
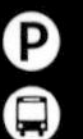
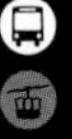
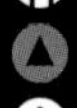

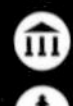
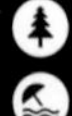

START | Wanderparkplatz Ellerngrund oder Haltestelle Wehrendorf-Kirchhegge, Linie 213, Verkehrsgemeinschaft Osnabrück
[GPS: UTM Zone 32 x: 453.113 m y: 5.797.279 m]
CHARAKTER | Lange, höhenmeterreiche Rundtour, die durchwegs bestens markiert ist.

„Die Mitnahme von Kindern sollte sich nach deren Kondition richten" sagt die Beschreibung für Schwarze Touren. Aber das Stück zwischen Linnerheide und Barkhausen geht für Kinder immer: Es bietet einen Rundweg mit Berg. Und die imposante Felswand mit den Saurierfährten ist dabei. Sie müssen aus Kinderperspektive noch gewaltiger sein!

▶ Die umfassende Wanderung beginnt am **Parkplatz Ellerngrund 01** mit Sitzgelegenheiten und einer Wasserquelle für Getränkeselbstversorger. Schon lesen wir unser Fernziel „Saurierfährten 10,2 km". Die Tour ist Teil des DiVa Walk, denn wir sind in der historischen Region der Dinos und des Varus. Der gesamte Weg ist einheitlich und zuverlässig markiert (s. S. 24). Puls beschleunigend geht es hinauf und an baldiger Gabelung rechts, vorbei an einer Schutzhütte. Nun milder empor, die Fährten rücken in Zahlen näher. Rechts aus dem Wald via Paracelsus-Klinik Bad

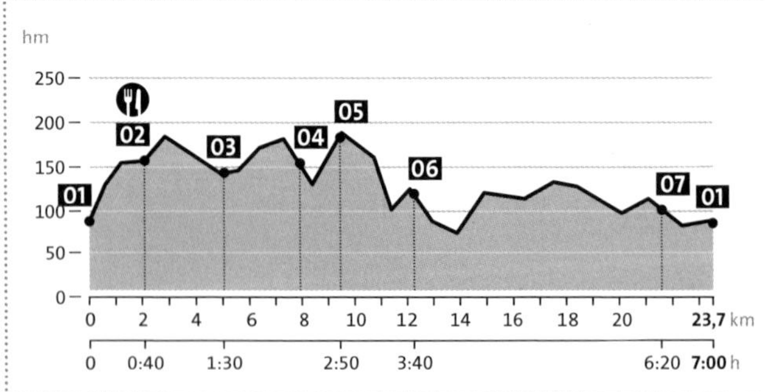

01 Parkplatz Ellerngrund, 85 m; **02** Hotel-Restaurant Altes Berghaus, 152 m; **03** ehemaliges Landhotel Bergwirt Pöhler, 137 m; **04** Kalbsiek, 137 m; **05** Linner Berg, 181 m; **06** Saurierfährten, 119 m; **07** Bad Essen, 108 m

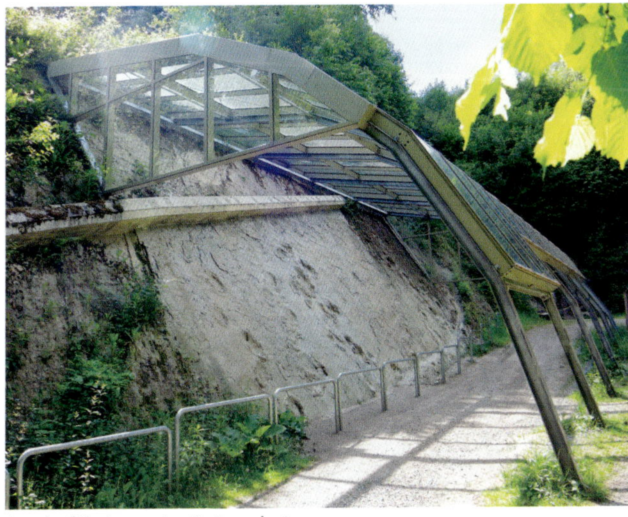

Saurierfährten unter Naturschutz

Essen zum **Hotel-Restaurant Altes Berghaus 02**. Über eine querende Straße, eine Allee hinauf, vorbei am Haus Sonnenwinkel, einem Café für alle, sonst für Familienfreizeiten. Nach einem Waldstück ignorieren wir die direkte Annäherung an die Saurierfährten und orientieren uns rechts am Schild Rattinghausener Berg 2,4 km. An

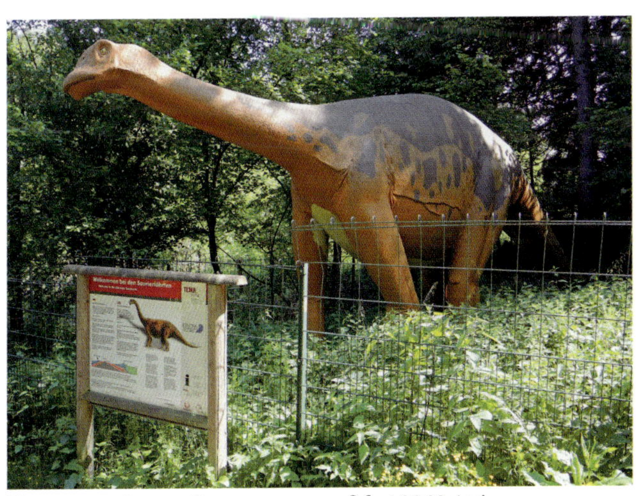

Ein ausgewachsener Camarasaurus maß fast 20 Meter!

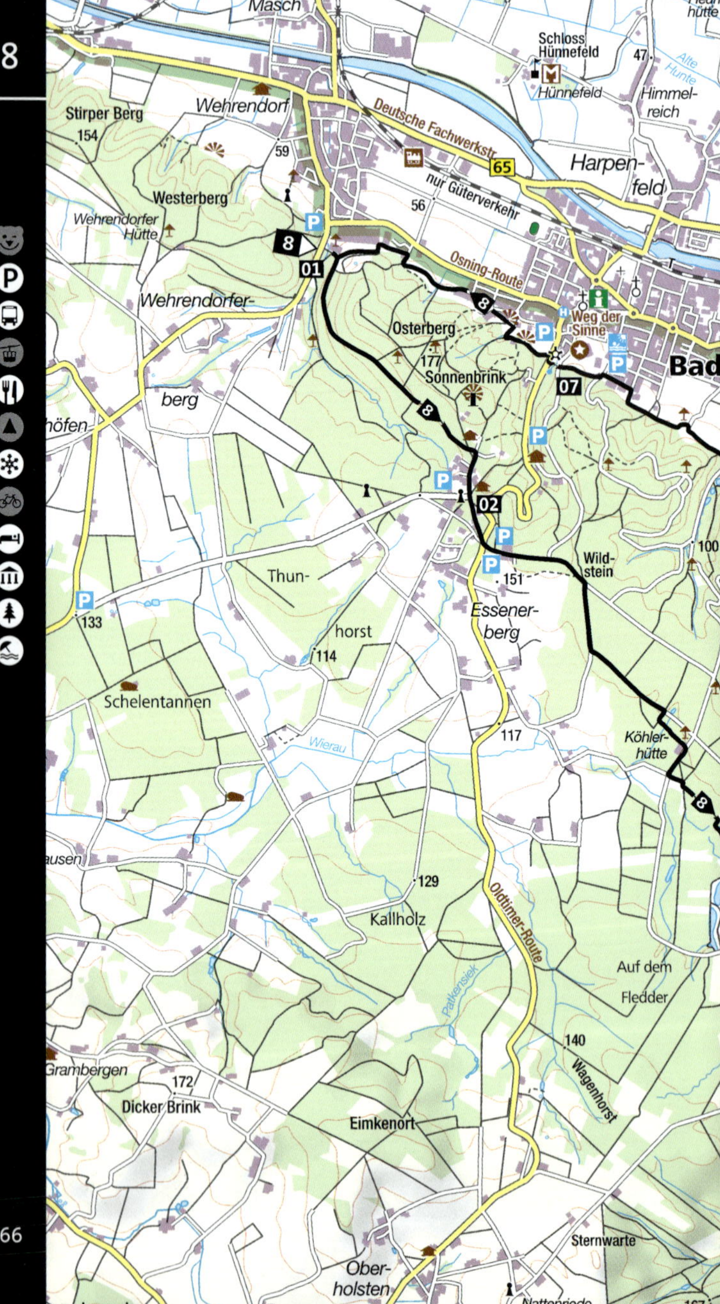
Masch
Schloss Hünnefeld
Hünnefeld
Himmel-reich
Alte Hunte
Stirper Berg
154
Wehrendorf
59
Deutsche Fachwerkstr.
65
Harpen-feld
nur Güterverkehr
56
Westerberg
Wehrendorfer Hütte
01
Osning-Route
Wehrendorfer-berg
Osterberg
177
Sonnenbrink
Weg der Sinne
Bad
07
02
Wild-stein
100
Thun-horst
151
133
Essener-berg
114
Schelentannen
Wierau
117
Köhler-hütte
129
Kallholz
Oldtimer-Route
Auf dem Fledder
Patkensiek
140
Wagenhorst
Grambergen
172
Dicker Brink
Eimkenort
Sternwarte
Ober-holsten
Nattenriede
167

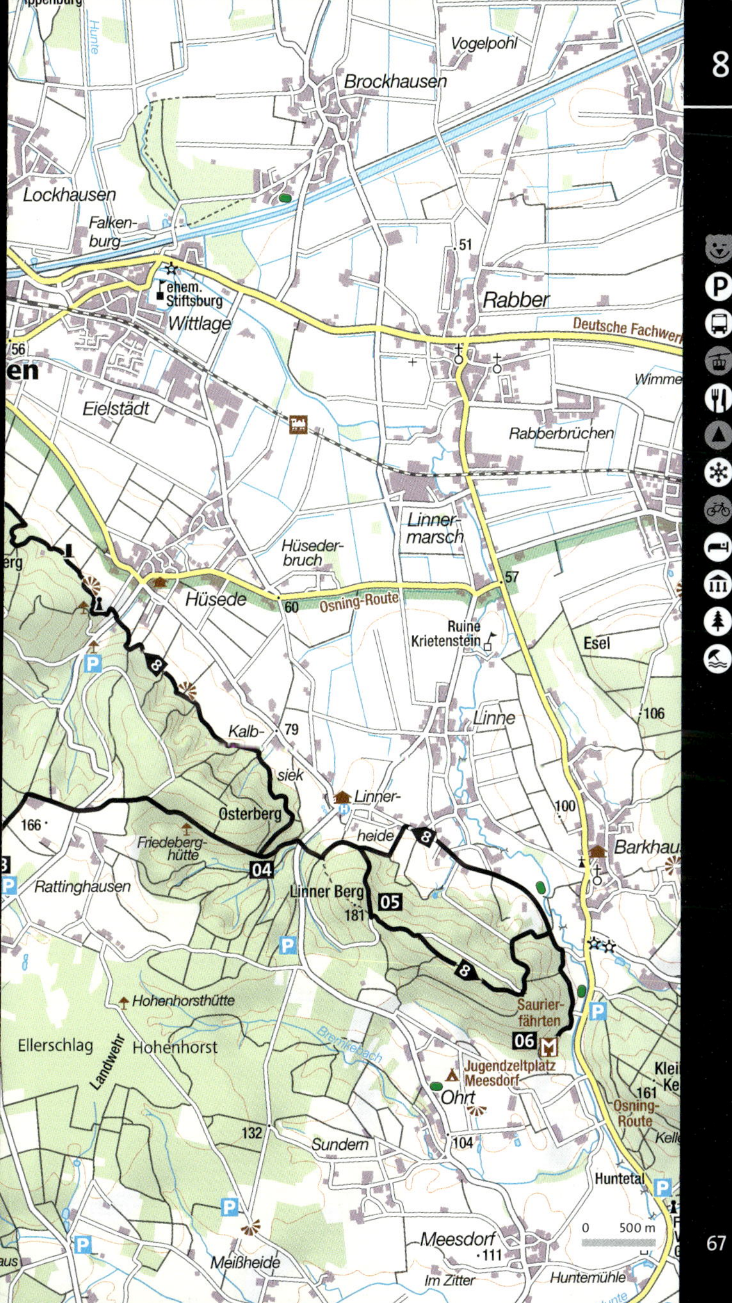

Vogelpohl
Brockhausen
Lockhausen
Falken-
burg
ehem.
Stiftsburg
Wittlage
51
Rabber
Deutsche Fachwer
Wimme
Eielstädt
Rabberbrüchen
Linner-
marsch
Hüseder-
bruch
Hüsede
60
Osning-Route
57
Ruine
Krietenstein
Esel
Kalb-
79
siek
Linne
106
Linner-
heide
Osterberg
166
Friedeberg-
hütte
04
Barkhau
Rattinghausen
Linner Berg
181
05
Hohenhorsthütte
Saurier-
fährten
06
Ellerschlag
Hohenhorst
Landwehr
Bremkebach
Jugendzeltplatz
Meesdorf
Ohrt
161
Osning-
Route
132
Sundern
104
Huntetal
Meesdorf
111
Meißheide
Im Zitter
Huntemühle
Hunte
0
500 m

nächster Kreuzung links (Pöhler Wirt). Eine Forststraße bringt uns in einen lauschigen Talgrund. Die Wiesen, Felder und Baumgruppen des südlichen Wiehengebirgsvorlandes sind sehr wohl gefügt. Inspiriert gelangen wir zum **ehemaligen Landhotel Bergwirt Pöhler 03**. Davor links, noch 5,6 km zu den Fährten. Hinter einer Landwirtschaft (Am Waldsee) sind wir auf dem quer laufenden Wiehengebirgsweg. Rechts, dann sehen wir den ersten Saurier als Piktogramm am Schild. Ein Teersträßchen am Waldrand, über die Hustädter Straße, an einer Gabelung geradeaus und zur achteckigen Friedeberghütte. Nur noch 3,2 km, die Saurierfährten nahen. Am Standort **Kalbsiek 04** berühren wir den Rückweg, der links Richtung Hüsede zieht. Geradeaus und kräftig hinab zur kammschneidenden Straße bei Linnerheide. Jenseits ebenso kernig hinauf. Links zum Waldrand mit berückend weitschweifigem Blick nach Nord. Hier ergibt sich – nun gern mit Kindern – die Möglichkeit eines kleinen Rundweges innerhalb der großen Rundtour. Wir lassen die „Saurierfährten 2,4 km“ links liegen, steigen stattdessen sportlich rechts an (Barkhausen/ Thören) und erklimmen den **Linner Berg 05**. Darüber hinweg und schwungvoll im Links-rechts-Bogen wieder ins Tal. Über Barkhausen machen wir dabei die Oldendorfer Schweiz der jenseitigen Egge aus. Noch 700 m, wenn wir der von links kommenden Straße nach rechts folgen! Bald rechts am Waldrand zu einer Schutzhütte. Nicht erschrecken! Der Ca-

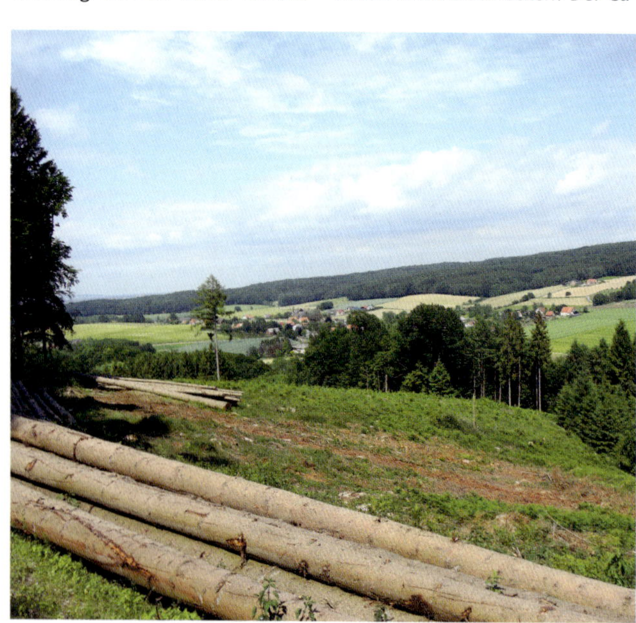

Blick zur Oldendorfer Schweiz

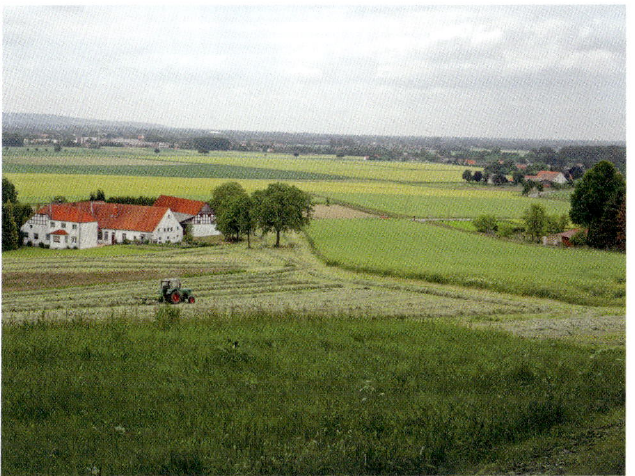

Erntezeit

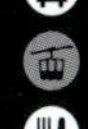
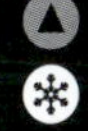
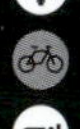
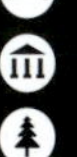

marasaurus ist Pflanzenfresser, noch jung und aus Kunststoff. Finale 100 m zu den echten **Saurierfährten** **06**. Eine fast lotrechte Felsplatte, schützend überdacht, trägt die Abdrücke mehrerer Riesensäuger und zeigt, auf welch großem Fuß sie lebten. Sie gingen hier übrigens nicht die Felswände hoch, tektonische Kräfte richteten die Platte auf. Infotafeln bereichern unser prähistorisches Wissen, dann sind wir wieder in der Neuzeit und auf dem Rückweg. Zurück zum Abzweig zum Linner Berg, nun geradeaus Richtung Barkhausen. Mit Hinweis „Bad Essen 8,4 km" rechts der Teerstraße und zu den Häuserzeilen von Linnerheide. Links einen Wiesenpfad zum Wald. Rechts, dann ist der kleine Rundweg beendet. Wieder über die Straße, hinauf zum Punkt Kalbsiek. Rechts Richtung Hüsede/Bad Essen. Oberhalb der Haltestelle Hüsede-Dierker verlassen wir den Forst und folgen aussichtsreich dem Auf und Ab der Geländeform und Hin und Her des Waldrandes. Weit geht der Blick ins nordisch Flache, wenn wir ein Kriegerdenkmal und einen verwachsen-verwunschenen Turm passieren und schließlich den Ortsrand von **Bad Essen** **07** erreichen. Abstecher zum malerischen Kirchplatz mit restaurierten Fachwerkspeichern, zur Burg Wittlage und den Schlössern Hünnefeld und Ippenburg lohnen übrigens. Vorbei geht es am Kubikus, einem Zentrum für kreative Naturerfahrung, am ideenreichen Weg der Sinne und der Wassermühle, die im Sommer sonntags in Betrieb ist. Der Ellerngrund ist uns schon nahe. Unter der Peter-Rickmers-Wiese links, vorbei am Hotel Buchenhof und unter dem Erfahrungs-Labyrinth zu den hanghöchsten, letzten Häusern. An einer Gabelung rechts. Wir steigen ein letztes Mal, dann ist die Rundtour fertig und der **Parkplatz Ellerngrund** **01** erreicht.

ZU DEN GROSSSTEINGRÄBERN BEI OSTERCAPPELN

An der Straße der Megalithkultur im Osnabrücker Land

 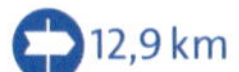 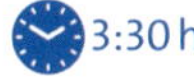 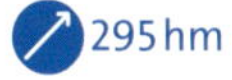 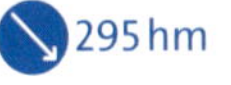 

START | Wanderparkplatz Krebsburger Mühle oder Bushaltestelle Driehausen Feldstraße, Linien 213 und 222
[GPS: UTM Zone 32 x: 445.685 m y: 5.800.553 m]
CHARAKTER | Gut gangbare, wald- und erlebnisreiche Wanderung mit meist wenig steilen Anstiegen.

Riesen, Hünen, Teufel waren stets die üblichen Verdächtigen, wenn Menschen eine Erklärung suchten für das Zustandekommen großer Steinhaufen. Die Moderne brachte viele Legenden aus dem mythischen Dunkel ans Licht der Kulturgeschichte. Der Arbeitskreis „Straße der Megalithkultur" z. B. erforscht die jungsteinzeitliche Lebenswelt und schuf eine Ferienstraße, die über 70 Großsteingräber zwischen Meppen, Oldenburg und Osnabrück verbindet. Einem sehenswerten Abschnitt folgt diese Tour.

▶ Den ersten Schritt in die graue Vorzeit tun wir am **Wanderparkplatz Krebsburger Mühle** 01. Ein Plattenweg mit den Markierungen für Arminius-, Mühlen-, Kammweg und DiVa Walk (s.S. 23–25) führt links hinauf. Schon bald verlassen wir den Kammweg und halten (Süntelstein 5,3 km) auf die Krebsburger Mühle zu. An deren umfriedetem Gelände mit Herrenhaus von 1750 ziehen wir rechts

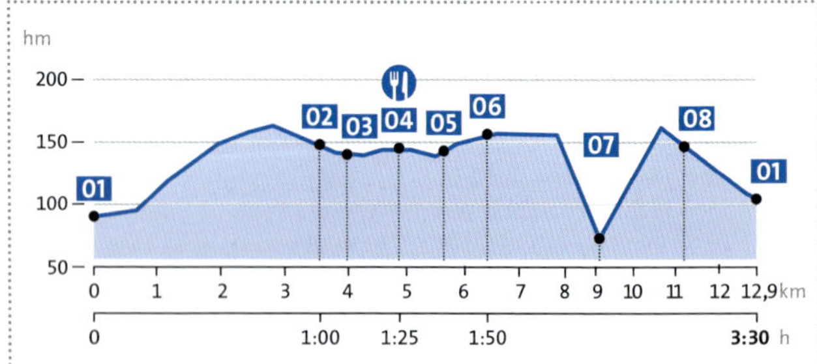

01 Wanderparkplatz Krebsburger Mühle, 79 m; 02 Schwarze Kreide, 139 m; 03 Teufelssteine, 137 m; 04 Naturfreundehaus Vehrte, 139 m; 05 Süntelstein, 146 m; 06 Venner Egge, 158 m; 07 Darpvenner Steine, 68 m; 08 Krebsburger Mühle, 147 m

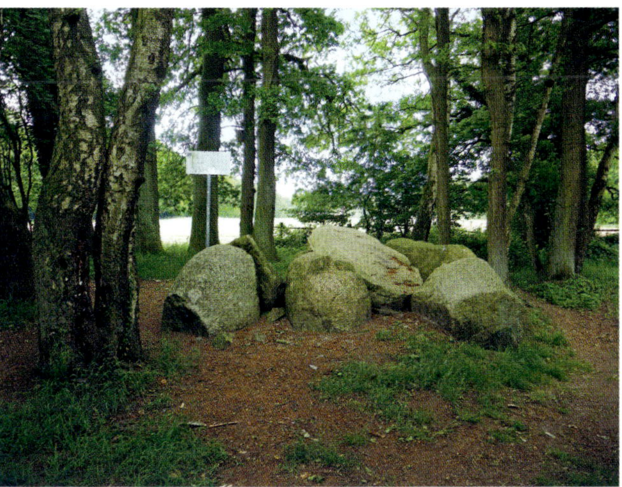

Inzwischen ausgekühlt – Teufels Backofen

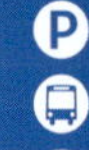

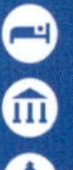

vorbei und laufen ansteigend in den Krebsburger Wald. Ignorieren links zwei Wege hinter einem Tor, verabschieden an einer Gabelung links haltend den Mühlenweg, gehen an der zweiten Verzweigung rechts. Die Forststraße biegt links ab. Wir gehen geradeaus ins gut markierte Grüne und auf weiterer Forststraße sofort rechts. An einer rechtwinkligen Kreuzung nebst DiVa Walk wieder mit Mühlen- und Kammweg links und lesen – beim Näherkommen – Süntelstein 3,2 km. Geradlinig geht es hinab zum Waldrand, Vehrte entgegen. Am Schützenhaus Vehrte rechts. Das Schild Schwarzkreidegrube führt rechts vom Weg ab. Der Trip in die Jurazeit kostet nur 50 m und bereichert unser Naturkundewissen. Die durch aufsteigende Magma entstandene **Schwarze Kreide** 02 in diesem geologischen Aufschluss enthält so viel Kohlenstoff, dass sie sich in gemahlener Form als Färbemittel eignete. Oberhalb der Grube am Waldrand im Bogen nach links. Wir sind im Gebiet der **Teufelssteine** 03 und könnten glauben, am Rand des Höllenschlundes zu stehen, denn ein lang gezogenes, etwa 10 m tiefes Loch liegt plötzlich vor uns. Wir bleiben in unserer Welt, begeben uns wie ausgeschildert links zu einer Baumgruppe, die das archäologische Denkmal „Teufels Backofen“ umschließt. Die Riesenfindlinge beherbergten seinerzeit eine Grabkammer von 6 m Länge! Zurück zum großen Loch, links daran vorbei, dahinter rechts hinauf zu „Teufels Backtrog“, einem weiteren Großsteingrab. Seine Kammer steckt noch in den Resten eines Hügels. Den Abstecher zurück, kurz darauf sind wir am Ortsrand von Vehrte. Neben der Straße rechts (DiVa Walk), links in die Engelriede – die netten Siedlungshäuser bieten schönen Kontrast zum erlebten Teufelszeug. Über die Vehrter Bergstraße zum **Naturfreundehaus Vehrte** 04. Davor rechts, um einen Bolzplatz.

Nach einigem Hin und Her führt rechts in den Wald der DiVa Walk und 10 m weiter ein Pfad zum **Süntelstein** **05**. Die Rückseite des 4 m hohen, aufrechten Monoliths trägt ein Teufelsgesicht, das auf eine Sage verweist. Die wenigen Meter zurück, dem DiVa Walk nach (Hünenburg 3,4 km). Einen Pfad hinauf, auf querender Forststraße rechts, über die **Venner Egge** **06** (158 m). Bald links und wieder rechts. Einige verspringende Wege meistern wir, indem wir dem DiVa Walk folgen. In der nahen Schutzhütte Venner Egge könnten wir uns zur Ruhe setzen. Hinab zum Waldrand, an einem Hof rechts. Wir machen das Megalith-Quartett komplett. Ein Steg über einen Bach und eine Straße 900 m zur Hünenburg hinab. Dort stehen die Darpvenner Steine. Weniger spektakulär als die zuvor besuchten, aber immerhin. Zurück und hinter einer Schranke den Arminiusweg empor (Teufels Backtrog 2,1 km). Zurück zur rechtwinkligen Kreuzung vom Hinweg, links und immer auf dem Kammweg (Krebsburger Mühle 2,4 km). An baldiger Gabelung rechts, nach kurzem Stück zur **Krebsburger Hütte** **07**, wo wir nachstimmen können für den Schlussakkord. Nach ebener Strecke verlassen wir an einem Holzplatz den Kamm nach rechts, gewahren jenseits des Tales Ostercappeln mit der markanten St.-Lambertus-Kirche und gewinnen die bekannte Startetappe am nahen **Parkplatz** **01**.

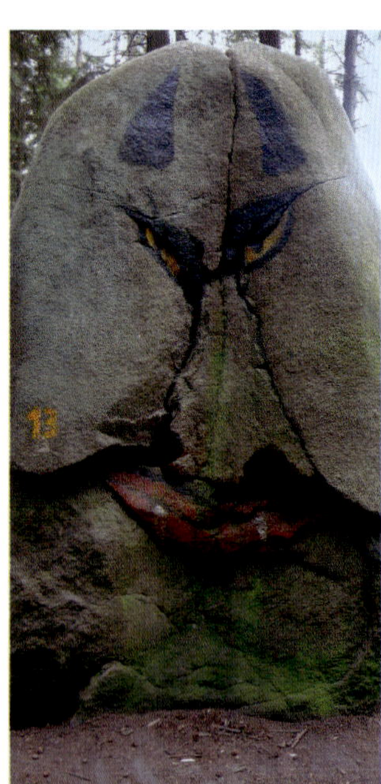

Der Süntelstein mit sagenhafter Teufelsfratze

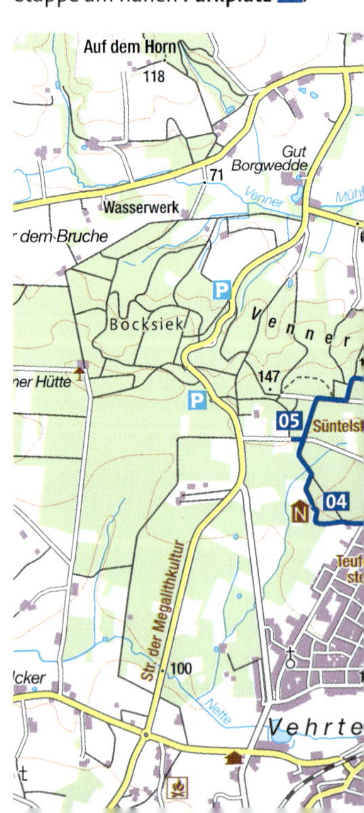

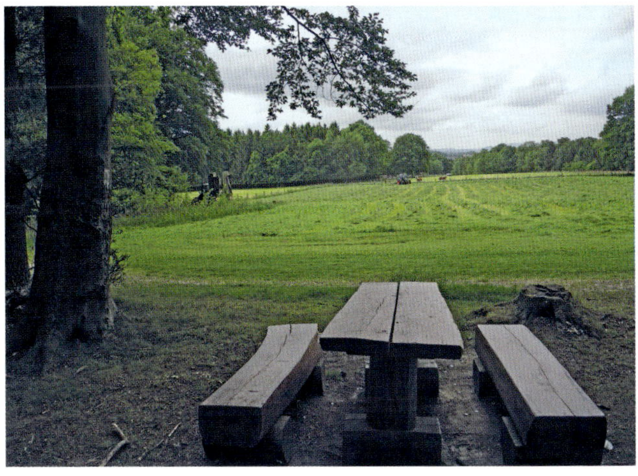

Arbeitszeit und Erholungszeit

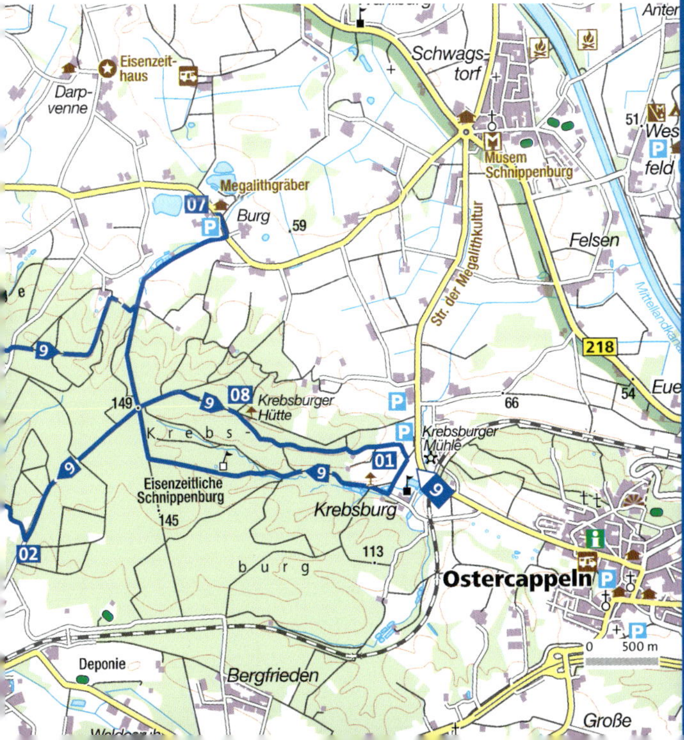

10

AM KALKRIESER BERG

Zum Schauplatz der legendären Varusschlacht

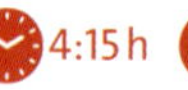

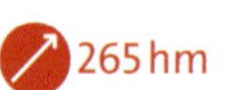

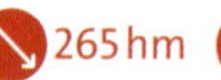

START | Parkplatz Venner Mühle oder Haltestelle Zum Löwen, Linien 213/214/275, Verkehrsgemeinschaft Osnabrück [GPS: UTM Zone 32 x: 443.182 m y: 5.804.160 m]
CHARAKTER | Die Geländebedingungen der Varusschlacht lassen sich sehr abwechslungsreich erleben; der bewaldete Kalkrieser Berg und das flache Vorland mit dem Museumspark als Highlight.

Auf der einen Seite undurchdringlicher Bergwald, auf der anderen Seite abgrundtiefes Moorland. Ungangbar, pfadlos. Keine Orientierung. Unheilvolle Stille, Inferno droht, Krieg liegt in der Luft. Man schreibt das Jahr 9 n. Chr. Szenenwechsel: Auf der einen Seite lichter Forst, auf der anderen das Große Moor mit dem Mittellandkanal. Gepflegte Wege führen voran, Schilder sagen, wo's langgeht. Waldesruhe, friedliches Treiben, Freizeit lockt hinaus. Es ist das 21. Jh.

▶ Am **Parkplatz Venner Mühle** 01 startend lassen wir die Kirche im Dorf hinter uns und folgen der Straße nach Icker. Nur kurz, denn wo diese nach links biegt, gehen wir gerade zum Pastorenweg hinauf. Zwischen Feld und Wald führt ein grüner Weg in die Natur. Unser historischer Brennpunkt ist vorgezeichnet: Varusschlacht 5,1 km. Passend sind wir nebst DiVa Walk auf dem Arminiusweg (s. S. 24). Sofort geht's im engen Tal aufwärts. Beidseits Hänge mit blickdichtem Grün. Fühlen wir uns als Legio-

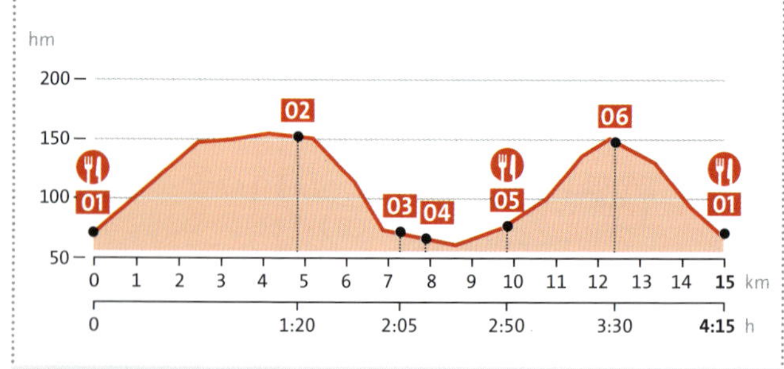

01 Parkplatz Venner Mühle, 57 m; 02 Schmittenhöhe, 157 m;
03 Schloss Neu-Barenaue, 61 m; 04 Mittellandkanal, 56 m;
05 Museum und Park Kalkriese, 66 m; 06 Venner Turm, 157 m

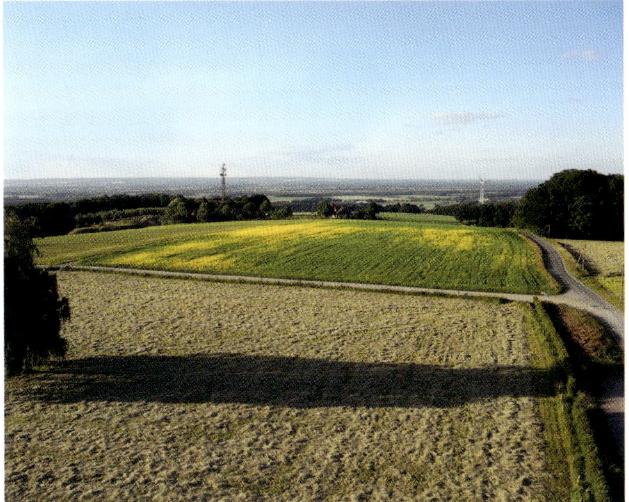
Abends auf dem Venner Turm

näre auf Dienstreise? Werden wir von germanischen Baumriesen beargwöhnt? Dann Licht, Feld, Gegenwart. Am Hof Schlingheide 11 betreten wir eine Straße nach rechts. Malerisch liegt die Feldflur vor uns. Vor dem Venner Turm die Straße Im Hasselbrock links. Die Hochebene bietet weiten Horizont. Hinter den Häusern Nr. 13–17 verlassen wir die Landstraße, streben rechts auf Feldweg dem Wald zu. Nach schattiger Passage der Breiten Heide an einer Gabelung geradeaus zur Schutzhütte (DiVa Walk). Dahinter rechts zur **Schmittenhöhe** 02, einem kegelförmigen Hügel mit Gipfelkreuz und -buch. Kein Fastzweitausender wie gleichnamig bei Zell am See, aber doch 157 m hoch. Auf Waldsträßchen mit DiVa Walk und Mühlenweg (s. S. 25) zweimal links zu einer querenden Forststraße. Der folgen wir nach rechts, um sie sofort links an einer Rastbank zu verlassen. Nach gut orientiertem Hin und Her verlassen wir den Wald des Kalkrieser Berges, gehen rechts hinab, der Geräuschkulisse nach.

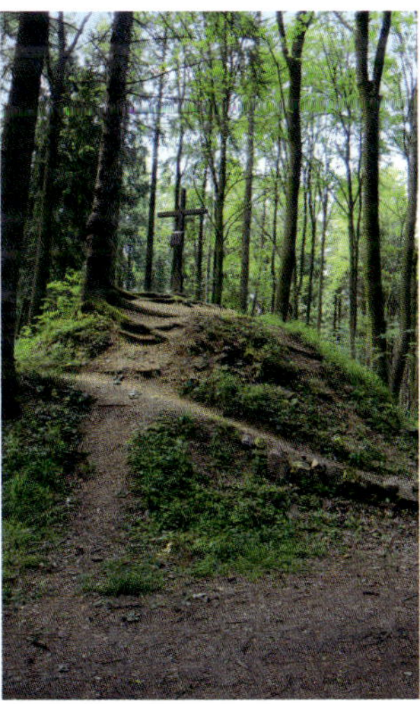
Die Schmittenhöhe mit Gipfelkreuz

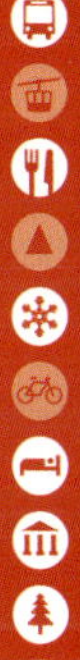

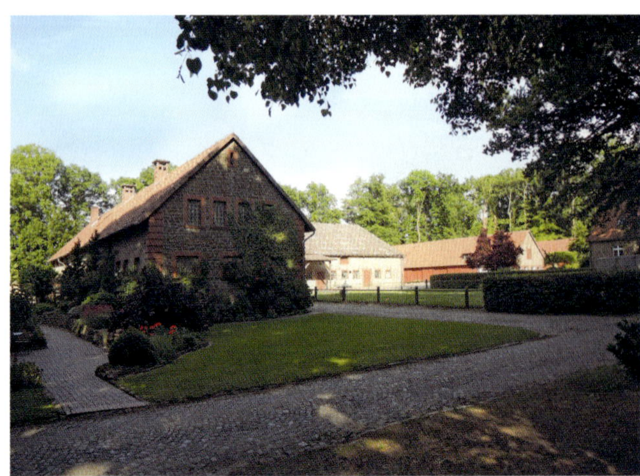

Gut Neu-Barenaue am Mittellandkanal

Kampfgetümmel? Nein, das Verkehrssummen der B218, die wir an einem Parkplatz überqueren. Den Museumsbesuch schieben wir auf, denn das Gut und neoromanische **Schloss Neu-Barenaue** 03 lohnen, das Schlachtross von hinten aufzuzäumen. Hinter den gepflegten Haus- und Parkanlagen führt uns ein Waldstück und ein Bachsteg zum Ufer des **Mittellandkanals** 04, der mit 325 km längsten künstlichen Wasserstraße Deutschlands. Wir gehen nach rechts, unterqueren eine Brücke. Vor einer zweiten Brücke eine Rampe empor, mit B/22 rechts. „0,3 km zur Varusschlacht" steht an der Straße Zum Langholz. Ein Klacks angesichts der Länge des römischen Heeres von 20 km! Und stehen am Eingang des **Museums und Park Kalkriese** 05. Für das wir uns unbedingt Zeit nehmen sollten, denn hat die Fachwelt recht, fand hier eine der gewaltigsten Schlachten der Antike statt, deren Ausgang das Machtstreben Roms gehörig zurechtstutzte. Gut erholt von der zurückliegenden Zeitreise und Wanderstrecke ruft der Rückweg. Am Parkplatz zur

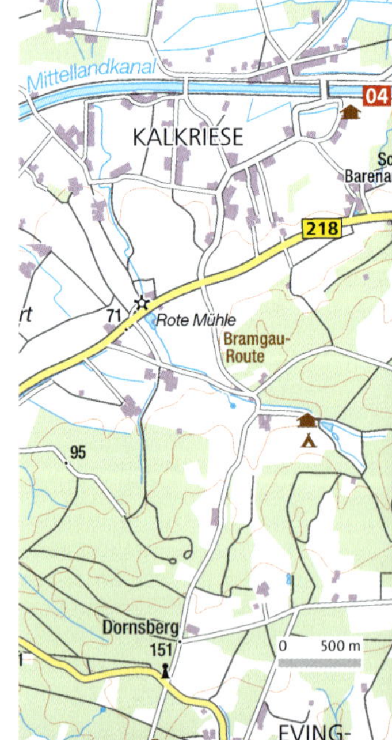

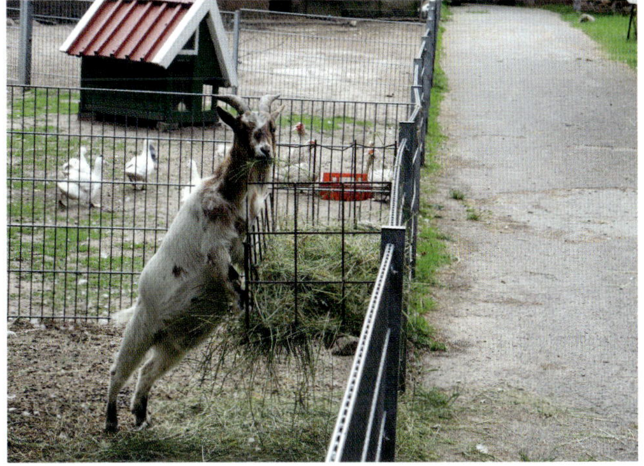

In der Darpvenner Diele gibt es keinen Grund zum Meckern

B218. Ein Stück nach links zum Wanderparkplatz Niewedde. Gegenüber nehmen wir den Abzweig links von Schmersals Weg. Hinter dem Haus Engter Straße 15 zieht ein Wirtschaftsweg hinauf. Dann

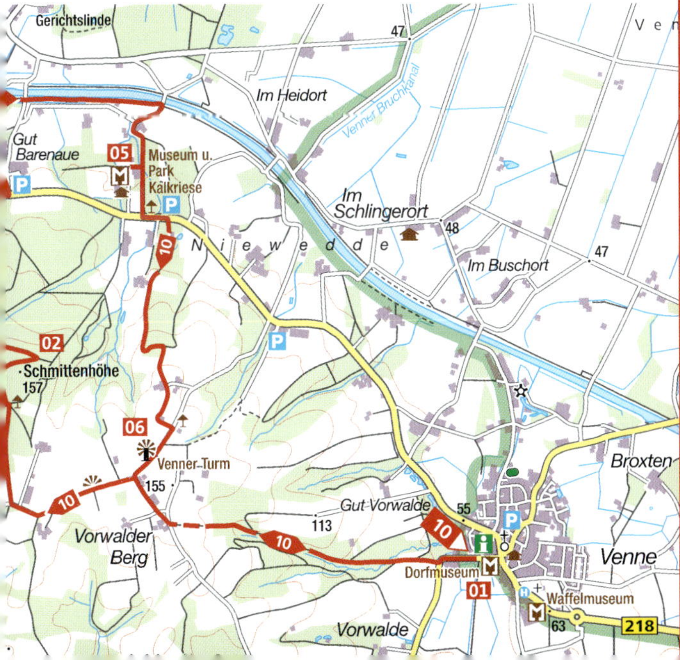

Museum und Park Kalkriese

Die Geschichte des Museums begann schon Jahre vor seiner Gründung. 1987 entdeckte der britische Amateur-Archäologe Tony Clunn römische Münzen und im Folgejahr Schleuderbeile. Das löste systematische Grabungen aus, deren Fundfülle für den möglichen Schauplatz der Varusschlacht sprach. Bald darauf in einem nahen Inforaum öffentlich gemacht, wurden die Fundstücke im Museumspark untergebracht, das als Projekt der EXPO 2000 am heutigen Ort entstand und 2009, zum 2000-jährigen Jubiläum der Schlacht, einen Höhepunkt erlebte. Seither ist die Anlage in Umfang und Konzept gewachsen. Im modernen Besucherzentrum und im weitläufigen Park, bei Sonderausstellungen und Aktionen bekommen Interessierte einen spannenden Einblick in die Geschichte. Daneben ist das Gelände Ort der Wissenschaft und Forschung – und weiterer Ausgrabungen.
www.kalkriese-varusschlacht.de

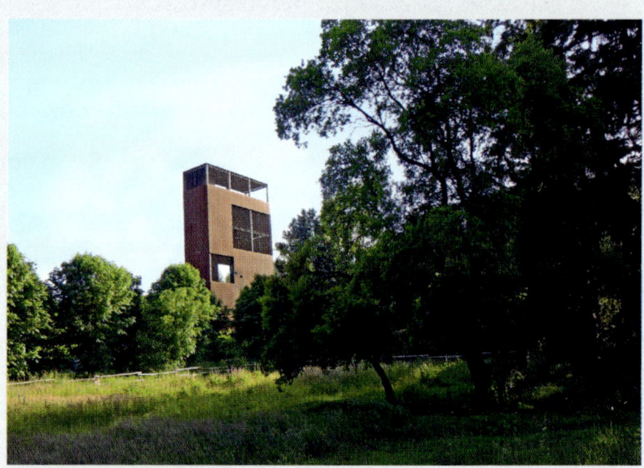

Der 40 m hohe Aussichtsturm im Park

nimmt uns der Waldrand nach rechts auf und führt zu einem Hof. Davor links und immer steil bergan zu einer Häusergruppe mit Sendemast. Rechts haltend gelangen wir zum **Venner Turm** **06**. Von Rastbänken, Schutzhütte und Infotafeln umstanden, ragt der Turm 20 m in den Himmel des Osnabrücker Landes. Von oben haben wir edlen Feldherrenblick – oder genießen ganz zivil die schöne Umschau. Zurück geht's zum Hof An der Schlingheide 11, von dem der Rück- dem Hinweg folgt. Tipp: Wenn wir schon einmal hier sind, sollten wir der sehenswerten Venner Mühle und dem Eisenzeithaus Schnippenburg mit Bauernhofcafé Darpvenner Diele und Hoftieren im Freigehege einen Besuch abstatten.

PENTER UND SCHLEPTRUPER EGGE

11

Ganz im Westen des Wiehengebirges

  10,8 km  2:45 h  140 hm 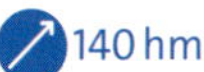 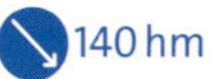 140 hm  750

START | Pkw-Stellplätze an der Bushaltestelle Zitterweg/Karweg der Linie 685, Verkehrsgemeinschaft Osnabrück (Mo.–Fr.) [GPS: UTM Zone 32 x: 430.624 m y: 5.804.941 m]
CHARAKTER | Gemächliche Kammwanderung mit kammnaher Rückwegalternative, die Freiraum schafft für die freien Räume ringsum.

Auch das schönste Wiehengebirge hat ein Ende! Was 70 km östlich an der Porta Westfalica so wuchtig begann, schleicht auf der anderen Seite förmlich aus und taucht in die Norddeutsche Tiefebene. Denn die Penter Egge überragt das nicht mehr allzu ferne Meer um nur noch 99 m. Im Westen nichts Neues? Das gerade nicht, denn dieser Landschaft stehen ganz eigene Charakterzüge gut zu Gesicht.

▶ Am Ortsrand von Pente, an der **Bushaltestelle Zitterweg/Karweg** 01 unter einem alten Eichenbaum starten wir durch. Pente im Rücken gehen wir auf dem Zitterweg auf ein Haus zu. Rechts davor biegen wir mit den Markierungen F, B und 1 rechts ab. Schnell durchqueren wir das Dorfsträßchen Hundeling. Auf dem Clausingweg, neben dem Penter Bach, halten wir auf einen weiteren Hof zu, davor rechts mit F, B, 1 auf einem schmalen Pfad zum Waldrand; an dem ein Stück, dann links in den Wald und bergan. Gelegentlich und hilfreich finden wir ein aufgemaltes B und Richtungspfeile. So gelan-

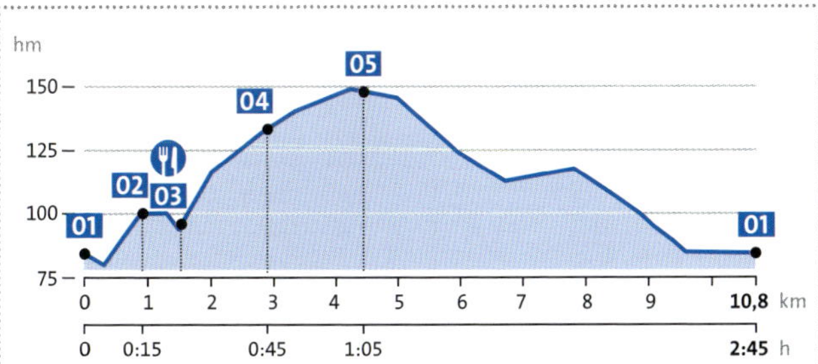

01 Bushaltestelle Zitterweg/Karweg, 82 m; 02 Penter Egge, 99 m; 03 Hotel-Restaurant Penterknapp, 90 m; 04 Schutzhütte Auf der Egge, 133 m; 05 Schleptruper Egge, 148 m

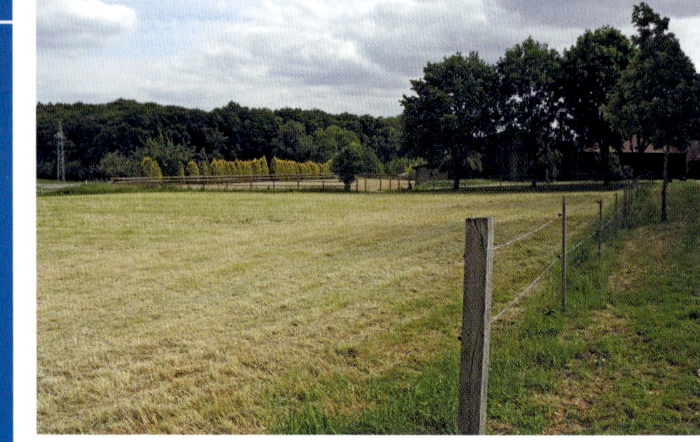
Fruchtbares Maschland bei Pente

gen wir zum höchsten Punkt der **Penter Egge 02**. Messen wir selbst mindestens einen Meter, überragen wir die Hundertergrenze. An einem Schilderbaum zur „Wandervollen" Varusregion links haltend, werden wir zum Penterknapp (0,5 km) geführt. Nebst dem bekannten B ist dies auch der Hünenweg (s. S. 25). Also links, der fallenden Kammlinie nach. Rechts aus dem Wald, dann stehen wir nahe der B 68 vor dem **Hotel-Restaurant Penterknapp 03**, das auch bei der Rückkehr geöffnet hat. Wir überwinden die Bundesstraße linker Hand über eine Brücke, folgen laut Hinweistafel dem Hünen- und Birkenweg (B) über den Wiehenkamm. Die anfängliche Asphaltbekleidung weicht fußläufigem Forstweg. Der führt, wie mit dem Kamm gezogen, geradewegs nach Ost. An einer Wegquerung können wir in der **Schutzhütte Auf der Egge 04** unsere Brotzeit entfalten. Weiter schnurgeradeaus und nun auch mit M (Mühlenweg, s. S. 25). War der Weg bisher eben, geht es jetzt hinauf zur 148 m

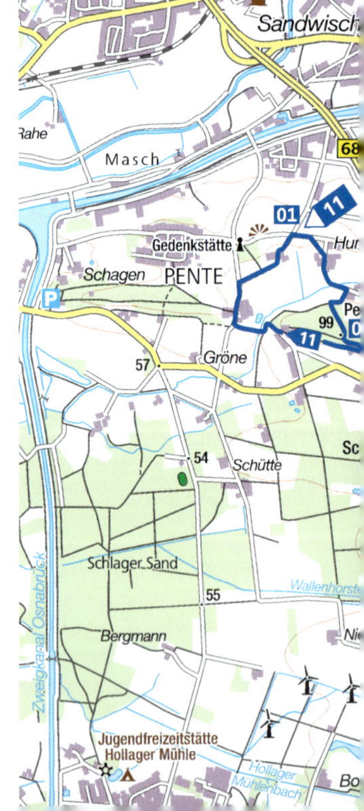

hohen **Schleptruper Egge** 05, dem heutigen Meereshöhepunkt mit Mastanlage des Senders Osnabrück. Hier müsste man Wanderwetterinfos aus erster Hand bekommen. Noch ein Stück, dann herrscht Wald- und Blickfreiheit nach links ins unverstellte Tiefland. Nach etwa halber Freifläche finden wir rechts an einem Baum die Zeichen F, B, M und einen roten Punkt. Dies ist der Umkehrpunkt, der in spitzem Winkel in den Wald und zurück führt. Die Punkte leiten auf nicht ganz astreinem Pfad unterhalb des Kammes zu einer Abspannung des Sendemastes und dort, den Turm im Rücken, rechtwinklig links hinab. Knapp

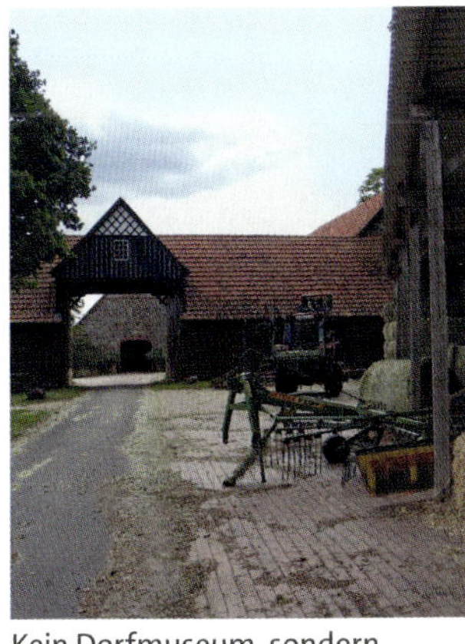

Kein Dorfmuseum, sondern lebendige Landwirtschaft

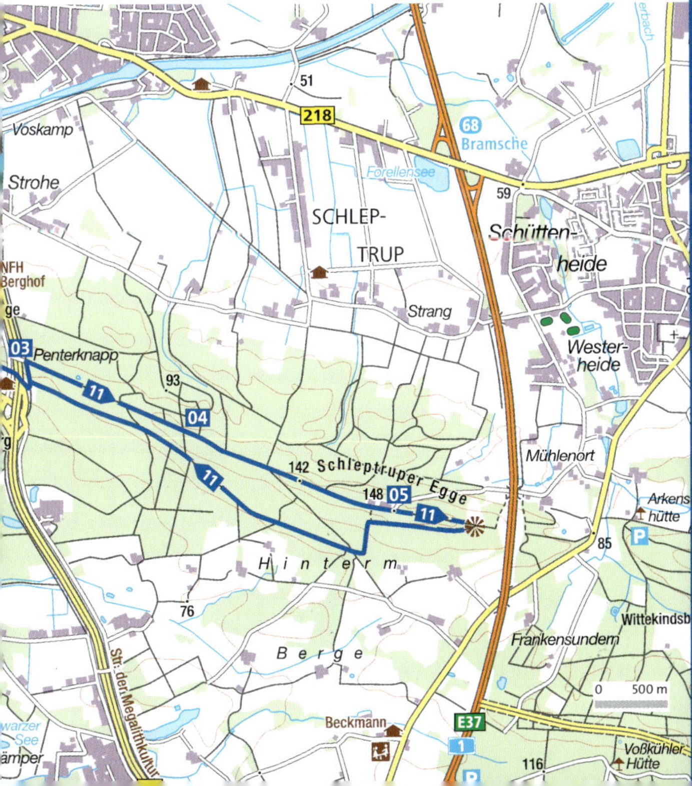

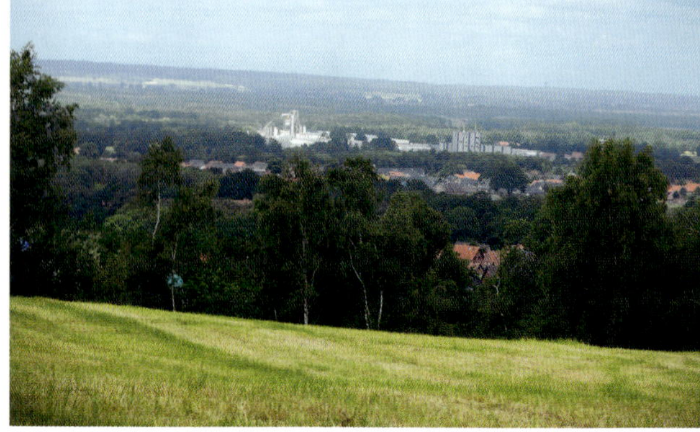
Unter der Schleptruper Egge weitet sich das Norddeutsche Tiefland

vor dem Waldrand, weiterhin rot gepunktet, rechts auf einen breiteren Weg, der in eine Forststraße mündet. Eine Gabelung führt links zu Häusern, wir aber bleiben im Wald. Von links gesellt sich der Mühlenweg hinzu, führt rechts empor zur Schutzhütte. Doch der Geradeausweg lockt und bald sind wir wieder am Penterknapp – wäre da nicht die B 68. Also wieder über die Brücke und nun zur Wirtschaft. Dann geht es, wie vom Hinweg bekannt, zur Penter Egge. Wir verlängern den Rückweg, denn das Land zwischen Zweigkanal Osnabrück und Mittellandkanal hat Charme. Im Kontrast zur Infrastruktur der Wasserwege wirkt das Dazwischen – die Bäume und Höfe, das Maschland in langer Zeit gewachsen und gut verwurzelt. Also geradeaus zu einem großen Hof, links ab und sofort rechts. Mit kleinem Gegenanstieg aus einer Talsohle. Dann rechts auf die Straße Lange Wand, an einer Pferdezucht vorbei und nochmals rechts. Der Karweg führt uns zum Ausgangspunkt.

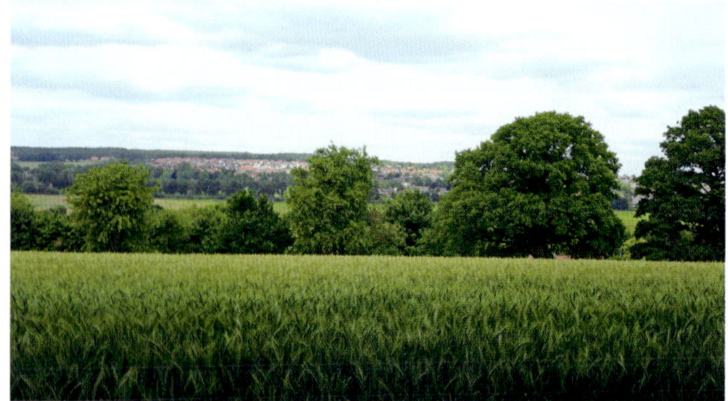
Feld-, Wald- und Wiesenidylle

VON RULLE NACH OSNABRÜCK

Auf dem Wittekindsweg in die Stadt des Westfälischen Friedens

  11,8 km  3:15 h  155 hm  170 hm  750

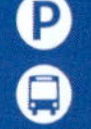

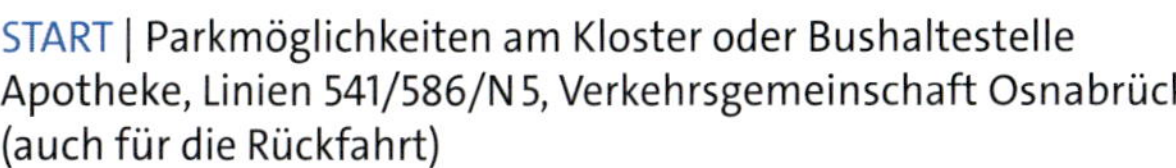
START | Parkmöglichkeiten am Kloster oder Bushaltestelle Apotheke, Linien 541/586/N 5, Verkehrsgemeinschaft Osnabrück (auch für die Rückfahrt)
[GPS: UTM Zone 32 x: 435.544 m y: 5.798.875 m]
CHARAKTER | Durchwegs bequeme Wegführung, trotz der oft urbanen Umgebung viel Asphaltverzicht.

Das Ziel, die Friedensstadt Osnabrück mit ihrem architektonisch verlockenden Zentrum, scheint die Gesamttour zu überstrahlen. Sie hat aber, folgt man beharrlich dem Wittekindsweg, zwei sehr reizvolle Vorgesetzte: Einen baulichen mit der berühmten Wallfahrtskirche und einen natürlichen mit dem lauschigen Nettetal. Gelegenheit also zum Staunen und Entspannen, bevor es städtisch-quirlig wird.

▶ Ausgangspunkt ist das **Kloster Rulle** 01 mit seiner 4-türmigen Kirche und der gepflegten Anlage. Die ehemalige Zisterzienserinnenabtei wurde Wallfahrtsort, nachdem sich das Blutwunder von 1347 weit herumsprach. An der Apsisseite der Kirche (Am Eichholz) finden wir Markierungen für Wittekindsweg, DiVa Walk und Hünenweg (s. S. 23–25). Ersterer führt uns zuverlässig ans Ziel, wenn wir stets dem weiß-rotem Querbalken folgen. Erst am Friedhof, dann auf dem Nonnenpfad in eine Parkanlage und rechts in ein Stadtwäldchen. Wir stoßen auf die Straße Am Haupthügel, die wir ab

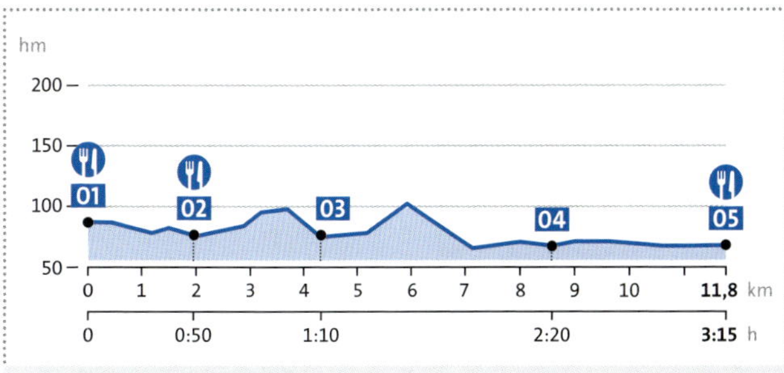

01 Kloster Rulle, 85 m; 02 Knollmeyers Mühle, 83 m; 03 Oestringer Steine, 75 m; 04 Vehrter Landstraße, 69 m; 05 Rathaus Osnabrück, 68 m

Der Westfälische Frieden im Rathaus Osnabrück

Der Dreißigjährige Krieg um die weltliche und religiöse Vorherrschaft brachte Europa an den Rand des politischen und wirtschaftlichen Ruins. Diplomatische Versuche, das kontinentale Schlachten zu beenden, scheiterten. Erst, als alle beteiligten Mächte eingebunden waren, gelangen die Verhandlungen und führten im Oktober 1648 zur Unterzeichnung des Westfälischen Friedens, zeitgleich in Münster und Osnabrück. Der Friedenssaal des Osnabrücker Rathauses war Schauplatz des Friedensschlusses. Er enthält Porträts der Gesandten und Herrscher der damaligen Kriegsparteien. Das 1512 fertig gestellte Gebäude, im spätgotischen Stil seiner Zeit errichtet, wurde 1944 Opfer alliierter Bombenangriffe und nach Kriegsende originalgetreu restauriert. Besucher können es heute im Rahmen von Führungen besichtigen.

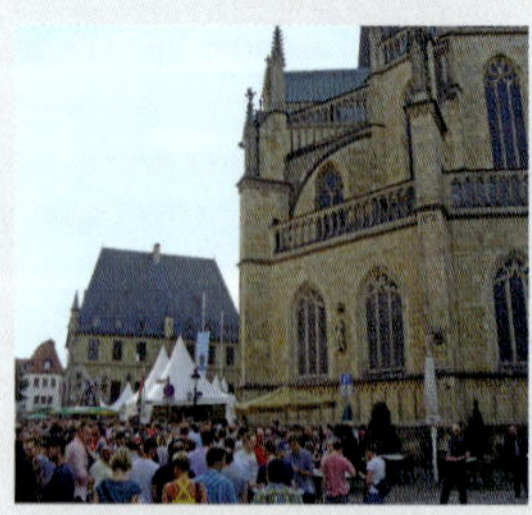

Friedlich feiern vor dem Rathaus des Friedens

der Haltestelle An der Nette rechts auf einem Pfad an der Ruller Flut umgehen. Rechts in den Haster Berg und links die Straße Auf dem Hohn, die an einem Bildstock links abknickt und in einem Rechtsbogen ins Tal der Nette führt. Neben dem gleichnamigen Gasthaus beeindruckt **Knollmeyers Mühle** 02. Sie gilt als eine der ältesten Wassermühlen im Osnabrücker Land. Ihre Gründerzeit geht wohl auf Karl den Großen zurück. Sie wurde originalgetreu restauriert und erzeugt Strom und Mehl. Ein Stück jenseits der Nette warten Reste der Wittekindsburg, einer Fluchtburg des Sachsenheeres im Krieg gegen den „Großen Karl", auf einen Abstecher. Dann folgen wir dem Fluss der Nette, was auf diesem Prachtstück Natur sehr erholsam ist. Am Parkplatz an der Forellenzucht Nettetal mit Hofbistro links auf ein Teersträßchen und nach kurzer Weile zu den **Oestringer Steinen** 03. Jungsteinzeitlichen Gräbern, die Teil der überregionalen Straße der Megalithkultur sind. Wie ausgeschildert „Osnabrück-Zentrum 6,3 km" den Oestringer Weg lang hin bis zum Nonnenklostergut Nette. Davor links auf eine Straße. Im Scheitel ihrer Linkskurve rechts einen steilen Hohlweg hinauf und rechts haltend meist am Waldrand entlang. Über die Straße von Dodesheide und links ab (Osnabrück 3,9 km). Wieder ist die Nette unsere Wegbegleiterin. Sie zeigt sich großflächig und etwas sumpfig. An einem Quersträßchen links, über eine Brücke mit Wehr, dahinter zur Linken ein großer Parkplatz. Wir gehen unmittelbar rechts, folgen dem Bachlauf (Zentrum 3,1 km). Entlang einer Kleingartenanlage erreichen wir an einer Fußgängerampel die **Vehrter**

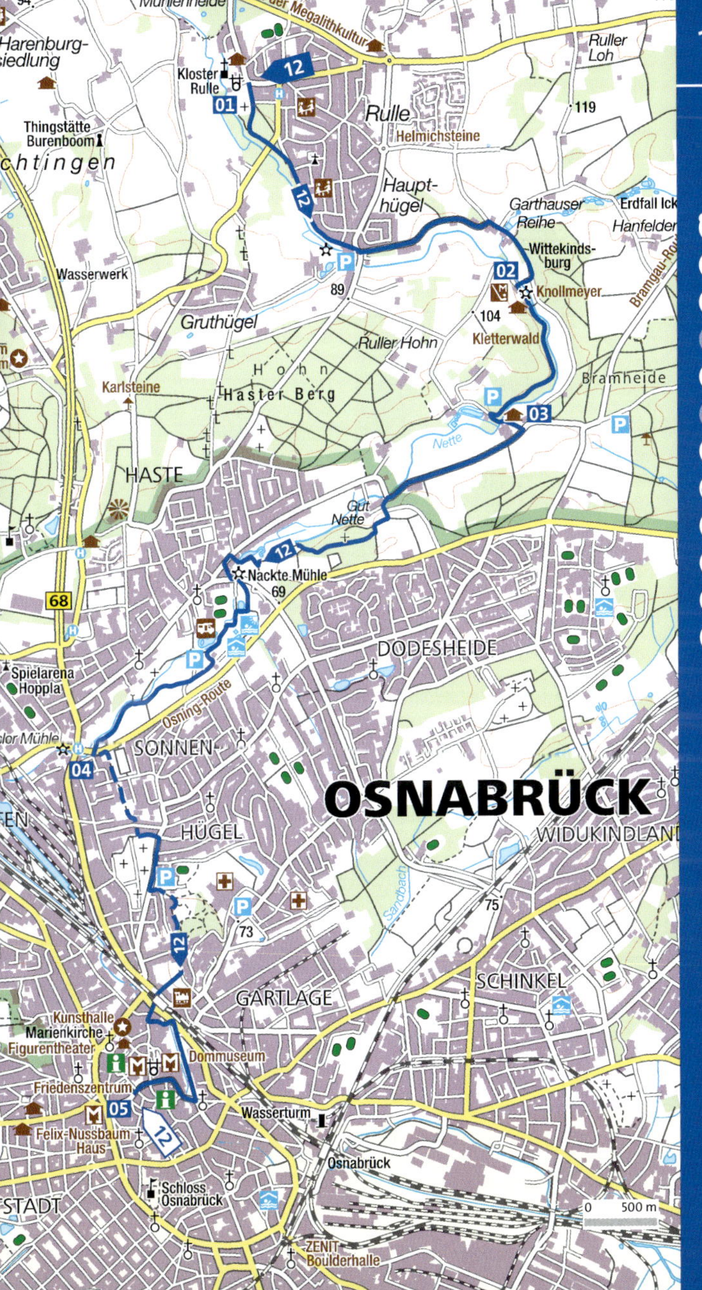
Mühlenheide
Str. der Megalithkultur
Harenburg-siedlung
Kloster Rulle
Rulle
Helmichsteine
Ruller Loh
119
Thingstätte Burenboom
Haupt-hügel
Garthauser Reihe
Erdfall Ick
Hanfelder
Wittekinds-burg
Knollmeyer
Bramgau-Route
Wasserwerk
89
104
Kletterwald
Gruthügel
Ruller Hohn
Karlsteine
Hohn
Haster Berg
Bramheide
Nette
HASTE
Gut Nette
Nackte Mühle
69
68
DODESHEIDE
Spielarena Hoppla
Osning-Route
SONNEN-
OSNABRÜCK
HÜGEL
WIDUKINDLAND
Sandbach
75
73
SCHINKEL
GARTLAGE
Kunsthalle
Marienkirche
Figurentheater
Dommuseum
Friedenszentrum
Felix-Nussbaum-Haus
Wasserturm
Osnabrück
Schloss Osnabrück
STADT
0 500 m
ZENIT Boulderhalle
01
02
03
04
05
12

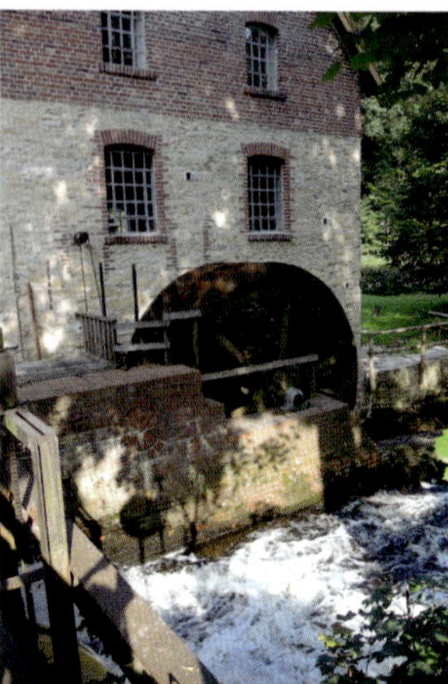

Alter und neuer Stromerzeuger – Knollmeyers Mühle

Landstraße 04, davor Schilder zu Fernwanderwegen im Nördlichen Teutoburger Wald/Wiehengebirge. Auch der Wittekindsweg ist genannt. Links ein Stück in die Vehrter Landstraße, vorbei an der gegenüber abzweigenden Querstraße An De Brehen. Dann die nächste, etwas unscheinbare, rechts ab. Jetzt sind wir richtig in Osnabrück. Es wird noch zweimal grün im städtischen Bunt. Erst im Hasefriedhof. Anfang des 19. Jhs. gehörte Osnabrück zum Königreich Westfalen und damit zu Napoleons Imperium. Auf kaiserlichen Erlass durften Tote nicht mehr innerhalb der Städte beigesetzt werden. So fanden die Altstädter ab 1808 auf diesem Friedhof außerhalb der Stadtmauer ihre letzte Ruhe. An der Haltestelle Moorlandstraße verlassen wir die Anlage, folgen rechts der Süntel-, dann links der Veilchenstraße. Durchwandern den Bürgerpark auf dem Gertrudenberg, der ältesten Parkanlage der Stadt. Nun zum Kern: Der Senator-Wagner-Weg und die Terrasse führen uns hinab zum Altstadt-Bahnhof. Auf dessen Vorderseite verläuft der Erich-Maria-Remarque-Ring und unweit die viel ruhigere Hase, deren Lauf wir bis zu einer Brücke folgen. Jenseits leitet uns der Conrad-Bäumer-Weg zum imposanten Dom, dem wir am Hexengang berückend nahe kommen. Über Große Domfreiheit und Markt schließlich gelangen wir zum **Rathaus** 05, gleichsam der End- oder Startpunkt des 95 km langen Wittekindsweges.

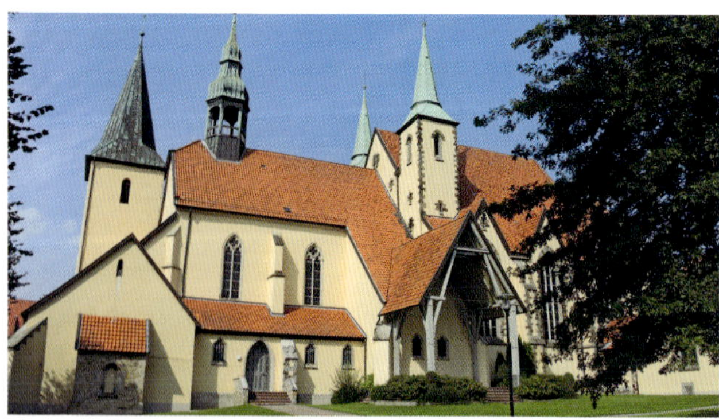

Kloster Rulle mit Turmschmuck

ZUM WASSERSCHLOSS SURENBURG

Viel Pferdestärke und viel Wasser

  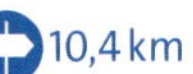 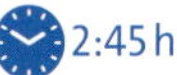 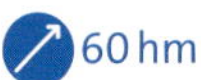 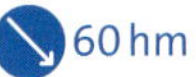 

10,4 km | 2:45 h | 60 hm | 60 hm | 849

START | Parkplatz am AKZENT Hotel Saltenhof oder Bushaltestelle Saltenhof, Linien R 93 (Mo–Sa)/192/294, Regionalverkehr Münsterland GmbH/Bus und Bahn Münsterland
[GPS: UTM Zone 32 x: 402.148 m y: 5.792.092 m]
CHARAKTER | Durchwegs bequeme Wanderung – über Feld, durch Wald und oft am Wasser.

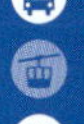

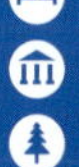

Der nahe Teutoburger Wald lockt so sehr, dass man übersehen könnte, was abseits des Kammes auch lockt. Die Gegend zwischen Tecklenburger Land im Norden und dem südlich liegenden Münsterland ist reich an fruchtbaren Böden. Und durch die Nähe zum Dortmund-Ems-Kanal und Ems noch reicher an Fließgewässern. Sie bietet einen unbegrenzten Lebensraum für Pferde – und ihre Züchter. Und birgt mit dem Wasserschloss Surenburg ein schnuckeliges Baudenkmal. Doch dazu später.

▶ Am **AKZENT Hotel Saltenhof 01** widerstehen wir der Versuchung zur Einkehr. Wir wollen ja wandern und gehen nach rechts. Folgen dem Hermannsweg H (s. S. 24) und dem Lauf der Bevergerner Aa. Allerdings gegenläufig. Die Aa fließt nach Rheine, wo sie in die Ems mündet. Der Hermannsweg beginnt dort, mündet aber in den Teuto. Eine Holzbrücke führt ans linke Ufer und „stromabwärts". An einer Kreuzung mit weiterer Brücke und Rastbank lassen wir die Aa ziehen und folgen H nach links. Nochmals links

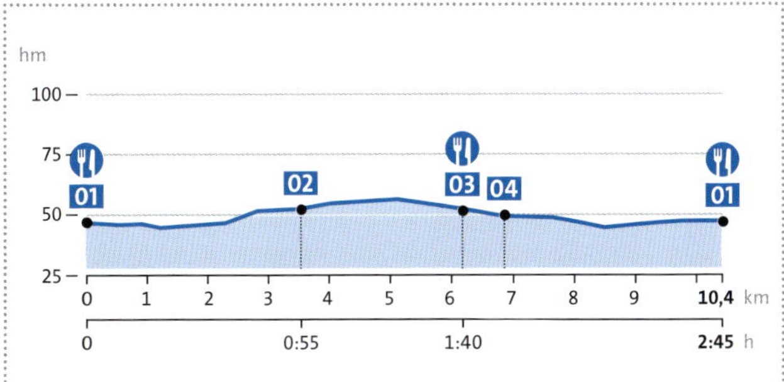

01 AKZENT Hotel Saltenhof, 43 m; 02 Wildes Weddenfeld, 50 m;
03 Parkhotel Surenburg, 50 m; 04 Wasserschloss Surenburg, 46 m

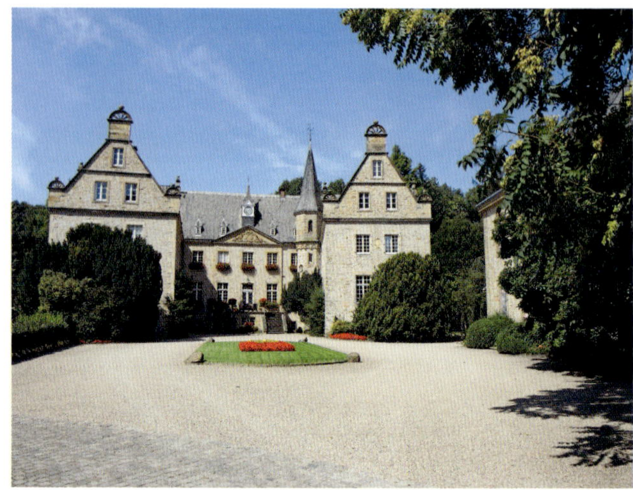

Das Wasserschloss Surenburg – ein gelungener Stilmix

und auf den Surenburger Damm, dessen Asphaltbelag wir ausweichen können. Unser Blickkontakt mit der umgebenden Feldflur ist ungehindert und bleibt es, wenn wir rechts in den Elter Weg schwenken. Eine Hinweistafel informiert über das **Wilde Weddenfeld** 02 als Ems begleitende Binnendünen. Nun lassen wir auch den Hermannsweg ziehen, nehmen links einen Pfad, lesen an einem Schildermast „Schloss Surenburg 2,8 km", folgen X7 in spitzem Winkel zurück. Das Wilde Weddenfeld kommt zahm daher, die Waldung ist parzelliert, die Wege sind schnurgerade. An einer Gabelung gehen wir rechts, queren einen Reitweg und überlassen uns einem von links kommenden Sträßchen. Steinsäulen mit Kapitelchen und Mauerreste deuten auf herrschaftliches Anwesen, eine Baumallee und Reitturnieranlage erhärten den Verdacht. Dann beeindruckt das gediegene **Parkhotel Surenburg** 03, eine 4-Sterne-Unterkunft, in der auch das mitgebrachte Pferd willkommen ist. Das ist kein Snobismus, denn wir befinden uns auf der 1000 km langen Münsterland-Reitroute. Also: Ross und Reiter nennen und einchecken. Oder weiterwandern. Links vom Hotel, nach Infotafel-Lektüre über diese pferdereichste Region Deutschlands, bringt uns X7 zum **Wasserschloss Surenburg** 04. Und das ist ein Hingucker! Wenn auch nur von außen, denn die dreiflügelige Anlage, jahrhundertelang stilistisch überprägt und ergänzt, ist in Privatbesitz. Immerhin lässt sich die gärtnerisch ungemein attraktive Außenanlage nach Anmeldung besichtigen. Aber auch als Außenstehende können wir unseren ästhetischen Durst stillen, indem wir den malerischen Anblick vom Haupteingang genießen und dann das Ensemble gegen den Uhrzeigersinn mit X13 umgehen. Der Gräfte – westfälisch für Wassergraben – folgend, entwachsen

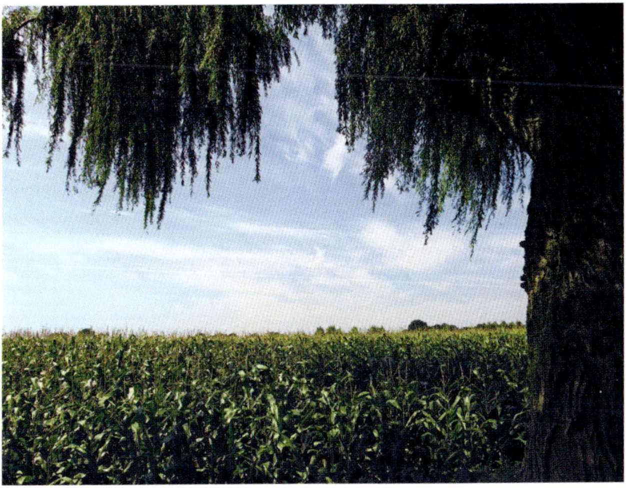

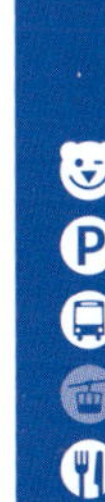

Vom Wasserreichtum profitiert auch die Feldwirtschaft

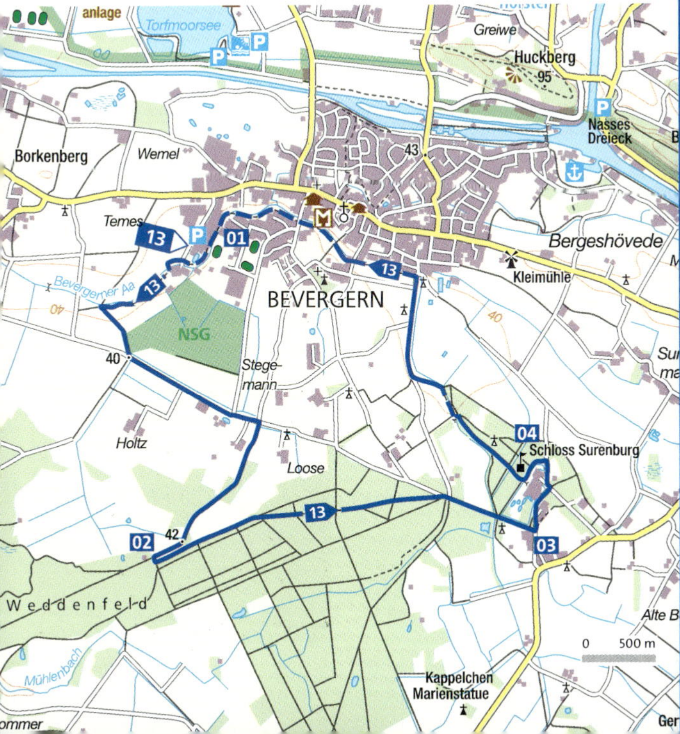

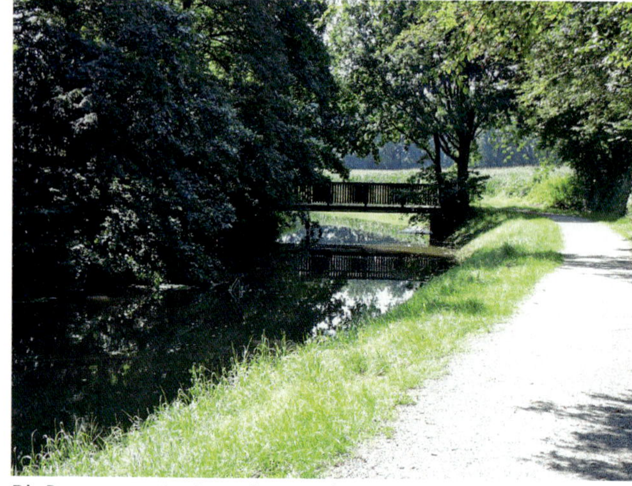

Die Bevergerner Aa nimmt ihren Lauf

Schlosskapelle, Orangerie und Wirtschaftsgarten dem gepflegten Boden. An einer verschlossenen Zugbrücke mit X13 rechts in den Schlosswald. Ganz weltlich und viel Natur belassener geht es weiter. Geht und strömt, denn es ist wieder die Bevergerner Aa, die uns zur Seite fließt und deren Lauf über jede Markierung erhaben ist, will man, wie wir, zum Ausgangspunkt zurück. Eine Betonbrücke lässt uns die Seite wechseln, den herrschaftlichen Wald gegen freies Land tauschen. Erst schmaler Pfad, dann breites Teersträßchen (Sendwall), vorbei an einem sandsteinernen Bildstock zu Bevergerns ersten Häusern. Kurz nach dem Ortseingangsschild links lesen wir „Saltenhof 3 km". Es ist auch wieder der Hermannsweg, der uns in Begleitung der Aa voranbringt. Eine der Brücken, einer der Pättken – münsterländisch für Pfade – könnte uns in die liebevoll-gepflegte Bevergerner Altstadt bringen. Ganz sicher aber bringt uns die Aa dorthin zurück, wo sich der Wanderkreis schließt. Jetzt vielleicht mit Einkehr im **Saltenhof** 01 ...

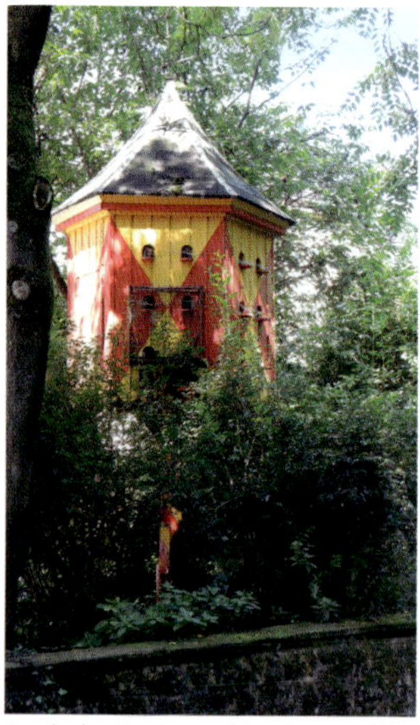

Auch der Taubenschlag ist geadelt

VON BEVERGERN ZUM KLOSTER GRAVENHORST

Baukunst, Berge und Binnenschiffe in Teutos Westen

  15,4 km  4:15 h  250 hm  250 hm  849

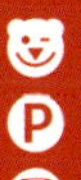

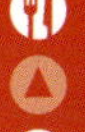

START | Parkplatz Am Markt nahe Kirche St. Marien oder Bushaltestelle Althelmig, Linien R 93 (Mo.–Sa.)/T 60/192/294, Regionalverkehr Münsterland GmbH/Bus und Bahn Münsterland [GPS: UTM Zone 32 x: 403.168 m y: 5.792.226 m]
CHARAKTER | Sehr abwechslungsreiche Stadt-(Berg)Land-Fluss-Tour mit viel Sehenswertem.

Bevergern ist eine Reise wert! Innenansicht und Drumherum sind so reizvoll, dass diese Tour zur Auswahl „Unsere Highlights" gehört. Der Neugierige erwandert ein Bundesgolddorf mit gepflegter Altstadt, die westlichsten Berge des Teutoburger Waldes, eine famose Aussicht über das Münsterland, das bestens erhaltene Kloster Gravenhorst und Uferstücke des Mittelland- und Dortmund-Ems-Kanals mit dem „Nassen Dreieck" am Überfluss. Also – auf geht's!

▶ **Am Markt** 01 beeindruckt uns Bevergerns Altstadt. Am Hermannsweg H (s. S. 24) orientierend, den Lockungen der nahen Gasthäuser widerstehend oder nicht, passieren wir die Pfarrkirche St. Marien. Vielleicht begleitet vom Geläut ihrer 5 Glocken, deren älteste schon 1687 erschallte. Ortstypisch kopfsteingepflastert

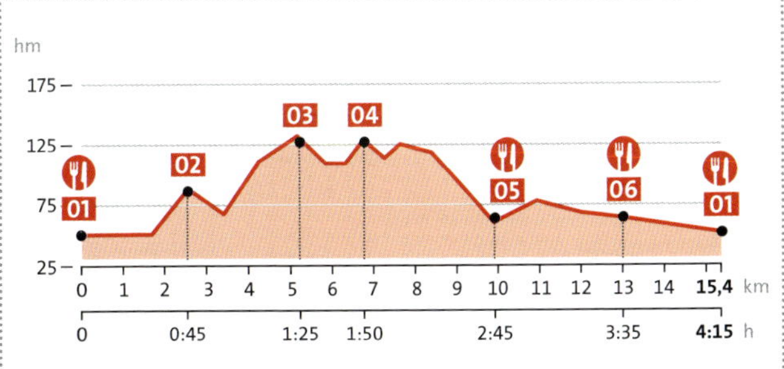

01 Am Markt, 43 m; 02 Huckberg, 95 m; 03 Schöne Aussicht, 132 m; 04 Wanderhütte am Schinkenstein, 128 m; 05 Kloster Gravenhorst, 54 m; 06 Nasses Dreieck, 60 m

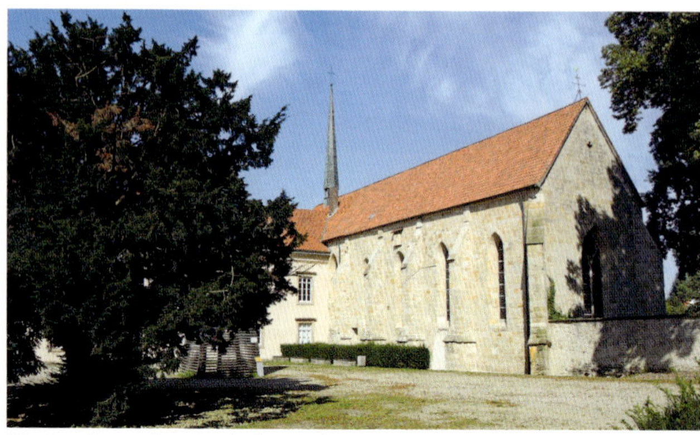

Kloster Gravenhorst mit der Kirche St. Bernhard

geht's zum Heimathaus. Dieses schmucke Fachwerk gewährt sonn- und feiertags Einblick in die hiesige Welt von einst. Rechts zur Hauptstraße, hinüber, wenige Meter links und rechts in den Mühlenpättken. Pättken heißt auf gut münsterländisch Kleiner Pfad. Dieser führt – vorbei an Levedags Mühle – durch eine beschauliche Siedlung. Über die Allee erreichen wir das Gasthaus Zur Schleuse. Auf der Westfalenstraße links haltend, verlassen wir Bevergern, überqueren den Dortmund-Ems-Kanal, gehen ein Stück in Richtung Hörstel. An Häusern zu beiden Seiten geht es mit H rechts über die Straße und links einen ungeteerten Pfad hinauf. Unerwartet steil wird es plötzlich, wenn wir kräftig steigend den Kamm des Teutos und dessen westlichste Erhebung, den **Huckberg** 02 erreichen, der nur wenig die 100-m-Marke verfehlt und doch ein beachtliches Panorama bietet. Nicht lange sind wir auf der Höhe, dann zieht der Hermannsweg wieder hinab und auf der Millionenbrücke über den Mittellandkanal. An einer Bushaltestelle rechts ins Sträßchen Am Steinbruch. Im Scheitel der Linkskurve gehen wir rechts, nehmen drei Stufen, erklimmen den Bergkamm von neuem. Stets auf H, der „Schönen Aussicht" entgegen, überschreiten wir den

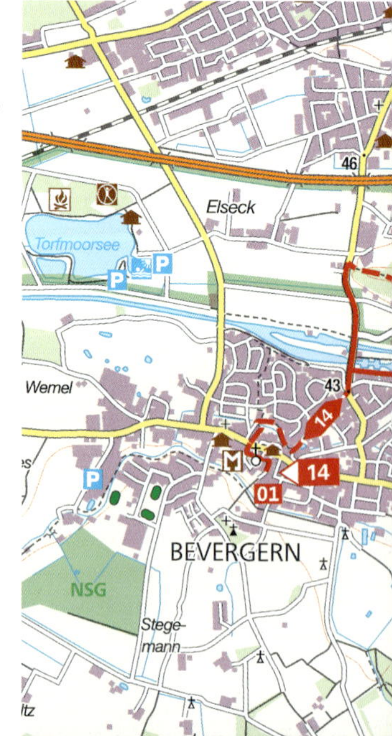

Bergeshöveder Berg, passieren ein tempelartiges Kruzifix und stehen unterhalb des Riesenbecker Berges auf der gemauerten Terrasse der **Schönen Aussicht** 03. 132 m über dem Meer geht der Blick weit hinab nach Riesenbeck und noch weiter hinaus ins grüne Münsterland. Wieder zum Hermannsweg und rechts. Wir folgen dem Kamm bis zur **Wanderhütte am Schinkenstein** 04 am Lager Berg. Nach gemessener Rast wählen wir eine Rückwegvariante, indem wir links in spitzem Winkel (12) absteigen. Vor einem Gegenhang an einer Wiese nimmt uns ein Querweg (12, Hinweis Schöne Aussicht) nach links auf. Ein sandiger Pfad führt wieder bergan und zurück zum Kamm. Schnell sind wir wieder am Kruzifix in seiner Tempelhülle. Nun geradeaus. Wie wir bald feststellen, wandern wir

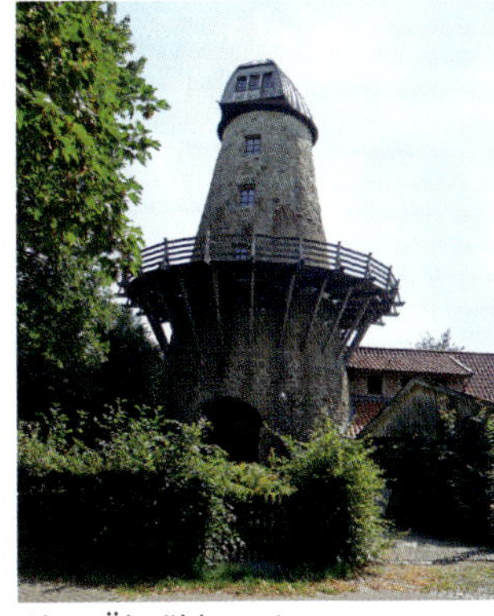

Oben Ölmühle, unten Geschützturm – Levedags Mühle

auf dem Klosterweg Riesenbeck-Gravenhorst. Ovale Bronzeplatten auf Basaltstelen liefern hierfür die weitere Orientierung. Wir passieren ein Anwesen, unter-

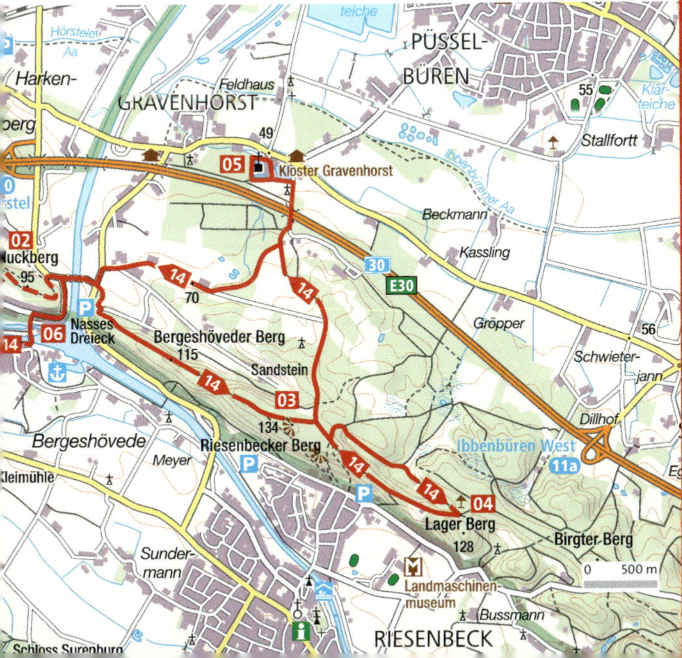

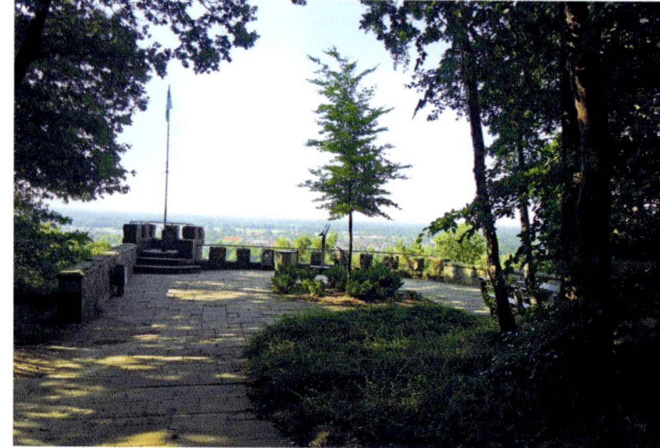

Versprechen gehalten – die „Schöne Aussicht“ auf das Münsterland

queren erhobenen Hauptes die Autobahn A30 und finden links die weitläufige, gepflegte Anlage des **Klosters Gravenhorst** 05. Im 13. Jh. gegründet, gehörte es bis zur Säkularisation dem Zisterzienserinnenorden. Das hervorragend erhaltene Ensemble umfasst die Kirche St. Bernhard, Konventgebäude, Back- und Brauhaus, das DA Kunsthaus mit Café und sehenswerte Außenanlagen. Den Hinweg zurück bis jenseits der Autobahn, nun mit „t“ in weißem Kreis rechts durch lichten Wald. Dann führt ein Sträßchen durch Feldflur und links auf die St.-Bernhard-Straße. Wieder über die Millionenbrücke und am westlichen Ufer des Mittellandkanals durch die zahme Gravenhorster Schlucht zum Dortmund-Ems-Kanal. Hier erwartet uns dreierlei **Nasses Dreieck** 06 – die Verbindung der Kanäle als Knotenpunkt der Binnenschifffahrt, das gleichnamige Café-Restaurant und, am Ostrand der Schleuseninsel, ein Projekt der Regionale 2004. Als einer der „Botschaftsgärten“, die die landschaftsräumliche und gewerbliche Nutzung der Wasserstraße in ein anschauliches Bild rücken, liegt hier ein begehbarer Körper aus Streckmetall als Ausstellungsort. Eine Stahlbrücke trägt uns über den Kanal und ein breiter Weg am Südufer zurück zu Bevergerns Altstadt samt Ausgangspunkt.

Bevergern en detail

ZU DEN DÖRENTHER KLIPPEN

Sandsteinarchitektur im Münsterland

  12,1 km  3:30 h 330 hm 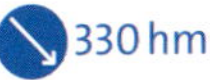 330 hm  849

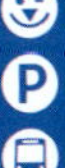

START | Parkplatz Groner Allee hinter Hotel Nüse am Waldrand oder Haltestelle Münsterstraße, Linie 229 Ibbenbüren - Tecklenburg [GPS: UTM Zone 32 x: 411.129 m y: 5.790.257 m]
CHARAKTER | Wege am Kamm und zu beiden Seiten, kurze Steilstücke passen zur felsigen Umgebung.

Die Dörenther Klippen sind Ergebnis einer architektonischen Schöpfung, die jeden Bauherren zufrieden stellen würde. Die beteiligten Gewerke gaben ihr Bestes, um Großes und Beständiges zu schaffen: Das Kreidemeer, darin sich Sande ablagerten; tektonische Kräfte, die den Sandstein hoben und aufrichteten; die Witterungseinflüsse, die seither unablässig das Erscheinungsbild modellieren. Der Mensch gab den Felsen Namen und Zuwegung, die den Wanderer heranführt an diese einzigartige Naturkunst.

▶ Am **Parkplatz** 01 folgen wir dem Hinweis auf einen Übungsplatz für Schäferhunde wald- und bergwärts. Passieren den Schulungsort, gehen weiter hinauf zu einem Querweg. Hier links und schwach mit „I" markiert zum ersten Haus. Weitere Häuser begleiten die geteerte Piste, die uns geradewegs zur **B 219** 02 führt. Jenseits die steile Siedlungsstraße Dörenther Berg hinauf zu ihrem bewohnten Ende. Der Weiterweg ist klar, wir lesen „Dörenther Klippen, Hockendes Weib, Almhütte" – da wollen wir überall hin.

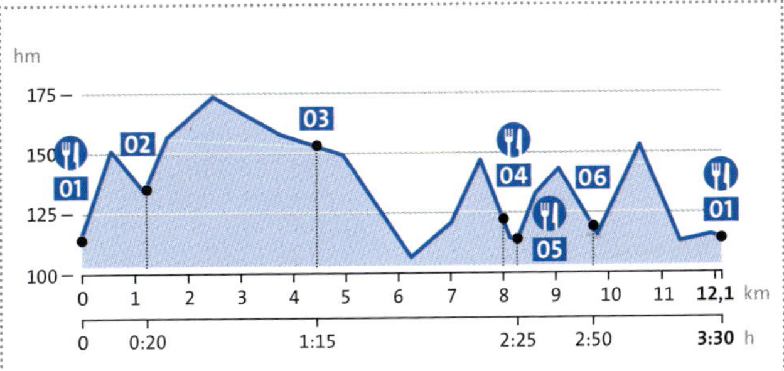

01 Parkplatz, 96 m; 02 B 219, 123 m; 03 Dreikaiserstuhl 146 m; 04 Almhütte und Hockendes Weib, 139 m; 05 Schwäbischer Gasthof Dörenther Klippen, 105 m; 06 Ehrenfriedhof Brumleytal, 99 m

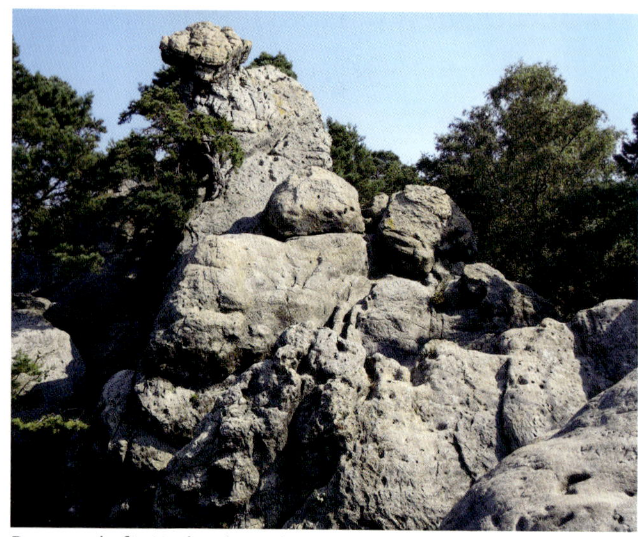

Das sagenhafte Hockende Weib

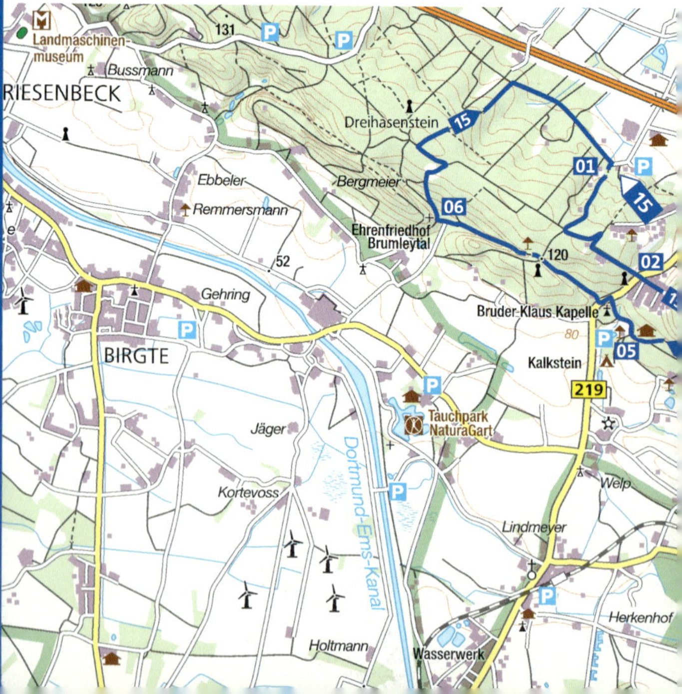

Das Hockende Weib

von Josef Seiler (1823–1877)
Das Wasser, das Wasser, es kommt, es kommt.
„O Mutter, fliehe, so lang es noch frommt!“
Schon leckt es an der Schwelle, schon bricht es die Wand.
Die Spindel entsinket der bebenden Hand.
Sie rafft empor die Kinderlein,
auf Leben und Tod in die Brandung hinein:
Es wogen die Wasser, es heulet der Wind –
„Ach Mutter, Mutter, geh’ doch geschwind!“
Hinauf zum Gebirg! – Herr, schütze sie!“
Die Wasser spülen ihr um das Knie.
Die Wasser drängen mit Macht, mit Macht –
Herr, sei ihr gnädig in dieser Nacht!“
Hinauf zum Gebirg! – Sie wankt – sie fällt –
Behüte die Kinder, du Herr der Welt!“
Erhöret wurde das hockende Weib,
zum öden Felsen erstarret ihr Leib.
Da wurden auf dem Nacken von Stein
in Gnaden behütet die Kinderlein.

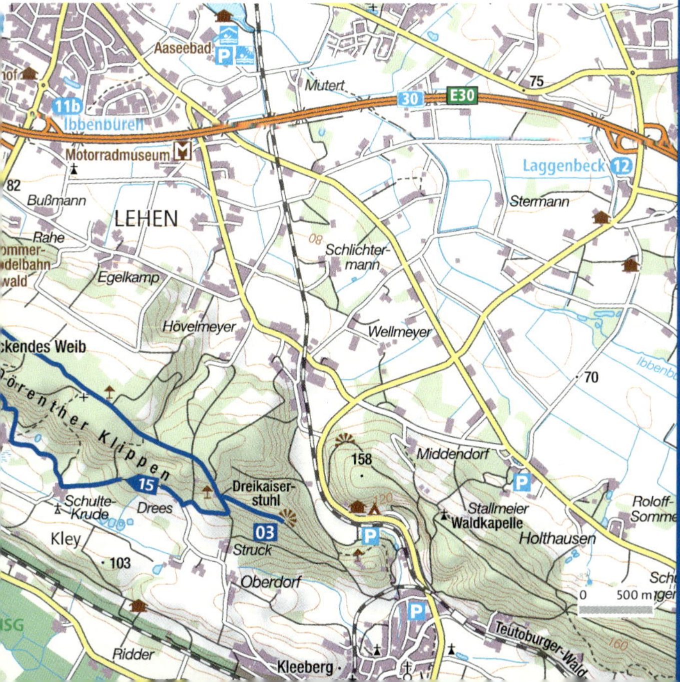

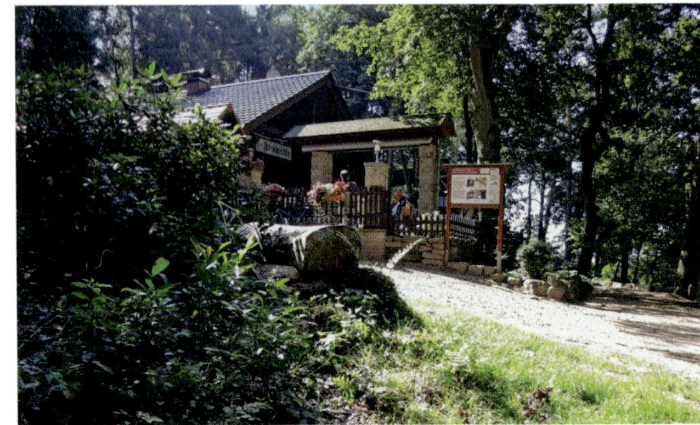

Die Almhütte hat täglich geöffnet!

Nah am Waldrand und nördlich unter der Kammlinie wandern wir den Klippen entgegen, ignorieren einen Abzweig zur Almhütte nach rechts, gelangen tiefer in den Forst und zu einer Kriegsgräberstätte. Hier nimmt uns der Hermannsweg/H (s. S. 24) auf und führt geradeaus. An einer Schranke wird auf die erste Felsattraktion hingewiesen. Dann ein Rastpilz, von dem links das Bocketal abzweigt. Geradeaus mit H zu einem Metallschild, das links zum **Dreikaiserstuhl** 03 zeigt. Leicht ersteigen wir die zahme Seite der drei Felsgruppen. Überwindet unser Blick den Sog der jähen Nordabstürze, die eifrig beklettert werden, präsentiert sich das weite Tecklenburger Land. Zurück zum Rastpilz, spitzwinklig links ab. Nach kurzem Abstieg (A3) erreichen wir den Waldrand, halten uns rechts. Hinter den Häusern von Drees schlängeln wir auf Pfad dem Waldrand nach und ziehen teils im Freien, teils im Randwald zur Ansiedlung

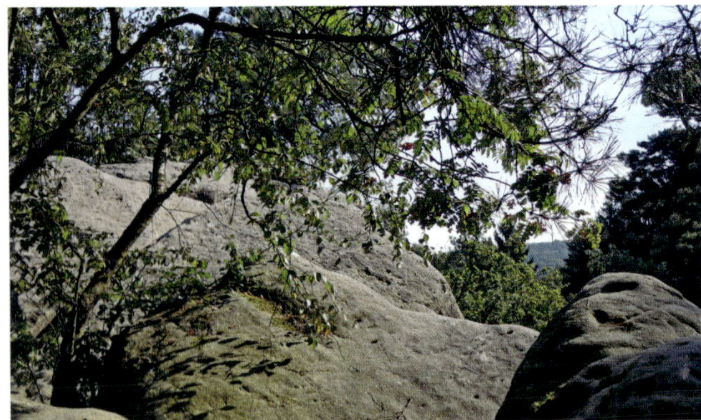

Am Sandstein des Dreikaiserstuhls finden auch Kletterer festen Halt

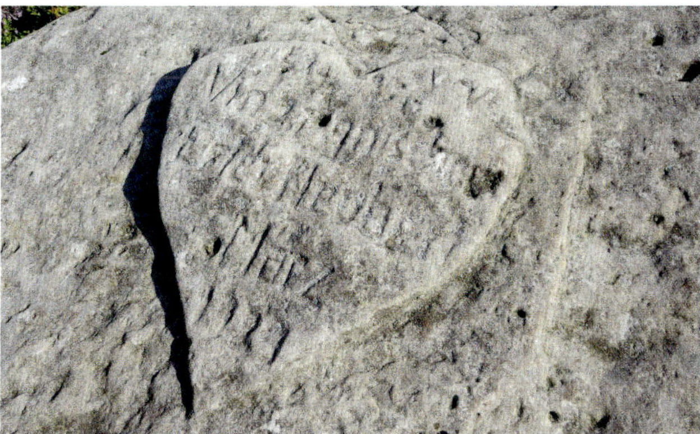
In Stein gemeißelte Liebe

Schulte-Krude. Diesmal südlich des Kammes. Doch damit ist nun Schluss! Unmittelbar vor der Häusergruppe von Krüer tauchen wir rechts in den Forst und steigen mit A3/A4 teilweise sehr steil hinauf. Erste Felsen sind uns nahe, dann stoßen wir am Kamm wieder auf H. Bevor der weiterführt, begehen wir halblinks einen Stichpfad, der die imposanten Plisseefelsen vorstellt. Zurück zu H, links und bald zum Herzstück der Dörenther Klippen: **Almhütte** und **Hockendes Weib** 04. Erstgenannte ist eine einladende Biergartenanlage. Dem darauffolgenden Hockenden Weib, der üppigsten Felsgestalt des 4 km langen Klippenzuges, nähern wir uns bergseitig ganz einfach. Aber erst von der Talseite, die zu erreichen uns etwas Trittsicherheit abnötigt, erhebt sich der Stein in seiner ganzen, fantasieanregenden Pracht: Einst nahm eine Mutter, aus Angst vor nahenden Fluten, ihre Kinder auf die Schultern und erbat für sie göttlichen Schutz. Sie wurde erhört – sie wurde zu Stein, ihre Kinder waren gerettet. Entweder über den Kletterweg oder bequemer auf H absteigend zum **Schwäbischen Gasthof Dörenther Klippen** 05 am Campingplatz und darauf zur Bruder-Klaus-Kapelle. Erneut über die B219, links und, auf H bleibend, sofort rechts (Riesenbeck 1,5 h). Ein Hohlweg führt uns steil aus dem Tal zu einer Schutzhütte. Rechts vorbei, über einige Stufen, dann gleichmäßig hinab zu einer Weggabelung an einem kleinen Weiher. Hier rechts, am **Ehrenfriedhof Brumleytal** 06 vorbei. Bald zweigt rechts und H verlassend, ein Pfad ab, der uns hinaufführt zu einem umzäunten Sandsteinbruch, den die Bergfreunde Ibbenbüren zum Klettern entdeckt und hergerichtet haben. Mit etwas Glück sehen wir, welche Fortbewegungsarten es nebst Wandern noch gibt. An der linken Begrenzung zum oberen Rand des Bruches. Links auf breiten Wanderweg. Diesen links, nach 100 m rechts und unmarkiert auf einen grünen Pfad. Der weitet sich und führt gerade hinab in Richtung Autobahn. Der erste Reitweg wird gequert, ein zweiter nach rechts verfolgt. Hinaus aus dem Wald, dort ist das Ziel.

IN DIE FESTSPIELSTADT TECKLENBURG

Ein Stück Mittelalter zwischen Hermannsweg und Hexenpfad

 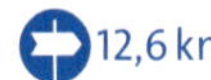   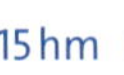 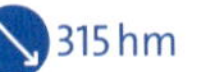 

12,6 km 3:30 h 315 hm 315 hm 849

START | Parkplatz am Dorfplatz, Bushaltestelle Bahnhof, Linien R 45 (Mo.–So.), 146 + 208, RVM (Regionalverkehr Münsterland GmbH)/ Bus und Bahn Münsterland/Station Brochterbeck Teuto-Express [GPS: UTM Zone 32 x: 414.535 m y: 5.786.813 m]
CHARAKTER | Zwei Steilstücke am Blücherfelsen und Hexenpfad, sonst sehr bequem in Wald und Stadt.

Tecklenburg, kann man lesen, wird wegen seiner vergleichbar wohlerhaltenen Bauwerke „westfälisches Rothenburg" genannt. Tecklenburg sei, so liest man auch, idealer Startpunkt für Wanderungen. Aber auch Ziel einer solchen. Ein sehr wanderbarer Tipp: Man beginne im westlich gelegenen Brochterbeck, gehe am Hermannsweg über den Kamm in die Festspielstadt, ergötze sich an deren mittelalterlichem Flair und wähle für den Rückweg die „verhexte" Südseite.

▶ Am **Dorfplatz 01**, nahe der Historischen Gaststätte Franz, wenden wir uns nach links in Richtung Evangelische Pfarrkirche, nehmen die Dorfstraße. Brochterbeck, als Brotterbike schon 1150 beurkundet, ist nach einigem historischen Hin und Her nun Ortsteil Tecklenburgs. In diesem schmucken Dorf mit Mühlenteich und Bürgergarten kann nach der Rückkehr die Wanderung gemütlich ausklingen. Doch erst geht es zum Bergkamm. Dazu, von der Dorfstraße kommend, links Im Bocketal. Hin-

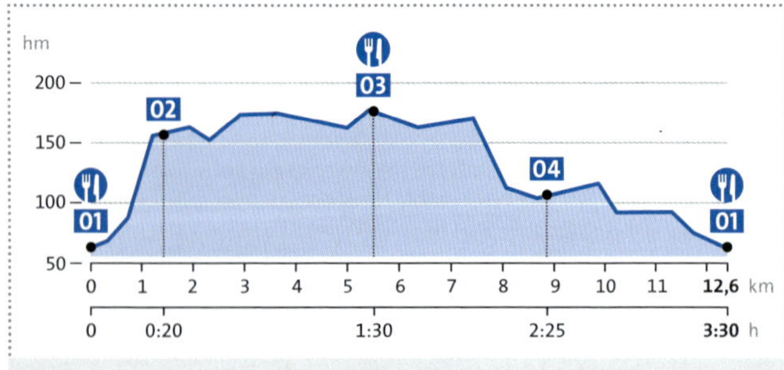

01 Dorfplatz, 68 m; **02** Blücherfelsen, 163 m;
03 Freilichtspiele auf der Burg, 184 m; **04** Rolandsgrab 109 m

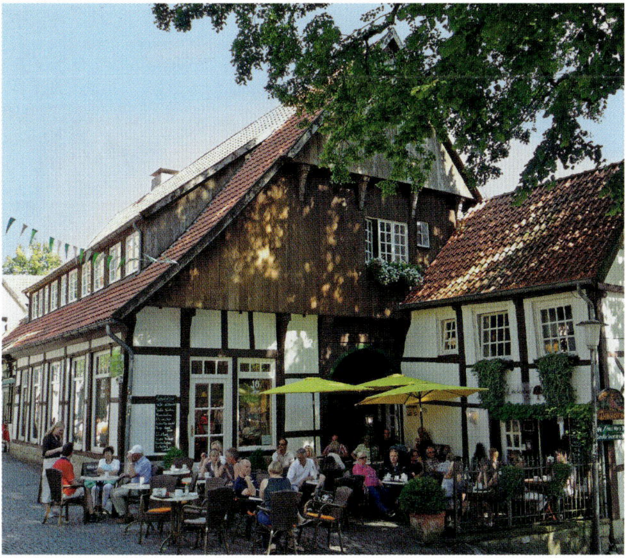

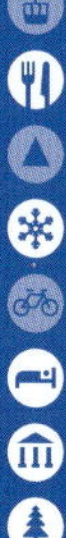

Gemütliche Sitzgruppe in Tecklenburgs Altstadt

ter dem Hotel Teutoburger Wald gibt es eine Rarität des Nahverkehrs – eine Station des nostalgischen Teuto-Express' (www.eisenbahn-tradition.de). Hier kann man sich zum Dampflokführer ausbilden lassen! Am zugehörigen Wanderparkplatz über die Schienen und auf den Hermannsweg H (s.S. 24). Mit Hinweis auf Tecklenburg ersteigen wir den Teutoburger Wald. Der Weg steilt auf und gewinnt die Kammlinie. Links nimmt die Kraxelei noch 100 Meter ihren Lauf, bis wir auf dem **Blücherfelsen** 02 stehen, benannt nach dem preußischen Generalfeldmarschall, der hier das Spähen trainiert haben soll. H führt uns bald zur Waldkapelle Maria Wegweiserin aus den 1930er Jahren. Wir bleiben auf Kammeshöhe ohne wesentliches Auf und Ab, dafür mit gewürzten Aussichten auf das beidseitige Umland. Passieren einen Rastpilz, ein Stück Waldlehrpfad und eine Kreuzung, die rechts zum Heidentempel führt. Der bewaldete Weg wird unver-

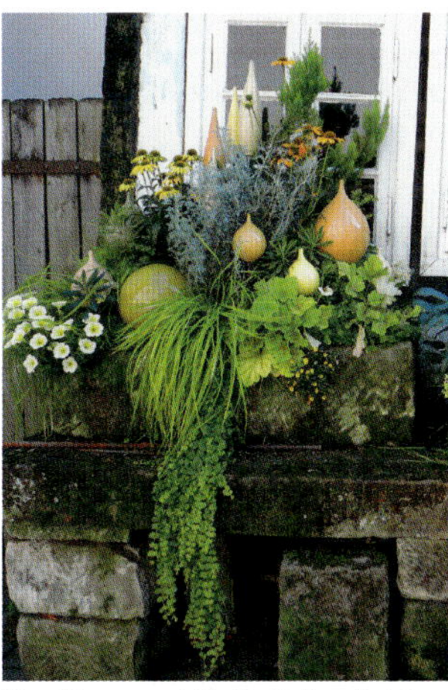

Stadtbummel für Detailverliebte

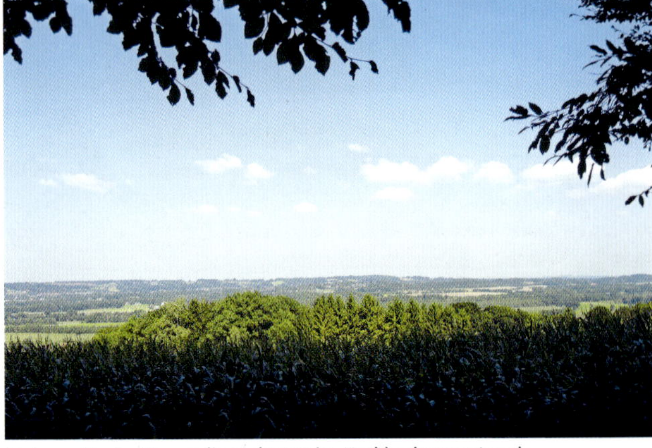

Unterm Teuto-Kamm liegt das weite Tecklenburger Land

mittelt besiedeltes Gebiet (Tannenweg). Und das in Kammlage. Nun schon in Tecklenburg, wird klar, warum dies das nördlichste Bergstädtchen Deutschlands ist. An der Haltestelle Bismarckturm rechts in die Straße Weingarten, vorbei am Bismarckturm von 1908, der auf dem Unterbau einer abgebrannten Windmühle steht. Ein Stück weiter links eine Auffahrt hinauf, die uns via Jugendherberge zu den **Freilichtspielen auf der Burg** 03 führt. Allein für diese Einzigartigkeit lohnt sich die Tour: Deutschlands größtes Freilichttheater, das zum Namen Festspielstadt verhalf, steht in den Ruinen einer fast 1000-jährigen Höhenburg. Vielleicht haben wir uns eine Vorstellung vom Programm gemacht, dann oberhalb der Hauptstraße altstadteinwärts. Was uns hier erwartet, ist allerliebst: Ein mittelalterliches Häuserensemble in beneidenswertem Zustand! Wir durchstreifen nach Belieben die Gassen des Fachwerkzaubers. Das Marktrecht von 1388 lebt sich in vielen saisonalen Märkten noch heute aus. Dazu Feste, quirliges Leben, Kunsthandwerk, einladende Wirtschaften, ein Puppenmuseum. Wir laufen

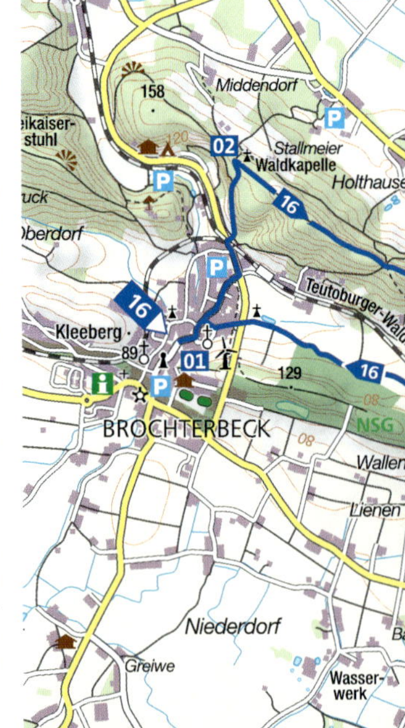

mit H noch zum Chalonnes-Platz und nehmen den Rückweg über den Kurpark. Nun wird es heidnisch: Wieder am Weingarten, treffen wir auf den Felsen der Hexenküche. Diese Damen sollen hier in Vorzeiten ihr Unwesen getrieben haben und denen folgt der Hexenpfad. Auf der Hauptstraße zurück, dann links (A4) in den Saatkampsknapp. Sofort links in die Felsenstiege und steil hinab. Aufgemalte Flughexen symbolisieren den Namen des Weges. Am Schild nach Brochterbeck rechts (zusätzlich X18). Nochmals steigend, besuchen wir das **Rolandsgrab** **04**, eine in Fels gehauene Höhlung und einstige Grabstätte einer adeligen Familie. Den Hexenpfad weiter zu einer Abzweigung mit der Auskunft Alter Bahnhof Brochterbeck (X6). Links durch eine Talung, rechts auf einem Plattenweg zu einer Landstraße. Ihr folgend, lassen wir den waldigen Bergzug Revue passieren und vollenden unsere Rundwanderung.

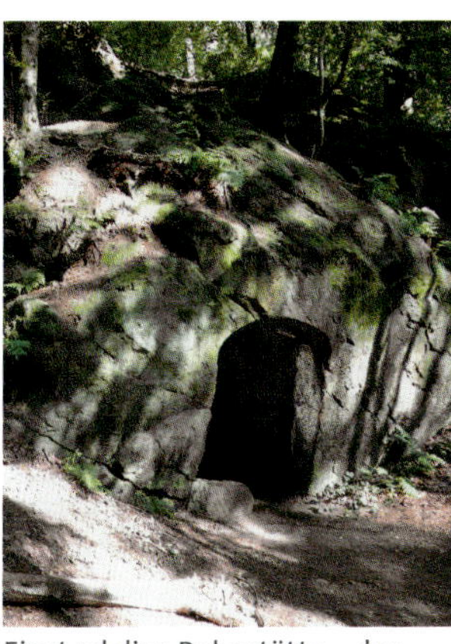

Einst adelige Ruhestätte – das Rolandsgrab

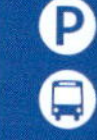

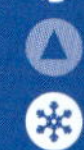

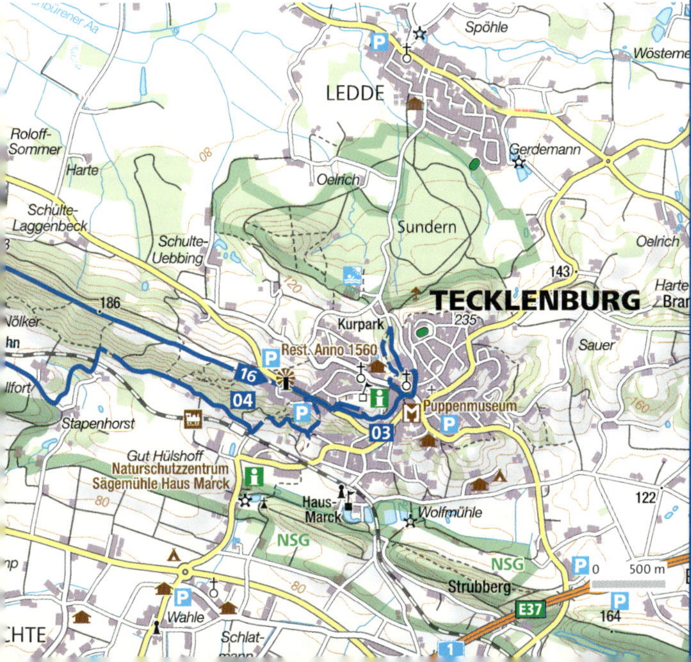

17

DER GEOLOGISCHE LEHRPFAD AM HÜGGEL

„Aufschluss“reiche Wanderung in die Erdgeschichte bei Hasbergen

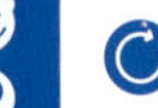 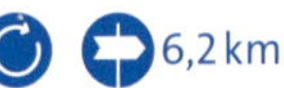 6,2 km 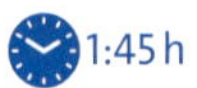 1:45 h 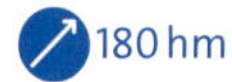 180 hm 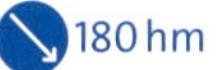 180 hm 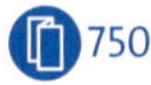 750

START | Parkplatz Roter Berg oder Bushaltestelle Hasbergen-Schierke, Linie 401+493 (täglich), Verkehrsgemeinschaft Osnabrück (www.vos.info) [GPS: UTM Zone 32 x: 428.376 m y: 5.787.196 m]
CHARAKTER | Lehrreiche kleine Runde, die die Augen öffnet für den geologischen Bau des Hüggels.

„Aufschluss, eine Stelle im Gelände, an der das anstehende Gestein unverhüllt beobachtet werden kann“ (aus „Die Entwicklungsgeschichte der Erde“). Im Wortsinn „aufschluss“reich ist dieser kurze Wanderausflug entlang des Geologischen Lehrpfades am Hüggel bei Hasbergen. An 22 Stationen wird der Besucher zum Gelegenheitsforscher und Erdzeitreisenden. Die Vielfalt der Exkursionspunkte, die anschauliche Darstellung auf den Infotafeln und das weite Feld zum Selbstentdecken lassen staunen!

▶ An der **Bushaltestelle** 01 auf der Osnabrücker Straße steht der Gasthof Riga. Links davon finden wir das GeoZentrum Hüggel (Natur- und Geopark TERRA.vita). Passt die Öffnungszeit, können wir hier den Exkursionsführer zum

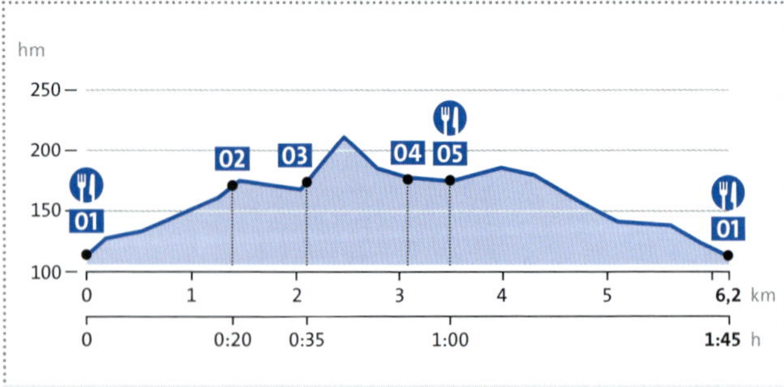

01 Bushaltestelle, 107 m; 02 Schöne Aussicht, 160 m; 03 Bödigestein, 168 m; 04 Silbersee, 178 m; 05 Gasthaus Jägerberg, 174 m

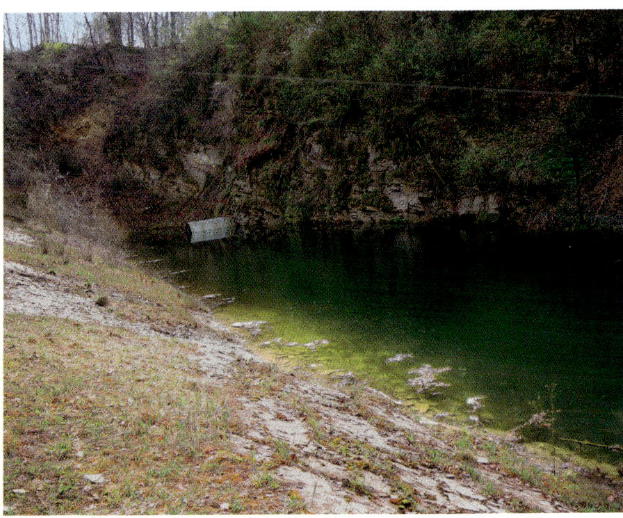

Bergbaustollen – ein Schatz im Silbersee

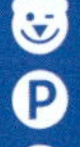

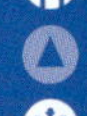

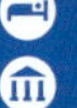

Lehrpfad erwerben und jetzt oder später unser naturkundliches Wissen museal anreichern. Rechts des Gasthofs führt die Straße Roter Berg zum gleichlautenden Parkplatz, wo uns Infotafeln auf das Anstehende einstimmen und wir die durchlaufende Markierung kennenlernen: Ein roter Punkt, meist auf weißem Grund. Mit dieser Symbolkraft sind wir nie orientierungslos. Das Hüggel-Gestein ist sehr entgegenkommend, denn während in der Umgebung tief danach gebohrt werden müsste, tritt es hier infolge immenser tektonischer Kräfte offen zutage. Und es war durch seinen Kohle- und Eisenerzgehalt dem früheren Menschen auch wirtschaftlich attraktiv. Das zeigt Station 1 am Start – der ehemalige Schacht Luise. Doch nun los: Links auf einen Forstweg. Schon gähnt zur Rechten das riesige Loch eines einstigen Steinbruchs – notwendiger Aushub, um dem Erz beizukommen. Rechts daran vorbei und entlang einer Sandsteinbank – Geologie zum Handanlegen. Hier scheiden sich kleiner und großer Rundwanderweg. Ein breiter Forstweg (Schöne Aussicht, Bödigestein) nimmt uns nach links auf, führt uns an einem Schießstand vorbei und am Rand des Steinbruches immer weiter hinauf – das Wegmaterial, das wir notgedrungen mit Füßen treten, gehört zum Gesteinsprogramm. Es trägt uns hinauf zur **Schönen Aussicht** 02, die verdeutlicht, wie erhaben der Hüggel ist über das Osnabrücker Land. An einer Kreuzung nach 700 m weist ein silbernes Metallschild (Bödigestein 0,2 km) geradeaus. Hinter einem kleinen Weiher mit Sitzbank finden wir den granitenen **Bödigestein** 03, er gedenkt des hier verschiedenen Heimat- und Naturforschers Nikolaus Bödige. Vorm Stein eine Forststraße rechts hinauf (Silbersee 0,7 km). Zum Kammscheitel

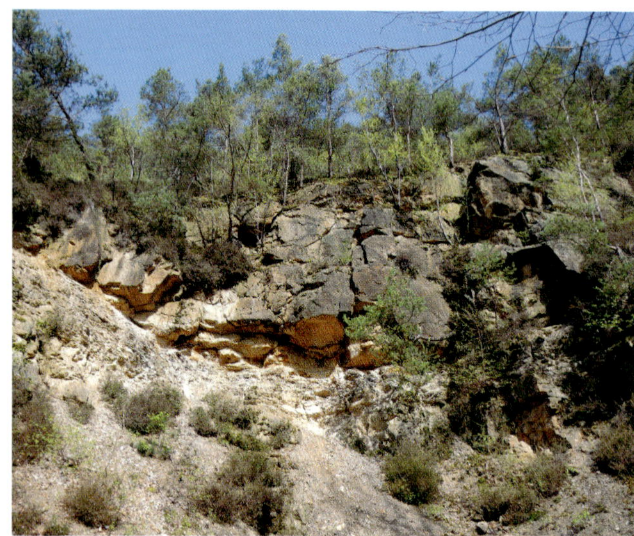

Vor 300 Mio. Jahren tropisches Sumpfland, heute Steinbruch am Heidhornberg

des Hüggels, jenseits hinab, links zur Randbefestigung des **Silbersees** 04, der weit unter uns liegt. Der Abstieg ist verwehrt. Wohl aber können wir nach Anmeldung im Rahmen einer Führung den Stollen am Rand des Sees besuchen (www.geopark-terravita.de), was aber trockenen Zugang und damit Niedrigwasser erfordert. Wir umrunden den See im Uhrzeigersinn, begutachten an seiner Ostseite Reste der Verladestation für den gewonnenen Kalkstein und schweifen nach fast vollzogener Seerunde links zum **Gasthaus Jägerberg** 05 ab. Nach getankter Seekraft treten wir auf dem Lehrpfad den Rückweg an (P Roter Berg 2,1 km). An einer Siedlung am ersten Haus rechts vorbei. Dahinter rechts (Bödigestein 0,5 km), kurz darauf (P Roter Berg 1,5 km) links. Nach einigen Dutzend Metern lohnt genaueres Hinschauen, denn wir werden links in ein Tälchen zu Station 17 gelockt, einem Steinbruch mit rötlichem Sandstein und Zeugen einer trocken-heißen Wüstenzeit. Noch genaueres Hinschauen wird mit der Entdeckung eines vergitterten Stolleneinganges belohnt ... Zurück zum Lehrpfad und vollends zurück. Auf diesem gut markierten Bildungsweg erleben wir noch spannende Stationen: Am Grund eines tiefen Meeres (18, die Hüggel-Verwerfung, die es schaffte, dass jüngere Schichten unter den älteren liegen), der Steinbruch am Heidhornberg (19), „Im Blick zum Heidberg" (20), Stein im Stein (21) und „Was stinkt denn hier so?" (22). Man mache die Geruchsprobe, schlage zwei Brocken aufeinander und schnuppere: Es ist Stinkkalk! Wir erreichen den Ortsrand von Hasbergen, gehen nach rechts. Hier ist Endstation.

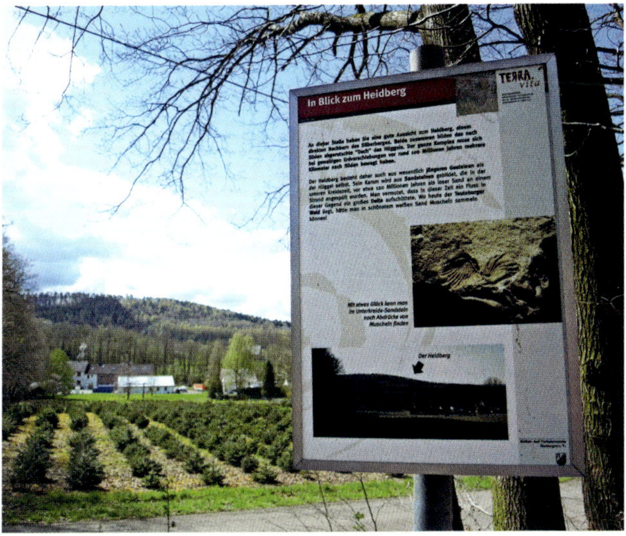

Station 20 des Lehrpfades – Blick zum Heidberg

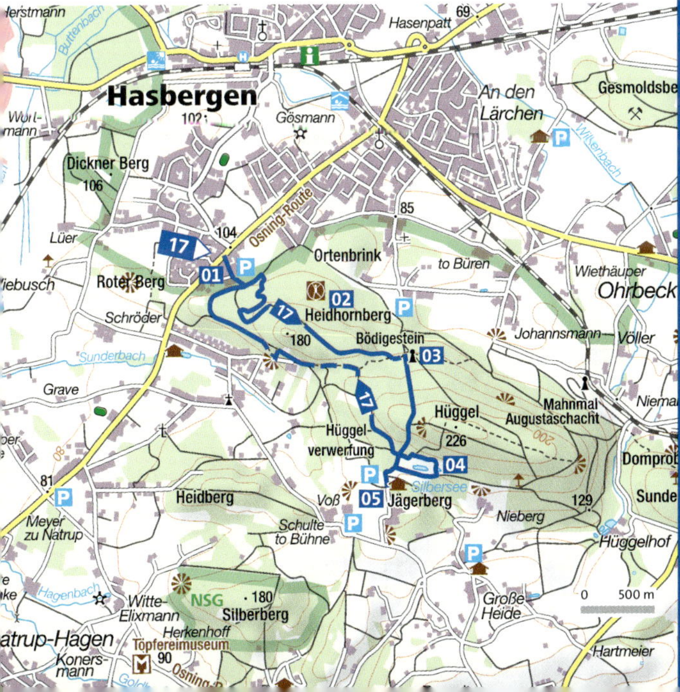

18

AUF DEN BORGBERG BEI HAGEN

Aussichtsreichtum für Jedermann im südlichen Osnabrücker Land

  10,1 km  3:00 h  305 hm 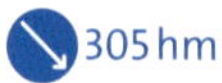 305 hm  750

START | Parkplatz Grafentafel am Ende der Straße Zur Grafentafel oder Bushaltestelle Sudenfeld Jacob Linie 430 Hagen Zentrum – Natrup Hagen
[GPS: UTM Zone 32 x: 428.366 m y: 5.781.250 m]
CHARAKTER | Kurze, unschwere Bergwanderung mit viel Landschaftseindruck nach allen Seiten.

Der Borgberg ist dem Hauptkamm des Teutos nördlich vorgelagert. Von diesem Alleinstellungsmerkmal profitiert der Panoramasuchende. Dabei ist der Berg nur 225 m hoch und kein Aussichtsturm krönt ihn. Der Schauwert liegt im Mix aus bewaldeten Höhen und landwirtschaftlich genutzter Feldflur. Das südliche Osnabrücker Land präsentiert sich wie ein Kompass: Im Norden die Kirschgemeinde Hagen, im Westen weite Bauerschaften, im Süden das Breitband des Teutos, im Osten der massive Dörenberg.

▶ Am **Parkplatz** 01, der übrigens auf der Landesgrenze Niedersachsen/Nordrhein-Westfalen liegt, gehen wir mit A12 in Fahrtrichtung weiter, dem Hauptkamm des Teutoburger Waldes entgegen. Gleich rechts ist die Grafentafel ausgewiesen. Dies Geheimnis lüften wir nach der Rückkehr. In ein

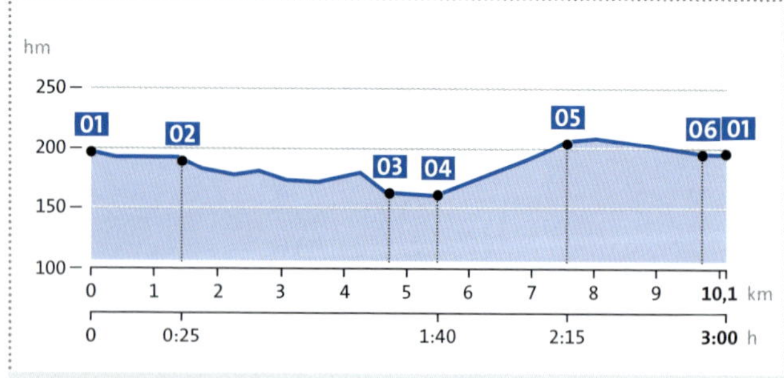

01 Parkplatz, 184 m; 02 Duvensteine, 177 m; 03 Hagen, Wanderparkplatz Watterkotten, 114 m; 04 ehemalige Gaststätte Blüsen, 108 m; 05 Almhütte, 205 m; 06 Grafentafel, 182 m

kleines Tal, vor der Hauptstraße nach Bad Iburg links und geteert hinauf (Holperdorp, A12). Eine Landwirtschaft und eine Baumschule bezeugen den regionalen Nutzwert der Natur. Ein Schilderbaum sagt, dass wir den Ahornweg (s. S. 25) betreten. Hier lassen wir den Borgberg einstweilen links stehen und gehen 200 m nach rechts zu den **Duvensteinen** 02. Die Wortfügung aus Du(nkel) und Ve für Fee oder Mutter spricht dafür, dass dieser Felsen vormals als Kultplatz diente, damit Muttergöttinnen Kindersegen spenden. An einer Gabelung vor einer Wiese mit Haus geradeaus (Ahornweg, Fischteiche 0,5/Kollage 1 km). Hier ist Natursegen gespendet: Die Wegspur zieht durch üppiges Grün aus Forst und Wiese, rechts flankiert vom Teuto-Kamm. Im schönen Goldbachtal passieren wir die Fischteiche bei Mentrup, einer Bauerschaft des Kirchspiels Hagen. Dahinter weisen alle Wegschilder nach rechts, wir gehen geradeaus (B). Wo wir ein Sträßchen mit Fachwerkhäusern erreichen, mit B und Hinweis auf Schullandheim geradeaus, dann links in den Wald, folgen zugleich den handverfassten Worten Almhütte + Teufelsquelle, bis diese sich gabeln. Hier rechts und noch der Almhütte entgegen. Vor einer Baumpflanzung rechts am Waldrand, dann geht es auf einem Feldweg, der von Kirschbäumen gesäumt ist, hinab. Die süßen Früchte prägten Hagen als einst größtes Obstanbaugebiet weit und breit. Noch heute locken die Kirschen zwischen Blüte und Reife viele Menschen zum Kirschfest, auf einen Lehrpfad oder die Kirsch-Rad-Route, die uns hier begleitet. Auf der Bergstraße, vorbei am

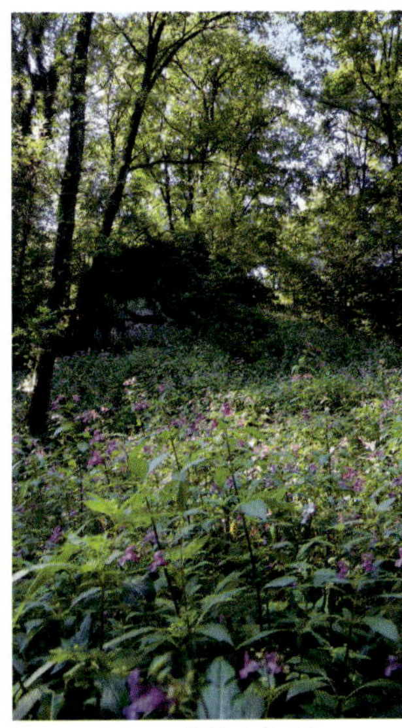
Duvensteine – Kultplatz für reichen Kindersegen

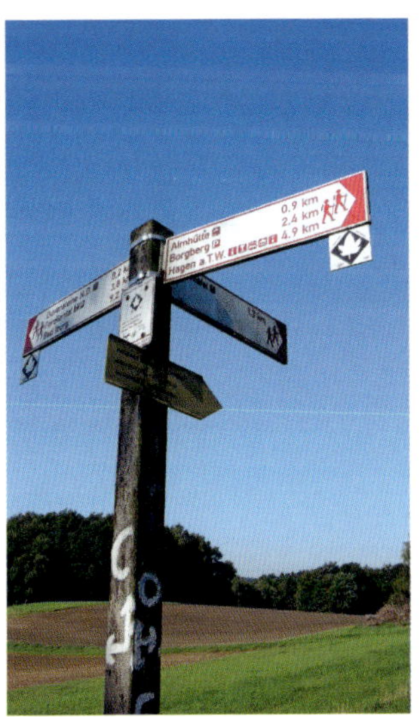

Schilderbaum im Zeichen des Ahornweges

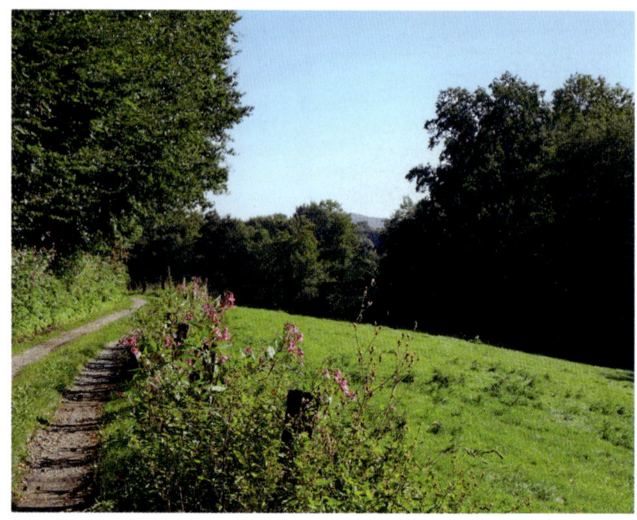

Sommer im Goldbachtal

Wanderparkplatz Waterkotten 03, kommen wir Hagen entgegen, das in einem Talkessel liegt, von bewaldeten Höhen schützend umhegt. An der ersten Kreuzung links (Gellenbeck/Lengerich), streifen wir den Südrand des Ortes und bleiben jetzt dem Ahornweg treu. Wandern zur **ehemalige Gaststätte Blüsen** 04, dann links Am Borgberg, auf den so genannten Zielberg zu, zum Ende einer gepflegten Siedlung.

Am Waldrand links, ein Stück durch Forst und auf einen schmalen, steilen Pfad. Rechts haltend hinab zum Parkplatz Borgberg. Dahinter links (Duvensteine), mit dem Schild Am Borgberg 14–18 zu einem schönen Fachwerkhaus mit Kneipp-Becken. Hier nicht ein-, sondern rechts vorbeiziehen. Auf meist steilem Pfad borgbergwärts zu einer querenden Forststraße. Links. Geradlinig und nur mehr moderat aufstrebend, passieren wir eine Infotafel zu vier Grabhügeln im linken Wald, die der späten Jungsteinzeit entstammen. Dann ist die **Almhütte** 05 erreicht. Keine Landwirtschaft hat es hier, dafür ein robustes Holzschutzhaus und einen grandiosen Blick auf Hagen und darüber hinaus. Knapp hinab, dann mit gelben Schildern Duvensteine/Grafentafel nach rechts. Über den Kammscheitel nach Süden, dann schließt sich an der Baumschule der Kreis. Rechts zurück, aber nicht den herkömmlichen Feldweg links, sondern geradeaus hinunter. Vor der Fahrstraße mit gelbem Schild Grafentafel links. Es folgt ein kleiner Waldorientierungslauf, durch weiße Kreise an Bäumen gut markiert. Zum Waldrand, der Rest ist bekannt. Ach ja, noch hinab zur **Grafentafel** 06: Ein talwärts ragender übermannshoher Fels trägt eine Metalltafel mit der Inschrift „Grafentafel 1000 Jahre Gemarkung Lienen 965–1965". Ach so.

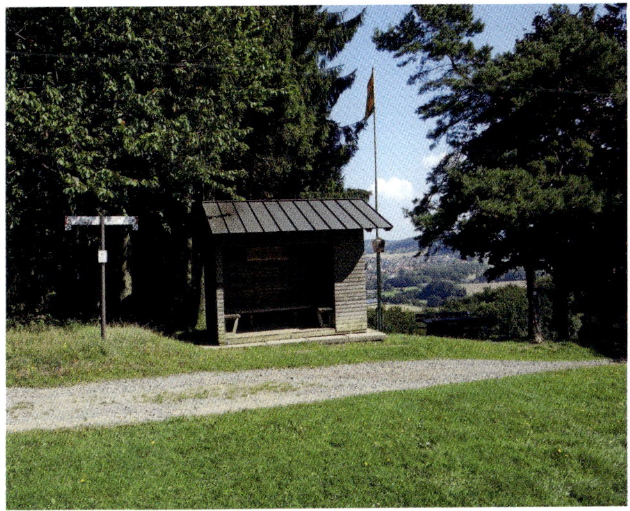

Die Almhütte hoch über Hagen

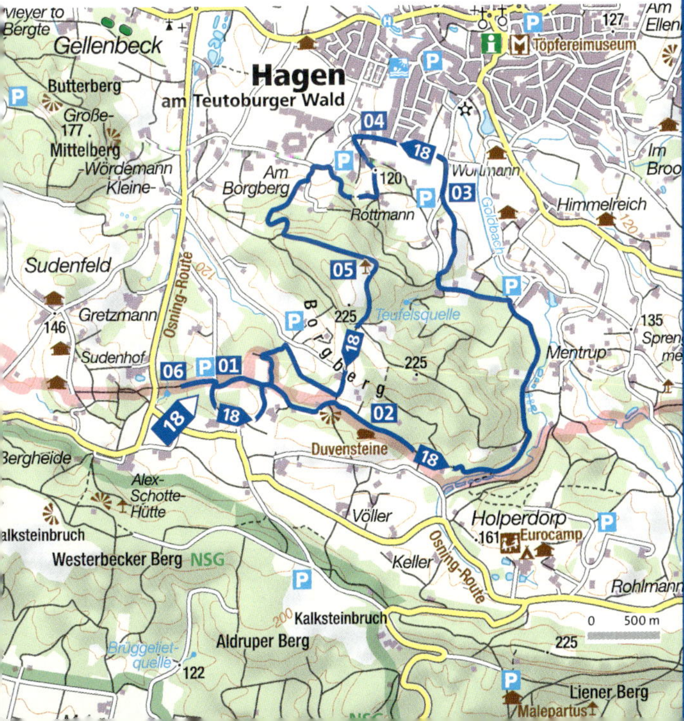

BAD IBURG ALS START UND ZIEL

Von der Osnabrücker Bischofsstadt zum höchsten Punkt des Münsterlandes

  20,4 km  5:45 h 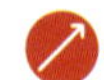 465 hm  465 hm  750

START | Parkplatz am Kurpark am Kreisel auf der B51 oder Bushaltestelle Charlottensee Linie 465 Osnabrück – Glandorf [GPS: UTM Zone 32 x: 434.192 m y: 5.779.279 m]
CHARAKTER | Lange, höhenmeterreiche Kammwanderung zwischen Osnabrücker- und Münsterland.

Bad Iburg ist derart hübsch, dass man glatt das Wandern vergessen könnte. Allein die überragende Burg ist steter Blickfang und Sehnsuchtsort der Schaulustigen, Kunstsinnigen und Kulturfolger. Es ist zudem sehr grün und wasserreich mit Kurpark, Schlosswiese, Charlottensee, Bächen, Teichen. Und war jahrhundertelang sehr erbauend: In der Stadtanlage wuchs ein Jagdschlösschen, die Wasserburg Scheventorf, die Schlossmühle, der Gografenhof. Und doch lockt das Bergland nach draußen. Zum Beispiel zum höchsten Münsterländer Berg. Bad Iburg kann warten.

Vom **Parkplatz** 01 burgwärts gehend, verlassen wir den Charlottenburger Ring nach rechts. Der Hermannsweg/H (s. S. 24) führt eine Rampe empor und geradeaus zum Hotelparkplatz Felsenkeller. Rechts ab, bringt H steil aufsteigend den Kreislauf in Schwung und uns auf den Kamm des Teu-

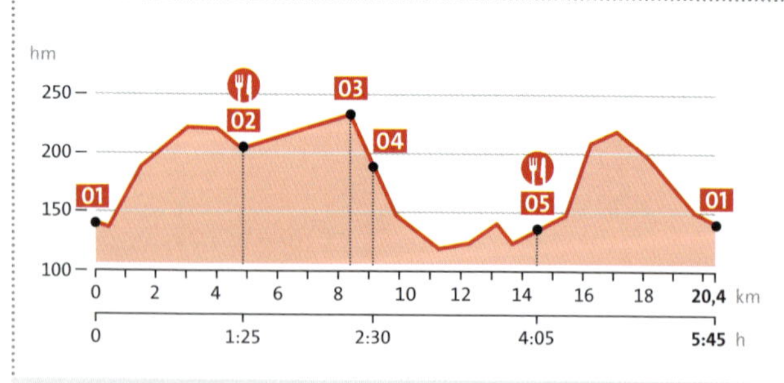

01 Parkplatz, 128 m; 02 Waldwirtschaft Malepartus, 199 m; 03 Axel-Schotte-Hütte, 235 m; 04 Wanderparkplatz Sudenfelder Straße, 189 m; 05 Hotel-Restaurant Café Waldschlösschen, 120 m

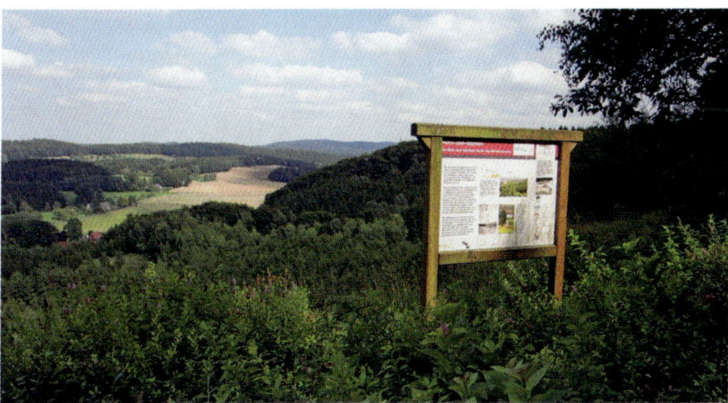

Top of Münsterland – der Westerbecker Berg

tos. Bald links der Kammlinie (Wegweiser Lienen) passieren wir eine Schutzhütte der Ostenfelder Bergfreunde. Ein Stück hinter dem Kahlen Berg (211 m) entdecken wir einen Grenzstein von 1837. Wer damals hier wanderte, verließ an dieser Stelle den Herrschaftsbereich Hannovers (H) und betrat Preußen (P). Ein H ist es heute noch, so verlassen wir Niedersachsen und geraten nach Nordrhein-Westfa-

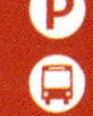
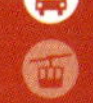

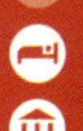

Schloss Iburg

Mehr als 600 Jahre lang, von 1080 bis 1698, erfüllte das Schloss Iburg eine Doppelfunktion: Es war zugleich Bischofsresidenz des Bistums Osnabrück und Benediktinerkloster. Dieser Ungewöhnlichkeit sind noch 2 weitere hinzuzufügen: Iburg, auf den fundamentalen Resten einer sächsischen Fliehburg errichtet, ist die älteste Ritterburg des Bistums. Und der Rittersaal, Mitte des 17. Jahrhunderts im Barockstil gestaltet, besitzt das einzige original erhaltene perspektivische Deckenbild nördlich der Alpen.
Die Anlage, heute mit katholischer und evangelisch-lutherischer Kirche und von Schlosswiese und Knotengarten natürlich gerahmt, lädt zu Besuchen ein; mit Führungen in Schlossmuseum und Rittersaal oder zu Schlosskonzerten.

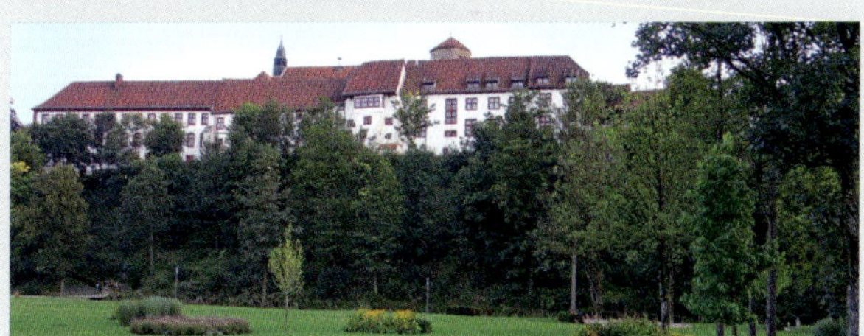

Schloss Iburg zeigt sich von seiner besten Seite

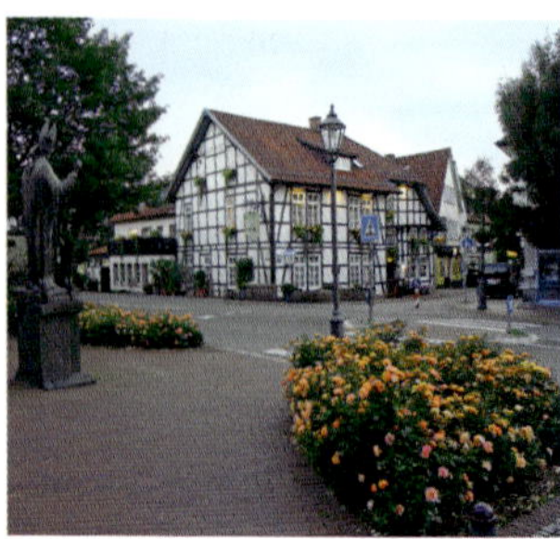

Viel Fachwerk rahmt das Iburger Schloss

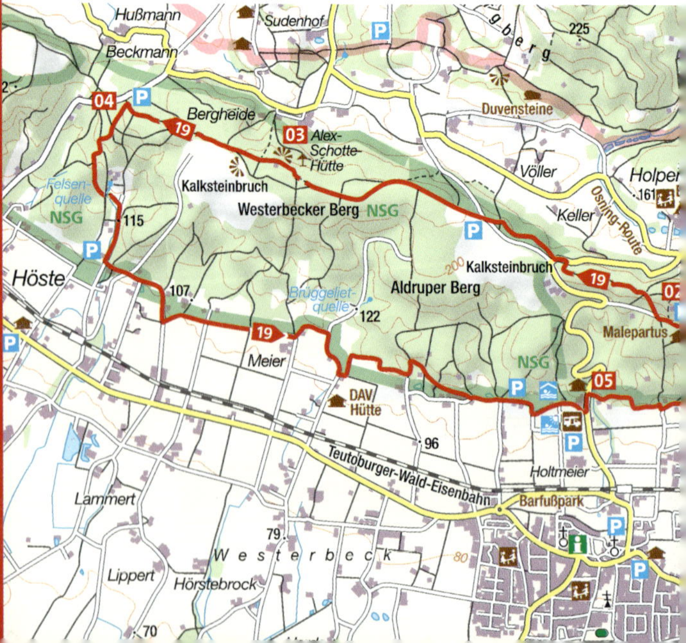

len. Später links ab vom breiten Hauptweg, auf H bleibend. An einer Kreuzung geradeaus (Malepartus 1,1 km). Nach dem Kilometer über den Liener Berg stehen wir nicht am fabelhaften Bau des Reineke Fuchs, wie das neulateinische Wort **Malepartus** vermuten ließe, sondern vor der gleichnamigen **Waldwirtschaft** 02. Eine einstige Blockhütte (der Überlieferung nach auf einem Fuchsbau errichtet) und frühere Einkehr wandelte sich unter Zuhilfenahme von Tiroler Bauholz und Zillertaler Handwerkern 1998 in eine rustikale Wirtschaft in alpenländischem Stil. Der Zubringerstraße folgen wir nur kurz, dann rechts mit H auf einen Waldweg, der uns zur Verbindungsstraße Holperdorp-Lienen und darüber hinaus führt. Wir setzen unseren Hermannsweg fort, der im Bereich eines Steinbruchs zu einer weiteren Straße mit Parkplatz leitet. Geradeaus. Durch Zaun vor der Abbruchkante geschützt, gehen wir sicher zum Schild **„Alex-Schotte-Hütte** 200 m“ 03. Hier rechts zur Schutzhütte. Sie steht am Steinbruchrand auf dem Westerbecker Berg, der zweierlei bietet: Den mit 235 m höchsten Punkt des Münsterlandes und eine Fernsicht weit nach Norden bis zum Wiehengebirge. Von hier brachte eine 6,3 km lange Seilbahn den gebrochenen Kalk nach Hüggel, wo er mit der dortigen bergbaulichen Infrastruktur abgefahren wurde. Wir gehen weiter, am Steinbruch entlang, bis hinter den **Wanderparkplatz Sudenfelder Straße** 04, wo H für uns ausgedient hat. Wir biegen mit A 11 in spitzem Winkel links ab, steigen ab auf schmalem Pfad. An einer Gabelung geradeaus (11/X). Unter einem Haus im Forst, an der Felsenquelle, scheiden sich die Wege. Wir gehen mit X links über den Quellbach, dann führt ein Sträßchen hinab zum Waldrand. Wir finden die Markierungen 5/11 und Lienen 6,3 km, gehen links, nun auch wieder auf A 11. Über eine Steinbruchzufahrt, rechts auf Häuser zu, vorbei am Schild Höster Esch 13. Unser Weg (A 11/X 5) verspringt ein paarmal in Waldrandnähe. Wo A 11 nach links führt, gehen wir mit A 5/X rechts, das brettlebene Münsterland zu unseren Wanderfüßen. Am Haus mit Hinweis P zum Wasserfall 1,6 km mit A 10 nach links. Die Straße Brüggelieth und der Aldroper Weg leiten zum nahen Parkplatz. Via Hallenfreibad zum **Hotel-Restaurant Café Waldschlösschen** 05. Links auf die bekannte Passstraße, sofort rechts die Holperdorfer Straße am Waldrand. Am Abzweig zum Malepartus geradeaus. A 9 führt uns wald- und bergwärts und schwenkt nach sportlichem Anstieg wieder auf den Kammweg ein, der uns auf dem Hinweg zurück nach Bad Iburg führt. Zeit, uns auf den Gang durch die Stadt zu freuen. Oder darüber, denn seit 2018 lädt ein Baumwipfelpfad ein, der Stadt aus fast 30m Höhe aufs Haupt zu schauen (www.baumwipfelpfad-badiburg.de)

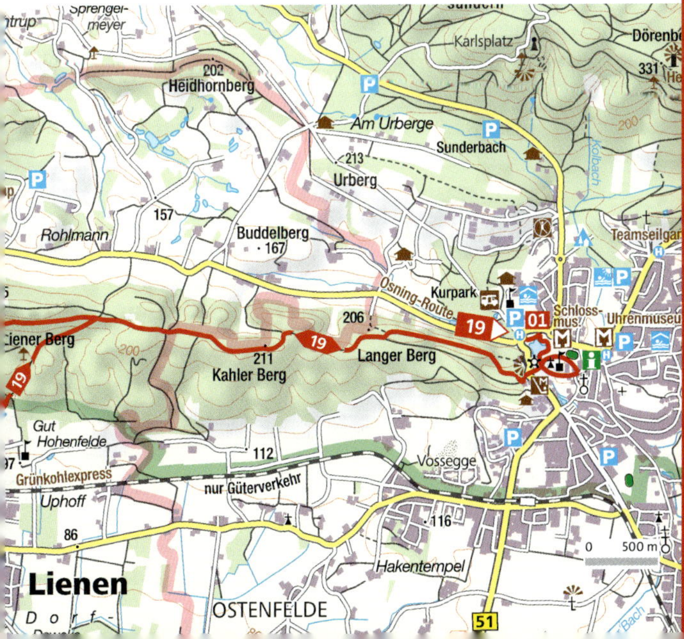

DER DÖRENBERG BEI GEORGSMARIENHÜTTE

Zu den Aussichtstürmen der antiken Kontrahenten

  10,6 km  3:15 h 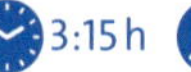 400 hm  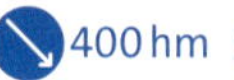 400 hm 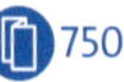 750

START | Parkplatz Achter de Welt oder Bushaltestelle Mentrup Waldfrieden Linie 431 von / nach Hagen Zentrum
[GPS: UTM Zone 32 x: 432.862 m y: 5.781.845 m]
CHARAKTER | Vier höchste Punkte bei nur ca. 10 km Streckenlänge ergeben ein beachtliches Höhenprofil.

Der Teutoburger Wald zieht von Hörstel im Westen als schmales Bergband ostwärts durch die Region. Vor Bad Iburg aber dünnt es aus, endet schließlich vor den Pforten der Bischofsstadt. Doch nördlich davon, bei Georgsmarienhütte, sammeln sich die Anhöhen erneut, schwingen sich auf zu stattlicher Höhe. Hier ist der Teuto breit, eng zertalt, wuchtig fast. Diese Tour führt auf vier Berge, den höchsten eingeschlossen. Zwei davon tragen Türme, deren Namen weit zurück reichen in die Geschichte.

▶ An der Höhensiedlung **Achter de Welt** **01** gehen wir die Straße zurück, die uns hierher brachte. Dann folgen wir links der gelben Ausschilderung „Karlsplatz 1,8 km". Wo der Wald beginnt links und gleich rechts der weißen Null nach. Schnell zeigt die Steilheit des Weges, dass wir uns für eine kleine Bergtour entschieden haben. Zwei von rechts einmünden-

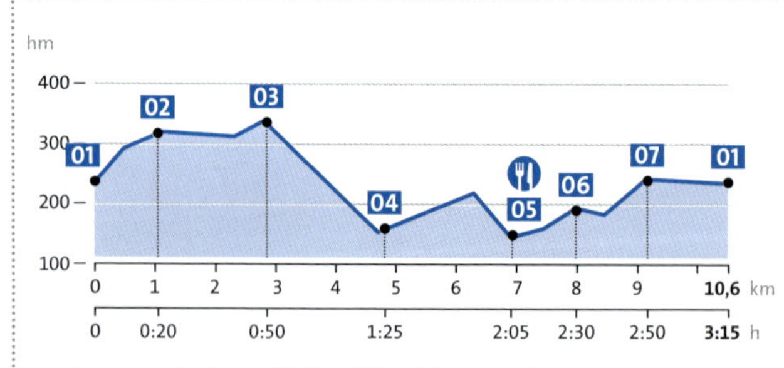

01 Achter de Welt, 223 m; **02** Grafensundern, 314 m; **03** Dörenberg, 331 m; **04** Siedlung Dörenberg, 149 m; **05** Forsthaus Oesede, 141 m; **06** Lammersbrink, 192 m; **07** Schutzhütte am Baumannsknollen, 238 m

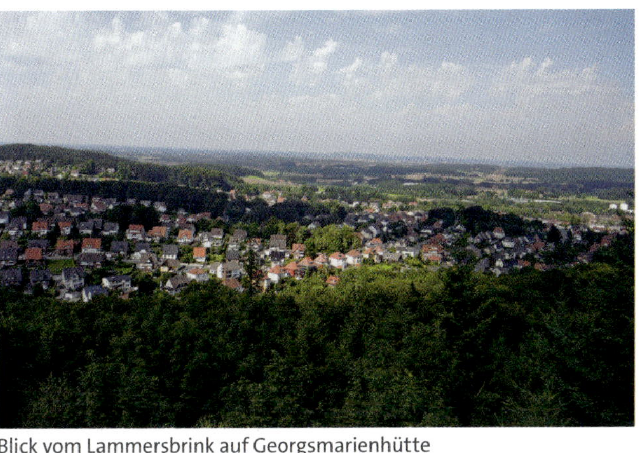

Blick vom Lammersbrink auf Georgsmarienhütte

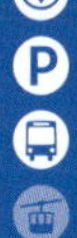

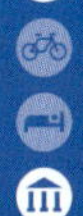

de breitere Trassen versprechen nun Schonung. Der Weg hat weiter die Null, der erste Berg aber schon eine Höhe von 314 m. Es ist der **Grafensundern** 02.

Ein Stück hinab und zum Karlsplatz, einer Wegekreuzung mit sogenanntem Schnatgangsstein, der auf historische Grenzbegehungen verweist. Von hier auf die geteerte Zufahrt zum Bundeswehrfunkturm. Nach wenigen Metern biegt man rechts ab (Hermannsturm 0,9 km). Eine 21 m hohe Konstruktion aus Stahlbeton krönt den 331 m hohen **Dörenberg** 03, zugleich Niedersachsens höchster Punkt im Teuto. Benannt ist der Turm, wie auch sein Vorgängerbau von 1898, nach Hermann, dem siegreichen Führer der Germanen aus der Schlacht am Teutoburger Wald. Auf der Turmplattform schauen wir nördlich

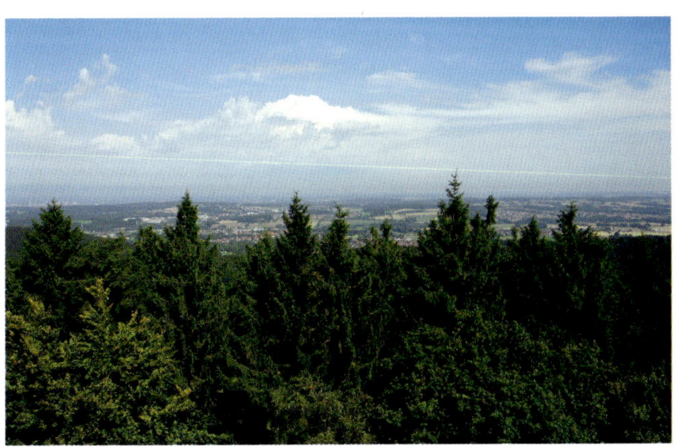

Wipfel, so hoch wie der Gipfel

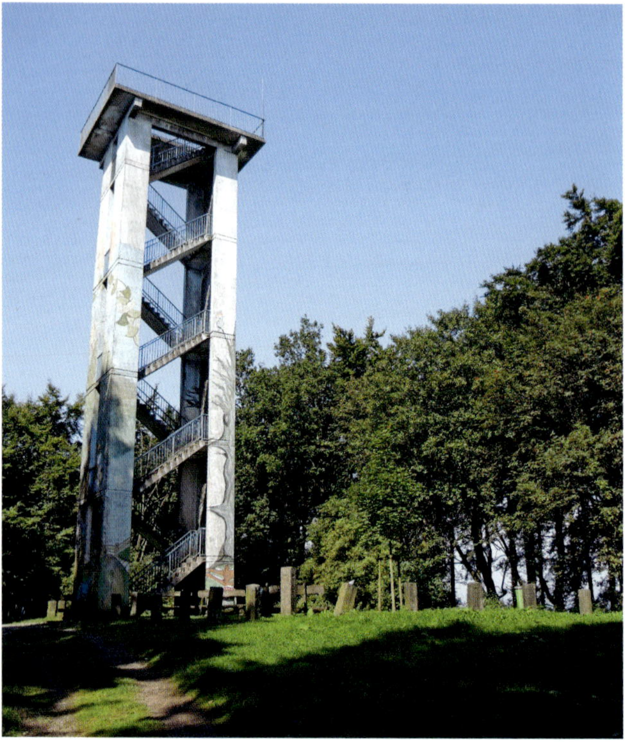

Vom Varusturm sieht man den baugleichen Hermannsturm

zum Wiehengebirge, dem wohl wahren Austragungsgebiet der kriegerischen Massenveranstaltung. Ein wenig zurück und rechts ab wie ausgeschildert Oesede-Süd und -Zentrum. Nun weit und deutlich bergab, über den Rechtstrend zum Gasthaus Herrenrast hinaus. Fast am Ortsrand der **Siedlung Dörenberg** 04 werden wir an einem Querweg nach links in Richtung Varusturm geschickt. Mit A 9 dem Waldrand nach. Auf der Straße Im Berge vor den ersten Häusern mit A 9 (Bardenburg 1,7 km) links im Forst hinauf. Wo der Weg markant nach links schwenkt, kommt der Ahornweg (s. S. 25) hinzu, dem wir auf grünem Pfad (zugleich A 9) geradeaus gehend folgen. Vorbei an einer Rastbank mit Infotafel über die Bardenburg, der Wallanlage einer frühgeschichtlichen Fluchtburg auf dem Reremberg. Weiter auf dem Ahornweg, dem Varusturm entgegen. Ein steil fallender Pfad führt aus dem Wald zum Parkplatz des **Forsthauses Oesede** 05. Außer montags hinein oder täglich daran vorbei, weiter dem Ahornweg (auch X 25) treu.

Wieder in Wald und wieder hinauf und wie so oft zu einem Querweg. Linker Hand ansteigend gelangen wir zum 192 m hohen **Lammersbrink** 06, dem dritten Berghöhepunkt dieser Wanderung. Er trägt den Varusturm, das baugleiche Gegenstück zum Hermannsturm auf dem Dörenberg. Ob die deutlich geringere Gipfelhöhe die Niederlage der Römer symbolisiert, können wir beim Turmaufstieg diskutieren. Von der Plattform geht der Blick hinab nach Georgsmarienhütte. Die Namensteile: König Georg V. von Hannover, seine Frau Marie und das Eisenhüttenwerk von 1856, in dessen Umgebung die Hüttenarbeiter angesiedelt wurden. Wieder auf dem Boden der Gegenwart, folgen wir dem Kammverlauf zum Wanderparkplatz Zuckerhut. Auf der Straße Lammersbrink kurz durch Siedlung, links (Kohlgarten) und auf dem Ahornweg sofort rechts hinauf (Achter de Welt 2,0 km). Nach einer Gabelung (X 25 nach rechts, wir geradeaus) steht eine **Schutzhütte** am Wegrand und zu Füßen des **Baumannsknollen** 07, knapp unterhalb des höchsten Punktes. An diesem vierten Berg hat das Steigen für uns ein gutes Ende genommen. Gut orientiert trennen wir uns hier vom Ahornweg, denn die weiße Null ist uns vom Anfang bekannt. Sie führt geradewegs und fast eben zurück zum Startpunkt.

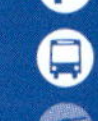

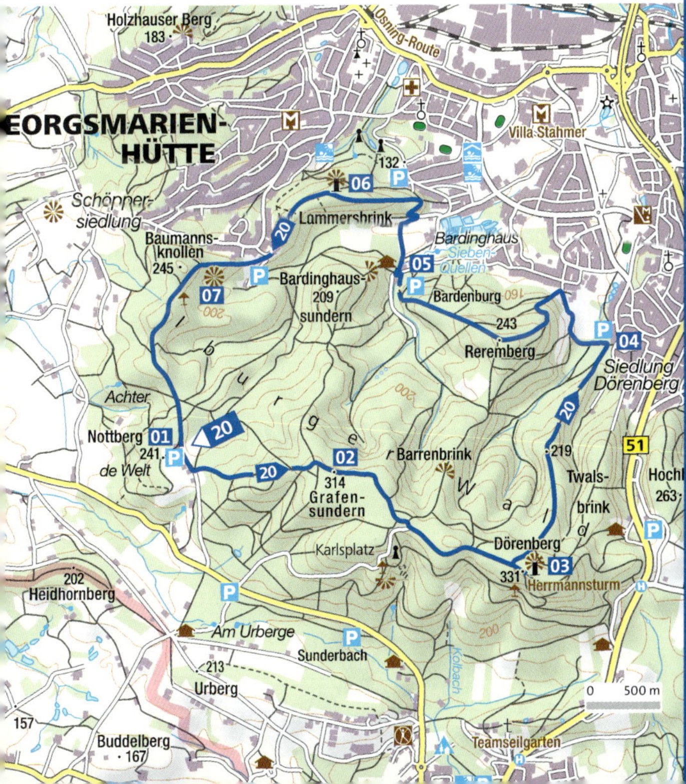

GROSSER UND KLEINER FREEDEN

Wanderzeitreise in die Zukunft

 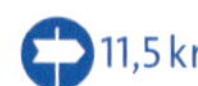 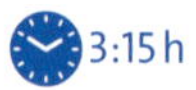 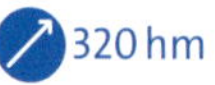 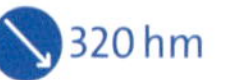 

11,5 km 3:15 h 320 hm 320 hm 750

START | Wanderparkplatz Wassertretstelle Am Freeden nahe dem Gasthof zum Freden oder Haltestelle Rathaus Buslinie 465 Osnabrück – Bad Iburg und ca. 1 km zum Start
[GPS: UTM Zone 32 x: 435.679 m y: 5.778.999 m]
CHARAKTER | Freedenpfad auf eigene Gefahr, der Wald wird nicht saniert. Bitte auf dem Weg bleiben!

„Wanderzeitreise in die Zukunft"? Hier, im Staatsforst Palsterkamp entsteht ein Urwald der Zukunft. Eine mehr als 40 ha große Fläche wurde zum Naturwald erklärt. Keinerlei Bewirtschaftung nimmt Einfluss auf den natürlichen Kreislauf aus Entstehen und Vergehen. So entwickelt sich ein Waldleben, das eigenen Gesetzen folgt. Und doch den Wanderer willkommen heißt, der auf den Wegen bleibt, ein wenig Acht gibt und am besten im Frühjahr kommt, wenn der Hohle Lerchensporn den Waldboden verzaubert.

▶ Nahe dem **Gasthof Freden**, am **Wanderparkplatz** 01 mit Wassertretbecken, stimmen Infotafeln ein auf das Naturerlebnis. Zuvor aber machen wir einen Bogen um den Freedenkamm. Wir nehmen den geteerten linken von drei Wegen. Mit weißem Zeppelin markiert (Zeppelinstein 3,5 km), führt er zu einer Gabelung. Geradeaus Richtung Zeppelinstein. Vor der umzäunten Druckstation Limberg rechts und nun auch mit Ahornweg (s. S. 25) in den Wald. Das Land schwingt stetig auf. Hin-

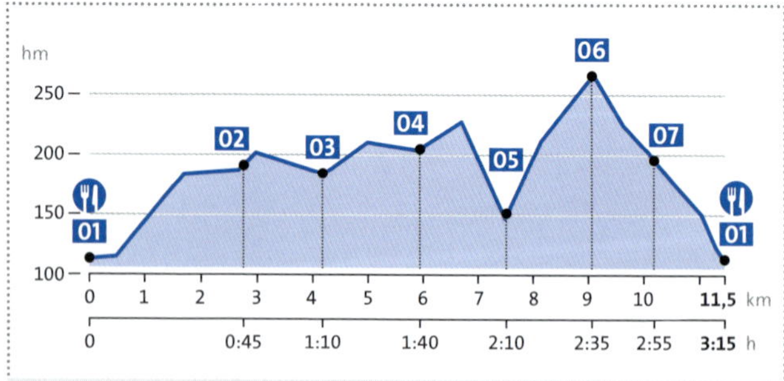

01 Gasthof Freden, Wanderparkplatz, 123 m; 02 Limberg, 194 m; 03 Zeppelinstein, 190 m; 04 Dütequelle, 209 m; 05 Häuser am Höfeweg, 154 m; 06 Großer Freeden, 269 m; 07 Kleiner Freeden, 200 m

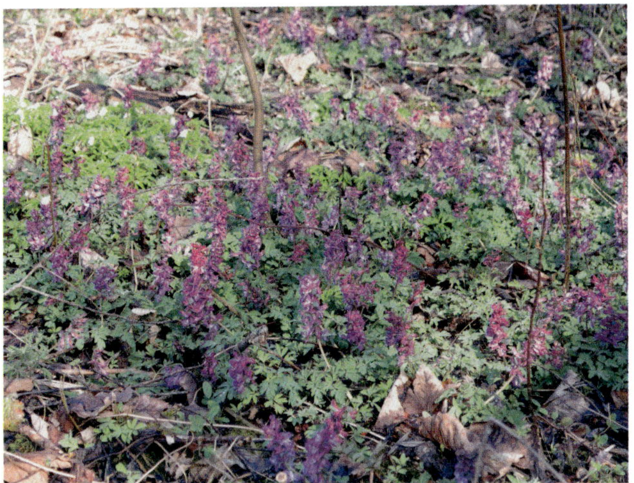

Der Hohle Lerchensporn verzaubert den Wald

ter einer Linkskurve an weiterer Gabelung halbrechts, an Abzweig mit Ruhebank geradeaus. Zeppelin- und Ahornweg führen zum flachen **Limberg** 02. Hier zeigt eine Tafel einen Hügelquerschnitt aus drei Bestattungsepochen. Am baldigen Abzweig zum Kloster Oesede gradaus. Nach 200 m rechts (Ahornweg neue Führungsstrecke über Glaner Weg) auf etwas unscheinbaren Pfad. Nach kurzem Waldlauf mit den bekannten Symbolen links auf breiteren Weg, dann über eine nahezu quadratische Lichtung mit gelbem Haus. Direkt dahinter gönnen wir uns einen 400-m-Abstecher nach links (Ahornweg) zum **Zeppelinstein** 03. Es ist ein auf Sandsteinsockel ruhender Findling samt Bronzetafel mit dem Konterfei Graf Zeppelins. Demnach erlitt hier 1910 das Luftschiff Z7 eine Bruchlandung, die für die Besatzung, dem Flughimmel sei Dank, glimpflich verlief. Sind wir gut gelandet, können wir hier trefflich rasten, dann geht es die 400 m zurück. Nun links (Dütequelle), die bisher breite Forstpiste geht in einen schmaleren Pfad über, der steiler ansteigt und zur Karussellplatz-Schutzhütte (Karte: Jahnholzplatz) leitet. An der Verzweigung rechts (Karussellplatzweg, 2, 3, X 25) und nach 300 m zur **Dütequelle** 04. Rechts eine ausgebaute Hangeinfassung, links laut Karte eine blaue Äderung. Hier tun sich viele Kleinstgewässer zusammen, um als Düte der Hase zuzufließen. Zu einem Querweg und rechts zur Waldchaussee. Sie führt rechts zum Freeden.

Da wir einen spannenderen Weg kennen, geradeaus. Merklich ansteigend gelangen wir zum Hermannsweg (s.S. 24). Rechts ab (H) und erst sportlich, dann moderater bergab zum Waldrand. Dem nach, hinab ins des Sentruper Grabens und mit einigem Baumabstand zu den **Häusern am Höfeweg** 05. Hier zieht H mit Hinweis auf die Freedenhütte nach links.

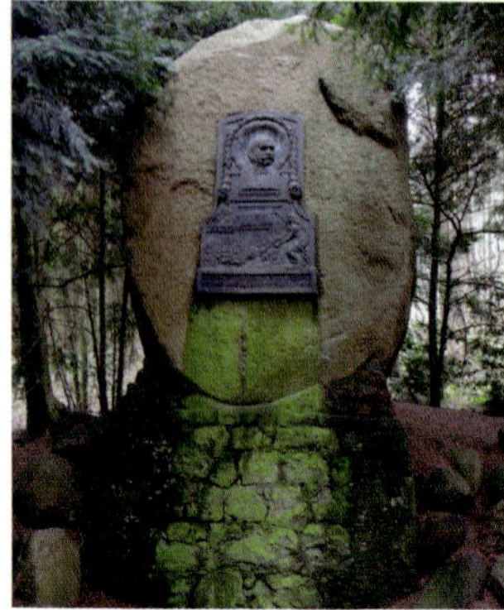

Der Zeppelinstein anstelle der Bruchlandung

Wir folgen rechts dem Schild Georgsplatz 1,0 km. Nach 100 m an einer Gabelung hinter einer Schranke nochmals links. Kurz darauf links weg vom Karlsplatzaufstieg. Einen Steinbruch passierend mündet der Weg an einem Forstplatz geradeaus in einen Pfad. Er zieht zu einem Seitenkamm (226 m) mit undeutlicher Kreuzung. Rechts empor zum Hauptkamm. Ein rotes Schild Naturwald Großer Freeden sagt, dass wir in einem „Wald ohne menschliche Einflussnahme“ sind, was wir hier dürfen – was nicht.

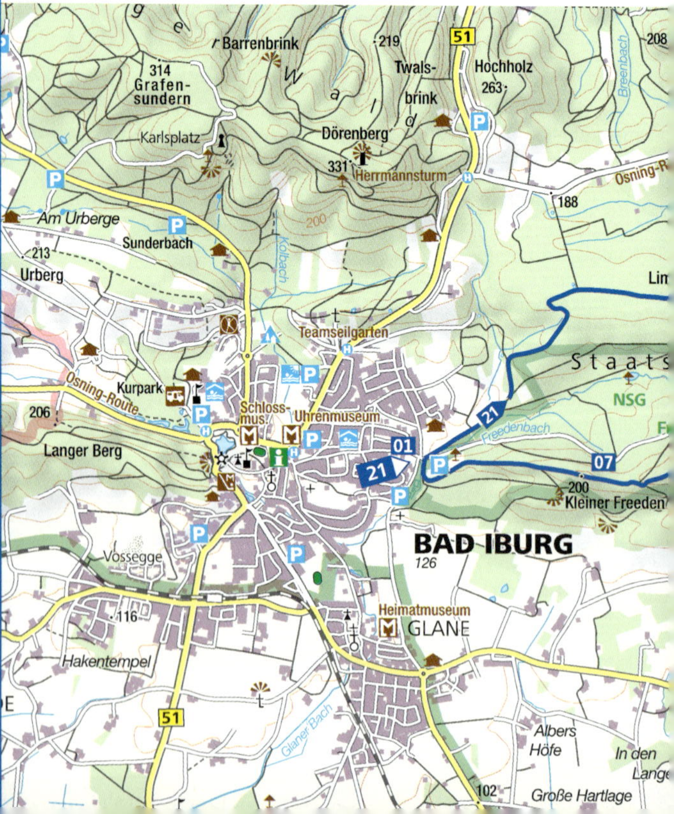

Sorgsam gehen wir auf oberster Linie in den entstehenden Urwald. Sporadisch markiert (gelber Doppelstrich, weiße Punkte) ersteigen wir den **Großen Freeden** 06 (269m) voller Buchen, Bergahorn und, etwa Anfang April, flächendeckend blühendem Hohlen Lerchensporn, einer regionalen Magnetblume, die die Besucher in Scharen anzieht. An einem Querweg bleiben wir auf dem Kamm, nun wieder auf H. Auch hier zeigt sich das Kammoberste, der 200 m hohe **Kleine Freeden** 07 unauffällig. Dann sind wir auch darüber hinweg (Wassertretstelle 0,5 km). Mit H erleben wir ein steiles Talfinale und die Rückkehr zum Parkplatz.

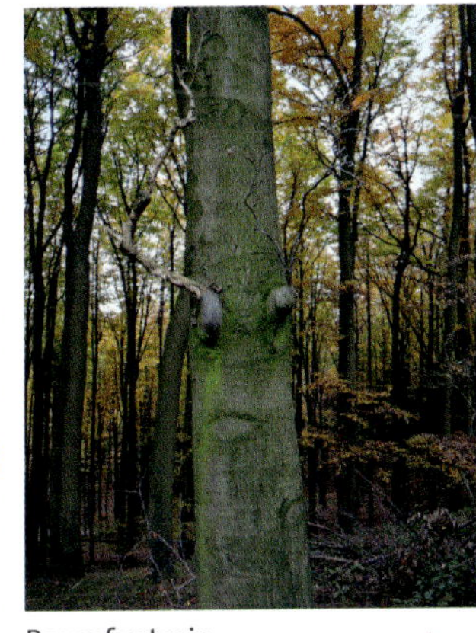

Baumfantasie

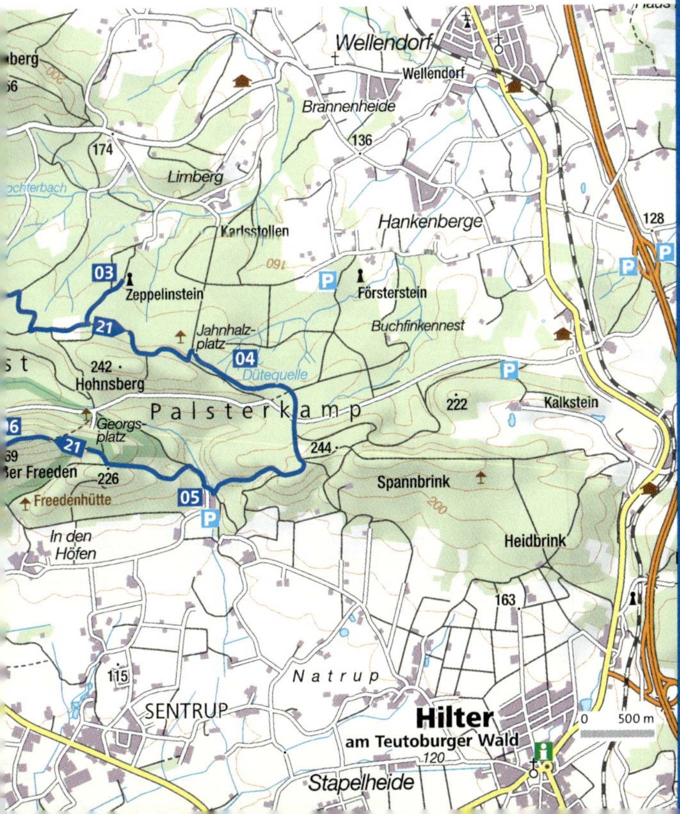

EINMAL BAD LAER – BAD ROTHENFELDE UND ZURÜCK

Zwei Solebäder und ein Kleiner Berg

 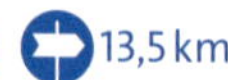  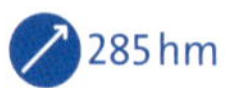   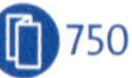

13,5 km 3:45 h 285 hm 285 hm 750

START | Parkplatz Kurpark oder eine örtliche Bushaltestelle, Linien 423, 424, 466 (Mo.–Fr.), Verkehrsgemeinschaft Osnabrück (www.vos.info)
[GPS: UTM Zone 32 x: 437.647 m y: 5.773.019 m]
CHARAKTER | Zwei sehenswerte Heilbadeorte, die sich auf bequemen Wegen bestens kombinieren lassen.

Bad Laer und Bad Rothenfelde sind zwei Soleheilbäder mit historischen Unterschieden und natürlichen Gemeinsamkeiten. Über tausend Jahre alt das eine. Gerade aus dem 18. Jh. das andere. Verbindend ist der nicht versiegende Reichtum salzhaltiger Quellen, an deren Ufern eine üppige Kurlandschaft entstand. Beide Orte sind einander landschaftlich verbunden: Durch einen kleinen Berg, der genau so heißt. Es bietet sich an, die Erkundung der Salzstätten zu einer Gesundheit fördernden Rundtour zu verbinden.

Ehe wir am **Parkplatz Kurpark** 01 auf Tour kommen, erweisen wir Bad Laer gebührende Ehre. Via Café-Restaurant Zur Mühle mit Wassermühle rechts Richtung Heimatmuseum in den Paulbrink. Dem Hotel Storck gegenüber finden wir einen Durchgang zur Pfarrkirche St. Marien, der im

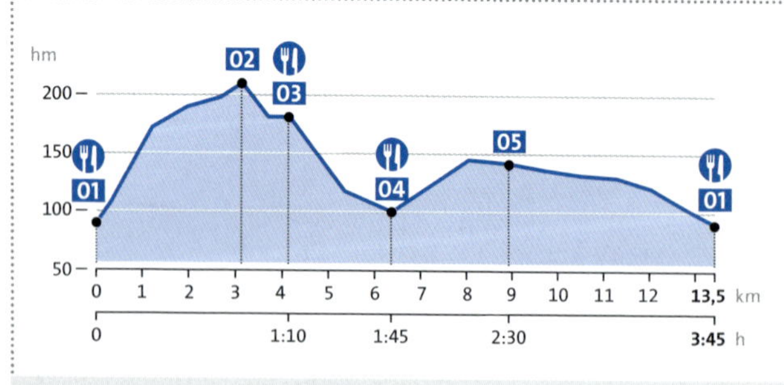

01 Parkplatz Kurpark, 90 m; 02 Aussichtsturm Am Lüdenstein, 208 m; 03 Bismarckhütte, 180 m; 04 Bad Rothenfelde, 99 m; 05 Wanderparkplatz, 141 m

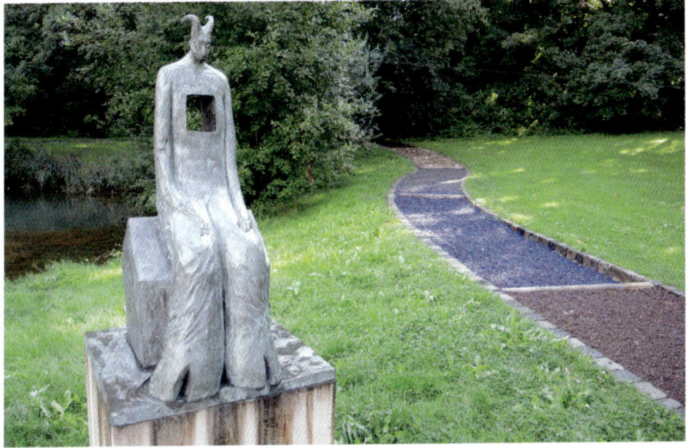
Springmeyers Kolk und der Teufel als Glockendieb

Mittelalter Tor zur Kirchhofsburg war. Ihre Form entspricht noch der damaligen Zeit, als ein Rund aus Wirtschaftsgebäuden Schutzwall für die Menschen war. Und für die Kirche, deren Spitze auf einem Wehrturm des 11. Jhs. steht. Das Ganze bildete ein Rundlingsdorf – gemeinsam mit dem angrenzenden Thieplatz sogar einen Doppelrundling. Die Form: Eine liegende Acht, das Wegsymbol für einen historischen Stadtbummel. Wir ziehen weiter. Auf dem Ahornweg (s. S. 25), vorbei am St. Josefsheim, linker Hand und durch die Schweinegasse zu einem Park. Rechts am Glockensee vorbei, über die Schienen des nahen Bahnhofs. Wieder Park, vorbei an einem Sole-Inhalierpavillon, der so recht die Salzbekanntschaft Bad Laers verkörpert. Mit Ahornweg/X5 über eine Straße, dem Blomberg – dem Bad Laerer Anteil am Kleinen Berg – entgegen.

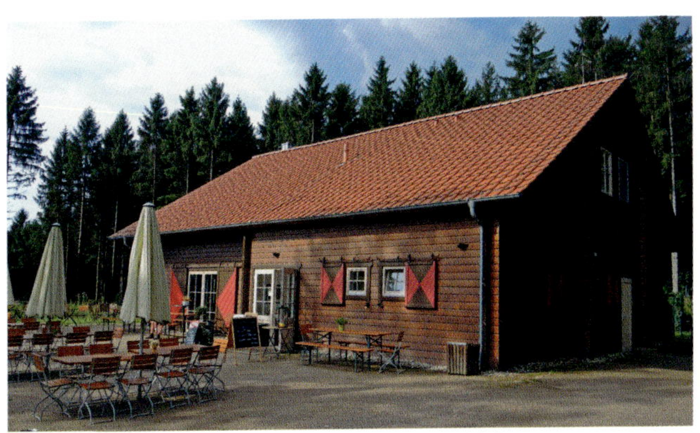
Einkehr zwischen zwei Solebädern – die Bismarckhütte

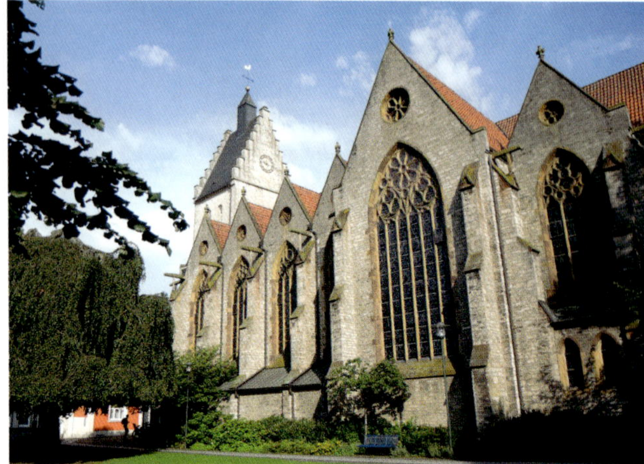
Die Bad Laerer Kirchhofsburg

Vorbei am Kriegerkreuz auf Pfad links der Fahrstraße. Mit Schild Lehrbienenstand geradeaus, bis wir am Restaurant Dionysopolis den Ahornweg verlassen und X5 geradeaus folgen. Dies ist unser Zeichen bis Bad Rothenfelde. Zum Parkplatz Am Blomberg, zu dessen Füßen die Solequelle entspringt, aus der Bad Laer seinen Wohlstand schöpft. An einer Gedenktafel links, mit Schildern zur hiesigen Botanik an einer Schutzhütte vorbei. An einem Querweg rechts, gleich darauf halblinks. Die Reststrecke bis Bad Rothenfelde schrumpft. Einen Sendemast des NDR passierend und auch wieder auf dem Ahornweg, stehen wir 208 m üNN auf dem Kleinen Berg und auf dem **Aussichtsturm Am Lüdenstein** 02 noch 23 m höher. Wenn nicht auf Augenhöhe mit den Baumwipfeln, ist das Panorama überragend, denn dies ist der südlichste Teuto-Ausläufer. Mit bekannter Symbolik zum 1 km entfernten nächsten Ziel. Über den ersten Querweg hinweg, am zweiten links zur **Bismarckhütte** 03, einem Gasthaus aus den letzten Zügen des 19. Jhs., das nach Großbrand seit 2010 Wanderern wieder offen steht. Mit X5 geradeaus.

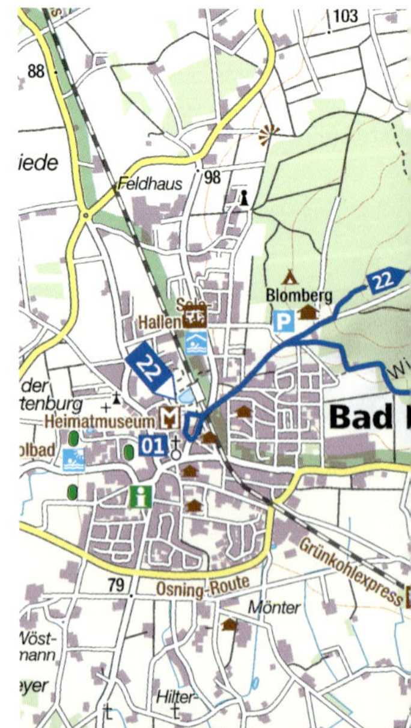

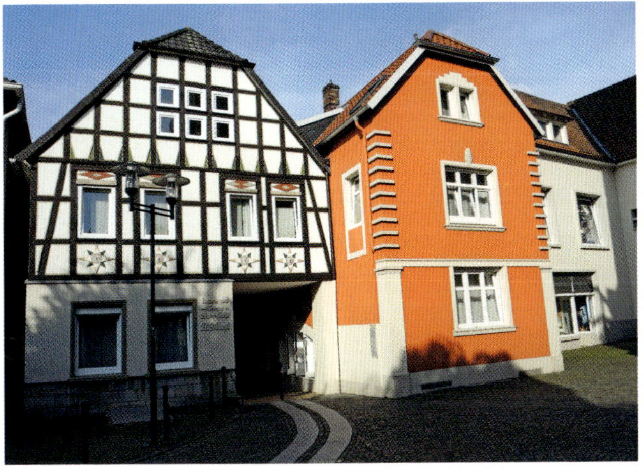

Häuser bilden einen schützenden Ring um die Kirchhofsburg

Am Wald- und Ortsrand halten wir uns links (Ortsmitte 0,5 km). Eine Siedlungsstraße führt hinab ins Zentrum von **Bad Rothenfelde** **04**. Im frühen 17. Jh. wurde hier eine Salzquelle entdeckt, aus der die Ansiedlung entsprang und 1905 die Bad-Verleihung brachte. Heute bietet sich ein gepflegtes Kurortbild: Zwei Gradierwerke zur

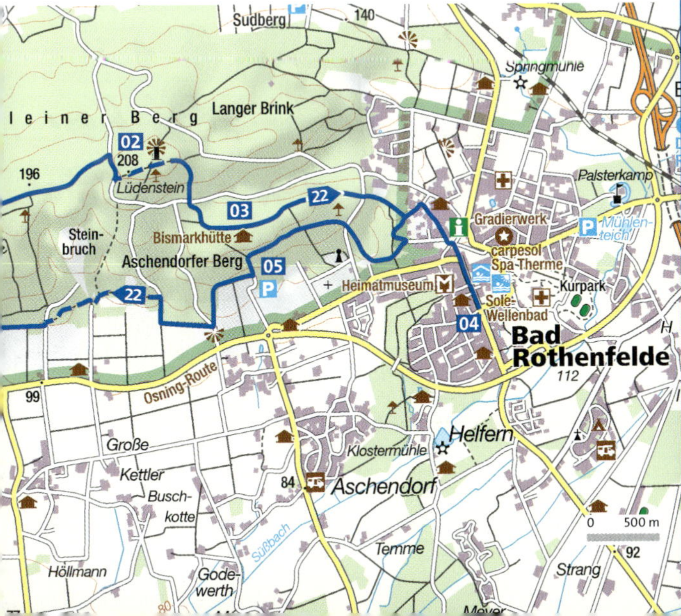

Soleheilbäder

Heilbäder werden nach verschiedenen Kurmitteln, die der medizinischen Anwendung dienen, unterschieden. Voraussetzung für ein Solebad ist eine wässrige Lösung – oft aus Solequellen – mit mindestens 14 g gelöstem Salz pro Liter Wasser. Das Spektrum heilmedizinischer Anwendung der Sole reicht von Bädern über Trinkkuren und Spülungen bis zu Inhalationen. Menschen mit verschiedensten gesundheitlichen Störungen suchen hier Linderung oder Heilung. Über die nachweisliche Hilfe bei bestimmten Hautkrankheiten hinaus ist die tatsächliche medizinische Indikation jedoch umstritten. Ein Aufenthalt in einem Soleheilbad, und sei es aus Gründen der Entspannung oder Unterhaltung, darf dennoch gut tun.

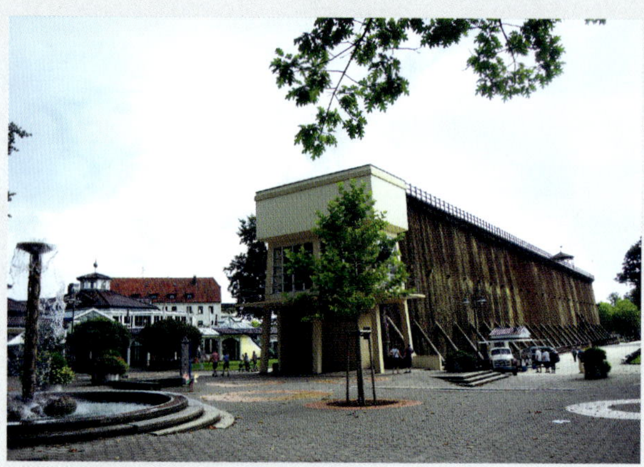
Das Gradierwerk in Bad Rothenfelde

Salzgewinnung, Brunnenplatz, Rosengarten, Kurmittelhaus, Salzgrotte, Park, Therme. Bitte besichtigen! Den Hinweg zurück zum Waldrand. Nun auf Ahornweg geradeaus (Bad Laer 7,4 km). Vor erneutem Waldrand rechts Richtung Gaststätte Zur Fuchskuhle. Mal verspringt der Weg an einer Schutzhütte nach rechts. Hier noch der Gaststätte entgegen, bis an einer Kreuzung der Weg links zu ihr hinabführt. Rechts zieht der Ahornweg hinauf zur Bismarckhütte. Wir gehen mit V geradeaus. Oberhalb eines **Wanderparkplatzes** **05** eine Kreuzung – links ab auf die sichtbare Straße zu, vor einer Schranke rechts. Im Folgenden orientieren wir uns an V, Bad Laer entgegen und aussichtsreich meist in Waldrandnähe. Vom Lüdenstein herab gesellt sich der Ahornweg hinzu und begleitet uns – mal schattig im Wald, mal sonnig nebenan – zum Lokal Dionysopolis, wo wir uns an den Hinweg erinnern.

ZUM BEUTLING BEI WELLINGHOLZHAUSEN

In großem Bogen um das Quellgebiet der Hase

 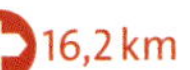 16,2 km 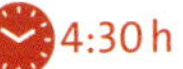 4:30 h 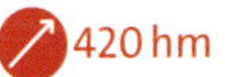 420 hm  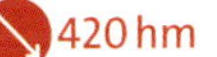 420 hm 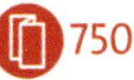 750

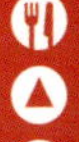
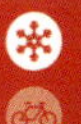

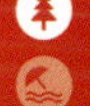

START | Parkplatz Rehquelle / Kalksinterterrassen, Verbindungsstraße Wellingholzhausen – Dissen oder Bushaltestelle Rechenberg Parkplatz Linie 309 Melle – Bad Rothenfelde
[GPS: UTM Zone 32 x: 447.028 m y: 5.777.042 m]
CHARAKTER | Größere Anstiege zu zwei Aussichtstürmen, eine Einkehr und der Talweg eines Jungflusses.

Rehquelle, Sauplatz, Hase, Beutling. Der Teuto zwischen Wellingholzhausen und Dissen trägt tierische Namen. Und farbige: Blauer See, Schwarze Welle. Und grundnatürliche: Baumgarten, Steinegge. Und seltsam klingende: Hankenüll, Puschkental. Vor allem aber trägt er einen wuchtigen Bergkamm, dichten Wald. Und eine Flussquelle – diese Tour macht erst einen großen Bogen darum, ehe sie, nach einem Abstecher zu einem Aussichtsturm und einer Gaststätte, seinem jungen Lauf ein Stück folgt.

▶ Wenn wir vom **Parkplatz** 01 links der Straße nach Wellingholzhausen laufen (A1–A3), zeigt ein weißer Tropfen auf blauem Grund, dass hier Quellgebiet ist. Prompt ist zur Naturschau ein Holzpodest über die Kleine Rehquelle gebaut. Dann überqueren wir umsichtig die Straße, dringen

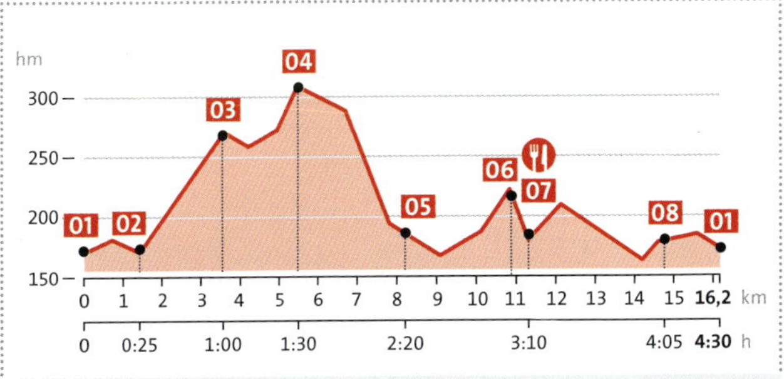

01 Parkplatz, 163 m; 02 Blauer See, 160 m; 03 Steinegge, 268 m; 04 Hankenüll, 307 m; 05 Hasequelle, 167 m; 06 Beutling, 216 m; 07 Café-Gasthaus Zum Beutling, 168 m; 08 Schwarze Welle, 169 m

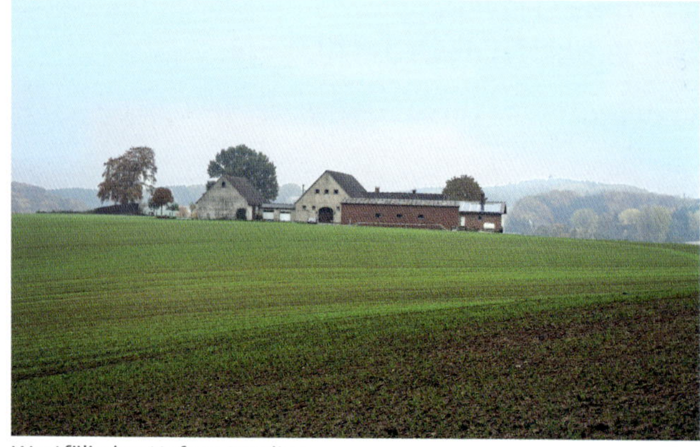
Westfälischer Hof am Beutling

wandernd in den Wald ein, halten uns an einer Gabelung mit rotem Schriftzug TERRA links, folgen alsbald der Markierung weißes Dreieck, das von links zu uns stößt und zu einer Forstwegkreuzung mit Schutzhütte leitet. Rechts zum **Blauen See** 02. Sein kalkiger Grund ist Namensgeber. Der See ist Sammelbecken mehrerer Bäche, die, wie auch die Rehquellen, der Hase zufließen. Nun zur Steinegge in 2,4 km Entfernung. Wir nehmen den Ahornweg (s. S. 25), der sich südlich der Baumgarten genannten Höhe in einigen Bögen der Kammlinie zuwendet. Ein gelbes Schild sagt, in 600 m steht ein Aussichtsturm. Links und die letzten 200 m auf Plattenweg zum Kamm. Hier, auf der **Steinegge** 03, stellen wir fest, dass der Aussichts- ein Fernmeldeturm ist. Sein umzäuntes Gelände können wir

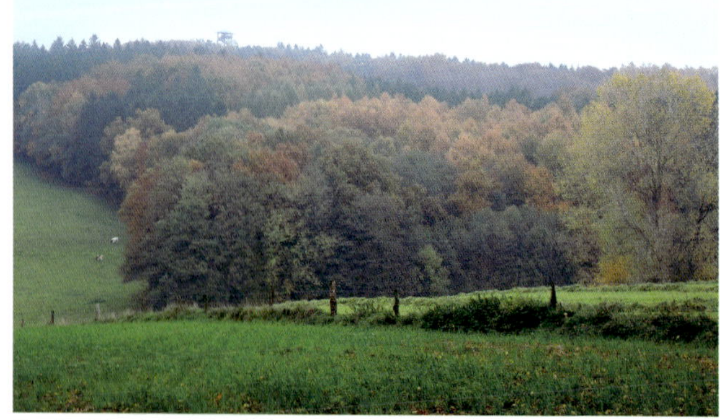
Der Beutling trägt ein Herbstkleid in Pastell

betreten und – wie spannend! – eine Aussichtsplattform in 25 m Höhe über eine außen führende Wendeltreppe erklimmen. Dann führt der Hermannsweg H (s. S. 24) gen Osten über die Kammhöhen Ascher Egge und **Hankenüll** 04 (307 m). An einer Lichtung gewahren wir zur Linken den Beutling mit dem zweiten Zielturm, dann mit H auf der Grenze Niedersachsen/Nordrhein-Westfalen, bis wir 100 m vor der Schutzhütte Sauplatz links eine Rastbank finden. Davor verlassen wir den Kamm auf etwas unscheinbarem Pfad nach links hinab. Und folgen diesem unbeirrt bis zum Waldrand, wo wir geradeaus einen Hof anstreben. Hinab zu einem weiteren Hof, links in die Hauptstraße und zur **Hasequelle** 05. Ein liebevoll angelegtes Bild bietet sich uns: Ein natursteingefasster Quelltopf, Tische, Rastbänke, Infotafeln zum weiteren Hase-Verlauf. Kaum fassbar, dass dieses Gerinne fast 170 km lang wird und bei Meppen die Ems bereichert! Wir folgen der jungen Quelle ein Stück. In Richtung Wellingholzhausen, an einer Querstraße (links Bierkönig) rechts und talwärts. Rechts die Straße Puschkental (dem wir gerade entsteigen) und hinauf. Von links, aus Richtung Schwarzer Welle, ist der Ahornweg wieder mit uns. Bald rechts ab (Beutling 1,2 km) und vor einem der vielen Höfe, die das Land wirtschaftlich

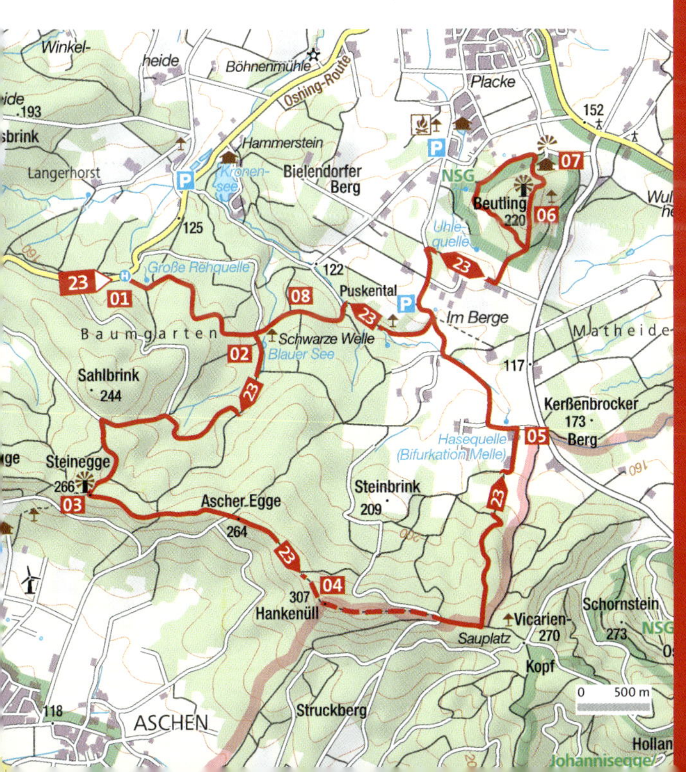

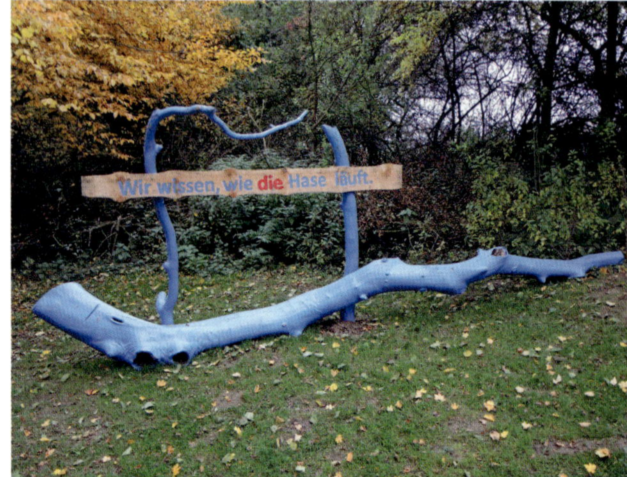

Hübsch zurechtgemachte Hasequelle

und bildlich prägen, links – Berg und Turm entgegen. Geradeaus empor, dann haben wir auch dem **Beutling** **06** den Rang abgelaufen und den 30 m hohen Turm erstiegen. Ein Blick zurück: Ja, vom Kamm des Teutos kommen wir her. Mit dem Ahornweg vollenden wir die Bergüberschreitung, steigen ab zum **Café-Gasthaus Zum Beutling** **07**. Die Straße vorm Gasthaus links, in den Wald. Mit A3 umrunden wir den Beutling auf dessen Westseite. Am Aufstieg auf dem Hinweg bis knapp ins Puschkental. Am Abzweig des Ahornweges nach rechts betreten wir Neuland, steigen ab zur Hase, folgen ihr. Wir gelangen zur **Schwarzen Welle** **08** oder Almaquelle, benannt nach der Frau eines hiesigen „Lebkuchenimperators“, dem die Quelle gehörte. Der attraktiv gestaltete Sprudel ist mit etwa 200 l/min der üppigste Wasserlieferant der Hase. Noch etwas den Bach runter, dann lassen wir der Hase freien Lauf. Links zu einer Forststraße im Scheitel einer Kurve und auf ihr nach links zur bekannten Schutzhütte am Blauen See. Und zurück zum Start.

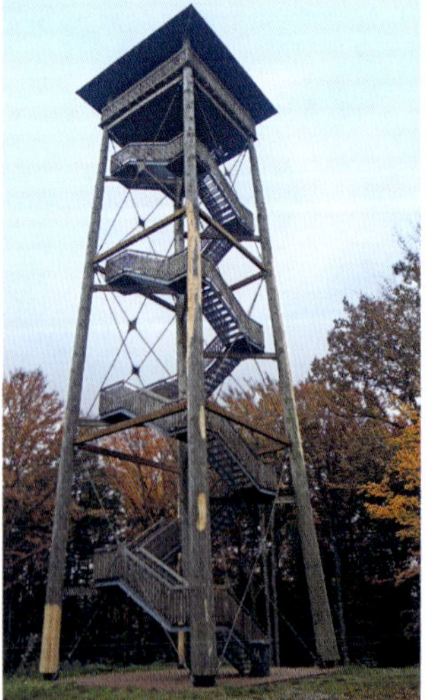
Aussichtsturm auf dem Beutling

HASE-BIFURKATION UND SCHLOSS GESMOLD

Vom Streitobjekt zur Ausflugsattraktion – wie ein Fluss die Menschen jahrhundertelang beschäftigte

  9,5 km  2:30 h  60 hm  60 hm 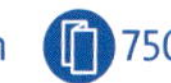 750

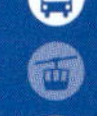

START | Parkplatz An der Bifurkation oder Bushaltestelle Sutmühlenstraße Linien 309/311, Verkehrsgemeinschaft Osnabrück (Mo.–Fr.)
[GPS: UTM Zone 32 x: 449.055 m y: 5.783.399 m]
CHARAKTER | Kurzwanderung im feldreichen Grönegau, die Zeit lässt für ausgiebige Erkundung.

Dort, wo sie dem Teutoburger Wald entspringt, im Puschkental bei Wellingholzhausen (Tour 23), ist die Welt der Hase noch in Ordnung. Bald erhält sie Flüssignahrung aus anderen Quellen, macht Bekanntschaft mit einem See und sucht, nach Norden an Höhe verlierend, das Weite – in Osnabrück, in der Ems und in der Nordsee. Das wäre an sich der natürlichste Flusslauf der Dinge. Wäre da nicht der Mensch mit seinem grenzenlosen Erfindungsreichtum zur Wassernutzung ...

▶ Am **Parkplatz 01** wird uns unmissverständlich die Richtung zur Bifurkation gewiesen. Ein Fahrweg nimmt uns auf, bald fließt von rechts die Hase zu. So gelangen wir schnell zur **Bifurkation 02** – per Definition die Gabelung eines Wasserlaufes. Die gepflegte

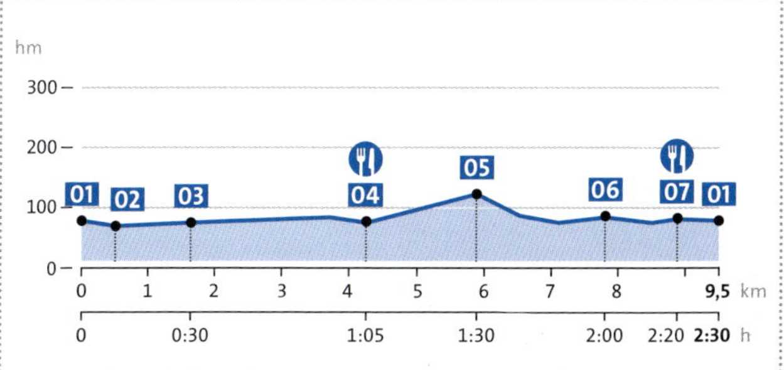

01 Parkplatz An der Bifurkation, 82 m; 02 Bifurkation, 78 m; 03 Gesmolder Straße, 80 m; 04 Schloss Gesmold, 80 m; 05 Loh, 116 m; 06 Allendorfer Straße, 87 m; 07 Brockmeyer's Gasthaus „Zur Bifurkation", 84 m

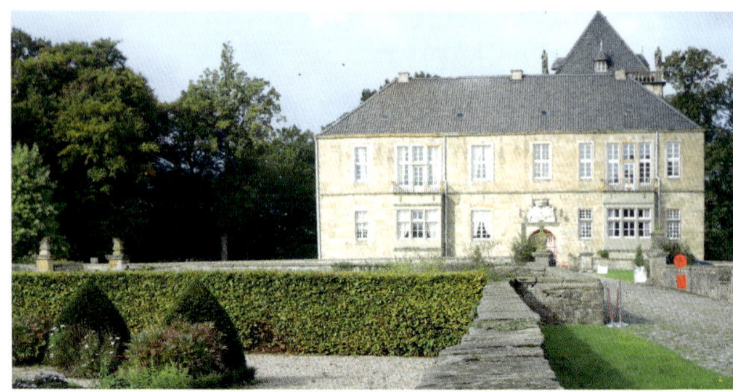

Immobilie mit Garten – Schloss Gesmold von der Torseite

Anlage erwartet uns mit einem Wassertretbecken, Outdoor-Fitnesspark, Grillplatz, Schutz- und Grillhütte. Und eben der Bifurkation. Eine begehbare Teilungsmauer ragt in den Fluss, trennt sein Wasser. Darum rankt sich Wissenswertes am Umweltbildungsstandort Bifurkation, so auch ein Info-Pavillon. Dort lesen wir, dass es hier jahrhundertelang heiß herging! Im 16. Jh. wurde Hasewasser in einen Nachbarbach umgeleitet, um die Gesmolder Schlossmühle zu stärken. Im 30-jährigen Krieg trieben die Schweden einen Damm durch die Hase, das Gewässer (die spätere Else) floss Richtung Weser, weshalb der Osnabrücker Stadtgraben Wassermangel litt und die Stadt eingenommen wurde. Dann wurde der Damm zugeschüttet und ... ein heilloses Hin & Her nahm seinen Lauf, mit dem „Gesmolder Bauerntumult“ als blutigen Tiefpunkt. Schließlich wurde eine 2/3-1/3-Trennung von Hase und Else rechtskräftig und die Bifurkation ein Ort friedlicher Erbauung.

Wir folgen einem Teerpfad, der rechts wegbiegt, der Else nach. Und bekommen einen Landschaftseindruck von weiten Feldern, verstreuten Höfen, bewaldeten Hügeln, dem Wiehengebirge am nördlichen Horizont. Über eine Elsebrücke (Westberghöfen) und links. Auf dem Gesmolder Auenweg (weißes „G“) tangieren wir den westlichen Ortsrand, gelangen zur **Gesmolder Straße** 03. Gegenüber rechts versetzt geradeaus („G“). Erst rechts des Flüsschens vorbei an Sportstätten, dann links davon (An der Else), über zwei Straßen (Zur Femlinde, Westerhausener Straße), unter die Autobahn 30. Ein beschauli-

Noch bekommt die Hase ungeteilte Aufmerksamkeit

ches Wegstück beschert uns ersten Blickkontakt mit dem Schloss, für das die Else einst hergeleitet wurde. Auf dessen Blickachse weisen zwei künstliche Teiche nach links. Rechts eines Feldes zu einem Parkeingang mit wappentragenden Säulen. Dahinter rechts auf die Schlossallee („G") entlang der Parkmauer. An einem kleinen Wehr überschreiten wir die Else und sind dem prächtigen **Schloss Gesmold** 04 nahe (www.schloss-gesmold.de). Vom Torgebäude überblicken wir die Anlage mit Renaissanceschloss, das einen trutzigen romanischen Wohnturm umschließt und mit barockem Park und Garten unterpflanzt ist. Laut Vereinbarung sind Führungen möglich, wochenends haben Schlossladen und Café geöffnet.

Der weitere Verlauf der Schlossallee führt uns diesmal über die A30 zur Gesmolder Straße. Rechts, sofort links in den Wennigser Ring. Über den Ortsrand hinaus, rechts einer Häusergruppe und vor der Nr. 14 rechts auf sanft ansteigenden Wiesenweg. Er trägt uns zu einer Waldkuppe namens **Loh** 05. Vom 116 m hohen Hausberg der Gesmolder überschauen wir unseren Weiterweg mit dem Teuto als südliche Blickgrenze.

Nun wieder auf „G" bergab und rechts über die Plaggenstraße. Hinter einem Bullenmaststall links ab vom Auenweg. In weitem Ackerland zweimal rechts-links zur **Allendorfer Straße** 06. Jenseits in die Uhlenberger Straße. Bei nächster Gelegenheit (Uhlenberger Straße) rechts. Auf Feldweg zur einstigen Sutmühle und über die, noch ungeteilte Hase. An der Sutmühlenstraße 8 geradeaus zu **Brockmeyer's Gasthaus „Zur Bifurkation"** 07. Und mit Restenergie oder gestärkt zu Bus oder Parkplatz.

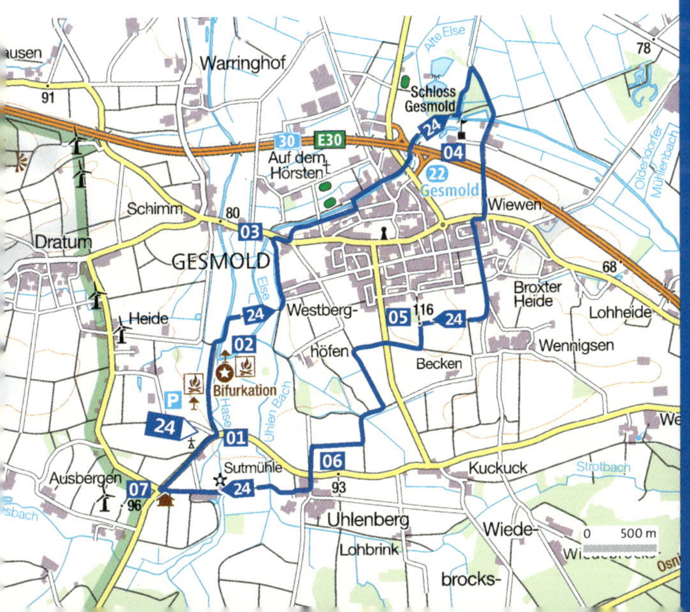

BURG RAVENSBERG BEI BORGHOLZHAUSEN

Zum mittelalterlichen Stammsitz der Ravensberger Grafen

 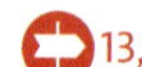 13,3 km  4:00 h  520 hm  520 hm 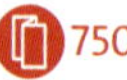 750

START | Wanderparkplatz Burg Ravensberg am Barenbergweg.oder Haltestelle Holtfeld Ravensburg Buslinie 90 Versmold – Borgholzhausen
[GPS: UTM Zone 32 x: 451.343 m y: 5.770.899 m]
CHARAKTER | Den halben Kilometer Anstieg nicht unterschätzen! Dafür entlohnt die Burganlage immens.

Vom Parkplatz zur Ravensburg ist es ein Katzensprung. Nichts eigentlich für Wanderer. Diese Tour nimmt einen weniger langen, dafür höhenmeterreichen Anlauf. Das soll so sein, denn Höhe verspricht immer auch Panorama. Wenn das Wetter passt. Wetterunabhängig dagegen ist das Erlebnis der Burg: Ein 20 m hoher Bergfried, ein Brunnenhaus mit funktionstüchtigem Förderrad, ein Amphitheater, das „Ravensberger Klassenzimmer" als eigenes Fachwerkhaus, eine Burggaststätte. Das wird toll heut!

Am **Parkplatz** 01 weist uns das Schild zur Ravensburg rechts am angrenzenden Haus vorbei. Dahinter links, hinter einer Deponiezufahrt sofort rechts (Haus-Nr. 51, 55). Bis zu diesen Häusern asphaltiert, von da ab fußgerechter, endet der Geradeausweg an einem Querweg (rechts ein Hof). Dem folgen wir nach links ansteigend. Am Forsthaus Rummel hin-

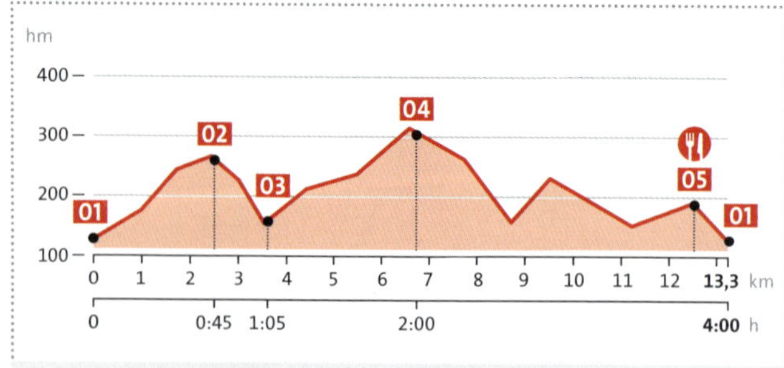

01 Parkplatz, 125 m; 02 Unterm Barenberg, 262 m; 03 Hesseltal, 151 m; 04 Große Egge, 312 m; 05 Burg Ravensberg, 190 m

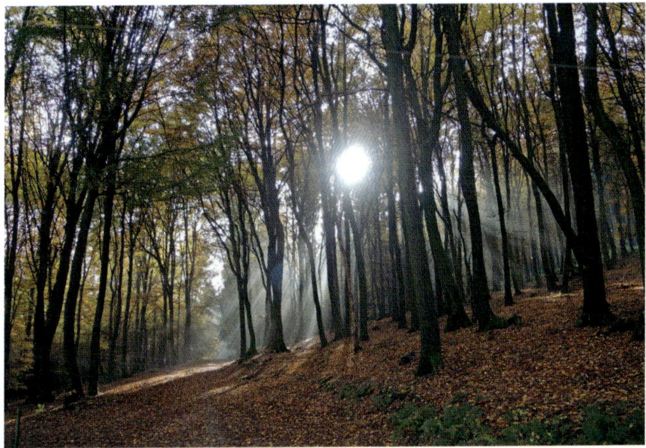

Lichtblick

ter einer Schranke mit S/A 6 geradeaus. Auf Forststraße ziehen wir Richtung Kamm, dann weckt das Schild „Cleverschlucht Erlebniswald“ unsere Neugierde. In einen Steinbruch, der sich nach der Stilllegung renaturierte, führt ein Pfad und bringt unsere Fantasie auf Hochtouren. Zurück zum Weg und zur Kammhöhe, die wir am Wasserwerk der Stadt Borgholzhausen erreichen. Mit A 6 nach rechts, nun oberhalb des abgesperrten Ex-Steinbruchs. Allmählich tritt der Wald zurück. Der Blick wird freier, geht nach rechts hinten zum trutzigen Rundturm unserer Burg, der noch zum Handauflegen nah sein wird. An einer Wegspinne halblinks (Schutzhütte 1,1 km). Etwa am höchsten Punkt **unterm Barenberg** 02 sehen wir, was uns die Wanderstunde noch bereithält: Die Große Egge mit Sendemast über dem Hesseltal. Am Schild Schutzhütte 0,6 km in markanter Rechtskurve weg vom breiten Weg und in Richtungsverlängerung auf schmalem Pfad hinab. Unter voller Schwerkraftnutzung steigen wir geradewegs ins Tal. Rechts zur Verbindungsstraße Wichlinghausen–Hesseln und unfallfrei hinüber. Nun mit dem Hermannsweg H (s. S. 24) über

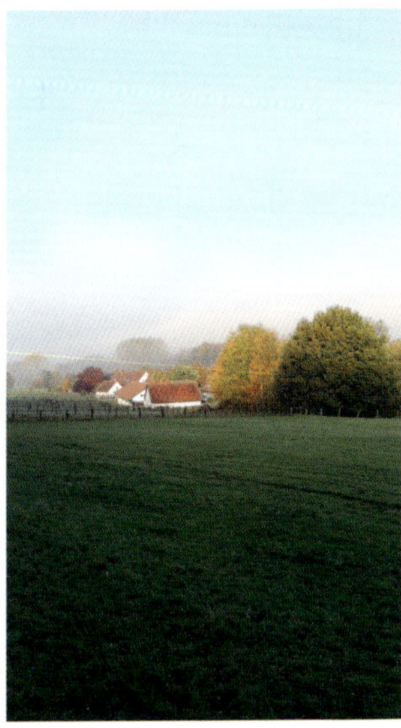

Hofidylle am Fuße der Ravensburg

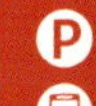
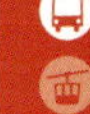
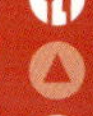
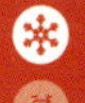

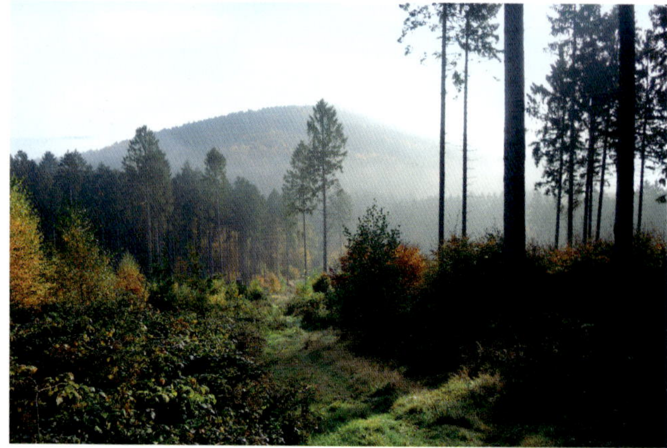

Herbstnebel an der Großen Egge

die Brücke, Teiche zu beiden Seiten, unter uns die fließende Sohle des **Hesseltals** 03. Jenseits nach rechts, an Schildern (Halle, Kaffeemühle) mit H links hinauf, vorbei an einer Rastbank und zusätzlich mit A5 am Waldrand geradeaus. Erste Gabelung: mit H und A5 halbrechts, zweite Gabelung: H – vorübergehend – verlassend auf A5 geradeaus. Ganz nah am Wald, oberhalb von Bergwiesen, gewinnen wir an Höhe und Schaulust. Am linken Horizont gewahren wir den flacheren Parallelkamm der Werther Egge, im Tal dazwischen fein verteilte Ansiedlungen, als gäbe es nichts Schöneres. Nicht schneller, aber höher und weiter kommen wir im Wald. Bis uns von unten H wieder begegnet und nach rechts aufwärts zieht (Burg Ravensberg 5,9 km). Dem nach, hinauf zur **Großen Egge** 04, die mit 312 m heute für uns das Höchste ist und mit Heimat-Sechszeiler des einstigen Haller Rektors Frederking aufwartet. Alsdann werden wir belehrt über nahe Relikte früheren Bergbaus, der hier auf Kohle und Erz umging. Vorbei am Richtfunkturm der Deutschen Bahn. Nach dem Bergauf geht es wieder

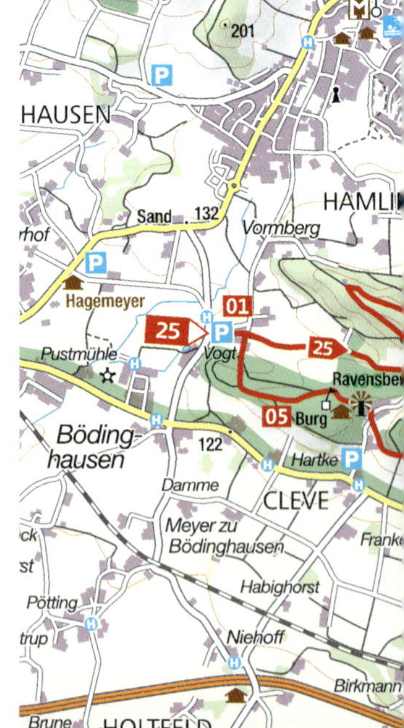

bergab. So gelangen wir (H) zurück ins Hesseltal und darüber hinaus. Nach 700 m ist die Schutzhütte erreicht und vielleicht von uns kurzzeitig bewohnt. Weiter auf H, der Burg entgegen. Am Mittagessensplatz (ein Wink mit der Brotzeit?) mit Tisch und Bänken links (Ravensburg 1,8 km). Über die Straße Clever Schlucht mit sehenswerten Höfen. Nur noch 600 m. Hinauf. Nur noch 200 m. Am Kamm links ist **Burg Ravensberg** 05 erobert. Als Ansichtssache empfiehlt sich uns zunächst ein 5-Minuten-Rundweg, dann gehen wir die gepflasterte Rampe hinauf und begeistern uns am ungewöhnlich guten Erhaltungszustand der Anlage. Was schon 1080 errichtet wurde, hat viel erlebt und zu erzählen. Das nehmen wir auf und ziehen uns dann bereichert auf H (Borgholzhausen 2,5 km) zurück. Eine Burg

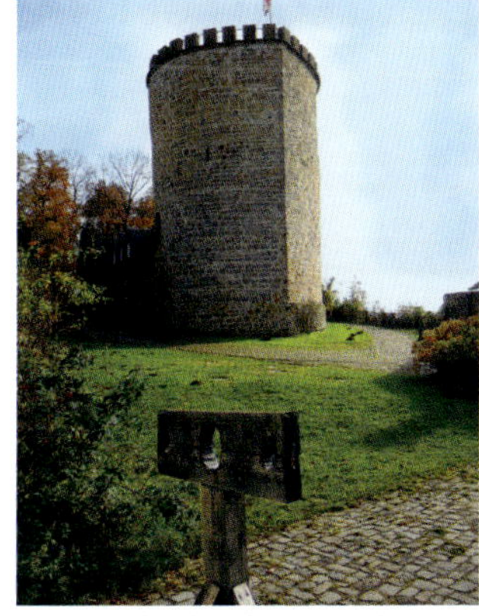

Der Bergfried – überragend in Höhe und Erhaltung

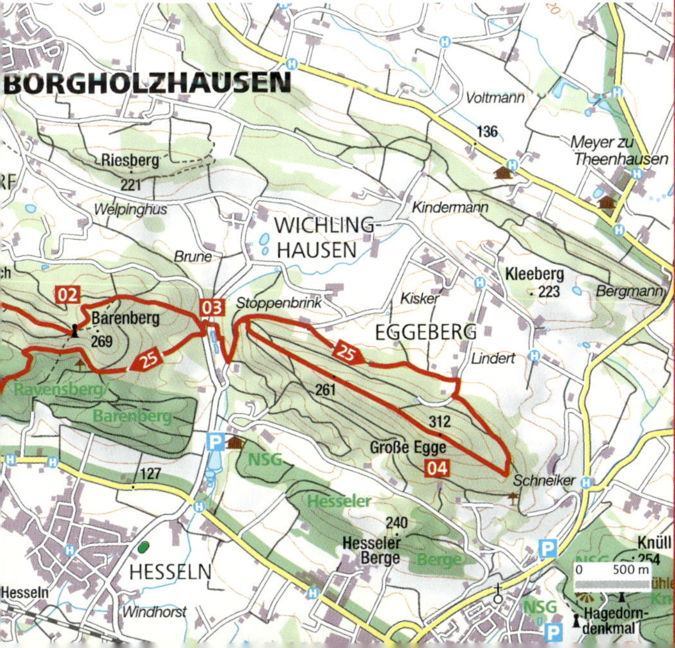

braucht steilen Unterbau, was wir beim finalen Abstieg merken. Raus aus dem geschichtsträchtigen Wald und zurück zum **Parkplatz** 01.

DER TEUTO BEI HALLE (WESTFALEN)

Eine Wanderreise in die Haller Stadtgeschichte

 8,7 km  2:30 h  280 hm  280 hm  750

START | Parkmöglichkeit am Bürgerzentrum Remise, Kiskerstraße 2 oder Bahnhof Halle (Westfalen), ca. 10 Minuten vom Ausgangspunkt (www.vvowl.de bzw. www.ostwestfalen-lippe-bus.de) [GPS: UTM Zone 32 x: 456.414 m y: 5.768.036 m]
CHARAKTER | Zwei sehenswerte Geschichtspfade, verbunden durch die typische Mittelgebirgslandschaft des Teutoburger Waldes.

Mit Halle (Westfalen) verbinden viele die Namen Gerry Weber und August Storck als Textilproduzent und Süßwarenhersteller. Doch beginnt die Stadtgeschichte schon im 13. Jh. und ist mit dem regionalpolitischen Geschehen eng verwoben. Das bürgerliche Kapitel, das um 1800 begann, hat Bezüge zum Teutoburger Wald, die bis heute sichtbar sind. Denn in den Wald zogen die Lebenden und die Toten – zur Sommerfrische im Landschaftspark die einen, aus innerstädtischem Platzmangel die anderen. Ihnen begegnen zwei Geschichtspfade der Haller ZeitRäume (www.haller-zeitraeume.de). Bitte folgen!

Am **Bürgerzentrum Remise** 01 berühren wir die viel befahrene Lange Straße und biegen rechts in die Apothekerstraße. Sie führt waldwärts aus der Stadt und übergibt uns der Storkenstraße. An der Zufahrt zur Nr. 4 verlassen wir asphaltierten Boden. An

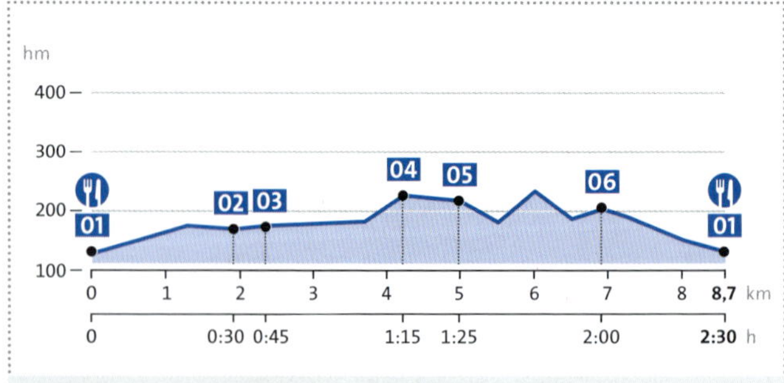

01 Bürgerzentrum Remise, 130 m; 02 Parkplatz Drachenwiese, 171 m; 03 Mausoleum, 178 m; 04 Am Gartnischberg, 219 m; 05 Steinbruch, 212 m; 06 Kaffeemühle, 201 m

baldiger Wegspinne mit Infotafel in spitzem Winkel rechts hinauf (Steinhagen/Werther Schanze P/G auf rotem Grund – Weg für Genießer). Auf flachem Hangweg zu einer Gabelung; rechts (G) über Wiesengrund und gestuft bergan. Auf Feldesniveau zum **Parkplatz Drachenwiese** 02 an der Straße Grüner Weg. Diese nach rechts. Haltlos verliert sich der Blick in der weiten Westfälischen Bucht. Vor dem Haller Ortseingang links, dann beansprucht uns der erste Geschichtspfad. Er widmet sich den Waldbegräbnissen am Lotteberg. Die sehenswerte Anlage aus **Mausoleum** 03 und vielfältig gestalteten Grabstätten entstand zu Beginn des 19. Jhs. als Antwort auf die hygienisch unerträgliche Situation am Haller Friedhof. Wohlhabende Bürger kauften Land am Lotteberg und schufen dieses über Generationen genutzte Areal. Wir nehmen uns die nötige Zeit, ehe wir am Waldsaum mit Tiefblick auf Halle unsere Wanderung fortsetzen. Vor dem Anwesen Steinhof rechts, kurz auf dessen Zufahrt, dann wieder rechts (bis hierher G). In spitzer Kehre rechts empor, durch eine Talung. Stets ansteigend in großem Linksbogen über den Umkehrpunkt an Wiese in einen Waldpfad. Bei nächster, unscheinbarer Gelegenheit links und unterhalb einer Freifläche dem Gartnischberg entgegen.

Auf einer Gabelung links und rechts unter der Kuppe des **Gartnischbergs** 04 in ein weitrandiges Tal mit Buchenwald hinein. Wir stoßen wieder auf G. Rechts. Dem bisherigen Hinab folgt ein steilerer Gegenanstieg. Er mündet in einen breiten Waldweg. Links. An unauffälliger Kreuzung halb-

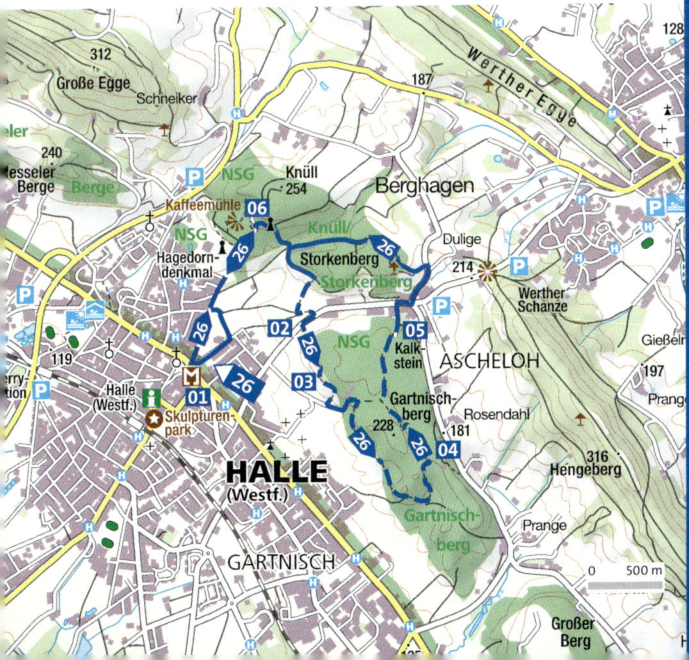

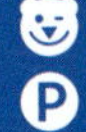
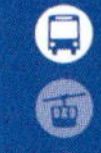

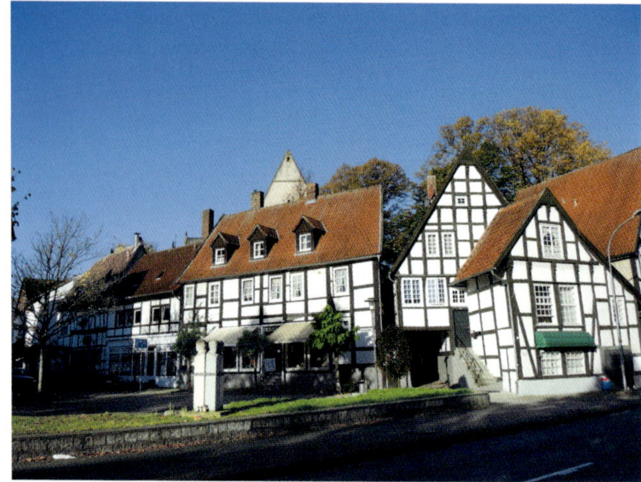
Halle (Westfalen) in schönstem Fachwerkgewand

rechts. Nach rechts weitet sich das umzäunte Gelände eines ehemaligen **Steinbruchs** 05 zum Abbau von Plänerkalk. Dessen Auffahrt hinab, auf der Straße Grüner Weg rechts, vor dem Kreisel links. Wir nehmen die Straße Berghagen (Hermannsweg H, s. S. 24). Hinter der Linkskurve links hinauf (H), den Anhöhen des Storkenbergs entgegen.

Hinter dem Waldrand treffen wir eine Schutzhütte. Rechts. Nördlich des Storkenbergs ziehen wir talwärts. Wir erkennen die Wegspinne vom Hinweg. Halbrechts hinan, folgen wir H zu einer Kreuzung. Wenige Meter links lockt ein gemauertes Halbrund. Dieses Denkmal für Walter von der Vogelweide ist Station 10 des zweiten Geschichtspfades. Dem gehen wir nach. Zurück zur Kreuzung und links hinauf (A1).

In absteigender Nummernfolge passieren wir eine historische Flugzeugabsturzstelle und den einstigen Weinkeller zur Bevorratung geistiger Erbauung – für die Hauptattraktion des Landschaftsparks der Kaufmannsfamilie Hagedorn, der **Kaffeemühle** 06. Den Namen erhielt der Turm seiner Form halber und wegen der Nutzung als Ausschank für Sonntagsgäste. Nach schönen Aussichten von der Plattform steigen wir eine Treppe hinab, gehen einen Bogen und finden in Sichtachse mit der Kaffeemühle ein Denkmal, das 1802 dem Familienpatriarchen Hermann Hagedorn gewidmet wurde. Wir bleiben auf A1 und entdecken weitere Haltepunkte des Geschichtspfades. Zu guter Letzt das Fachwerkhaus am Bergkamp als Tor zum damaligen Park. Der Bergkamp als Kastanienallee geht in die Apothekerstraße über. Beim Hinweis Storkenstraße 2/ A6 links ab. An einem Heckendurchlass rechts auf Feldweg und die Kiskerstraße zurück zum **Ausgangspunkt** 01, von dem aus gut und gern Halles Innenstadt erkundet werden kann.

ZUR SCHWEDENSCHANZE BEI BIELEFELD

Auf schmalem Kamm, an weiter Flur

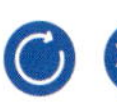 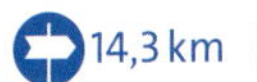 14,3 km 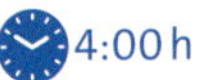 4:00 h 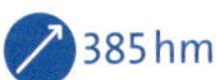 385 hm  385 hm 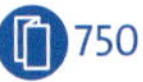 750

START | Wanderparkplatz Ascheloh (Grüner Weg) oder Anruf-Sammel-Taxi von Halle (Westfalen) Bahnhof / ZOB direkt zur Haltestelle Haus Ascheloh [GPS: UTM Zone 32 x: 458.409 m y: 5.768.561 m]
CHARAKTER | Hin- und Rückweg nah beisammen, doch sehr abwechslungsreich als Berg- & Talvariante.

Schwedenschanzen sind keine Sportstätten Nordisch Kombinierter, sondern Relikte aus dem 30-jährigen Krieg, als man sich gegen die anrückenden Schweden verschanzte. Solche Erdbefestigungen wurden oft auf fundamentaler Basis noch älterer Fliehburgen erbaut, denn Schutz vor Kriegsnot suchten die Menschen seit jeher. Eine Schwedenschanze gibt es auch im Teuto – zumindest im Volksmund und auf Karten, denn sie musste längst einem Nachfolgebau weichen.

▶ Am **Ausgangspunkt** 01 wenden wir uns gen Werther, gehen ein paar Schritte, finden ein Wegschild mit Nah- und Fernzielen. Und das H (s. S. 24), das den Hinweg markiert. Wir gehen rechts, ein Hohlweg führt kammwärts. Eine Verschnaufpause bietet der **Steinbruch Gödeke** 02, der bis 1966 Osning-Sandstein liefer-

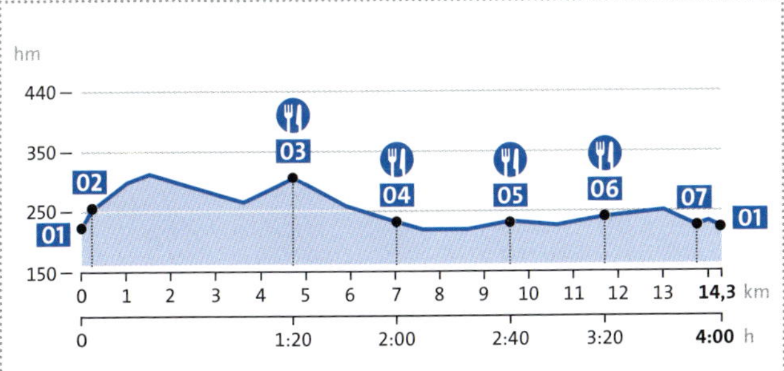

01 Parkplatz Werther Schanze, 223 m; 02 Steinbruch Gödeke, 251 m; 03 Berghütte Schwedenschanze, 306 m; 04 Wald-Hotel-Restaurant Peter auf'm Berge, 233 m; 05 Lokal Schwedenfrieden, 231 m; 06 Hotel Restaurant Bergfrieden, 240 m; 07 Arminiusquelle, 227 m

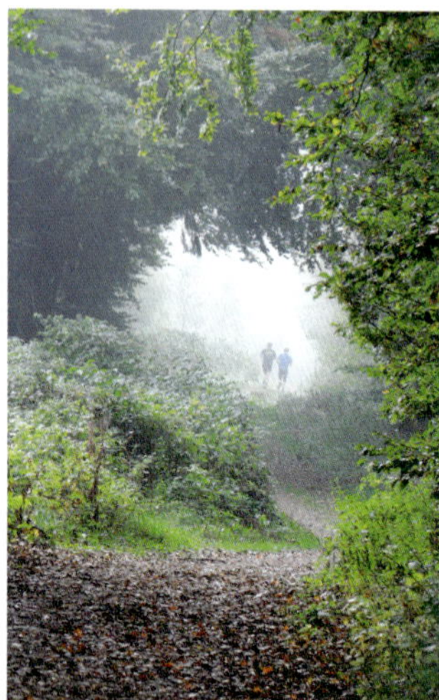

Bewegte Momente am Hengeberg

te. Dieser Erdstoff, dem Namen nach Urbegriff des Teutos, leistete Jahrhunderte lang Aufbauhilfe für viele regionale Bauwerke. So geschottert führt der Weg empor, begleitet von Schautafeln eines Kultur- und Mooslehrpfades. Die Steigung gipfelt im Hengeberg mit Schutzhütte und baumfreien Südblick über Halle.

Der Kamm verengt sich fast zur Schneide, verliert an Höhe. Eine spitzwinkelige Querung zeigt links hinab nach Werther (3,5 km). Wir folgen H. Es bringt uns zu einer Lichtung mit Wacholderheide. Dieses Gebüsch aus der waldarmen Zeit der Wanderschafherden trägt heilkräftige Früchte und prägt das Aroma des geistreichen original Teutoburger Steinhägers. Dann eine Kreuzung (links Berggaststätte Schwedenfrieden); noch 400 m zum Tourentitel. Der Weg steilt kräftig auf, dann stehen wir dezimetergenau auf Höhe des Bußbergs. Er trug einst die Schwedenschanze, die sich als Wallanlage an den südlichen Hang lehnte. Ob sie der Verteidigung des katholischen Glaubens gegen die protestantischen Truppen König Gustav Adolfs diente oder erst nach Kriegsende gebaut wurde – heute steht hier die **Berghütte Schwedenschanze** 03. Ein Andenken der örtlichen Bevölkerung an Kaiser Friedrich den III.,

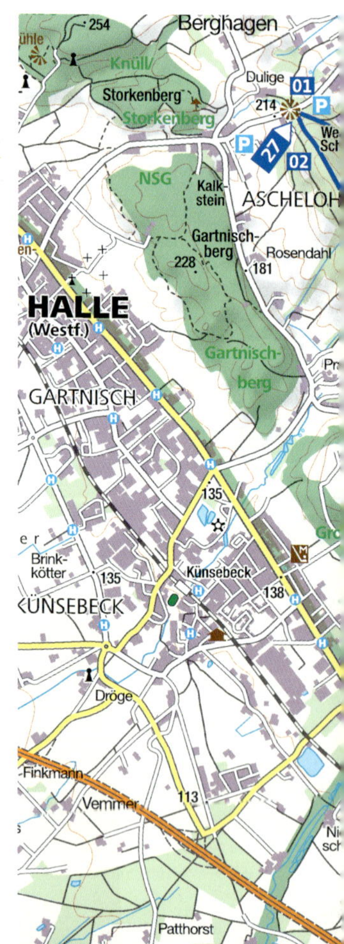

deren wechselvolle Geschichte 1891 begann und gegenwärtig eine sonn- und feiertags bewirtete Einkehr beherbergt.
Der Weiterweg verzweigt sich, wir folgen H (Peter auf'm Berge 1,8 km). Die Kammlinie neigt sich Bielefeld entgegen und hat ihren Tiefpunkt vor dem **Wald-Hotel-Restaurant Peter auf'm Berge 04**. An diesem unserem Umkehrpunkt tauschen wir H gegen 10 in Raute für fast den gesamten Rückweg. Vor der Straße links und in Parkplatzverlängerung einen Pfad hinab. Vor dem Bielefelder Golfclub schwenken wir links zum Waldrand. Stets sind wir dem Teuto-Kamm nahe, nur ein Steilhang trennt die Wege. Rechts zergliedern sich die Ausläufer in engräumiges Klein-klein, in raschem Auf und Ab zeichnet unser Weg die Talungen nach. Zwischendurch

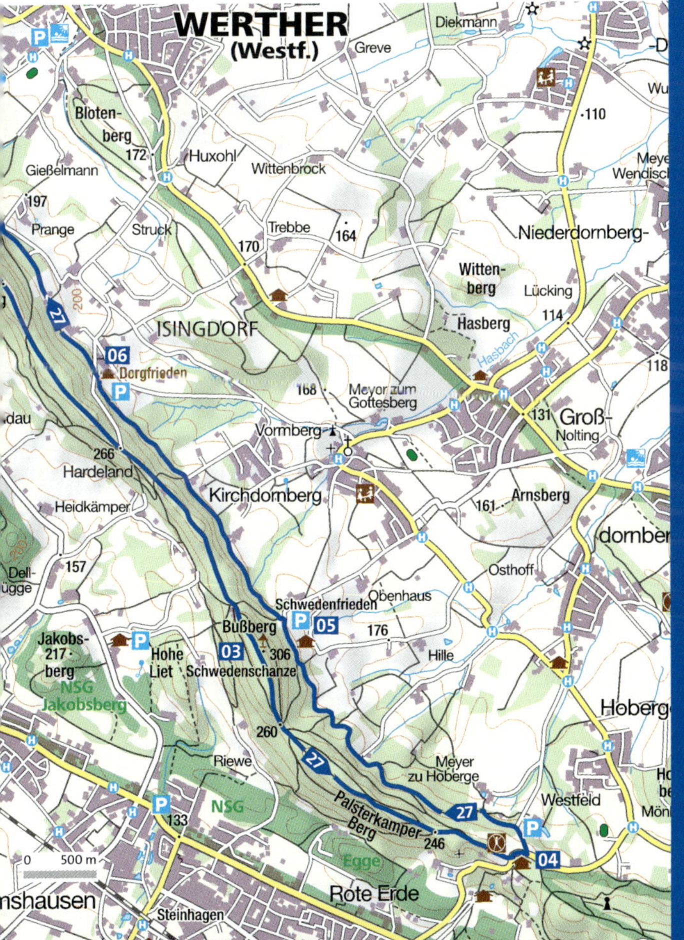

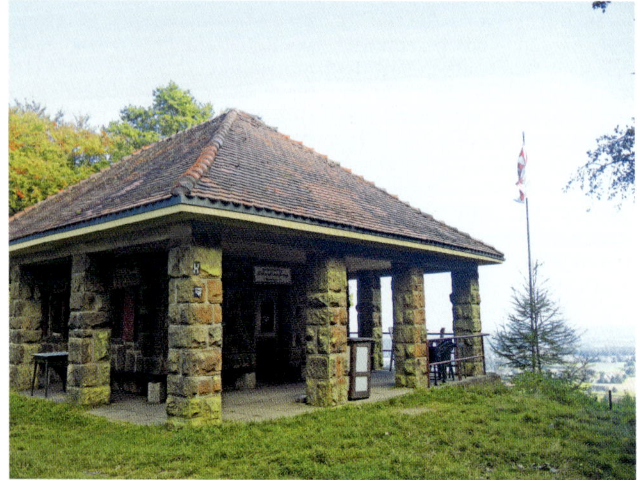

Kaiser-Friedrich-Gedächtnishütte auf Basis der Schwedenschanze

weites Feld aus Lippischem Hügelland und Wiehengebirge am Horizont. Viel Sehenswertes aus Nah und Fern!

An einer Gabelung links hinauf und via Haus Nr. 80 zum **Lokal Schwedenfrieden** 05, von dessen Anhöhe wir den Sendemast der Hünenburg erblicken als letzte markante Kammaufragung vor Bielefeld. Hinter dem Parkplatz links, an sofortiger Wegschere rechts hinab. Erst wandern wir in Waldrandnähe fast eben mit Blick ins nördliche Teuto-Vorland, dann queren wir einen Forstgürtel und entdecken das **Hotel Restaurant Bergfrieden** 06. Hinter dessen ausgedehnter Park-Anlage links in Wald und zu wegsäumenden Häusern mit baum- und feldreicher Flur.

So gelangen wir zur mauergefassten **Arminiusquelle** 07 mit Sitzgelegenheit und Stempelstelle für den Genießerweg, der uns hier berührt. Wir verlassen 10 in Raute und nehmen den linken Weg (600 m zum Parkplatz, weißer Winkel als Hermannsweg-Zugang). Ein Finale in Buchenwald, weitere Mooslehrpfadtafeln, das Wasserwerk Werther, dann wird der Start- zum **Endpunkt** 01.

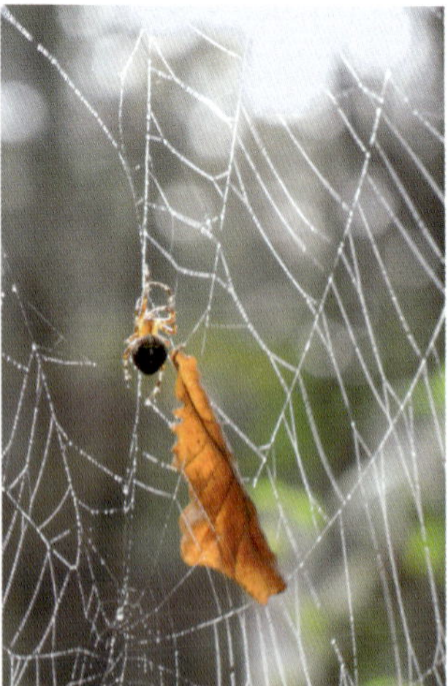

„Netzbetreiber“

ZUR BIELEFELDER SPARRENBURG

Wildtiere, Hünen und Ritter am Großstadtrand

  12 km  3:30 h 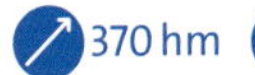 370 hm 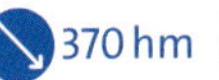 370 hm  750

START | Parkplatz Am Johannisberg oder Haltestelle Bauernhausmuseum, Linien 24 + N 18 moBiel GmbH (Mo.– So.), [GPS: UTM Zone 32 x: 466.562 m y: 5.763.647 m]
CHARAKTER | Der Bielefelder Teil hat Stadtasphalt, der große Rest aber besten Forstwegboden.

Bei den Piktogrammen am Seitenrand ist „Natur“ hervorgehoben. In Bielefeld? Herrscht da nicht reine Urbanität mit Parks und Bolzplätzen als künstliche Natur? Beileibe nicht, denn Ostwestfalens Großstadt ist vom waldreichen Kamm des Teutoburger Waldes durchschnitten. Besser: verbunden, denn die Städter beiderseits des Berges suchen hier Erholung – und finden Natur. Diese Tour besucht den Tierpark Olderdissen, die Hünenburg und die ritterliche Sparrenburg. Und zwischendurch: viel Natur.

▶ Vom **Parkplatz** 01 gehen wir die Straße Am Johannisberg hinab, biegen links auf die Dornberger Straße mit Infopunkt im Eck. Wir absolvieren den Ortsausgang Richtung Kirchdornberg und geraten auf den Hermannsweg H (s. S. 24), der bald nach links zum Tierpark abdreht. Hier ist die Haltestelle Bauernhausmuseum, die uns vielleicht öffentlicher Bringdienst war. Ein Weiher rechts lässt Tierisches ahnen: Wir betreten – eintrittsfrei, jederzeit und ganzjährig – den **Tierpark Olderdissen** 02. Es ist ein Heimattierpark,

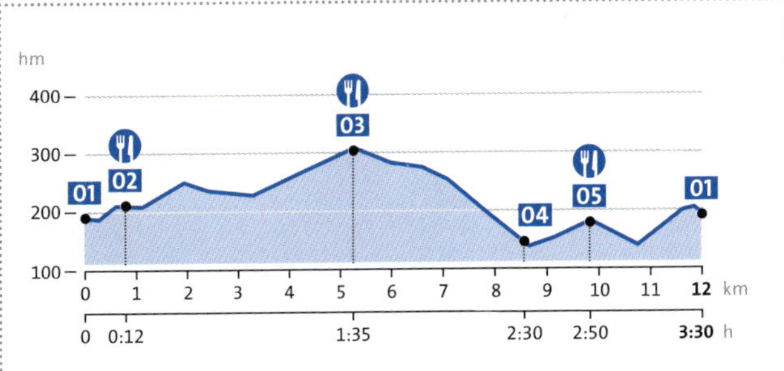

01 Parkplatz, 180 m; 02 Tierpark Olderdissen, 201 m; 03 Hünenburg, 312 m; 04 B 61, 134 m; 05 Burg Sparrenberg, 170 m

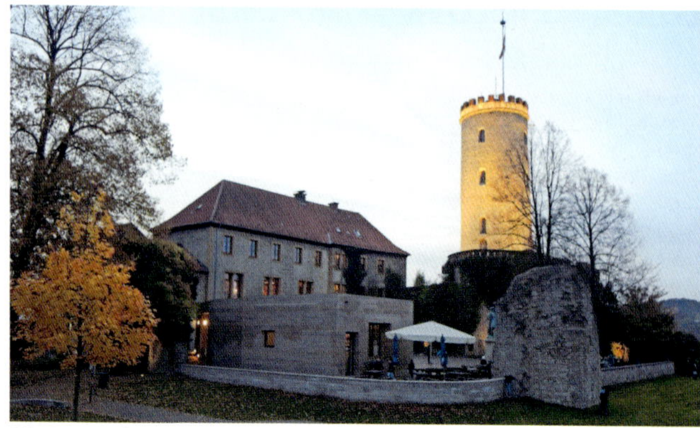

Die Sparrenburg mit abendlicher Leuchtkraft

der vor allem heimische Fell- und Federträger beherbergt. Wer von den Zoobewohnern hin- und hergerissen ist, folgt seinen Tierkreiszeichen. Ansonsten H bis zum historischen Meierhof als Ort der Einkehr. Links davon via Zooschule Grünfuchs zum letzten Gehege, dahinter mit 10 in Raute links hinauf. Vom Tierpark über Feld zum Waldrand und mit obigem Zeichen rechts in den Forst. Der Weg führt auf querender Forststraße rechts, darauf wieder rechts. Wir folgen der 10 mit Raute zu Uerentrups Südrand. Links hinauf und über der Talung mit der Dornberger Straße gen West, bis der Kammweg erreicht ist. Wir sind von der **Hünenburg** 03 1,1 km entfernt. Mit H drauflos. Sie entpuppt sich als 312 m hohe Kammaufragung, auf der in vorrömischer Zeit eine germanische Fluchtburg eingerichtet war. Von der aber nichts mehr zu sehen ist, denn der Kopfschmuck des Berges ist ein 164 m hoher Fernmeldeturm mit nebenstehendem Vorgängerbau, heute Aussichtsturm mit Heimatmuseum. Der Wissensdurst der Besucher wird von der Türmerin mit Snacks und Getränken aus einem Kiosk gestillt. H trägt uns in schönster Kammlage zur Stapenhorst-Schutzhütte und einer Wegspinne mit 8 Beinen mit Sitz und Findling inmitten. Auf H zu

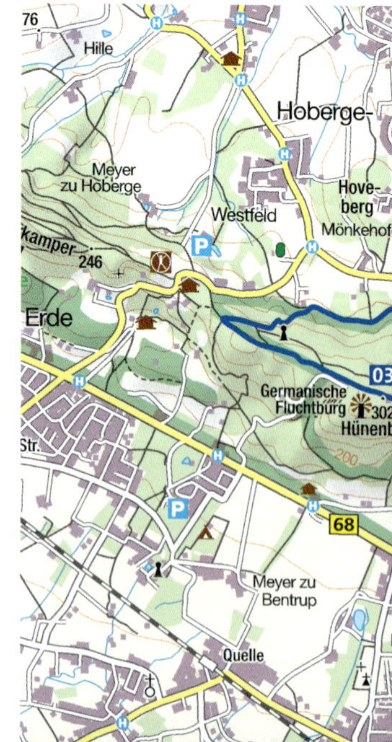

Bielefeld – Großstadt der Ostwestfalen

Bielefeld hat ungefähr eine Drittelmillion Einwohner und darf sich daher zu Deutschlands Großstädten zählen. Es ist zugleich die einzige Großstadt der Region Ostwestfalen-Lippe. Sie wird vom Kamm des Teutos durchzogen. Sein Wald bedeckt etwa ein Fünftel der Stadtfläche. Hinterwäldlerisch geht es hier dennoch nicht zu, denn Bielefeld verfügt über eine gut besuchte Universität, die von Bodelschwingh'schen Stiftungen Bethel als größten städtischen Arbeitgeber und ein üppiges Kulturleben. Zum Beispiel in der Kunsthalle, auf der Sparrenburg oder bei Volks- und Straßenfesten in der Altstadt. Übrigens: Wer die Stadt im Internet öffnet, findet unter den Rubriken der Startseite Tourismus ganz vorn. Ein hoher Stellenwert!
www.bielefeld.de

einem Querweg (links Tierpark 400 m), rechts zu einer Bergwiese. Am Wegedreizack den linken (A1, A8, Botanischer Garten 0,9 km). Erst links von, dann auf der Straße Langenhagen via P Botanischer Garten hinab nach Bielefeld. Links ragt der schlanke Sparrenburgturm aus der Stadtlandschaft. Geradewegs überbrücken wir **B 61** **04** und Gleisanlagen. Geradeaus über die Stadtbahnschie-

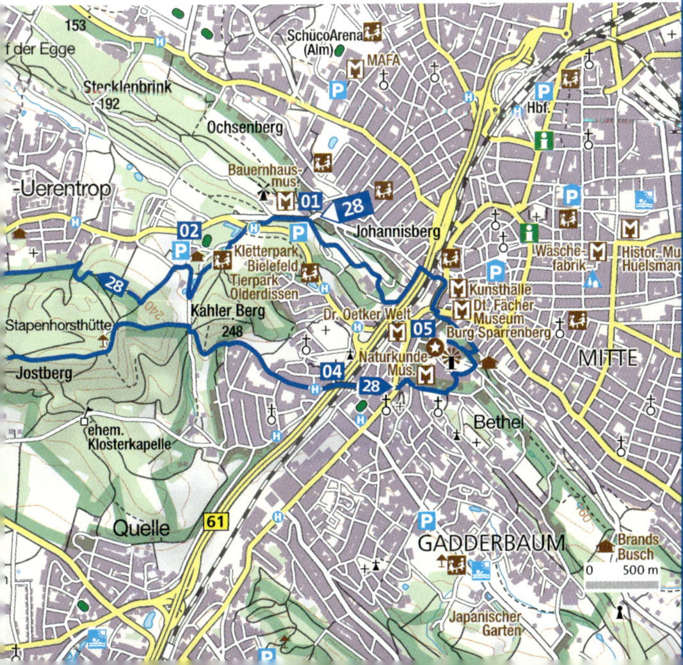

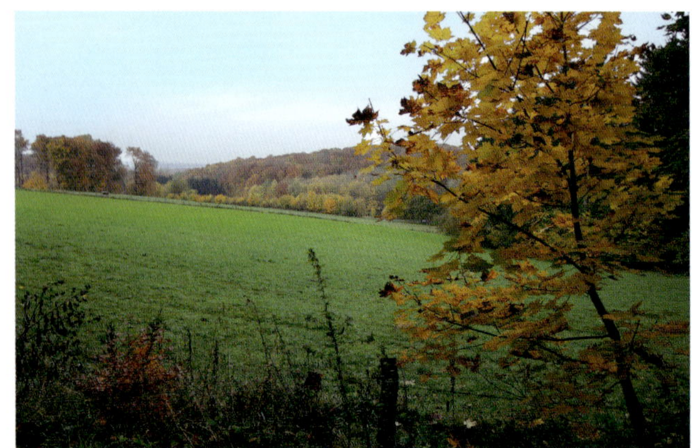

Hinter Bielefelds Stadtrand beginnt sofort das Naturerlebnis

nen der Artur-Ladebeck-Straße. Die Gadderbaumer Straße, rechts den Kantensiek, vorbei an der Sparkasse (Hinweis: Teile der Burg kosten Eintritt). Wir passieren das Evangelische Krankenhaus als Teil der von Bodelschwingh'schen Stiftungen Bethel und sind am Burgberg, dem 60 m hohen Blickfang über der City. Ein Plattenweg leitet zur **Burg Sparrenberg** 05.

Einst Herrschersitz der Ravensberger Grafen, wurde die Anlage im 16. Jh. zur Festung ausgebaut mit schussfesten Mauern gegen die damals exzessive Nutzung von Geschützen zur Konfliktlösung. Die toll erhaltene Anlage lockt in den frei zugänglichen Burghof mit Infozentrum und Restaurant. Für die Begehung des 37 m hohen Bergfrieds und der 300 m langen

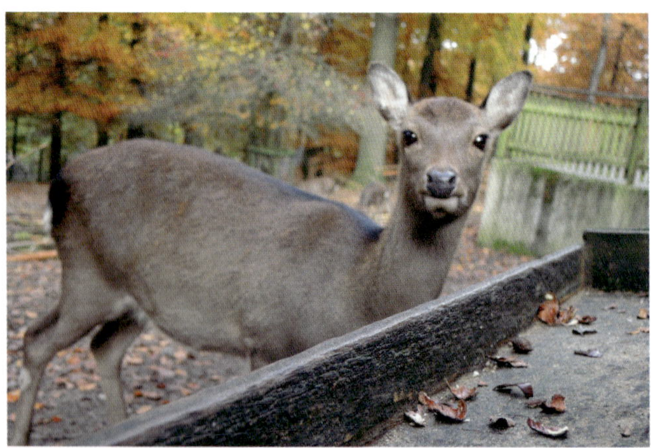

Mit heimischem Wild auf Augenhöhe

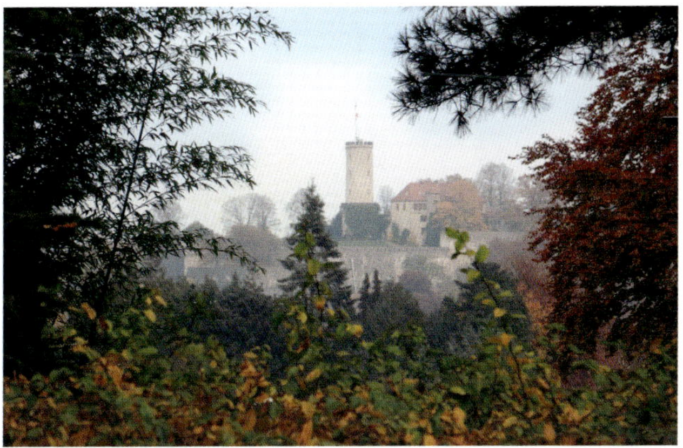

Bielefelds Wahrzeichen ist fast immer im Blick

Kasematten wird ein Obolus verlangt. Zurück über den Burggraben und links mit H auf Treppenweg (Altstadt 700 m) in die einst burggeschützte Stadt.

Das Weitere soll kein Orientierungslauf werden, sondern auch der Stadterkundung dienen. Wollen wir dieser Tour folgen, bleiben wir immer auf H. In Worten: Am Sparrenberg, über die Kreuzstraße, Nebelswall, vorbei an der Kunsthalle, über Oberntorwall und Ladebeck-Straße (Stadtbahn), links den Albrecht-Delius-Weg, Unterquerung Bahngleise und B 61, links die Kaselowskystraße (Parkplatz 1,1 km), um das Caroline Oetker Stift herum und steil hinauf.

Vorbei am Park Inn Hotel und Klettergarten zum **Parkplatz 01**.

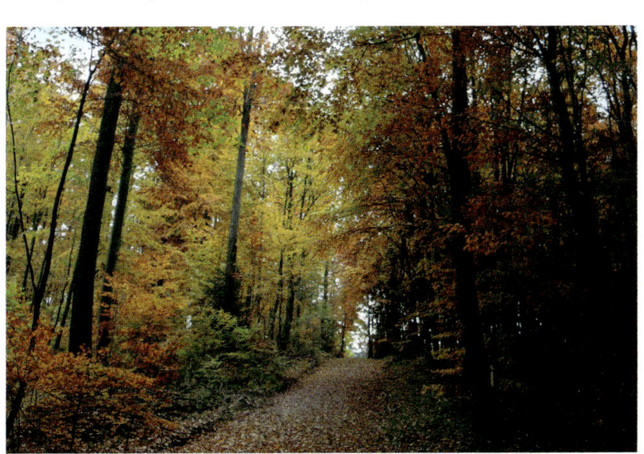

Dem Herbst wird's nie zu bunt!

DER EISERNE ANTON AUF DEM EBBERG

Auf eine kurzweilige NaturZeitReise bei Bielefeld

  11 km 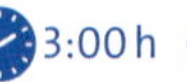 3:00 h 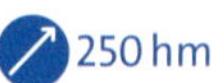 250 hm 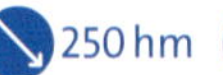 250 hm  750

START | Parkplatz am Sennefriedhof oder Stadtbahn Linie 1 vom Hbf. Bielefeld zur Haltestelle Sennefriedhof mit P+R
[GPS: UTM Zone 32 x: 470.521 m y: 5.758.054 m]
CHARAKTER | Durchwegs bestens gangbarer Weg mit einem Turm und zwei Wirtschaften auf dem Rückweg.

Ins europäische Projekt „Natura 2000“ passen Gebiete, deren Flora, Fauna und landschaftlich-geologische Besonderheiten besonders schutzwürdig sind. Neben Schwalenberger Wald und Weserhöhenweg ist es in dieser Region der Teuto bei Bielefeld. Um letzteren ins Blickfeld des Interesses zu rücken, wurden hier sechs NaturZeitReisen eingerichtet. Rundwanderwege, die die „Dynamische Landschaft“ im Wandel der Zeit erlebbar machen. Diese Tour folgt in Teilen drei davon und wird mit einem Aussichtsturmhöhepunkt gekrönt.

Am **Parkplatz** 01 steht eine Infotafel zur NaturZeitReise mit verschiedenen Themenwegen. Das lesen wir, denn deren Konzept begleitet uns. Das Wegschild: Eine stilisierte Sanduhr, die verrinnende Zeit symbolisierend. Damit die unsere nicht weiter verrinnt, machen wir uns auf den Weg, überqueren die Stadtbahnschienen, passieren das Ortschild Bielefeld-Senne. Hinter einem Fachwerkhaus weist rechts die NaturZeitReise 4 (Verborgene Zeitzeichen) und „Sennestadt-Lipperreihe 11,5 km“ die Richtung. An folgender Gabelung rechts, bald

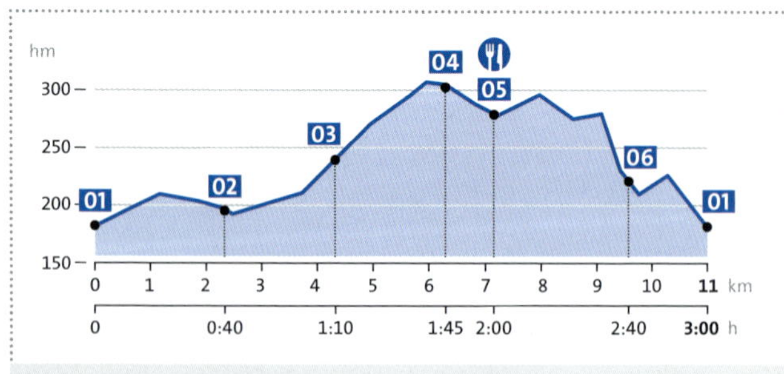

01 Parkplatz, 180 m; 02 Bunker-Café, 195 m; 03 Steinbruch, 240 m; 04 Eiserner Anton, 309 m; 05 Hotel, Café & Restaurant Eiserner Anton, 274 m; 06 Waterbör, 220 m

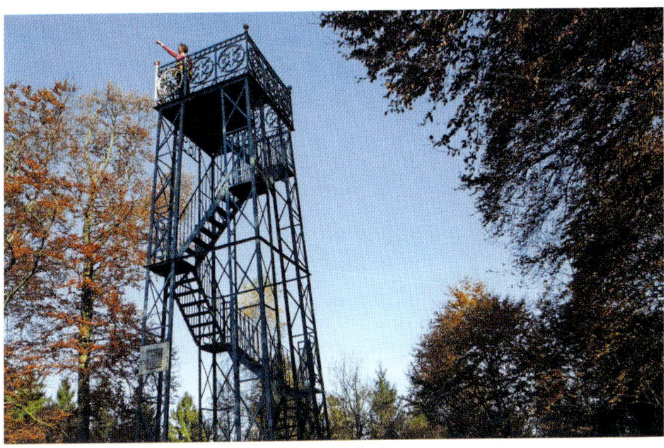

Filigraner Aussichtsturm – der Eiserne Anton

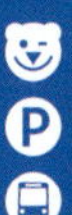

darauf über die Spiegelsberger Straße. Wir laufen stets in Nähe des Waldes und der Ortschaft. Unseren Füßen fällt der weiche Boden auf. Es ist Sennesand, den Winde in jahrelanger Kleinarbeit an den Südhang des Teutos wehten. So geraten wir an eine Freifläche. Sie trug das bewirtschaftete **Bunker-Café** 02 – versprengtes Überbleibsel nach Abrissarbeiten militärischer Weltkriegsanlagen. Bis Ende der 50er auch dies dem Erdboden gleichgemacht wurde. Die naturzeitreisende 4 zieht links hinauf, die entsprechende Themen-5 übernimmt. Über den großen Parkplatz und die Osningstraße Buschkamp–Bielefeld gradaus in den Wald. Wir durchqueren die

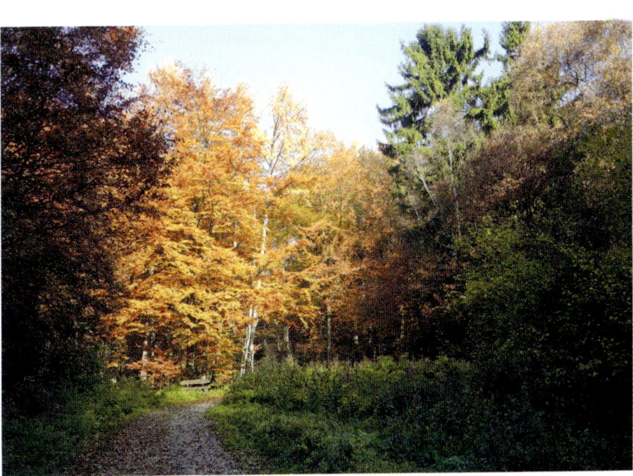

Raststätte mit Leuchtkraft

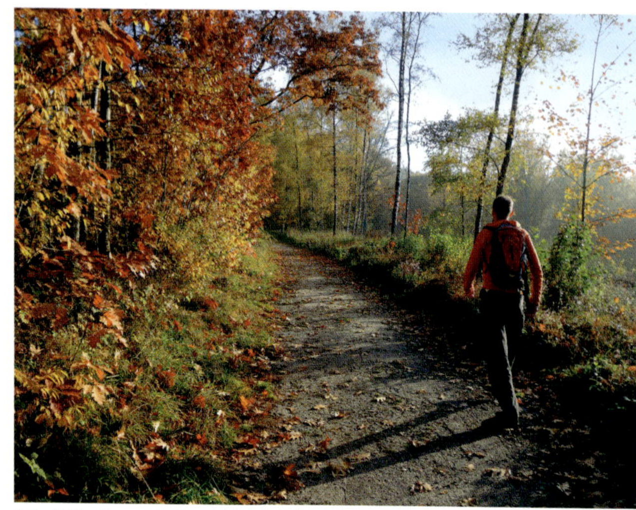

Schritt halten mit dem Wandel der Jahreszeiten

urige Kleinschlucht des Landwehrbaches. Langt's für einen Jodler? Jenseits des steilen Grabens rechts zu einer Kreuzung. Auf dem Themenweg 5 links, das Zwergental hinauf. Diese Runde widmet sich der Geologie und hat einen prominenten Zeitzeugen: Einen stillgelegten **Steinbruch** **03**, in dem Schotter aus Flammenmergel gewonnen wurde. Noch ein Stück hinauf, dann erwartet uns eine Weggabelung. Wir danken dem informativen 5er-Weg und gehen unmarkiert nach rechts. Wieder eine Verzweigung, leicht links hinauf zum Kamm. Hier läuft der Hermannsweg H (s.S. 24), dem wir nach links folgen und dem 309 m hohen Ebberg zu Kopfe steigen. Er trägt nebst Sendemast den **Eisernen Anton** **04** von 1895 – kein geharnischter Krieger untergegangener Streitmacht, sondern einer der wenigen stählernen Aussichtstürme. 8 Meter höher böte die Aussichtsplattform

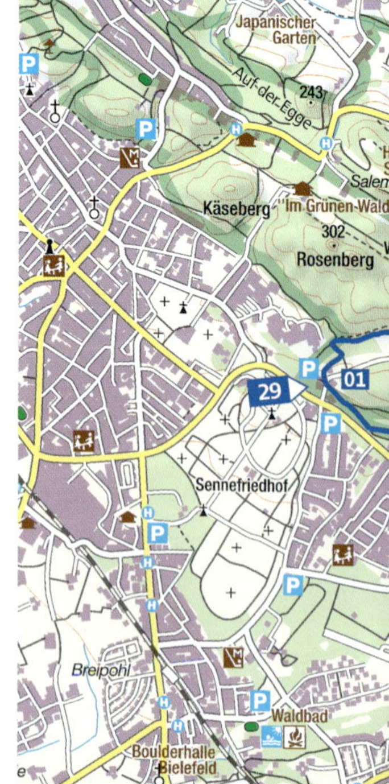

ausschweifenden Blick, wären die hohen Bäume nicht. Auf Plattenweg dem Kamm nach, dann wieder mit der NaturZeitReise 5 hinab zum **Hotel, Café & Restaurant Eisener Anton** **05**, einem beliebten Ausflugslokal der Bielefelder. Wieder über die Osningstraße, eine Treppe hinauf und mit H am Kamm westwärts. Eine Schutzhütte bietet sich an, aber vielleicht regnet es ja nicht. Mal rechts der Kammlinie (H). Wo sich der Weg senkt, etwas Obacht; mit 7 in Raute spitzwinklig links zurück zum Kammobersten. So markiert, zieht der Weg links hinab, ein Anwesen mit der Nr. 84 passierend. Den rechten der zwei Weiterwege, vorbei an einem Platz für Waldgottesdienste zur Veranstaltungsstätte **Waterbör** **06** in westfälischem Fachwerk. Weiter auf 7 in Raute, der NaturZeitReise 3 (Jahreszeiten im Buchenwald) und wieder 4 die Waterboerstraße, vorbei an zwei Löschwasserteichen, ein Stück hinab. Bis ein Weg mit den drei Markierungen die Straße geradeaus verlässt. Der folgende Pfad am Hang des Kortenberges ist ein geologischer Grenzgang zwischen Kalk oben am Teuto und Sennesand zu unseren Füßen. An der folgenden Kreuzung links hinab (7 in Raute, Rundweg 4), wieder auf die Waterboerstraße und rechts zum nahen Ausgangspunkt. Tipp: Wer mehr wissen will zu den NaturZeitReisen, dem sei das Wanderbegleitheft „Naturparktrails Bielefeld“ empfohlen, erhältlich in Verkehrsbüros oder unter www.naturpark-teutoburgerwald.de.

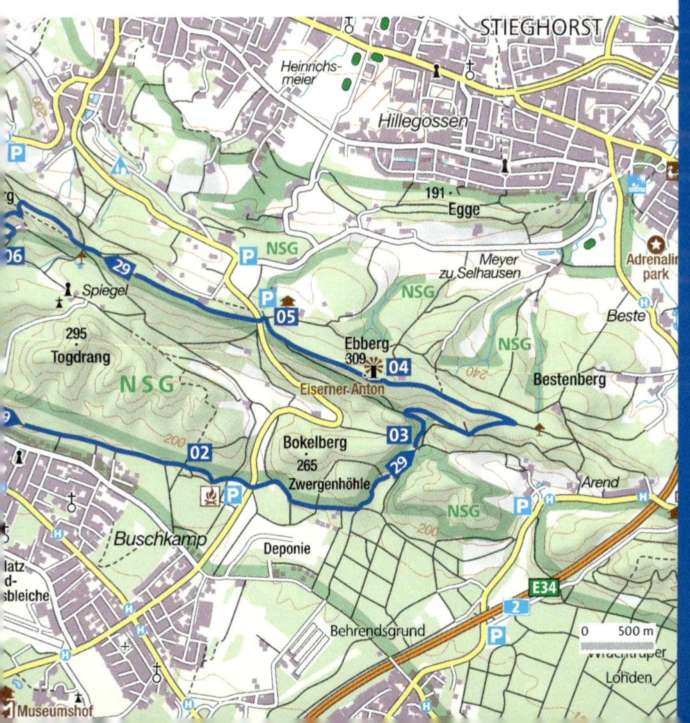

DAS JAGDSCHLOSS HOLTE IN SCHLOSS HOLTE

Ein Kleinod der Renaissancekunst im Naturschutzgebiet Holter Wald

  11,2 km  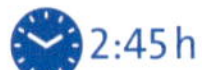 2:45 h  85 hm 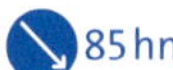 85 hm  844

START | Parkplatz am Bahnhof Schloss Holte, Haltepunkt der SenneBahn, Buslinien 83/85 TWE-Bus, Veolia Verkehr Ostwestfalen GmbH
[GPS: UTM Zone 32 x: 473.173 m y: 5.750.907 m]
CHARAKTER | Kurzstrecke fast ohne Höhenunterschied, im Holter Wald überwiegend breite Forstwege.

Die Stadt Schloss Holte-Stukenbrock ist jünger als mancher Besitzer dieses Buches. Sie wurde 1970 als Resultat einer Gebietsreform gegründet. Gleichwohl ist die Besiedlungsgeschichte älter. Sie stand lange im Zeichen mühevoller Landwirtschaft – alles Schaffen wurde in den nährstoffarmen Sennesand gesetzt. Umso leuchtender ragt das Jagdschloss hervor, in der Renaissance dementsprechend stilvoll gebaut. Viele Wege im Holter Wald führen dorthin. Auch dieser.

▶ Den **Halt der SenneBahn** 01 im Rücken, die Bahnhofstraße rechts. Bevor der Fußweg beginnt, wecken Gebäude zur Rechten unsere Aufmerksamkeit. Allein sie sind eine (Zug)Reise

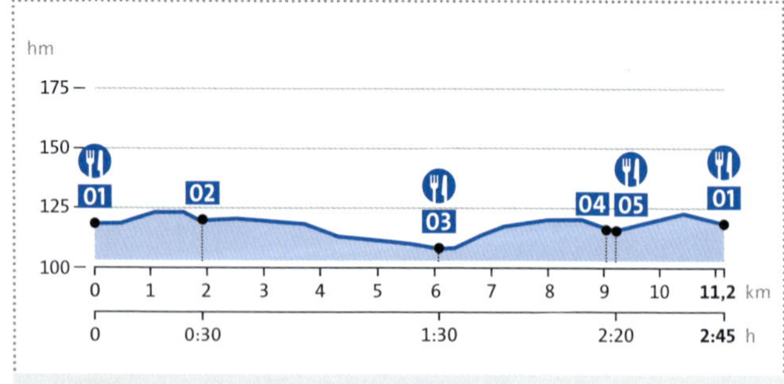

01 Haltepunkt der SenneBahn, 119 m; 02 Landerbach, 121 m; 03 Mühlgrund, 106 m; 04 Jagdschloss, 117 m; 05 Hotel Restaurant Holter Schlosskrug, 117 m

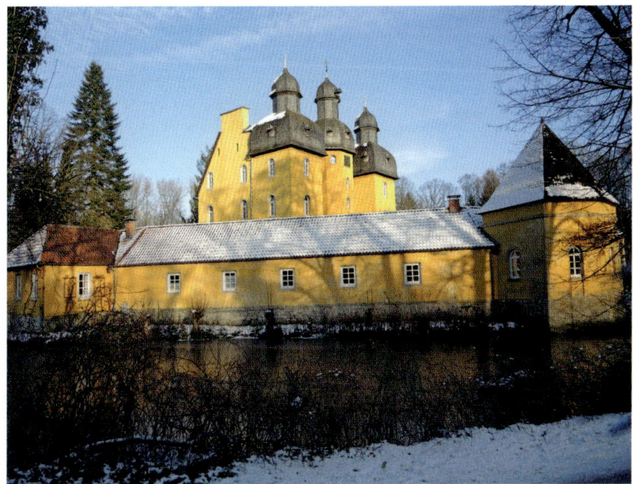

Jagdschloss Holte, auch ein Wintermärchen

wert. Sie gehören zum historischen Bahnhof, gebaut um 1900. Güterschuppen, Bahnhofsgebäude und Stellwerkanbau wurden baulich zurückgestutzt, bis das alte Fachwerk zum Vorschein kam und saniert wurde. Eine gute Verbindung – für traditionelle und moderne Personenbeförderung. Die Kreuzung (rechts Oerlinghauser Straße) überqueren wir bei einer Grünphase. Nehmen die Sender Straße nur kurz, biegen links in den Gartenweg (A8), folgen dem bis ans Ende, überqueren eine Straße (Landerdamm) – und stehen im Wald. A8 lockt geradewegs ins Grüne. Hier eine Bemerkung zum Holter Wald. Seine Fläche beträgt nur etwa 600 ha. Doch liegt er am Rand der sehr waldarmen Westfälischen Bucht. Dazu karger Sennesand, in dem die Bäume wurzeln. Respektvoller gehen wir nun mit dieser Tour um. Mit A9 am ersten Querweg rechts und über eine Kreuzung hinweg. Der homogene Boden zeigt sich auch im Geradlinigen der Wegführung. Bald endet der Forst im Westen am **Landerbach** **02**, einem von drei Gewässern des Holter Waldes. Davor links (A9) und in Bachnähe auf gewundenem Pfad der Mittagssonne entgegen. Dann zur Rechten eine Brücke, zur Linken eine Schautafel zum NSG Holter Wald mit sachkundig angerichteten Infos. Solche finden sich nun immer, wenn sie uns guten Standortvorteil bieten. Hier links (A9), bei nächster Gelegenheit in spitzem Winkel rechts. Wir passieren ein Forsthaus. In einem Linksbogen der Waldstraße zweigen zwei Wege ab, die schnurgerade in den Wald laufen. Wir nehmen den rechten, den Schlossweg, symbolisiert durch die drei Schlosstürme. Ungeachtet gelegentlich abführender Seitenpfade und über eine Telegrafenmastschneise erreichen wir den Waldrand, folgen ihm nach links (Brunnenweg). Vor uns weites Feld mit großem Hof, neben uns Trinkwassergewin-

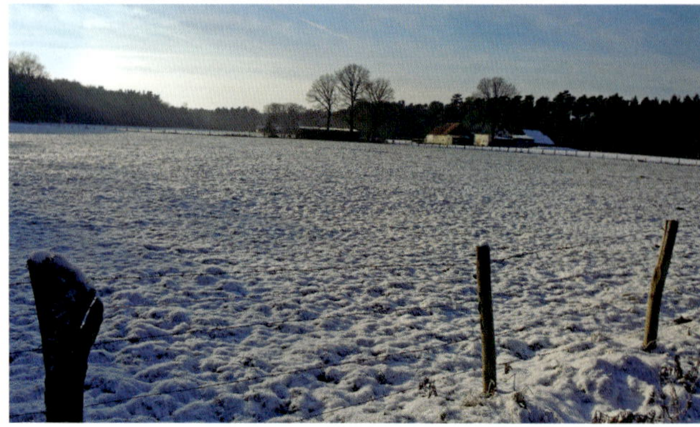

Die Senne wirkt unter Schnee noch flacher

nungsanlagen. An einem Querweg rechts, hinter einer Schranke zu einem Sträßchen. Dieses nach links zu den Häusern des **Mühlgrundes** 03 mit Therapieeinrichtung der Bodelschwingh'schen Anstalten und dem Mühlcafé im Hause einer historischen Mahlmühle. Deren Rad ist noch in Arbeit – es gewinnt die nötige Energie vom Ölbach, der hier im Fluss ist. Den Schlossweg geradeaus bis zur nächsten Wasseranlage. Nun auch A7, dem Ölbach nahe, immer geradeaus, gelangen wir an ein weiteres Forsthaus. Rechts dahinter ragt eine 1000-jährige Eiche in den zeitlosen Himmel. Ihren teilweise hohlen Stamm schützt ein Gitter.

Wir erreichen die Verler Landstraße, folgen ihr ein Stück zur Rechten und stehen staunend vor dem **Jagdschloss** 04, das wir freilich nur von außen bewundern dürfen, da es Privatbesitz ist. Bestechend der Kontrast aus gelber Fassade, schiefergedecktem Turmdach, umlaufendem Wassergraben und Schlosspark. Gegenüber finden sich Reste der Holter Hütte, die ab Mitte des 19. Jhs. hier gewonnenes Raseneisenerz verhüttete.

Ganz in der Nähe bietet sich das **Hotel Restaurant Holter Schlosskrug** 05 zur Einkehr an. Wer genug hat, könnte direkt davor den Bus zum Bahnhof nehmen. Vom

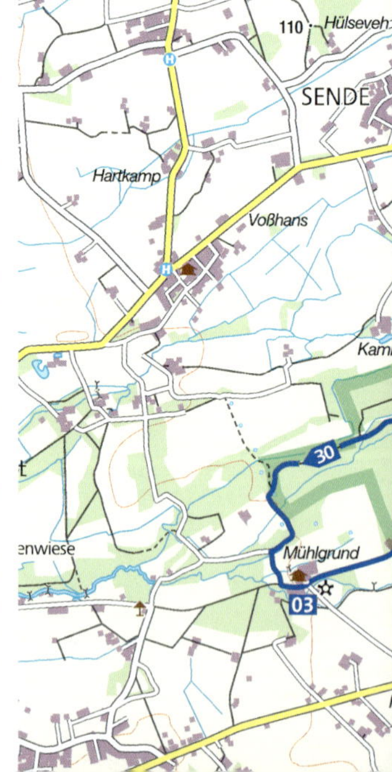

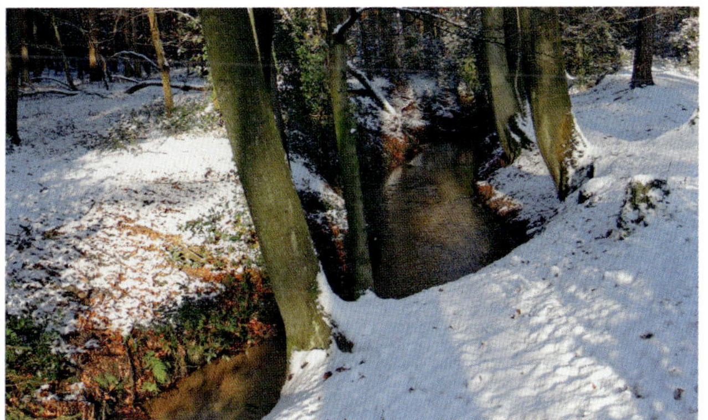

Der Landerbach als fließender Übergang am Holter Wald

Schloss und seinem Krug wenige Meter zurück in Richtung Herkunft und rechts in die Straße Forstweg. Nach 100 m, an einem Haus, gabelt sich der Weg. Wir gehen rechts, so auch am nächsten Abzweig (A8/A9). Gelangen an die bekannte Kreuzung und auf dem Hinweg zurück zum Ausgangspunkt.

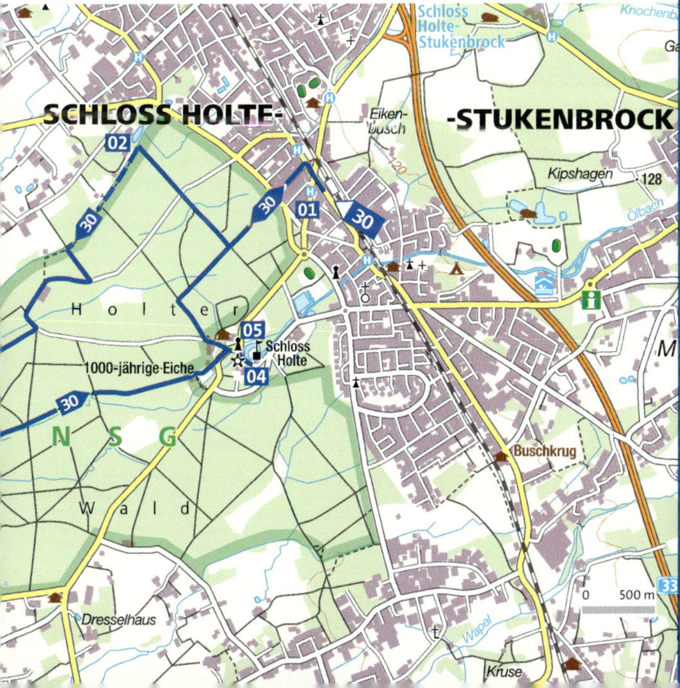

ZUM ARCHÄOLOGISCHEN FREILICHTMUSEUM OERLINGHAUSEN

Eine Rundtour im Zeichen der Vorgeschichte

  10,9 km  3:00 h 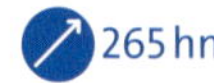 265 hm  265 hm  750

START | Parkplatz Hauptstraße oberhalb der Alexanderkirche (Hauptstraße 80a) oder Bushaltestelle Brachtshof Linie 39 auf der Holter Straße [GPS: UTM Zone 32 x: 476.568 m y: 5.756.463 m]
CHARAKTER | Eine Tour, reich an Sehenswürdigkeiten im Kalk des Teutos und im Sand der Senne.

Diese Tour steht im Zeichen der Vorgeschichte. Bereits im 5. vorchristlichen Jahrhundert war die Südseite des Tönsbergs besiedelt. Das germanische Sachsen- oder Tönsberglager diente der Kontrolle der Handelsstraßen über den Teuto und dem Schutz der Insassen vor dem Bösen. Wer dieser Empfehlung folgt und Oerlinghausen bergwärts entsteigt, wird auf die alten Siedlungsspuren hingewiesen. Der Heimkehrer hat dann im Archäologischen Freilichtmuseum Gelegenheit, das natürlich Erlebte museal zu vertiefen.

▶ Am **Parkplatz,** die gotische **Alexanderkirche** 01 im Rücken, sind wir auf dem Hermannsweg H (s. S. 24). Wenn wir sofort einen Treppenweg nehmen (Tönsberg 2,4 km), spüren wir, warum Oerlinghausen Bergstadt ist. Diese Stufung gehört zu insgesamt 26 Tweten: Stiegen und Gassen, die die Straßen verbinden. Für den Anfang langt die eine; die rest-

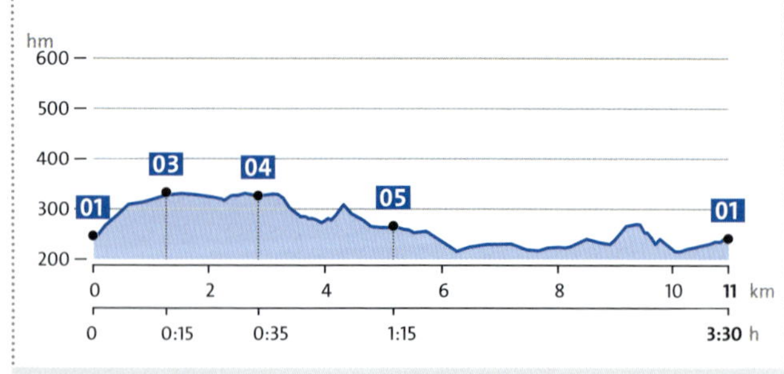

01 Parkplatz Alexanderkirche, 245 m; 02 Berggasthof Tönsberg, 300 m; 03 Tönsberg, 333 m; 04 Hünenkapelle, 326 m; 05 Schutzhütte, 266 m; 06 Archäologisches Freilichtmuseum, 227 m

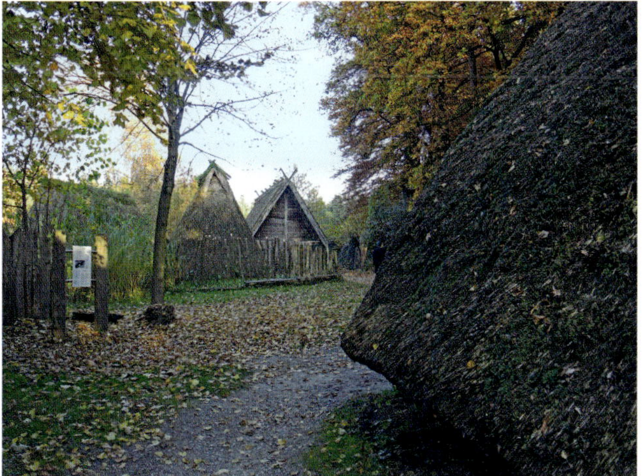
Prähistorische Wohnlichkeit

lichen ließen sich nach unserer Rückkehr meistern. Mit H „Auf dem Berge" hinauf, der Name ist Programm. Sie mündet rechts in den Kammweg, der zum Tönsberg zieht und mit Attraktionen gespickt ist. Da ist der Kegelstumpf der Kumsttonne. Die Mundart für Sauerkrauttopf sagt, dass diese einstige Windmühle bei einem Sturm die Flügel verlor. Wir passieren oder besuchen den **Berggasthof Tönsberg** 02. Dann stehen wir an einem Säulenensemble mit Bronzekrieger auf einem Sarkophag. Dieser Ehrenhain von 1930 gemahnt an den Ersten Weltkrieg. Der **Tönsberg** 03 (333 m) ist erreicht. Von da ab unterhalten uns künstlerisch verzierte Findlinge mit Sinnvollem zu den vier Kardinaltugenden. Rechts grüßt die Heimat aus berufener Feder des Naturdichters Hermann Löns, dem hier ein Denkmal ruht. Nebst H wandern wir nun auch auf dem Archäologischen Rundwanderweg, der am Freilichtmuseum beginnt. Wir durchschreiten das Nordwesttor zur Vorzeit! Im Frühmittelalter um 800, auf fundamentaler Basis einer Germanensiedlung, stand hier eine gemauerte Toranlage, dahinter ein Hallenbau mit heute kaum bezahlbaren 160 m² Grundfläche. Uns Heutigen fallen Wälle im Wald auf; Reste der ehemaligen Verteidigungsmauern. Kurz darauf führt (A5) ein Stich links vom Hauptweg zur **Hünenkapelle** 04, einer karolingischen Kirche. Erbaut in den Wallanlagen des vorchristlichen Sachsenlagers, war sie dem heiligen Antonius geweiht, daher der Name Töns. In den alten Mauern steht heute ein Holzkreuz von 1977. Zurück zu H. Links, vorbei an ehemals besiedelten Hangterrassen in attraktiver Südlage, hinab zu einer Kreuzung. H nach links (Bienenschmidt 2,4 km), durch die einst bewachte Tallage. An nächster Gabelung rechts, an einer Wegedreiteilung den mittleren (stets H). Bis zu einer **Schutzhütte** 05

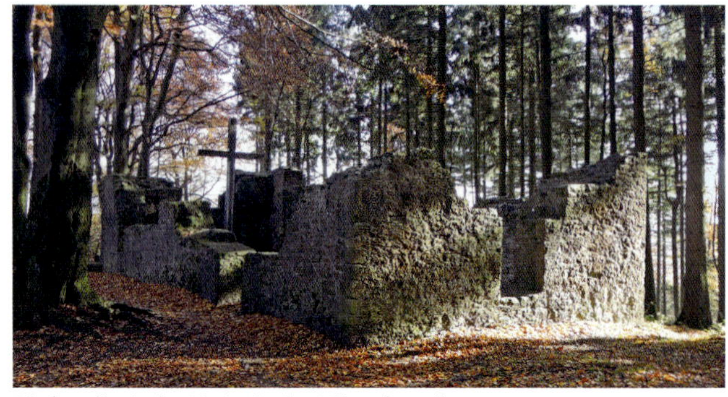

Die karolingische Kirche in der Hünenkapelle

eingangs der Stapelager Schlucht, für uns der Umkehrpunkt. Auf A3/A4 treten wir den Rückweg an. Etwaige Hufabdrücke sind nicht des Teufels; der Weg ist auch Reitweg, denn der pferdefreundlich-weiche Sandboden gehört zur Wistinghauser Senne vor uns. Wir stehen vor einem umzäunten Weidegelände, das laut Infotafel im Zuge eines Naturschutzgroßprojektes zur Erhaltung der historischen Kulturlandschaft von schottischen Hochlandrindern

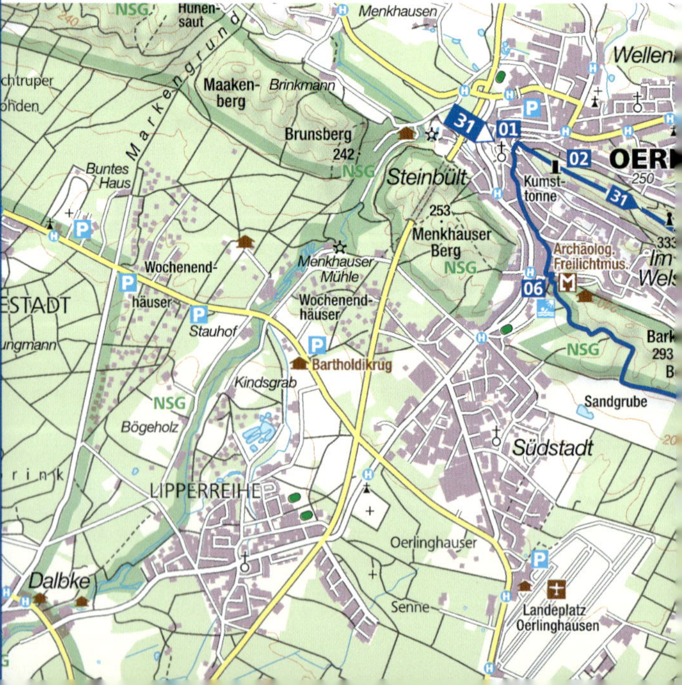

Archäologisches Freilichtmuseum Oerlinghausen

Das „Germanen-Gehöft", wie das Museum bei seiner Gründung genannt wurde, besteht seit 1936. Auf nur 1 1/2 Hektar werden sechs Baugruppen vorgestellt. Wer dem Parcours folgt, dem verjüngt sich die ausgestellte Geschichte. Sie führt vom Sommerzelt altsteinzeitlicher Rentierjäger über ein Totenhaus der Bronzezeit bis zur frühmittelalterlichen Schmiede. Die zeittypische Architektur wird um die jeweils passende Vegetation bereichert. Und es gibt Rückzüchtungen mittelalterlicher Weideschweine. Neben museumspädagogischen Angeboten für Kinder und Jugendliche finden sich auch vielfältige Veranstaltungen für Erwachsene. www.afm-oerlinghausen.de

bearbeitet wird. Wir tauschen A3 gegen X10 (Lönspfad, s. S. 25) und gehen rechts als Zaungäste bis ans Ende des Areals. Auf X10 geradeaus, A3 überquerend, zu einer Schutzhütte am Panoramahang gegenüber einer Grube zur Sennesandgewinnung. Den wir mit X10 nach rechts verlassen. Aus Sand in den Kalk aufsteilend dem Kamm entgegen, unterhalb biegen wir links ab. Palisadenzaun und Holzhütten zur Linken locken nochmals in die Vorgeschichte. In

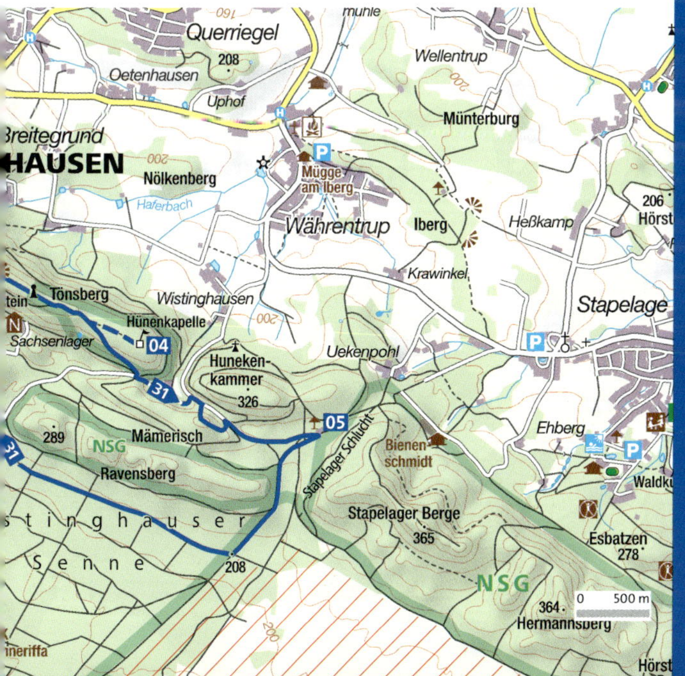

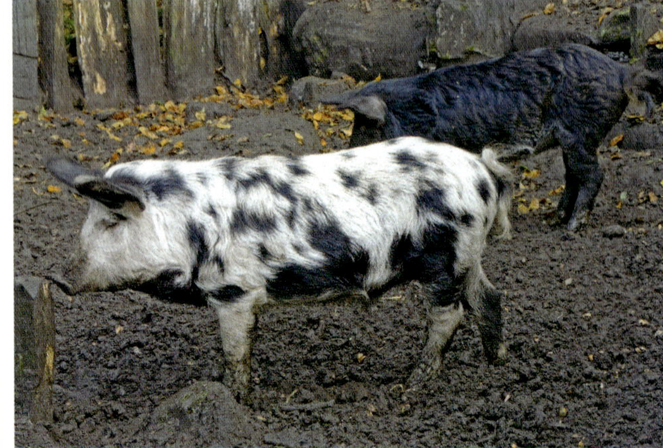

Neuerscheinung mittelalterlicher Weideschweine

großem Linksbogen erwandern wir das **Archäologische Freilichtmuseum 06**, das wir unbedingt besuchen. Nicht des kostenlosen Eintritts wegen, sondern weil der Rundgang einem klugen Konzept folgt und die Anlage durch seine Originaltreue besticht. Über den Parkplatz am Museumsladen, rechts auf A4 den Triftweg hinauf, dann rechts in die Holter Straße und an der Bushaltestelle links die Küstertwete. Hinter der Kirche wissen wir den Ausgangspunkt.

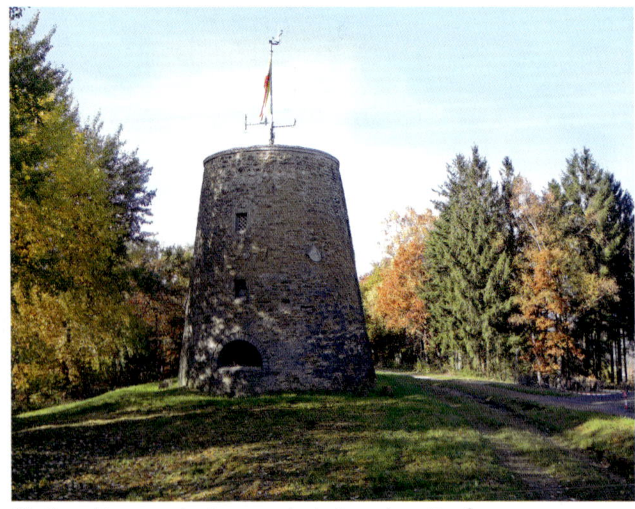

Die Kumsttonne – der Form nach ein Sauerkrauttopf

IM LIPPISCHEN WALD

Die drei Ehberge und der Donoper Teich

  19,1 km 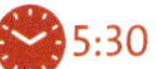 5:30 h 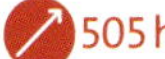 505 hm 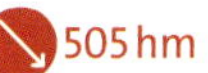 505 hm  750

START | Parkplatz an der Kirche oder Bushaltestelle Haus Stapelage, Linie 951, BVO Busverkehr Ostwestfalen GmbH (Mo.–Fr.) [GPS: UTM Zone 32 x: 481.920 m y: 5.755.130 m]
CHARAKTER | Die drei Ehberge fordern drei Anstiege – in Summe eine Menge, aber bei der Strecke moderat.

Der Lippische Wald bildet den Südrand des Lipperlandes. Dieses war bis 1947, dem Jahr der Eingliederung in Nordrhein-Westfalen, mehr als 800 Jahre eigenständig: Als Herrschaft, Grafschaft, Fürstentum, Freistaat und Land. Für den südöstlichen Teil des Teutos hat sich der Name Lippischer Wald über die Geopolitik hinweggesetzt. Er schwingt zu bedeutenderen Höhen auf, bietet bei dieser Tour aber eigenen Landschaftsreiz. Mit drei Ehbergen und dem Donoper Teich.

▶ Vom **Parkplatz 01**, die Kirche links, laufen wir die Billinghauser zur Stapelager Straße, überqueren diese, gehen rechts versetzt auf der Südworthstraße (A4) geradeaus, auf den Teuto-Kamm zu. Vorbei am Wohnheim der Eben-Ezer-Stiftung, erlangen wir hinterm Waldrand den Hermannsweg H (s. S. 24). Auf dem nach links (Rethlager Quelle 2,7 km). Deutlich unterhalb der Kammhöhe wandern wir gen Osten, gehen mit H/A4 über die Teutoburger-Wald-Straße hinab zum Naturdenkmal **Reth-**

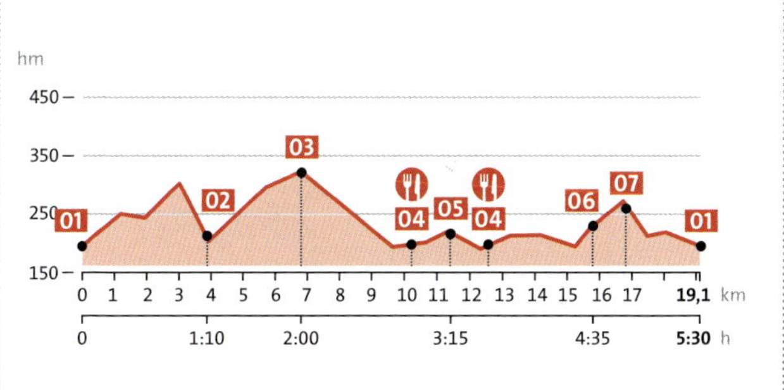

01 Parkplatz, 185 m; 02 Rethlager Quellen, 185 m; 03 Großer Ehberg, 340 m; 04 Hotel-Restaurant Forstfrieden/Donoper Teich, 174 m; 05 Kahler Ehberg, 211 m; 06 Kleiner Ehberg, 217 m; 07 Esbatzen, 278 m

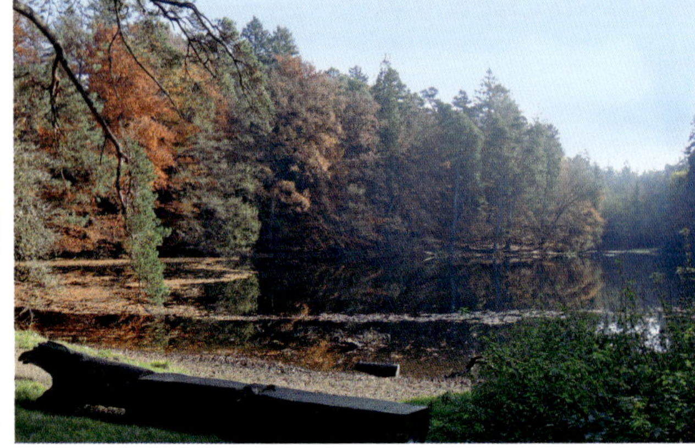

Der Donoper Teich und sein frei zugängliches Nordufer

lager Quellen 02. Sie speisen den Rethlager Bach, der so wasserkräftig war, dass er zum Holzflößen taugte.

In spitzem Winkel zurück, ziehen wir links hinauf. Wir begehen auf schmalem Pfad zwischen engständigen Böschungen einen Teil der Dörenschlucht, die in vorchristlicher Zeit Handelsweg war. An deren Ende nimmt uns die Teutoburger-Wald-Straße nach links auf. Hurtig kreuzen wir die Augustdorfer Straße, orientieren uns am Schild zum Schotterwerk, verlassen die Zufahrt vor einer Schranke rechts aufwärts. X10 (Lönspfad. s. S. 25) führt über Sandboden, den wir mit Ross und Reiter teilen.

Dann ist links ein Weg und ein Schild: „Dieser Weg endet auch als Gehweg nach ca. 600 m!" Mag sein, doch führt der Abstecher auf

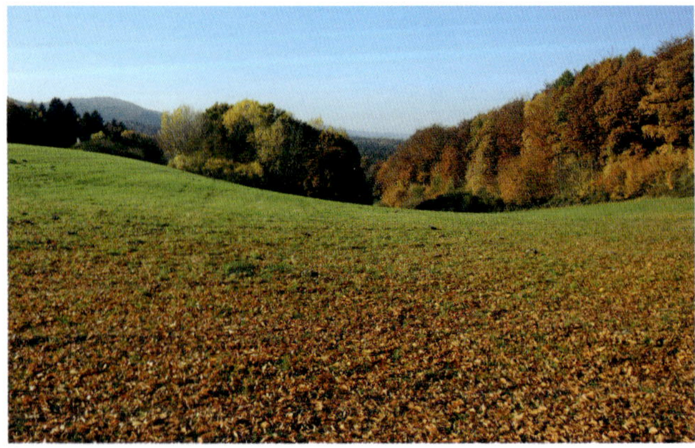

Über weite Wiesen senkt sich der Kahle Ehberg

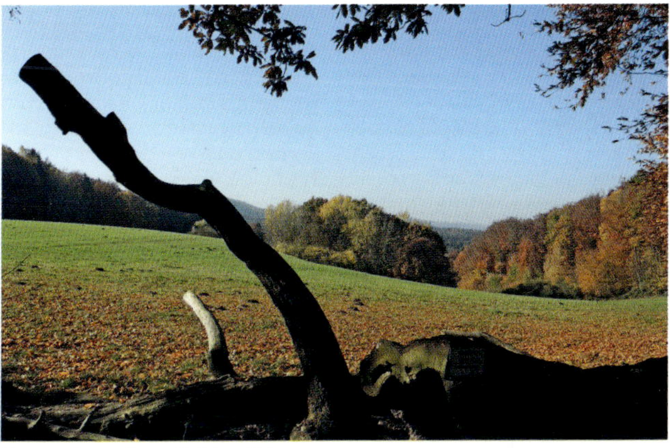

Baumschmuck am Kahlen Ehberg

den **Großen Ehberg** 03 (340 m). So ehrgeizig sind wir! Zurück zum Hauptweg, links zu einer Verzweigung aus sechs Wegen. Wir nehmen den mit X10 markierten Weg. Er führt im Rechtsbogen hinab zur Lopshorner Allee. Kurz davor einen Pfad (A5) nach links, der sich mit dem Hermannsweg einigt und rechts einen großen Parkplatz erreicht. Er gehört den Lokal und Teichbesuchern. Folgerichtig finden wir das **Hotel-Restaurant Forstfrieden** und dahinter den **Donoper Teich** 04. Dieser stapelt begrifflich tief, handelt es sich doch um einen veritablen See von 150 m Länge. Das einst zur Fischzucht aufgestaute Gewässer ist von Bäumen eng gesäumt, das Nordufer besucherfreundlich ausgebaut.

Ein Spazierweg (H) führt uns am Ostufer über den Hasselbach zum

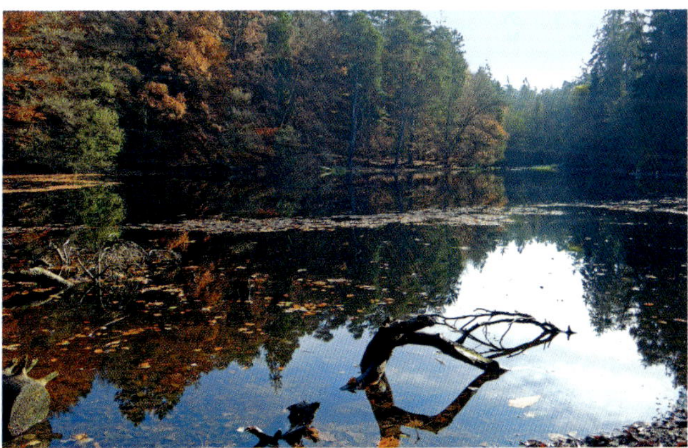

Dicht bewaldet sind die Ufer des Donoper Teiches

Krebsteich. Dort mit Hinweis auf den Hiddeser Bent nach links. Bei erster Gelegenheit wieder links und hinauf.

Auf den **Kahlen Ehberg** 05 können wir nicht, das lässt der Wald nicht zu. Umso panoramareicher ist die kahle Nordseite mit freiem Feld. Hinter dem Freiland mit weißem Quadrat links hinab. Wieder links, dann ist die Ehbergrunde fertig. Auf dem Hinweg zur Einmündung des A5 und geradeaus (H). Erst eine gut gängige Forstpassage, dann ein Stück Randlage von Kussel, schließlich ein Parkplatz. Rechts und wieder links, dem Waldrand nach. Nochmals über die Augustdorfer Straße. Wieder im Wald und die Quellenstraße zum Campingplatz Quellental. Wo die Asphaltstraße mit H links

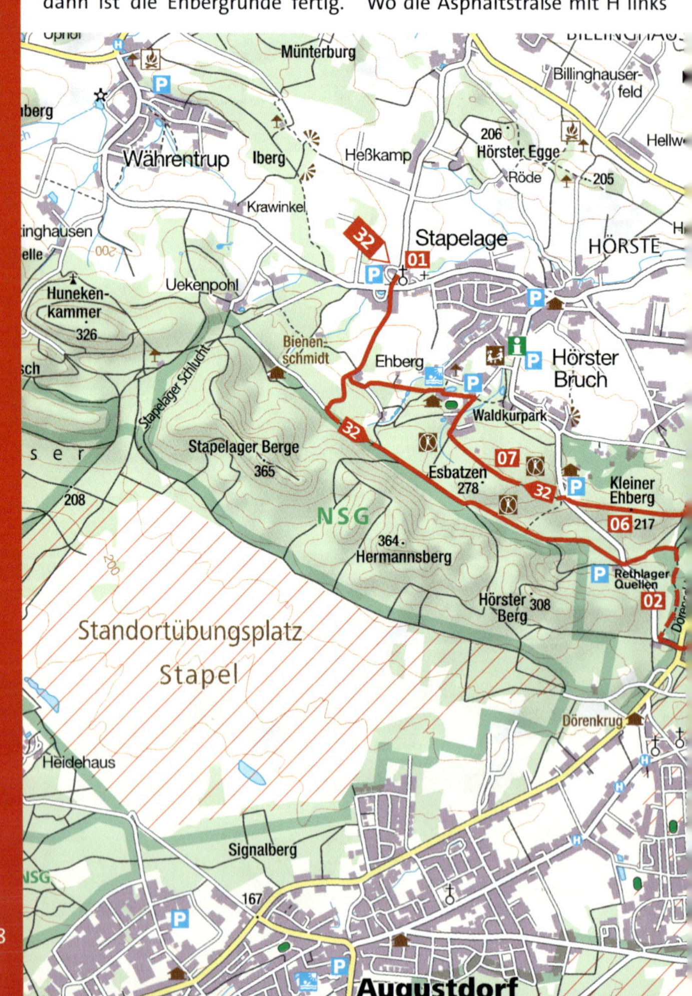

abbiegt, gehen wir mit A1 geradeaus, über ein Brückchen zu einer querenden Forststraße. Diese nach links (A3). Sofort rechts, dann übersteigen wir den **Kleinen Ehberg** 06.
Die Teutoburger-Wald-Straße kommt unserer Höhe sehr entgegen. Auf der kurz rechts, dann links ab. Maß der Kleine Ehberg nur 217 m, so ist der **Esbatzen** 07, über den A3 führt, ganze 61 m höher, aber halt kein Ehberg. Dahinter steil ins Tal und auf Forststraße rechts hinab. Am Sportplatz von Hörste verlassen wir den Wald, gehen links in die Straße Am Freibad, vorbei an selbigem. Hinter einer Bachbrücke die Waldstraße hinauf zum bekannten Wohnheim und von da ab zum Ausgangspunkt.

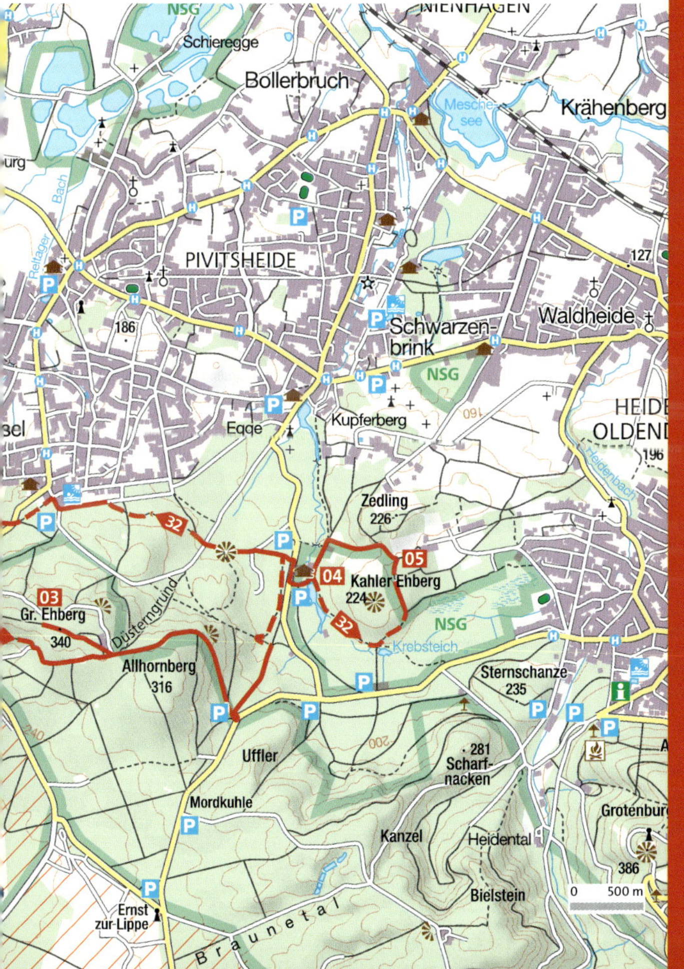

33

DAS HERMANNSDENKMAL AUF DER GROTENBURG

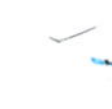

Besuch zweier „Wolkenkratzer" für historisches und modernes Sendungsbewusstsein

  11,9 km  3:30 h  360 hm  360 hm  844

START | Wanderparkplatz Grotenburg / Denkmalstraße oder Naturparkbus TouristikLinie 792 Detmold - Bad Pyrmont an Wochenenden / Feiertagen
[GPS: UTM Zone 32 x: 489.140 m y: 5.570.735 m]

CHARAKTER | Die Wanderung findet meist auf breiten, gut markierten Forstwegen statt und stellt kaum Anforderungen an die Orientierungsgabe.

Erst reckt Hermann alias Arminius sein Schwert in den einstigen Germanenhimmel, dann lässt der Mast des sogenannten Bielsteinsenders den staunenden Betrachter fast Hals-über-Kopf davorstehen. 53,46 m hoch der eine, 290 m der andere. Zwei regionale Wolkenkratzer mit Sinn für Sendung, die, mit Heidental und Dreiflussstein kombiniert, eine eindrückliche Rundtour ergeben.

▶ Sind wir automobil angereist, gehen wir vom **Parkplatz** 01 links der Straße für den Gegenverkehr den Hermannweg H (s. S. 24) hinauf zum großen Parken mit Bushaltestelle und bleiben auf H (Hermannsdenkmal 0,6 km).

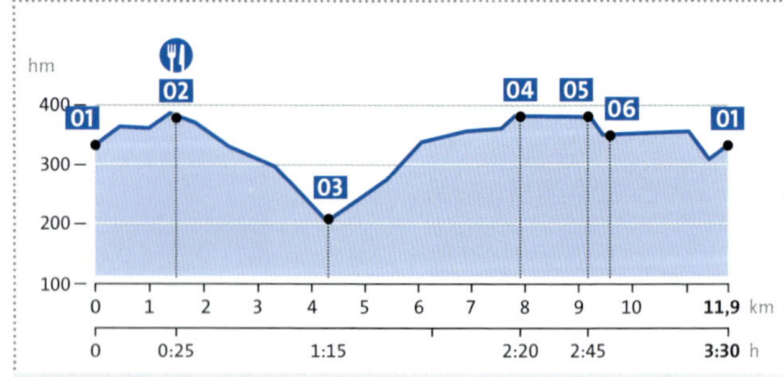

01 Parkplatz, 331 m; 02 Hermannsdenkmal, 386 m; 03 Heidental, 205 m; 04 Sender Teutoburger Wald, 382 m; 05 Dreiflussstein, 380 m; 06 Truppenübungsplatz Senne, 356 m

Links der Waldbühne mit sommerlichem Mondscheinkino und bereits vorbei an der Riesenfigur des legendären Freiheitshelden mit gestrengem Weitblick. Wir erreichen das Denkmalgelände am Kletterpark (anstelle des heutigen Kassenhäuschens stand 1875 Kaiser Wilhelm zur Einweihung) und museal erhaltenen, frei zugänglichen Wohnhaus des Erbauers Ernst von Bandel. Das **Hermannsdenkmal** 02 zieht uns ganzheitlich in seinen Bann. Die Ameisenperspektive steht jedem frei, für die Besteigung der Balustrade über dem Sockel zahlen wir Eintritt (Kombiticket mit den Externsteinen). Hermanns Blick ist auf Südwesten beschränkt, unser Panorama dagegen umfassend. Für den Teuto- und Eggekamm macht der Begriff Hermannshöhen von hier aus Sinn. Via Bandelhütte zum Bismarckstein nebst Gaststätte. Davor links (H) zum archäologischen Bodendenkmal

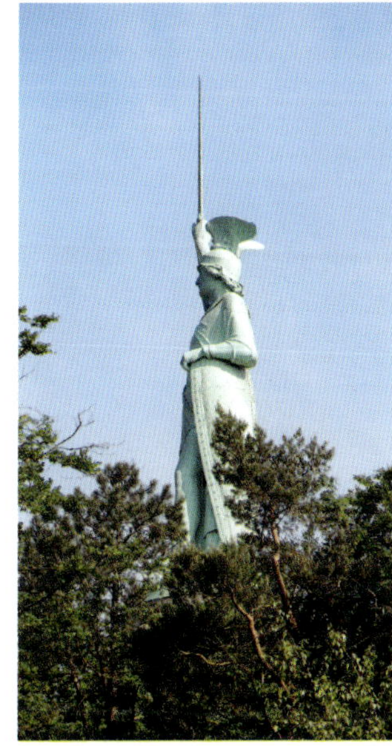

Ein Symbol der Freiheit – das Hermannsdenkmal

Das Hermannsdenkmal und sein Schöpfer

„ ... man solle das Denkmal betrachten als Mahnmal, fremde Sitten, fremdes Recht und fremde Freiheit zu achten und eigene Sitte, eigenes Recht und eigene Freiheit zu wahren.“ Diese zeitlosen Worte sprach der Vorsitzende des Detmolder Fördervereins bei der Grundsteinlegung 1838. Doch eingeweiht wurde das Hermannsdenkmal erst 37 Jahre später am 16. August 1875, im Beisein Kaiser Wilhelms I.

Somit verging über den Bau das halbe Leben des Architekten und Bildhauers Ernst von Bandel, unterbrochen von politischen Wirren und finanziellen Nöten. Hineingeboren in die napoleonische Besatzung seiner Heimat, war es Bandels Lebensziel, der angestrebten deutschen Einigung ein Symbol zu geben. Hierfür diente ihm die historische Figur des Cheruskerfürsten Hermann als Vorbild. Unter großen Entbehrungen – er wohnte in den letzten Jahren vor der Fertigstellung in einer Blockhütte nahe der Baustelle – und unter Einsatz seiner privaten Finanzmittel, gelang Bandel die Schaffung der noch heute höchsten Statue Deutschlands.
www.hermannsdenkmal.de

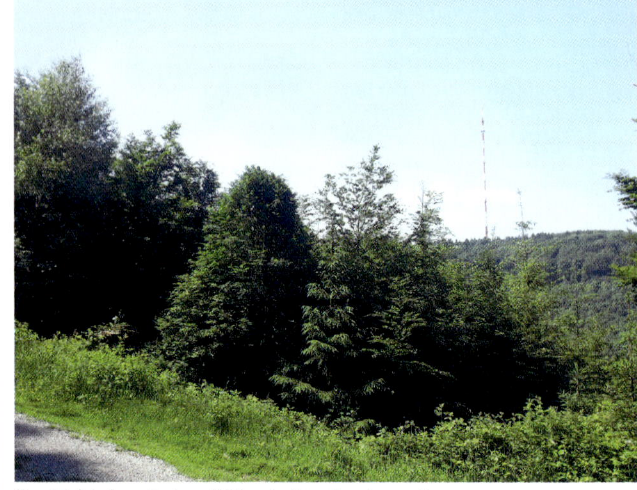

Der Bielstein mit dem 290 m hohen Sendemast

Ringwallanlage. Die Grotenburg trug einen Kleinen und einen Großen Hünenring – in vorrömischer Zeit, als an Hermann und Varus noch keiner dachte. An baldiger Kreuzung (geradeaus Mountainbike-Strecke) rechts. Wir wandern über dem rotbedachten Teuto-Vorland, dann schwenken wir südwärts. Ohne Nebel ist der Bielsteinmast maßgebend. Vertiefen uns, die MTB-Piste kreuzend, ins Tal des Heidenbachs, nehmen einen Querweg rechts. Ein Sträßchen mit Rastbänken, kurz A 2 und nach 10 m links zu den Häusern von **Heidental** 03, wo der Pferdezucht gefrönt und Kutschfahrt angeboten wird. Auf querender Heidentalstraße (natürlich auch Reitweg) rechts. Die biegt an einer Kreuzung rechts ab, wir gehen teerfrei geradeaus. Kurz H, dann links auf den Residenzweg R (Bielsteinsender 3,3 km). Der zwischenzeitlich als Hangsteig daherkommende Bergweg wird ebener und mündet – weiter als R – links in den Lönspfad X10 (s.S. 25). Der bringt uns zum **Sender Teutoburger Wald** 04 des WDR. Nach dem tragenden Berg als Bielsteinsender bekannt, der die Region Ostwestfalen-Lippe medial versorgt,

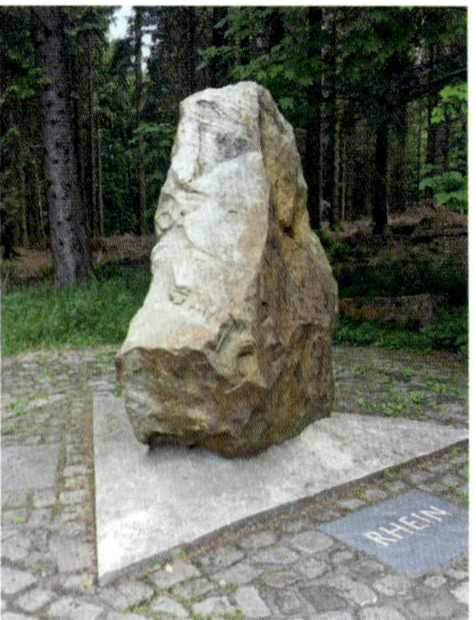

Hier scheiden sich Ems, Rhein und Weser

vor allem aber einen 290 m hohen Mast trägt, der bis zu einem Umsturz 1985 noch höher war! Jenseits der Asphaltzufahrt führen uns R/X10 geradeaus weiter. Die Kammlinie senkt sich zögerlich und trägt uns ein gutes Stück fast genau nach Süden. Zu einem gepflasterten Rondell mit dem **Dreiflussstein** 05. Er steht für drei Wasserscheiden und das Zusammentreffen der Einzugsgebiete für Ems, Rhein und Weser. Mit welchem Flusswasser der Stein 2009 (ein)geweiht wurde, ist nicht überliefert. Mit R/X10 geraten wir an den **Truppenübungsplatz Senne** 06. Das mehr als 100 km² große Areal unter britischer Verwaltung bietet natürlichen Frieden für üppig sich entfaltende Flora, wie ein Blick über den Militärzaun bestätigt. An einer Schranke biegen wir links ab (R/X10/X3 Cheruskerweg) und überlassen uns der historischen Kastanienallee mit alten und neu gepflanzten Bäumen. Wir bleiben eine Weile auf höchstem Geländeniveau, dann übernimmt Nadelwald das Baumzepter. An einer Kreuzung steigen wir mit X/R geradeaus recht steil bergab mit Naturboden aus Kalksteinfeinripp. Wir betreten den Hermannsweg, gehen links, erreichen an einer Haltebucht die Straße von Schling. Links vom Haus gegenüber (Nr. 139) und rechts oberhalb der Straße ist der Ausgangspunkt nah.

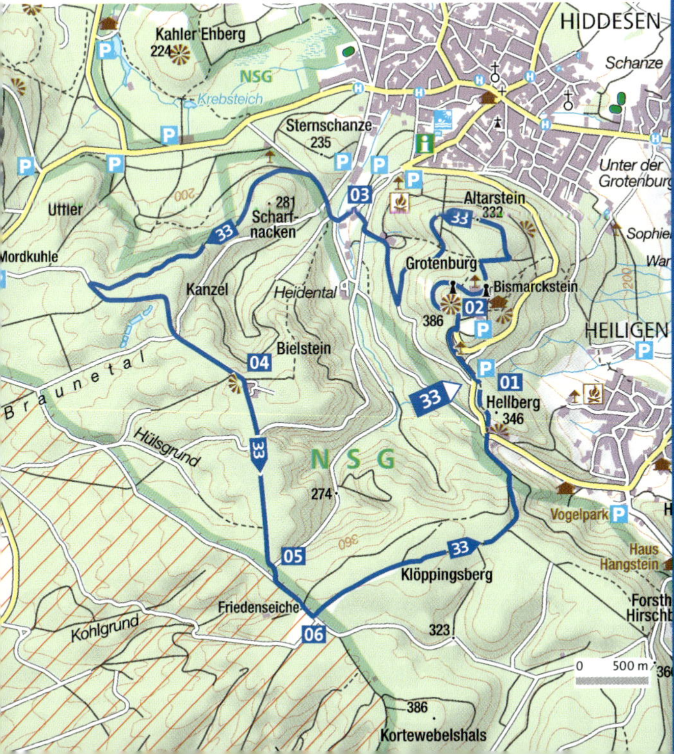

EIN TAG IN DETMOLD

Modernes Stadt- und historisches Landleben nah beieinander

  8,3 km  2:15 h  205 hm  205 hm  844

START | Parkplatz oder Bushaltestelle LWL-Freilichtmuseum, Linien 701/703, Stadtverkehr Detmold GmbH (täglich) und TouristikLinie 792, Ostwestfalen-Lippe-Bus (Sa., So., feiertags)
[GPS: UTM Zone 32 x: 490.807 m y: 5.752.502 m]
CHARAKTER | Die Tour verbindet städtische Sehenswürdigkeiten mit dem weitläufigen Freilichtmuseum.

Ein Fußballspiel dauert 90 Minuten. Und ein Tag in Detmold nur 2 Stunden 15 Minuten? Ein Jogger schafft es in der halben Zeit. Ein Erlebnisfreudiger dagegen kann hier den lieben langen Tag verbringen. Das Wichtigste in 2 1/4 Stunden zu sehen, gelingt im Hand- und Kopfumdrehen. Moderner Stadtrhythmus und ländliche Entschleunigung liegen in Detmold nah beieinander – jeder finde sein Maß!

▶ Wir gehen neben der Paderborner Straße vom **Parkplatz 01** stadteinwärts zu dessen Ende. Rechts finden wir einen geschotterten Durchgang und einen Pfad (weißes Dreieck), der uns unbeschadet der nahen Hauptstraße mit lichtem Waldgefühl voranbringt. A1 schwenkt von rechts ein. Am schmiedeeisernen Bergkellerportal der ehemaligen Brauerei senkt sich der schöne Nebenweg auf Straßenniveau. Auf Palais-Hö-

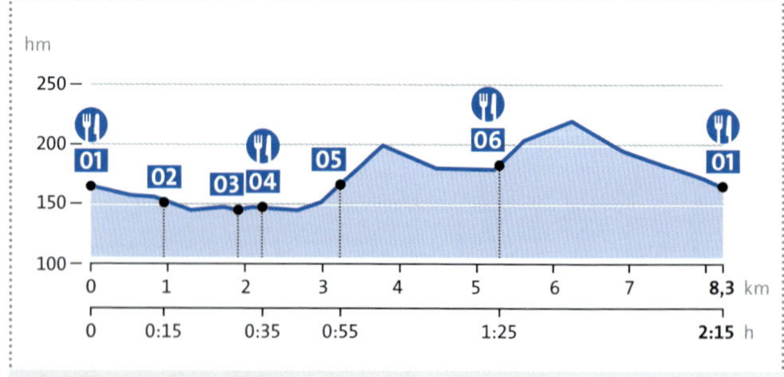

01 Parkplatz, 160 m; 02 Hochschule für Musik, 148 m; 03 Lippisches Landesmuseum, 138 m; 04 Fürstliches Residenzschloss, 141 m; 05 Palaisgarten, 159 m; 06 Eingang LWL-Freilichtmuseum, 178 m

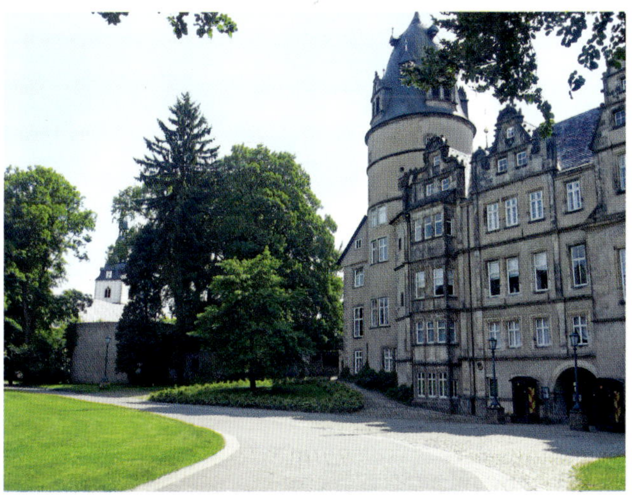
Das Fürstliche Residenzschloss – stilvoll zu jeder Zeit

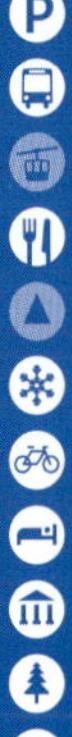

he der **Hochschule für Musik** 02, am Rand des historischen Palaisgartens, durch den unser Rückweg führt, überqueren wir die Straße, die jetzt Neustadt heißt. Und einen Bach, der Berlebecke heißt. Auf der gekiesten Allee rechts zur und über die Paulinenstraße. Halblinks auf Fernwanderweg E1 (s.S. 23)/X3. Auf dem Wall nebst Bach sehr entspannt dem Schloss entgegen. Am Schlossteich könnte verlockend sein, rechts in die Altstadt abzubiegen. Hauptsache, wir finden hier den roten Faden wieder und folgen der Ameide (X3). Wir passieren oder besuchen (spätestens dann die angegebene Gehzeit vergessend) das **Lippische Landesmuseum** 03. Das 1835 eröffnete Museum ist das älteste in Ostwestfalen-Lippe. Gegenüber dem Landestheater zieht uns das **Fürstliche Residenzschloss** 04 magisch an. Schon im Spätmittelalter hielten die Edlen zur Lippe hier Hof. Unter den unzähligen Nachfolgern dieses Geschlechtes wurde die Anlage in Renaissance, Barock und Moderne aus- und umgebaut. Ein Prinz zur Lippe hält es bis heute gut aus hier. Wir sollten

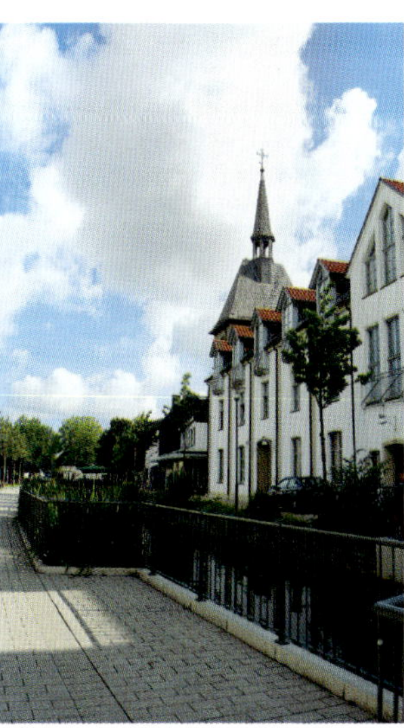
Detmolds schmucke Altstadt

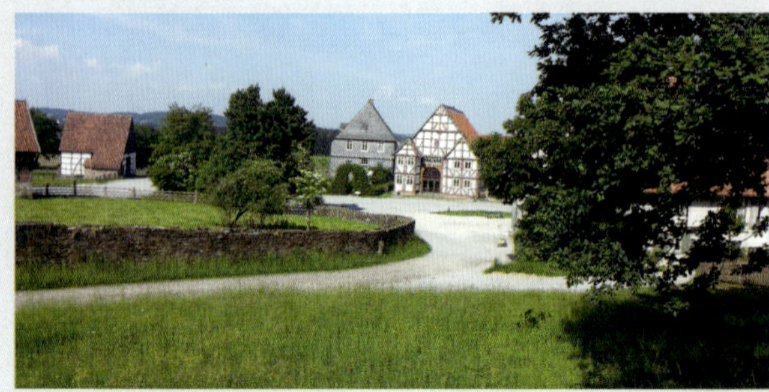

Das Paderborner Dorf

Das LWL-Freilichtmuseum in Detmold

Die Wahl für das Westfälische Landesmuseum für Volkskunde hätte besser nicht sein können: Es war vor allem der fürstlich-lippische Tiergarten in Detmold. Ein Gelände also, auf dem der bestehenden Natur etwas Anschauungsreiches zum Lernen und zur Erbauung beigefügt wurde. Ab 1966 wurde daraus ein Landschaftspark, in dem die dörfliche Geschichte der Region fortbestehen durfte – mit Bauernhäusern, ganzen Hofgruppen, ländlichem Gewerbe und Gewerke, mit vielseitigen Blicken auf das traditionelle Leben der Menschen. So entstand mit den Jahren auf über 90 ha das größte Freilichtmuseum Deutschlands und ein vortrefflicher Repräsentant des seit jeher landwirtschaftlich geprägten Westfalens. www.lwl-freilichtmuseum-detmold.de

Die Kappenwindmühle

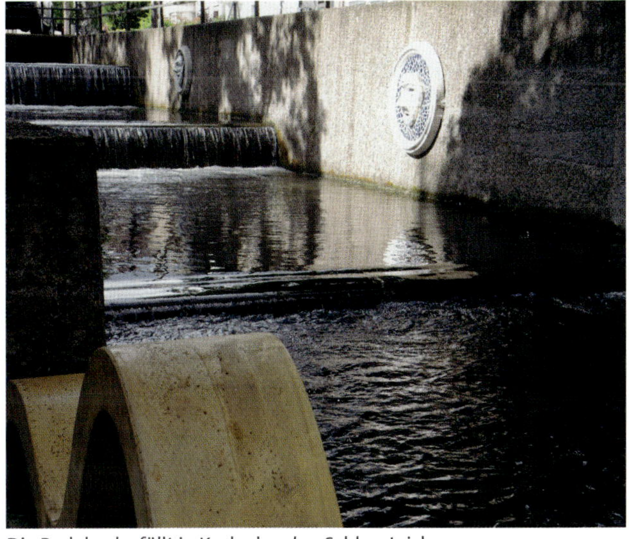

Die Berlebecke füllt in Kaskaden den Schlossteich

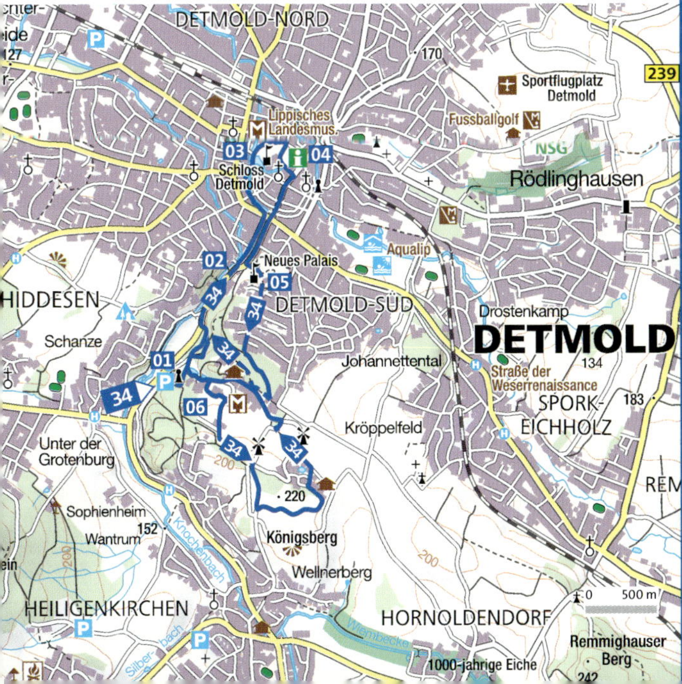

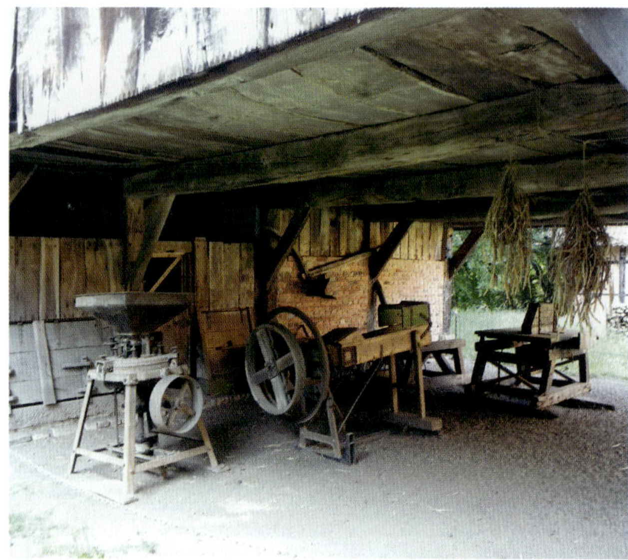

Nicht nur Anschauungsobjekt – historisches Handwerk im LWL-Freilichtmuseum

das Schloss unbedingt eines Besuches würdigen. Zur Gehzeit: siehe oben! Durch ein Tor des Schlossplatzes betreten wir das moderne Leben in Detmolds lebendiger Altstadt. Rechts zum Marktplatz mit Erlöserkirche. Geradeaus die Lange Straße zum Hotel Lippischer Hof. Kurz rechts. Die Straße Neustadt links zum Eingang in den **Palaisgarten** 05. A1/A3 führen uns rechts ansteigend durch den denkmalgeschützten Barockgarten mit alten Bäumen, Teichen, Brunnen, Kaskaden und vielleicht mit Musikbegleitung aus einem der Hochschulgebäude. Am jenseitigen Ausgang rechts und den Papenbergweg bis an sein Ende. An einem sperrenden Zaun rechts auf einen unscheinbaren Pfad (zusätzlich Raute). So geraten wir an den Museumszaun. Um hinein zu gelangen, müssen wir Eintritt zahlen. Also rechts, auf einem Teersträßchen hinab, auf dem Hinweg zurück zum Parkplatz und links zum **Eingang des LWL-Freilichtmuseums** 06. Das Museum, dem LWL für Landschaftsverband Westfalen-Lippe vorsteht, ist das größte seiner Art in Deutschland. Es ist ein historisch-dörfliches Westfalen im Kleinen, durch das viele Verbindungswege ziehen, mit Lageplan oder „Aufs-geradewohl" erkundbar. Die hier vorgeschlagene Runde geht so: Westmünsterländer und Westhellweg Hof, Kappenwindmühle, Sauerländer und Paderborner Dorf mit uriger Einkehr, Bockwindmühle, Lippischer Meierhof, Mindener und Osnabrücker Hof, Mausoleum, Wassermühle. Die Geh- wurde längst zur Flanierzeit. Spätestens 18 Uhr sind wir wieder am Ausgang.

RUINE FALKENBURG UND ADLERWARTE BERLEBECK

Regionalgeschichte, Greifvogelperspektive und eine historische Einkehr

  18,2 km 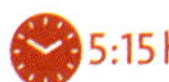 5:15 h 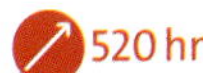 520 hm 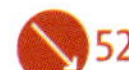 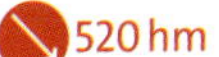 520 hm  844

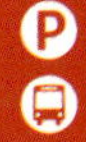

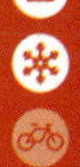
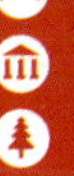
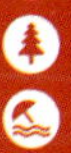

START | Parkplatz oder Bushaltestelle Adlerwarte, Linie 701, Stadtverkehr Detmold GmbH (täglich)
[GPS: UTM Zone 32 x: 491.047 m y: 5.749.016 m]
CHARAKTER | Große Runde mit zwei langen Anstiegen, dazwischen eine nicht alltägliche Wirtschaft.

Als der Weißkopfseeadler mit seinem unvorstellbar guten Sehvermögen von der Flugschau zurückkam, übersetzte sein Falkner dessen Gekrächze in etwa wie folgt: Zumindest aus der Luft sei die hier empfohlene Tour gar nicht so lang. Der Kreuzkrug böte eine verlockende Speisekarte (nur über die Geflügelgerichte schüttelte er sein erhabenes Haupt) und die Arbeiten auf der Falkenburg-Ruine seien seit seinem letzten Ausflug gut vorangekommen. All dem gehe der Wanderer wie folgt nach:

▶ Vom **Ausgangspunkt** 01 laufen wir die Hangsteinstraße hinab. Am Eckhaus Berg-Café mit Gästehaus links ansteigend vorbei. Hermannsweg H und Fernwanderweg E1 (s. S. 23/24) brin-

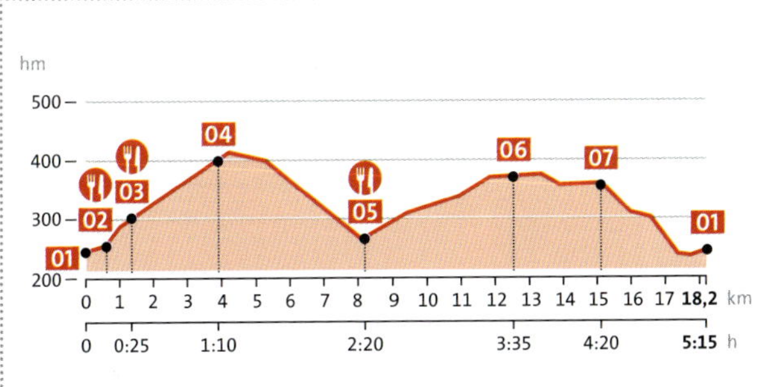

01 Parkplatz, 217 m; 02 Adlerwarte, 232 m; 03 Café-Restaurant Haus Hangstein, 288 m; 04 Düsterlau, 417 m; 05 Fürstliches Forsthaus Kreuzkrug, 238 m; 06 Kleiner Rigi/Krüppelige Buche, 357 m; 07 Ruine Falkenburg; 347 m

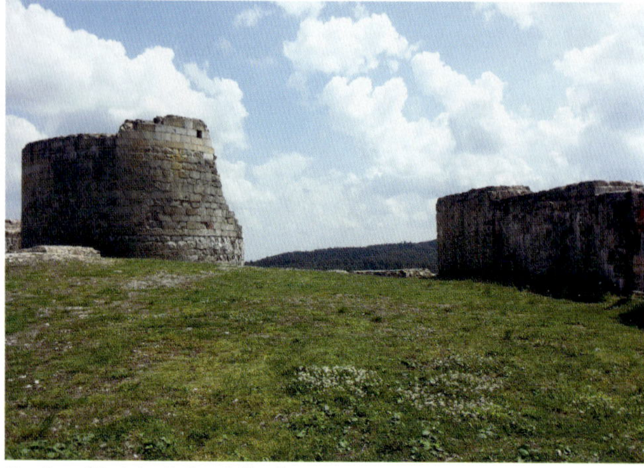

Der Bergfried der Ruine Falkenburg

gen uns schnell zum Eingang der **Adlerwarte** 02. Fast 50 Greifvogelarten vom Adler über Falke und Milan bis zum Geier werden hier artgerecht beherbergt. Von März bis November gewähren sie bei spektakulären Flugvorführungen Einblick in ihr luftiges Leben. Wir kommen nach Tourende darauf zurück – wir können schließlich nicht fliegen. H/E1 führen auf dem Adler-, dann Pulverweg durch eine Höhensiedlung zum **Café-Restaurant Haus Hangstein** 03. Davor links, mit A3/A4 geradeaus. Die Teerstraße verlassen wir als-

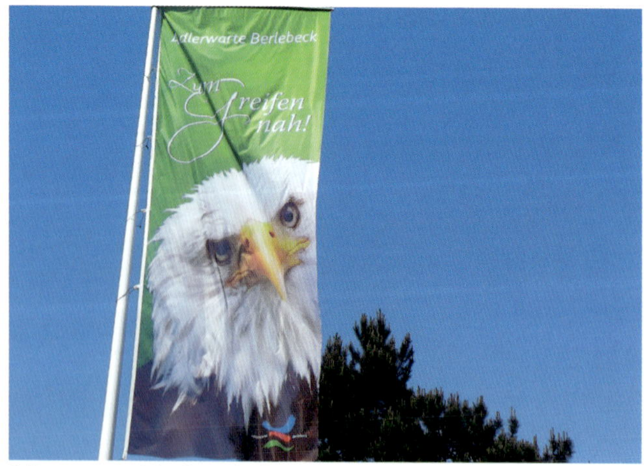

Adlerwarte – nicht flatterhaft, sondern „Zum Greifen nah“

bald nach links (A3/A4/X6). Zu einer Gabelung und rechts mit A4 hinauf. Das Folgende ist regionaltypisch: Hangwärts feinplattige Kalksteinbänke, talwärts fast abgründig steiles Gelände. Auf 417 m üNN geht es nimmer höher. Hier, am **Düsterlau** 04, begehen wir links den Lönspfad X10 (s.S. 25). An einem kleinen Waldplatz zieht von links ein Weg herauf. Es ist der Alte Postweg, modern verkürzt zu „1 in Raute", der gemeinsam mit X10 voranführt. An einer Kreuzung unscheinbar auf Pfad geradeaus, dann eine Forststraße querend. Der steinige Bodenbelag ist alt und bot den Postboten wahrhaft keine ergonomischen Arbeitsbedingungen. Vorbei am Waldhaus, noch kurz geradeaus, dann links zum **Fürstlichen Forsthaus Kreuzkrug** 05. Ein zweigeschossiges Fachwerk-Baudenkmal mit „Krugprivileg" vom Anfang des 18. Jhs., das Waldarbeitern und Handelsreisenden vor allem Flüssignahrung bot. Es steht auch uns „Waldreisenden" als Einkehr offen. Wir

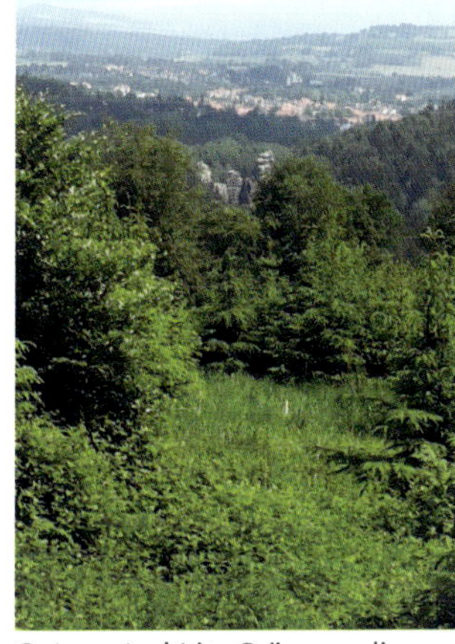

Gut versteckt im Grünen – die Externsteine

überqueren die L937. Seit 1810 überwindet hier eine Straße, die Fürstin Pauline zur Lippe bauen ließ, den Berg Gauseköte. Passend durchwandern wir rechts der Straße mit X7 das Paulinenholz. Eine Forststraße ohne viel Schwung führt dem bergigen Horizont und

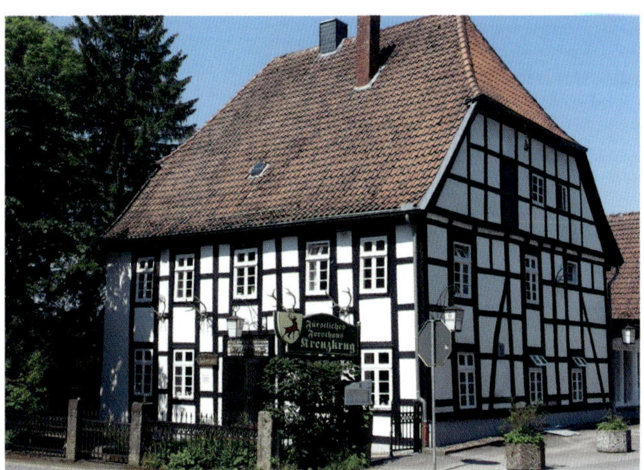

Fürstliches Forsthaus Kreuzkrug

den ausgewiesenen Externsteinen entgegen. Es geht ständig hinauf, die Berge beidseits, der Obere Langenberg und der Barnacken sind über 400 m hoch. Namhafte und unmarkierte Abzweige ignorierend, wenden wir uns an einer Gabelung links (X7) und gelangen nach einem Linksbogen zum **Kleinen Rigi/Krüppelige Buche** 06. Nun links hinauf (A2/gekreistes T/X6). Das Panorama gewinnt an Format und bietet vor den Dächern von Horn sogar die Gipfelfelsen der Externsteine. Nach ersten Abstiegsmetern an der Folgegabelung rechts hinab (A2/gekreistes T). An folgender Kreuzung halblinks in Richtung Falkenburg (A4/gekreistes T). An der Wegschere hinter einer Linkskurve rechts. Die Markierungen biegen rechts ab, wir gehen geradeaus (A5) und stehen hinter einer Schutzhütte an der mächtigen **Ruine Falkenburg** 07. 1190 erbaut, gehörte die Höhenburg zu den größten Rittersitzen Westfalens. Bis ins 15. Jh. war die Burg Lippischer Herrschersitz, dann wurde sie aufgegeben und fiel dem Straßenbau und der Verwitterung zum Opfer. Der Verein „Die Falkenburg e. V." macht sich für den Erhalt der Burgreste stark und bietet Führungen an. An der Schutzhütte links hinab (A5). An einem Abzweig nach links gehen wir geradeaus. Ein bisschen bergauf, dann mit A5 links und durch einige Kurven hinab. Auf schmalem Pfad durch Wildwuchs, auf der anderen Talseite ragt unser Aufstiegskamm auf. Wir münden in den Kuckucksweg, der uns zur Paderborner Straße bringt. Rechts, vorbei am Haus des Gastes, dann links in die Hangsteinstraße. Die Adlerwarte wäre nun „zum Greifen nah"!

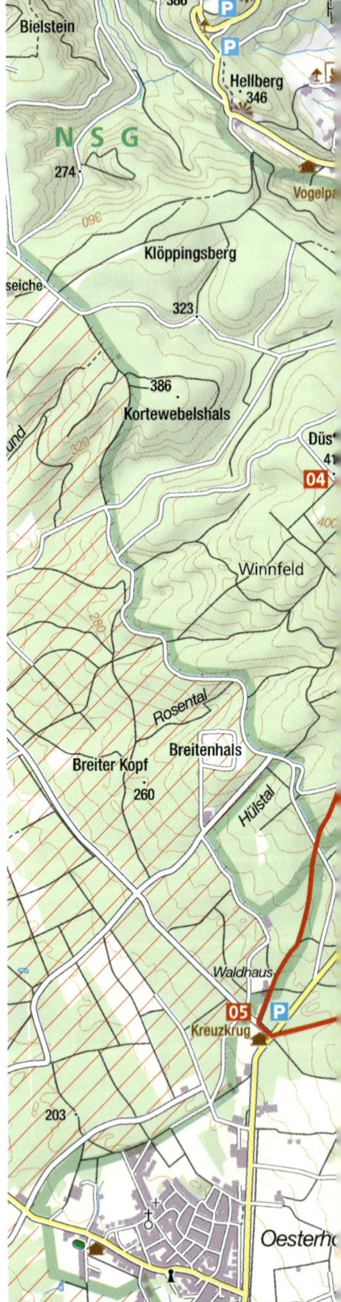

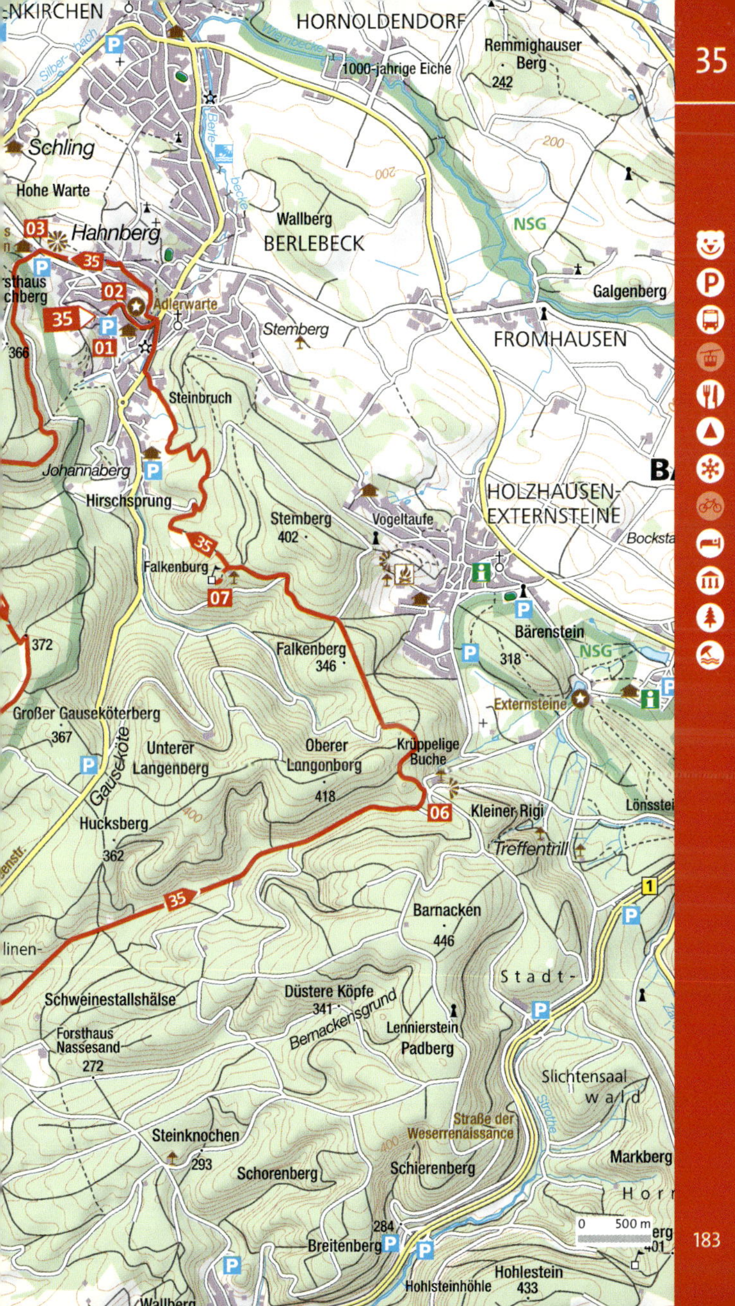
HORNOLDENDORF
1000-jährige Eiche
Remmighauser Berg
242
Schling
Hohe Warte
Hahnberg
Wallberg
BERLEBECK
NSG
Galgenberg
Adlerwarte
Stemberg
FROMHAUSEN
Steinbruch
Johannaberg
Hirschsprung
Stemberg
402
Vogeltaufe
HOLZHAUSEN-EXTERNSTEINE
Falkenburg
Bärenstein
318
Externsteine
Falkenberg
346
Großer Gauseköterberg
367
Unterer Langenberg
Oberer Langenberg
418
Krüppelige Buche
Gauseköte
Kleiner Rigi
Treffentrill
Hucksberg
362
Barnacken
446
Schweinestallshälse
Düstere Köpfe
341
Bernackensgrund
Lennierstein
Padberg
Forsthaus Nassesand
272
Slichtensaal
wald
Straße der Weserrenaissance
Steinknochen
293
Schorenberg
Schierenberg
Markberg
Breitenberg
284
Hohlestein
433
Hohlsteinhöhle
Wallberg
0 500 m

DIE EXTERNSTEINE

Vom Endpunkt des Hermannsweges zu einer Kultstätte der Menschheit

  14,3 km 4:15 h 475 hm 475 hm  844

START | Parkplatz Bahnhof Leopoldstal mit Station der Ostwestfalenbahn RB72 Herford – Paderborn oder Bushaltestelle Linien 782 / 783
[GPS: UTM Zone 32 x: 497.999 m y: 5.743.663 m]
CHARAKTER | Rundwanderung mit großem Landschaftsreiz und einer Felsgruppe der Extraklasse.

Der „Kraftort" Externsteine nimmt unter den Sehenswürdigkeiten des Teutos den unangefochtenen Spitzenplatz ein. Die Anreiselogistik erfordert dafür keine Wanderung. Beim Studium der Umgebung rückten plötzlich der felsige Lippische Velmerstot und das romantische Silberbachtal ins Interesse der Autoren und verbanden sich zu deren Lieblingstour. Sie wird im Nachgang unbedingt empfohlen!

Die Infotafel am **Bahnhof Leopoldstal** 01 trägt ein „H" (s. S. 24). Wir stehen am Endpunkt des 156 km langen Hermannsweges, ein Highlight an sich! Die Straße nach Horn, vorbei am einstigen Leopoldstaler Hof, und links die Straße Silbergrund (Externsteine 9,4 km). An einem Feuerwehrgerätehaus geradeaus (H) und deutlich ansteigend in den Wald. Das Weiterkommen verengt sich zum schmalem Pfad

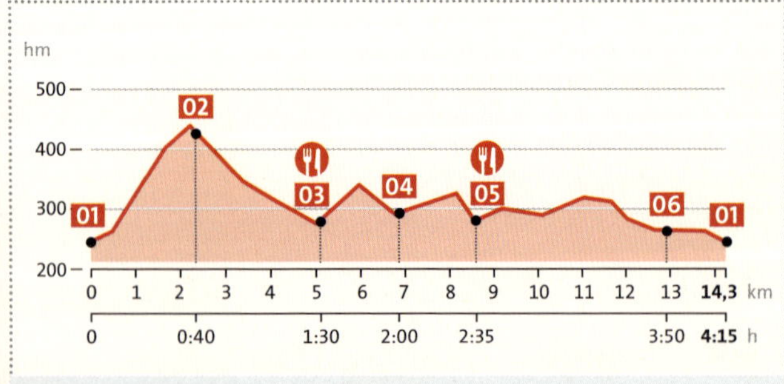

01 Bahnhof Leopoldstal, 232 m; 02 Lippischer Velmerstot, 441 m; 03 Waldhotel Silbermühle, 266 m; 04 Bundesstraße 1, 281 m; 05 Externsteine, 272 m; 06 Schleifmühle, 257 m

Im Bann der Externsteine

Funde von Feuersteinwerkzeugen belegen die erste Annäherung des Menschen an die Externsteine in der Steinzeit. Dann kehrte lange Ruhe ein an den bis zu 40 m hohen Sandsteinfelsen. Damit war es ab etwa der Karolingerzeit endgültig vorbei. Heidnische Kultstätte und christlicher Andachtsort. Einsiedelei in und Ansiedlungen an den Felsen. Grotten und sakrale Symbole. Mittelalterliche Bildhauerei und neuzeitliche Spurensuche. Nationalsozialistische Propagandakulisse und postmoderner Kraftort. Deutung und Wissenschaft. Geheimnis und Aufklärung. Die Externsteine ziehen noch heute magisch an – Forscher, Touristen, Esoteriker auf der Suche nach Antworten, Eindrücken, Spiritualität.
www.externsteine-info.de

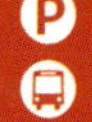

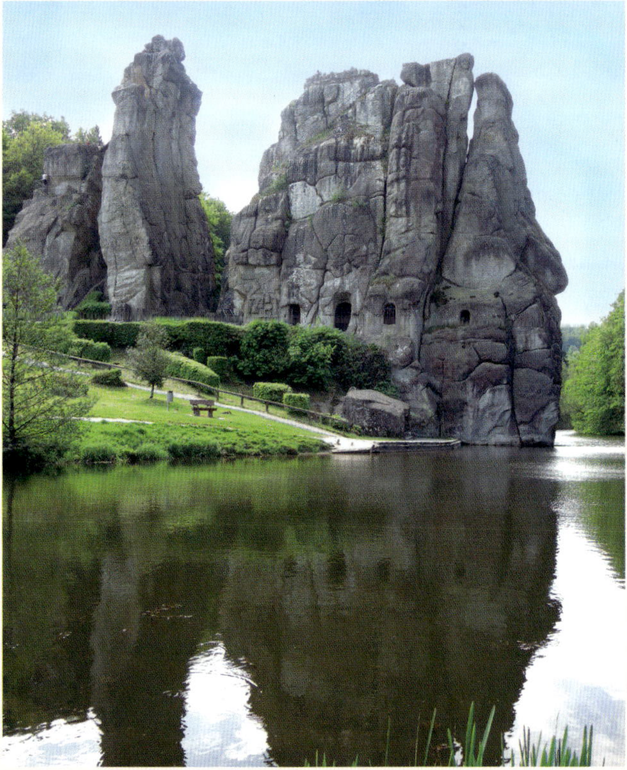

Die Externsteine im Spiegel des Wiembecketeichs

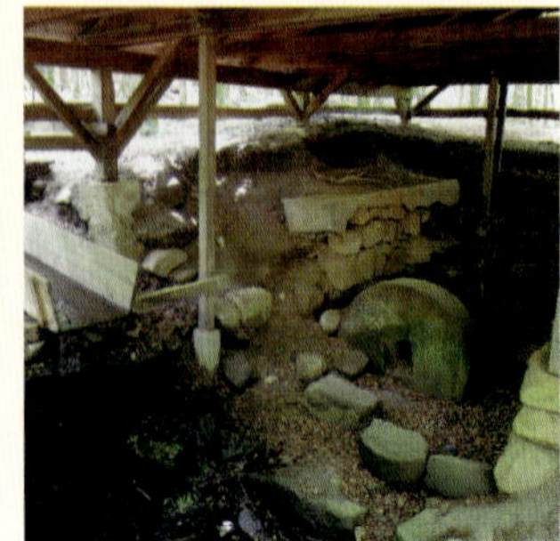

Eine Schleifmühle als technisches Denkmal im Silberbachtal

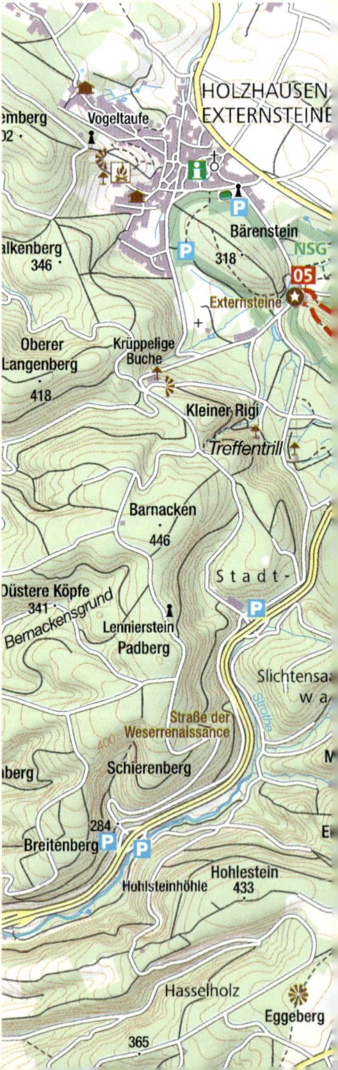

und gelangt auf einen Querweg. Hier links (H, Eggeweg X, Lippischer Velmerstot 1,3 km). An Abzweigen stets geradeaus empor. Da, wo es sichtbar felsig wird und nur noch 300 m zu unserem Höhepunkt hat, rechts. Steinig zu einer Querung und rechts hinauf zum **Lippischen Velmerstot** 02 (441 m). Den felsigen Aufbau krönt ein Sandsteinobelisk von 1916 und ein begnadetes Panorama von jeher. Das Aufstiegsstück zurück, sehr kurz auf den Eggeweg und sofort rechts hinab (I, Feldrom). Ein querender Forstweg beendet den Steilabstieg und führt uns links (H, Silbermühle 2,0 km, Externsteine 5,5 km). Mit diesen Zielen bald rechts ab. Wir überlassen uns dem von der Natur geschmackvoll eingerichteten Silberbachtal, der Nahtstelle zwischen Teuto und Egge. Die mäßige Ausbeute gefundener Silbererze wich bald der Wasser- und Sandsteinnutzung in Mühlen und Schleifanlagen, von der das **Waldhotel Silbermühle** 03 dem Einkehrer zu berichten weiß. An parkplatznaher Wassergewinnungsanlage vorbei (H/X/E1). Erst ein Teersträßchen, dann einen Waldsteig rechts hinauf. Er mündet in breiten Forstweg, der uns südwestlich des Kniebergs zur Straße nach Horn trägt, die wir überqueren und die **Bundesstraße 1** 04 untertunneln. Am jenseitigen Parkplatz ein Stück entlang, dann bekannt markiert links hinauf. Bald wieder links zum etwas längeren Restweg (Externsteine 1,4 km). Ein Lönsstein mit eingravierten Waldtieren und empor zum und über den Knickenhagen mit reizvollen Wechselblicken nach Nord und Süd. Dann zeigen sich die **Externsteine** 05. Wir finden bergseitig eine erste eindrucksvolle Aussicht, steigen ab auf Talniveau und durchschreiten das turmhohe Naturensemble auf breitem Weg, durch das bis 1953 eine Überlandstraßenbahn fuhr. Auf der bekannteren Vor-

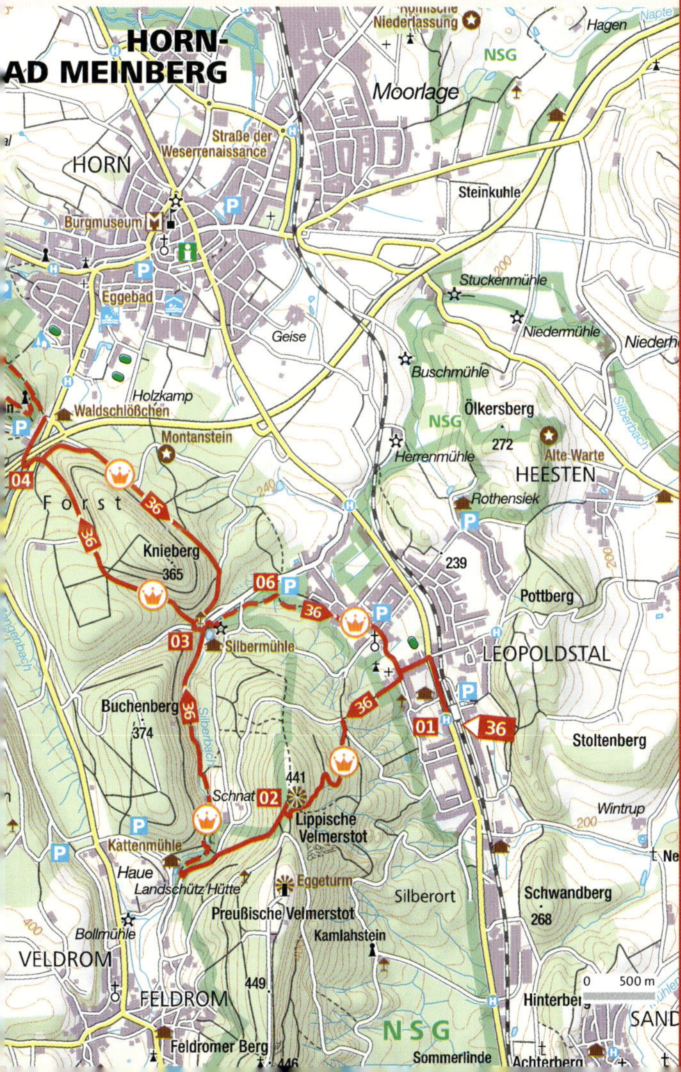

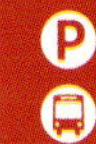

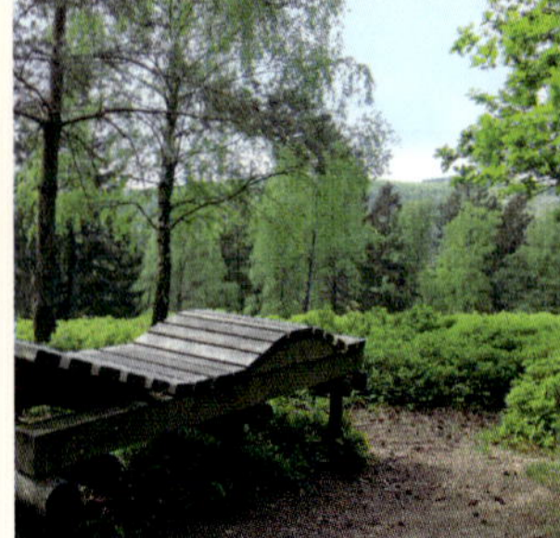
Unter allen Wipfeln ist Ruh'

derseite, neben dem aufgestauten Wiembecketeich, ist der Anblick noch imposanter. Vieles, was die Menschen in Jahrhunderten an den Felsen hinterließen – Kreuzabnahmerelief, künstliche Grotte, Höhenkammer mit Altarnische – lässt sich für ein Eintrittsgeld (Kombiticket für das Hermannsdenkmal) von Nahem bestaunen. Über Treppen und eine Brücke gelangen wir auf die drei westlichsten der insgesamt elf Felsen. Unweit der Steine lohnt ein Besuch des Infozentrums mit modellhafter Darstellung der wichtigsten natur- und kulturgeschichtlichen Etappen und Spiel- und Rätselstationen für Kinder oder eine Einkehr beim Felsenwirt. Zurück zum Felsen Nr. 4 mit dem Wackelstein. Wir folgen dem Schild Silbermühle 3,2 km. Ein breiter Forstweg führt nördlich am Knickenhagen vorbei zurück zur B1. Wie bekannt auf die andere Seite und sofort links (A3). So können wir auch den Knieberg auf der Nordseite passieren. Ab Einmündung A1 mit A3 folgerichtig zurück zur Silbermühle. Links durch deren Biergartentor und nun auf A1/A2/X10 (Lönspfad s. S. 25). Die A-Wege verlassen uns, wir bleiben auf X10 und entdecken das archäologische Bodendenkmal **Schleifmühle** **06**, das die Nutzung der Wasserkraft des Silberbachs wohlerhalten belegt. Zum Ortsrand von Leopoldstal und mit X10 rechts (Straßen Waldwinkel und Silbergrund) zum Hinweg. Es ist das allerletzte Stück Hermannsweg, dem wir zum Ausgangspunkt folgen.

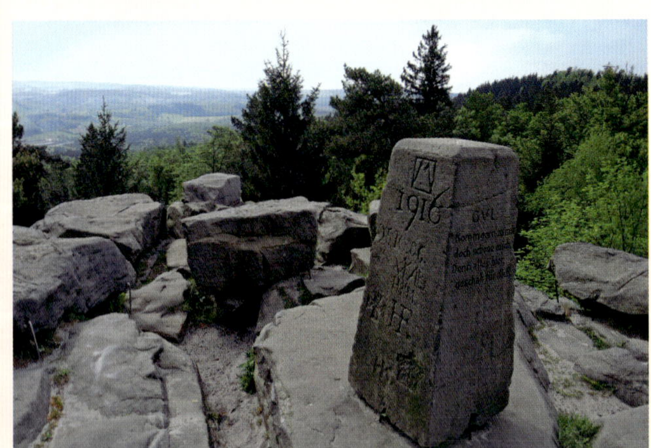

Der Lippische Velmerstot verfügt über einen Gipfelobelisken und großes Panorama

BARNACKEN • 446 m

Ein unscheinbarer Hauptgipfel im Schatten der prominenten Externsteine

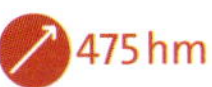

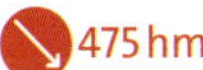

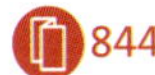

 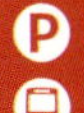 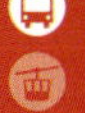 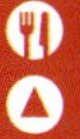 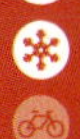 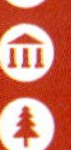

START | Parkplatz am Waldhotel Bärenstein oder Bushaltestelle Holzhauser Berg, Linien 782 / TouristikLinie 792 Detmold - Bad Pyrmont an Wochenenden / Feiertagen
[GPS: UTM Zone 32 x: 493.429 m y: 5.746.795 m]
CHARAKTER | Der höchste Teuto-Gipfel umgibt sich mit viel Wald und schönen Wanderwegen.

Als die Autoren ihrem Herbergsvater morgens sagten, sie würden heute zum Barnacken, dem höchsten Punkt des Teutoburger Waldes aufbrechen, wusste der einstige Wanderführer, der fast in Sichtweite des Gipfels lebt, nichts von diesem Berg. Da sind die prominenten Externsteine vor und andere Erhebungen namhafter. Häufig sind die unbekannten, wenig besuchten Berge besonders reizvoll. Die Umgebung des Barnackens verspricht Ruhe, viel Wald und einiges Panorama.

▶ Am **Parkplatz**, nahe dem **Waldhotel Bärenstein** 01 gehen wir, das noble Haus im Rücken, die Straße hinauf zum Siedlungsende und mit weißem T im Kreis geradeaus. Vorbei am Friedhof mit Urnenwald für Naturbestattungen und hinter einer markanten Links-

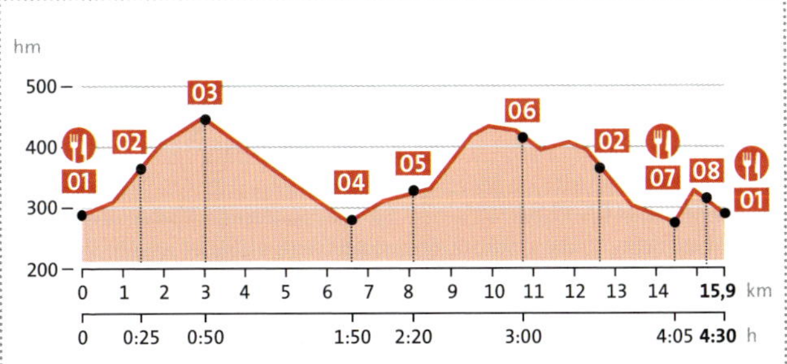

01 Parkplatz Waldhotel Bärenstein, 289 m;
02 Kleiner Rigi/Krüppelige Buche, 357 m; 03 Barnacken, 446 m;
04 Abzweig Forsthaus Nassesand, 279 m; 05 Steinknochenhütte, 314 m;
06 Lennierstein, 428 m; 07 Externsteine, 272 m; 08 Bärenstein, 318 m

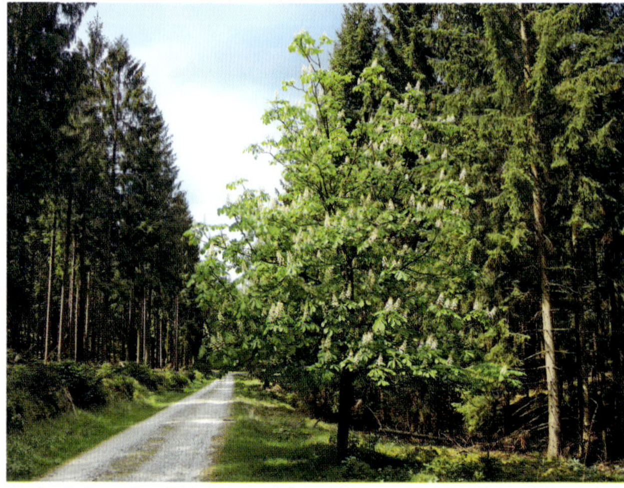

Kastanie in voller Blüte – in welchem Wonnemonat entstand das Foto?

kurve in spitzem Winkel rechts hinauf (weißes T und 35). An der Kreuzung **Kleiner Rigi/Krüppelige Buche** 02 links (Barnacken 1,6 km) und nach etwa 20 m geradeaus. Die Wege 34 und 35 streben dem Bergmassiv entgegen und gabeln sich. Wir halten es rechts mit der 34, passieren einen aufgelassenen Kalksteinbruch, steigen weiter hinauf und stehen an der kleinen, zerschundenen Barnackenhütte. Links im Wald mag es noch einige Dezimeter höher gehen, doch gehört uns hier der **Barnacken** 03. Der Ort taugt nicht für kulissenhafte Gipfelfotos wie im Wiehen oder Egge, eher für Ruhe zur inneren Anwendung. Nun unmarkiert rechts ab und – wir kommen ja vom Berge – hinab. Am hellichten Tag entlang der Düsteren Köpfe zu einem Abzweig nach rechts. Geradeaus. An einem Querweg links, stets symbolfrei. Ein paar Kurven bringen uns talwärts in den Barnackensgrund. In diesem rechts hinab (34). Eine Reihe engständiger Kastanien säumt unseren Weg. Kurz hinter dem **Abzweig Forsthaus Nassesand** 04 ist unser „Point of Return". Spitz links ab und auf dem Lönspfad X10 (s. S. 25) über eine Kreuzung (Kohlstädt 1,8 km) geradeaus zur **Steinknochenhütte** 05, einem trotz des martialischen Namens idyllisch gelegenen Rastort. Mit A2 geradeaus und wieder ansteigend zu leicht versetztem Wegekreuz mit Schulterblick über die Paderborner Hochfläche. Rechts, A2, weiter hinauf. Am Abzweig A2 nach rechts gehen wir geradeaus, dann rechts auf den diagonal querenden 34er unter dem Padberg. Bald ist auch der 35er mit von der Partie, der uns via **Lennierstein** 06 diesmal östlich am Barnacken vorbeibringt. Es ist ein malerischer Hangsteig, links flankiert von Kalksteinbänken, rechts als Blickfang das südlich angeschweißte Eggegebirge. Er mündet in einen breiteren Forstweg, der weiter 35 heißt. Links hinauf.

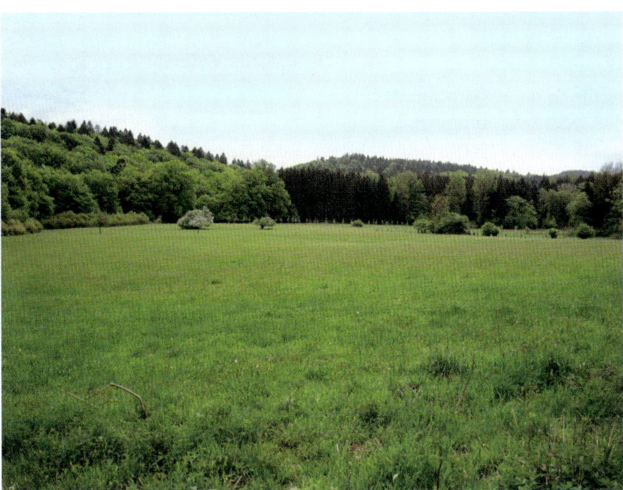

Wiesengrund unterm Bärenstein

Allmählich weitet sich das Panorama nach Norden, zeigt Schwalenberger Wald und Köterberg. Fast wieder auf Barnackenhöhe senkt sich der Weg, vereinigt sich mit der „34“ und schließt die Bergrunde. Zurück zur **Krüppeligen Buche** 02 und jetzt rechts hinab. Die Rigihütte passierend zur nächsten Abbiege; asphaltiert mit 35 links

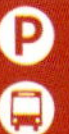

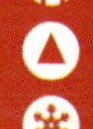

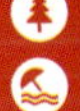

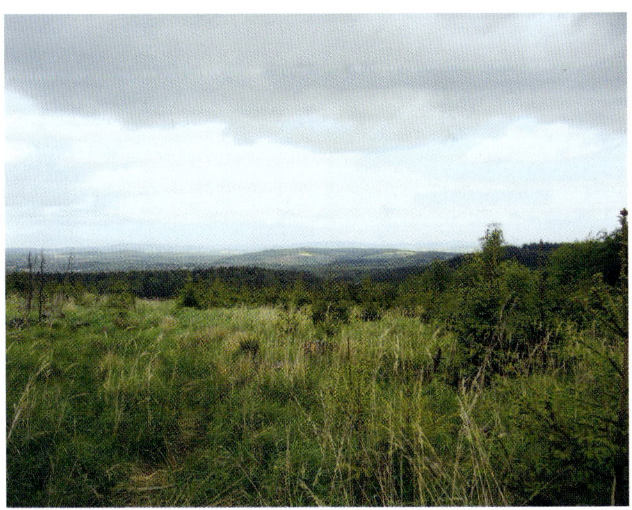

Barnackenblick übers Beller Holz zum Schwalenberger Wald

hinab zu einem Steinhaus. Auf breitem Weg (X6) nach rechts. Wir stehen vor den großartigen **Externsteinen** 07 (siehe Tour 36), die wir links umgehen. Weißes T im Kreis, Holzhausen-Externsteine 1,6 km und am Ufer des aufgestauten Wiembecketeiches zum Abzweig H/M nach links. Hier nehmen wir eine Auszeit von der beschriebenen Tour und erkunden die Steine, das nahe Infozentrum, den Felsenwirt. Zurück hinter den Teich und auf den Hermannsweg (s. S. 24)/Holzhausen 1,3 km. Teilweise wurzelgestuft geht es steil empor zum 318 m hohen **Bärenstein** 08, über dessen Rücken (Blaubeerstrauchdiebe willkommen!) und jenseits wieder hinab. Wo das anfängliche Waldhotel steht und wo praktisch die Tour endet.

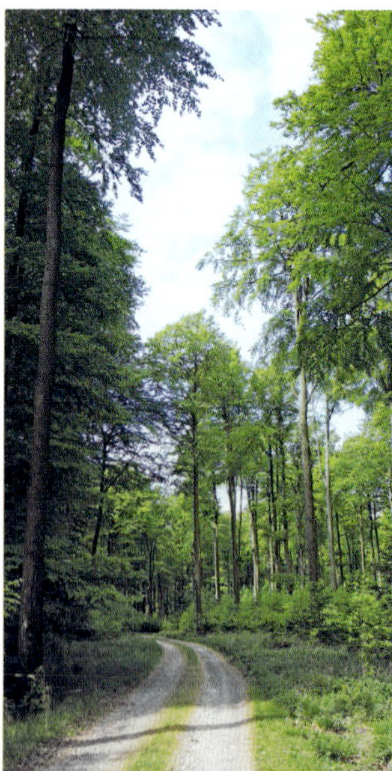

Mitten ins Grüne getroffen

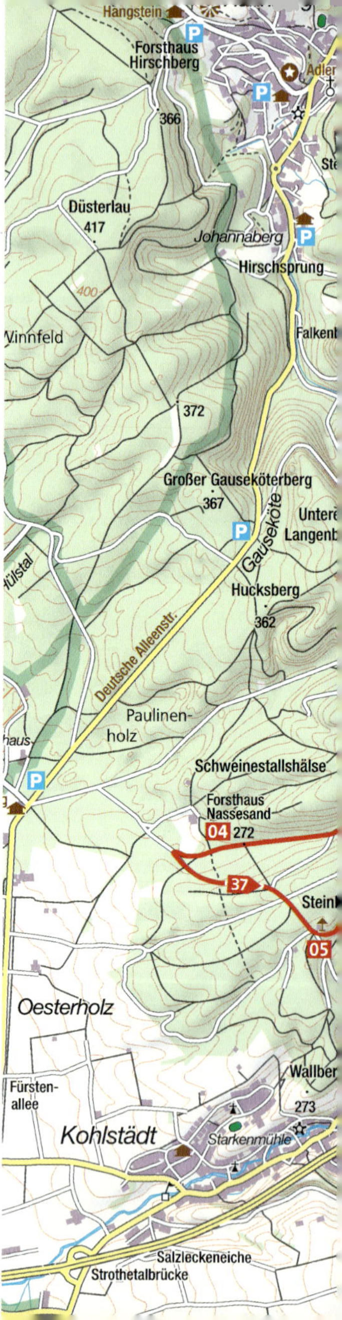

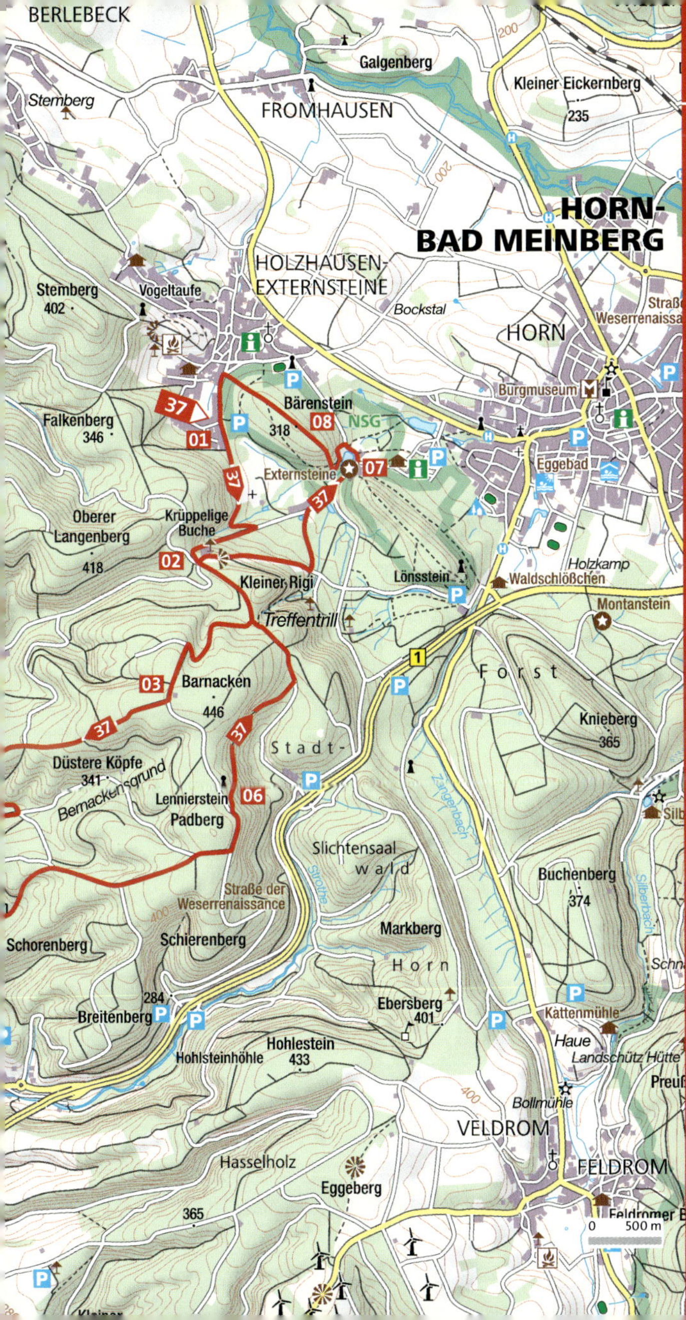

BERLEBECK
Galgenberg
Sternberg
FROMHAUSEN
Kleiner Eickernberg
235
200
HORN-
BAD MEINBERG
HOLZHAUSEN-
EXTERNSTEINE
Bockstal
Stemberg
402
Vogeltaufe
HORN
Straße der Weserrenaissance
Burgmuseum
37
Bärenstein
318
08
NSG
Falkenberg
346
01
Externsteine
07
Eggebad
Oberer
Langenberg
418
Krüppelige
Buche
02
Kleiner Rigi
Lönsstein
Holzkamp
Waldschlößchen
Montanstein
Treffentrill
1
Forst
03
Barnacken
446
Knieberg
365
Stadt-
Düstere Köpfe
341
Bernackensgrund
Lennierstein
06
Padberg
Zangenbach
Slichtensaal
wald
Buchenberg
374
Strothe
Straße der
Weserrenaissance
Silberbach
400
Schorenberg
Schierenberg
Markberg
Horn
284
Ebersberg
401
Breitenberg
Kattenmühle
Hohlestein
433
Hohlsteinhöhle
Haue
Landschütz Hütte
Bollmühle
VELDROM
Hasselholz
FELDROM
Eggeberg
365
0 500 m

IN DIE LEMGOER MARK

Auf einen Sprung ins Lippische Bergland

 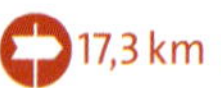 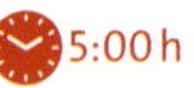 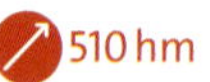 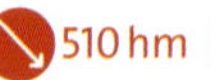 

17,3 km | 5:00 h | 510 hm | 510 hm | 848

START | Parkplatz an der B 66 am Bushäuschen (keine Haltestelle) oder Bushaltestelle Neuenkamp-Mitte, Linie 700/800/802, Karl Köhne Omnibusbetriebe GmbH (Mo – So)
[GPS: UTM Zone 32 x: 499.255 m y: 5.764.962 m]
CHARAKTER | Alle Wege sind genussvoll gangbar, nur der Windelsteinaufstieg hat es in sich.

Die Lemgoer Mark, als Naturgarten der Lemgoer Städter, gehört zum sogenannten Lippischen Bergland. Wenngleich vollumfänglich zum Naturpark Teutoburger Wald/Eggegebirge gehörig, ist die waldreiche Mark dem eigentlichen Teuto ein Stück weit nördlich entrückt. Aber es verstärkt oft den Reiz, wenn man sich vom Gewohnten mal ein Stück entfernt. Diese Tour mit deutlichen Höhenunterschieden auf relativ engem Raum gibt den typischen Landschaftseindruck wieder. Auch anschließend, von Lemgo aus.

Neben der vom öffentlichen Verkehr unbedienten **Bushaltestelle am Parkplatz** 01 steht eine Infotafel zum „Weg der Blicke“. Auf dieser 145-km-Strecke durch das nordlippische Bergland wollen auch wir ein Stück wandeln. Das Symbol, eine grüne Schleife auf gelbem Spiegel, führt uns die Straße Zum Netling hinauf. Nach etwa 100 m, zur Linken eine

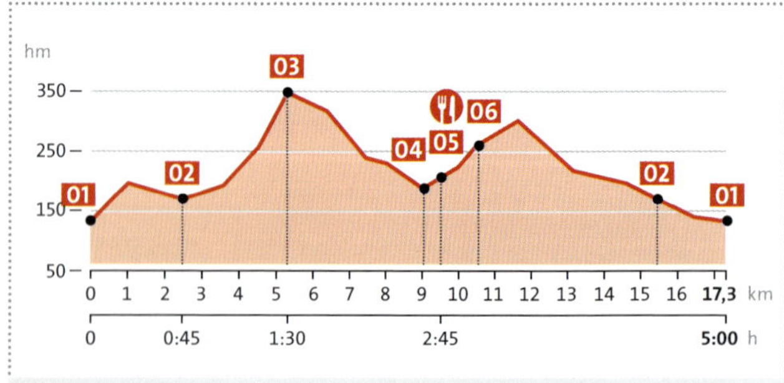

01 Bushaltestelle/Parkplatz, 138 m; 02 geziegelte Schutzhütte, 176 m; 03 Windelstein, 347 m; 04 Lemgoer Wildgehege, 192 m; 05 Gaststätte Schöne Aussicht, 201 m; 06 Aussichtsturm, 263 m

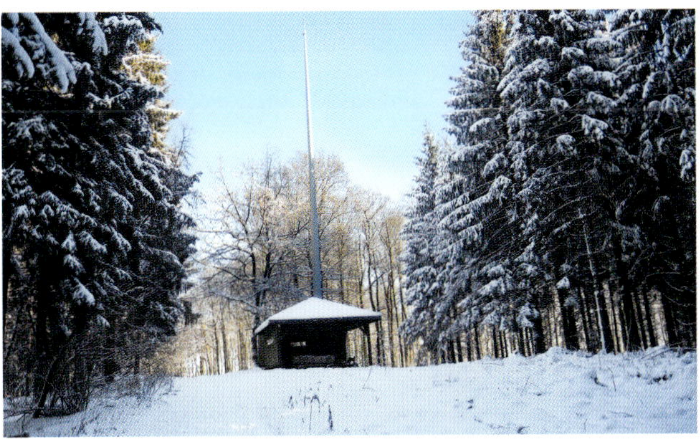

Die Schutzhütte auf dem Windelstein

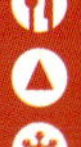

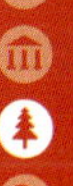

Scheune, in einem Rechtsbogen zum Waldrand. Der Weg trägt einen Zaun, der, wie wir bald mit imposantem Einblick bestätigen, die ehemalige Silbersandgrube abgrenzt. Der hier gewonnene Quarzsand war so lupenrein, dass die Glasindustrie ganz versessen darauf war. Die Grube im Rücken dringen wir auf dem „Weg der Blicke" in den Wald ein. Zweimal biegt der Weg um Taleinschnitte, ab und zu locken uns Rastbänke aus der Vertikalen, dann schwenken wir in den Bachlauf der Maibolte. An der erstbesten Gabelung wechseln wir die Bachseite, zur Linken eine **geziegelte Schutzhütte** 02. Rechts. Wir wandern nahe der Maibolte, an zwei Wasserversorgungsanlagen vorbei, auf X9 zur Einmündung unseres Rückweges. Geradeaus. Nun auch auf dem Europäischen Fernwanderweg 1 (s. S. 23), gelangen wir zu einer weiteren, robust gemauerten Schutzhütte. Hier zum Windelstein links (X9). Nach 300 m wieder links (Windelstein 1,2 km). Der Berg ruft, die Beinmuskeln werden zum Leistungsträger. Am Abzweig nach Lüerdissen steilt der Weg gehörig auf, dann ist der 347 m hohe **Windelstein** 03 erklommen. Ihn krönt eine – diesmal hölzerne – Schutzhütte mit Mühlrad als Tisch. Nach der Gipfeljause und 300 m Weiterweg an einer Gabelung mit A3 rechts hinab. Es geht mal zackig nach rechts und links, wir bleiben auf A3. Oberhalb der Ortslage Lüerdisser Bruch in einen Linksbogen und immer geradeaus. Auf einem Damm über die Försterteiche und zu einer Kreuzung. Halblinks (wieder X9 + L) hinauf, über einen querenden Wander- dann Reitweg hinweg und zum Zaun des **Lemgoer Wildgeheges** 04. Östlich darum herum mit neugierigem Blickkontakt zu den darin wohnhaften Hirschen. Vor einem Fachwerkhaus links (X9/L) und zur **Gaststätte Schöne Aussicht** 05, der niemand den Namen streitig machen kann, der hier nicht im Nebel steht. Ein Stück in Hanglage mit Traumblick über Lemgo und zum Teuto zu einer Straßengabelung. Hier links hinauf (A2). In einer Linkskurve gibt es vor einer Rastbank links einen unscheinbaren Abzweig; den nehmen wir (A2/X9). Er bringt

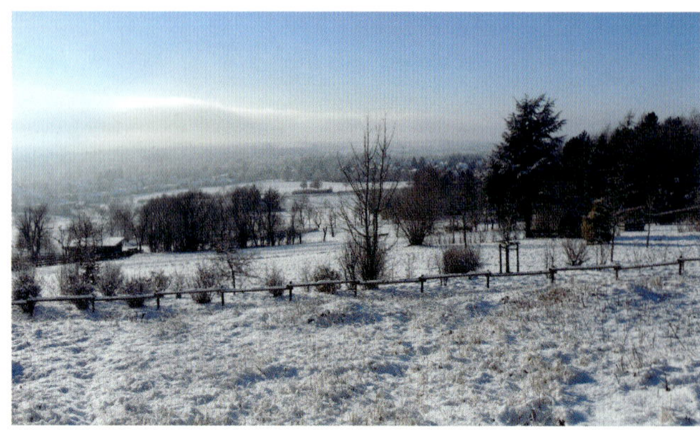

Lemgo im kalten Dunst des Hochwinters

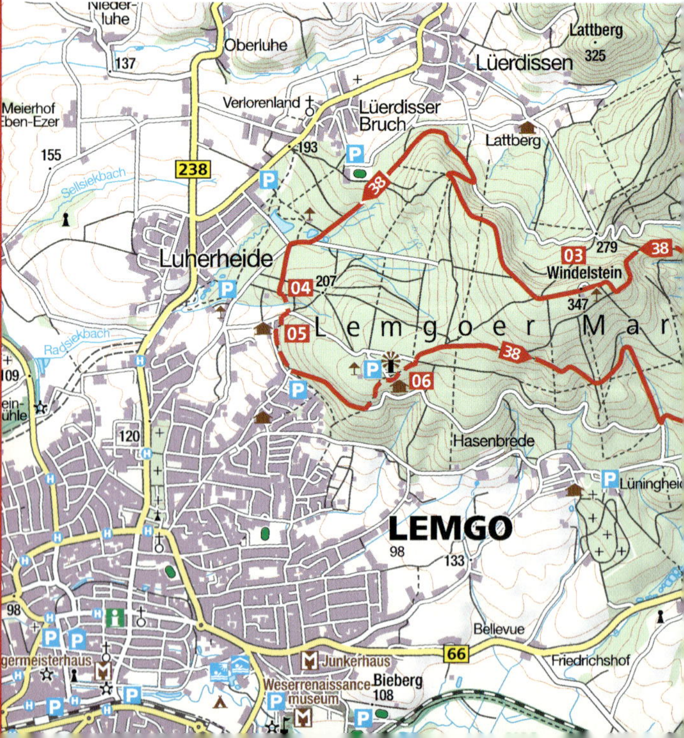

uns zu einem **Aussichtsturm** 06 mit Waldgaststätte – leider ehemalig. Geradeaus, dann mündet von links A4 auf breitem Weg ein; auch hier geradeaus, bis an einer Gabelung A1–3 wieder zum Windelstein ziehen und wir uns mit A4 rechts halten. Ein gutes Stück Lemgoer Mark bringt uns nach einer massiven Rechtskurve zu einer weiteren Kreuzung. Da wenden wir uns mit A1 nach links, legen uns absteigend ein paarmal in die Kurve und finden uns im Maiboltetal wieder. Zurück zur **geziegelten Schutzhütte** 02. Nun aber geradeaus, bis ein Holzschild mit der Inschrift „St. Annen-Buche 150 m“ nach rechts zeigt. Gegenüber links einen Reitweg hinab zu einem Hof mit Pferdebetrieb. Hier beginnt die Siedlungsstraße Neuenkamp, die wir hinabschlendern zur B 66/ Lemgoer Straße, die wir auf Höhe des Ortsausgangsschildes Dörentrup erreichen. Links, vorbei an der Bushaltestelle Mitte, dann schließt sich der Wanderkreis. Nun ab nach Lemgo, um den begangenen Weg im Überblick zu sehen.

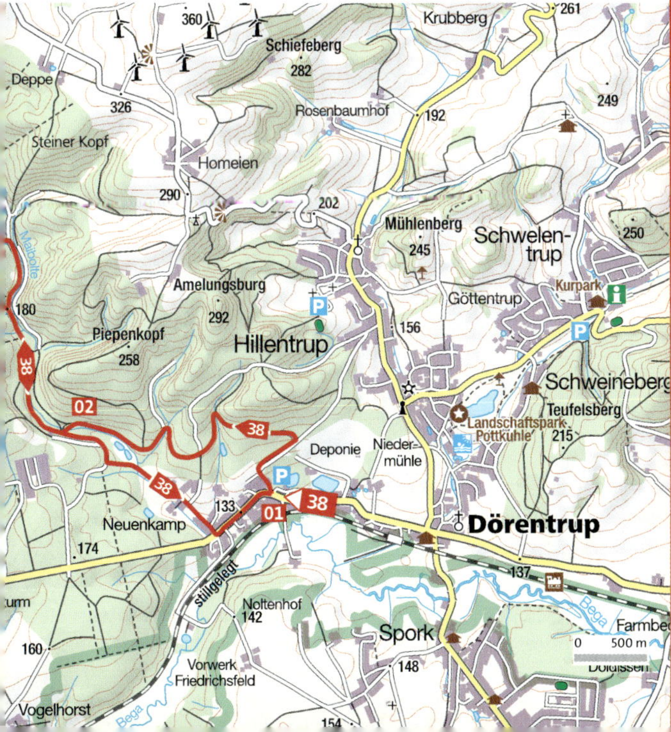

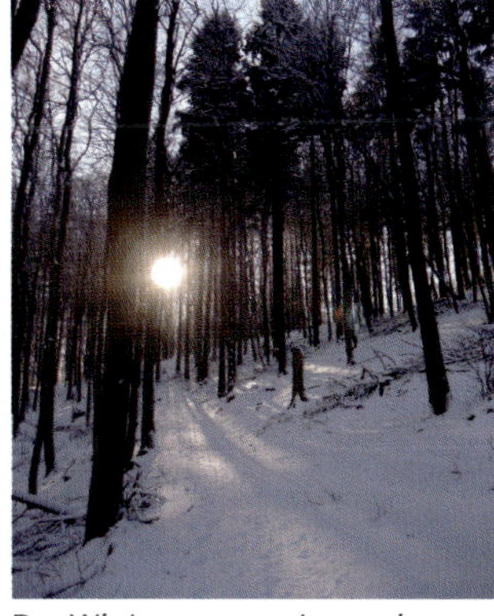
Der Wintersonne entgegen!

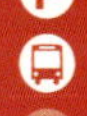
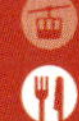

39

IM LEISTRUPER WALD BEI DETMOLD

Kurzer Wanderausflug zu einer vielgerühmten Aussichtsloge

 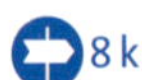 8 km  2:15 h 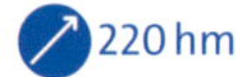 220 hm 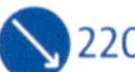 220 hm  844

START | Wanderparkplatz Leistruper Wald (Leistruper-Wald-Straße) oder Bushaltestelle Diestelbruch, Leistruper Wald, Linien 776 / 777 [GPS: UTM Zone 32 x: 496.606 m y: 5.752.990 m]
CHARAKTER | Für die Schau vom Berghof Stork sollten die Sichtverhältnisse passen! Die Wegverhältnisse dagegen passen immer.

Diese Tour sollte im Zeichen des archäologischen Bodendenkmals stehen. Bei Wanderungen in der Nähe, im Quartier, bei Gesprächen in der Gastwirtschaft jedoch wurde der begnadet schöne Panoramablick von der Höhe des Berghofs Stork gerühmt. Hatten die sich abgesprochen oder war was dran an dieser Schwärmerei im Einklang? Dem gingen die Autoren nach – und waren verblüfft!

▶ Wir nehmen ab Bushaltestelle die Leistruper-Wald-Straße zum **Parkplatz am ehemaligen Waldcafé** 01 oder starten dort und verschwinden ohne Verzug geradeaus im Leistruper Wald (A1/A2). Wir kreuzen das Bächlein Wörbke – durch wasserstauende Tonschichten in Oberflächennähe herrscht hier kein Flüssigkeitsmangel. An einer verzogenen Kreuzung wird es prähistorisch:

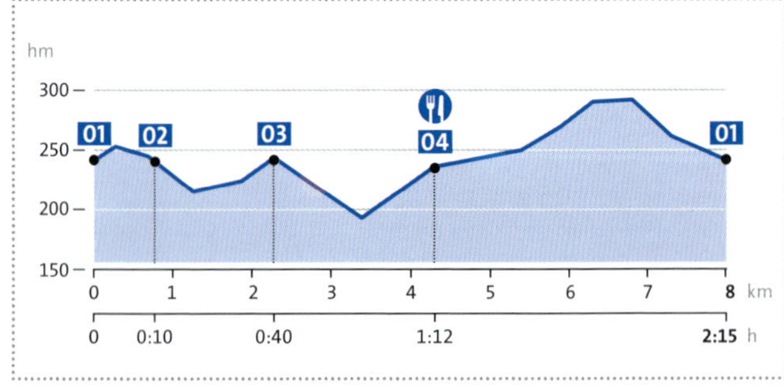

01 Parkplatz ehemaliges Waldcafé, 240 m; 02 archäologisches Bodendenkmal, 244 m; 03 Schutzhütte, 243 m; 04 Berghof Stork, 235 m

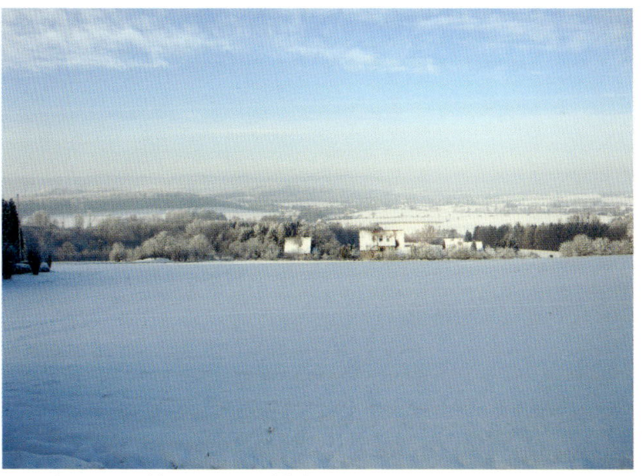

Teutoburger Wald im Winterschlaf

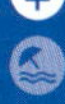

Ein Schild nach halblinks verweist auf Opfersteine, die kultige Germanen anlegten oder ganz profan späteren Weidezwecken dienten. Historisch verbürgt aber ist das **archäologische Bodendenkmal** 02, das wir finden, wenn wir hier rechts in den Immenweg abbiegen. Es handelt sich um einen Grabhügel mit komfortablen 8 m Durchmesser. Eine gefundene Gewandnadel datiert auf die Bronzezeit. Der Immenweg stößt auf den querenden Rhönweg. Hier links und zu weiterer Kreuzung gegenüber dem Wasserwerk Horn-Bad Meinberg. Wieder links, den Fuchsfichtenweg (A2) hinauf. Er führt zu einer **Schutzhütte** 03, die uns auch auf dem Rückweg Zuflucht böte. Davor rechts und sofort wieder rechts, einen Reitweg hinab. Das Gelände zur Linken senkt sich merklich –

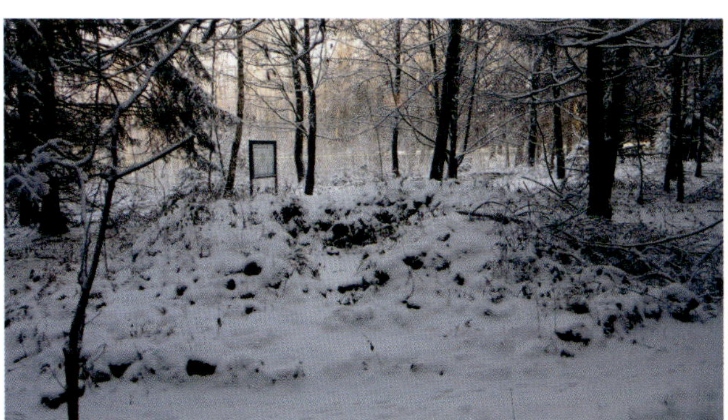

Geschichtlich Schnee von gestern – ein bronzezeitlicher Grabhügel

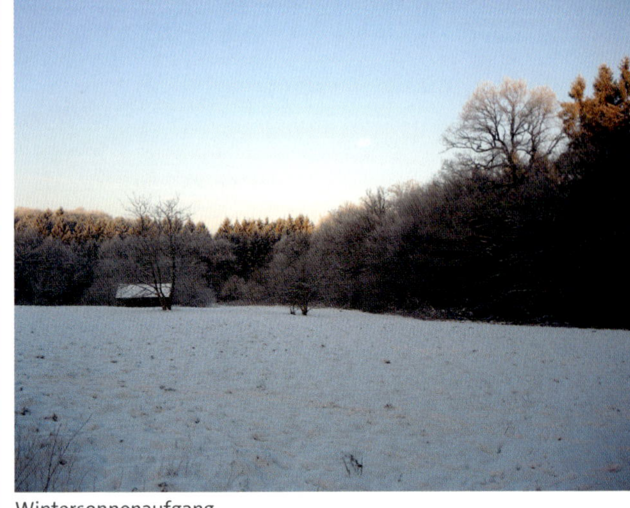

Wintersonnenaufgang

hier hat sich der Strangbach sein schluchtartiges Bett gewaschen. Wir bleiben fast auf der Höhe, ein Pfad leitet uns zum Waldrand mit kleinem Friedhof zur Rechten. Die Straße Wittenbrede bringt uns hinab zu den Häusern von Maßbruch. Schon hier nimmt uns das landschaftliche Gegenüber gefangen: Da thront der wuchtige Teuto-Kamm und beansprucht den Horizont ganz für sich. Ist die Luft klar genug, finden wir rechts das imposante Hermannsdenkmal und den 290 m hohen Mast des Bielstein-Senders. Aber es soll noch schöner kommen! Auf der Querstraße (Strangweg) nach links. Bald setzt sich der Gasthof in Szene. Beim folgenden Hochgang verwehren wir uns die Rückschau. Erst oben am **Berghof Stork** 04 wenden wir den Blick. Und siehe: Da unten liegt uns Detmold zu Füssen!

Da könnten wir im Biergarten glatt die Bestellung vergessen ... Dahinter ist der Gästeparkplatz. Und dort eine Schautafel. Und darauf der Hinweis Leistruper Wald, Opfersteine, Diestelbruch (A 5/A 6) nach links. Und dem folgen wir. Bald sind wir wieder Waldläufer und bald auch wieder an der **Schutzhütte** 03. Wenige Meter geradeaus, dann rechts Am Steinhagen Teich. Über einen Querweg zum Waldrand. Gegenüber der Lange Berg und Homberg, rechts das Örtchen Fissenknick. Nun ruft links der Rückweg. Der Bauerheide genannte Weg führt abwechslungsreich durch Baumgürtel oder in Waldrandnähe, dazu wohl positionierte Rastbänke. Talwärts zu einer Gabelung (links Jackenborn), halbrechts, vorbei an einer Wasserversorgungsanlage auf die Häuser von Hülsen zu. Oberhalb (passend Über den Hülsen) am Waldrand links. Wieder grüßen Hermannsdenkmal und Bielstein-Sender, doch deutlich vorher ist die Runde zu Ende.

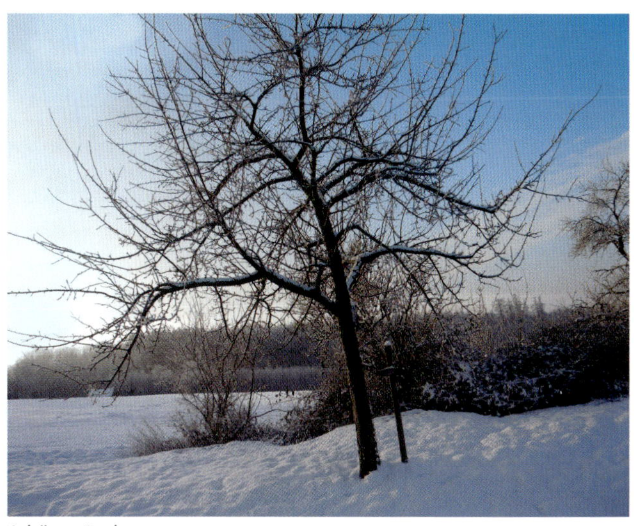

Schöner Boskoop

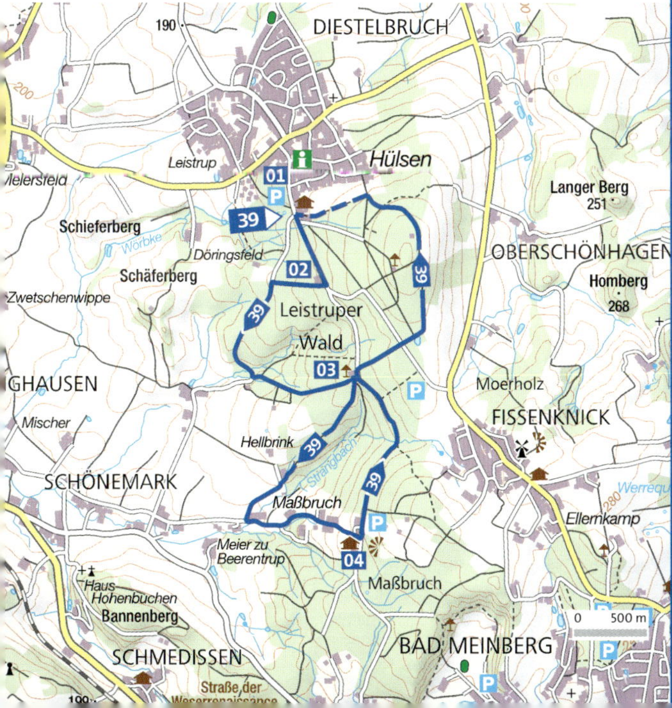

190
DIESTELBRUCH
200
Leistrup
Hülsen
Melersfeld
01
39
Schieferberg
Wörbke
Döringsfeld
02
Schäferberg
Zwetschenwippe
Leistruper
Wald
03
Langer Berg
251
OBERSCHÖNHAGEN
Homberg
268
GHAUSEN
Mischer
Moerholz
FISSENKNICK
Hellbrink
Strangbach
SCHÖNEMARK
Maßbruch
Werrequ
280
Ellernkamp
Meier zu
Beerentrup
04
Maßbruch
Haus
Hohenbuchen
Bannenberg
0 500 m
SCHMEDISSEN
BAD MEINBERG
Straße der
Weserrenaissance

VON BAD MEINBERG ZUM NORDERTEICH

Eine „Internationale Reise“ in ein Vogelparadies

 10,9 km 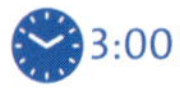

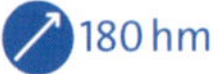

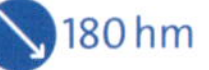

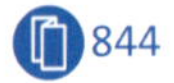

START | Parkplatz Ecke Hamelner/Brunnenstraße oder Bushaltestelle Yoga-Zentrum, Linien 772 Bad Meinberg – Barntrup und 776 Detmold – Steinheim
[GPS: UTM Zone 32 x: 499.243 m y: 5.749.574 m]
CHARAKTER | Das Seestück vom Entenkrug bis Billerbeck ist asphaltiert, die Wege im Park und Beller Holz dagegen sind Naturwege.

Als der Norderteich noch fast doppelt so groß war wie heute, erhielt er den Namen „Lippisches Meer“. Im 13. Jh. von Mönchen aufgestaut, diente er den kirchlichen und weltlichen Herren der Umgebung zur Versorgung mit Frischfisch. Eine Wassertiefe von nur 3 m und steter Sedimenteintrag begünstigten eine allmähliche Verlandung des Sees und seine Verwandlung in ein Niedermoor. Für die Natur und ihre Liebhaber ein Segen, denn der Saum aus Bruchwald, Sumpfwiesen und Röhricht schafft paradiesische Verhältnisse für viele Vogelarten und die Beobachtungsgabe des Wanderers.

▶ Von **Parkplatz oder Haltestelle 01** begeben wir uns zum

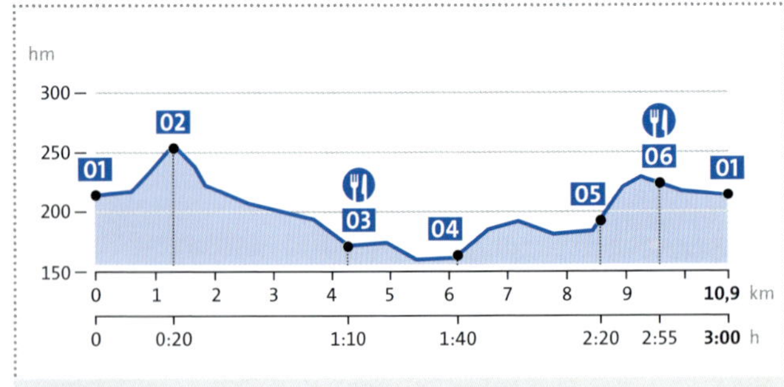

01 Parkplatz/Haltestelle, 215 m; **02** Kohlenberg, 260 m; **03** Einkehrhaus Entenkrug, 171 m; **04** Schutzhütte, 159 m; **05** Waldbad, 184 m; **06** Hotel Schauinsland, 231 m

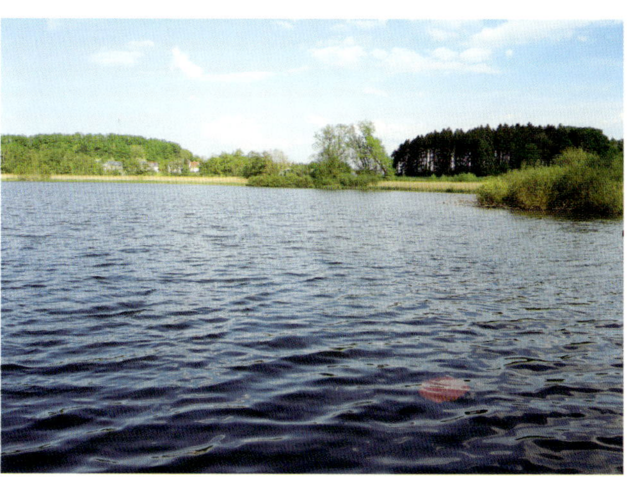

Freier Seeblick von der Schutzhütte am Südufer

Kurparksee. Eine schmiedeeisern geländerte Brücke führt über die seedurchfließende Werre. Dahinter links (Niedersachsenweg X6/Pilgern in Lippe) unter der Hamelner Straße in den Länderwaldpark Silvaticum. Die nördliche Hemisphäre nimmt hier Platz auf 30 ha, zumindest ihre Hauptwaldgebiete und Baumgesellschaften. So reisen wir grenzenlos unbekümmert über Mittelmeerraum, Himalaya und Nordamerika unserem Hauptziel entgegen. An reetgedeckter Schutzhütte mit Hinweis Norderteich und Entenkrug geradeaus (X6). Am **Kohlenberg** 02 ist ein Abstecher zum archäologischen Bodendenkmal Wartturm lohnend. In den 1980ern wurde hier ein frühmittelalterliches Fundament ent-

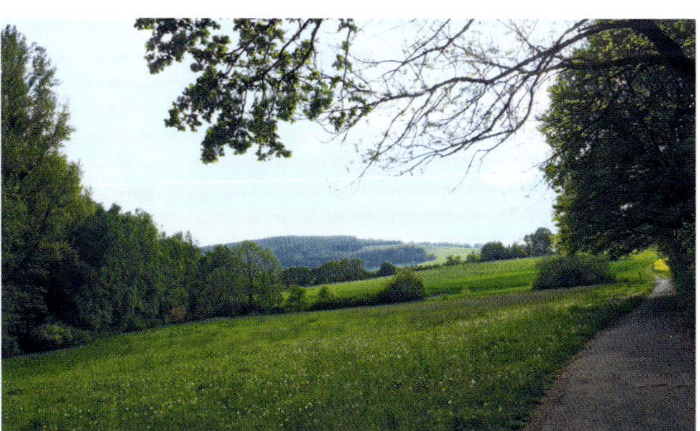

Hinter dem grünen Naptetal erhebt sich der Bellenberg

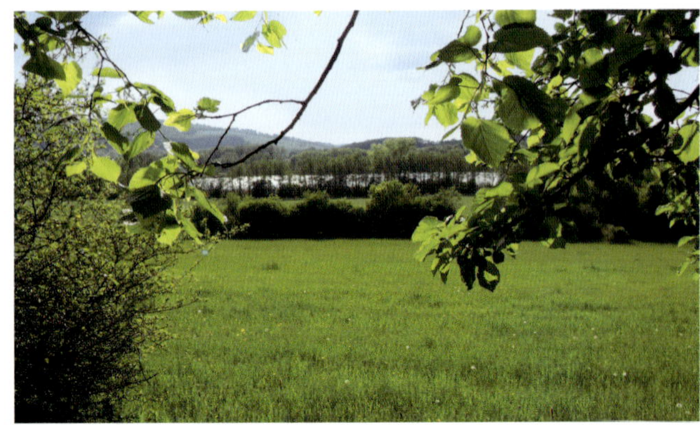
Der Norderteich als Silberstreifen unterm Horizont

deckt und mit einer Schutzhütte überdacht. Zurück zum Hauptweg und rechts (zusätzlich A 2). Wir unterwandern die B1. Nach Rechtsbogen sofort links (X/A 2) durch Forst. An einer geschnitzten Maria mit Jesuskind als Pilgerwegssymbol unterqueren wir die B 239. Ein breiter Forstweg führt uns leicht absteigend, an einer Kreuzung halblinks und an einer Schutzhütte vorbei durchs südliche Beller Holz. Ab Einmündung eines Teersträßchens von links geradeaus. An einer Streuobstwiese erreichen wir den Rundwanderweg Norderteich und bald das **Einkehrhaus Entenkrug** **03**, in dem früher der fürstliche Entenfänger wohnte. Immer rechtshaltend streben wir dem See entgegen, zwar asphaltiert doch landschaftlich reizvoll, zu einer backsteinernen Hofstelle am Rand von Billerbeck. Hier rechts (A 3/M) und am Südufer zu einem grandiosen Seeblickpunkt mit **Schutzhütte** **04** für ungestörte Vogelperspektive auf heute 12,5 ha Seefläche, solange wir wollen! Noch ein Stück Seerundweg, dann an einem Schilderbaum geradeaus auf einen Feldweg mit Hinweis Vahlhausen/Bad Meinberg (A 2). Im Wald erst in schwacher Kammlage, dann (A 2) halblinks hinab und oberhalb der Napte, über die der Norderteich entwässert. An einer Weidewiese

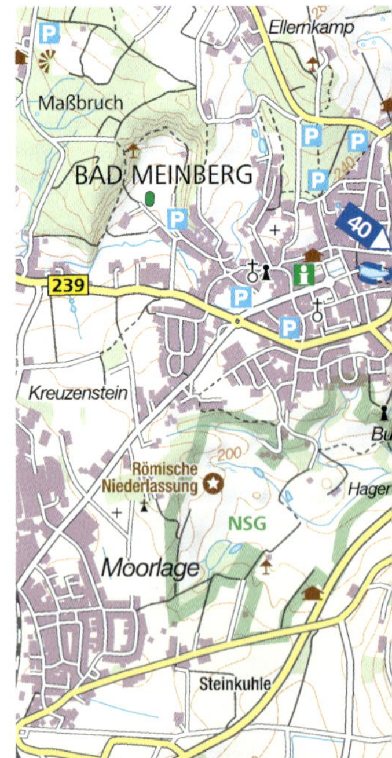

berühren wir den Ortsrand von Vahlhausen an seinem nördlichsten Haus. Den Fasanenweg geradeaus, an der Straße nach Bad Meinberg unter der B1 hindurch und rechts des Promenadenweges via Bushalte Buschkamp zum **Waldbad** 05 für saisonale Abkühlung. Hinter dem Eingang lesen wir wieder „Silvaticum" und gehen links (weißer Kreis). Aus dem Tal aufsteigend zum **Hotel Schauinsland** 06 hinter der B 239. Rechts daran vorbei finden wir uns – in Oberitalien des Länderwaldparks wieder. Per Hinweg zurück zum Kurparksee. Wir folgen seinem linken Ufer, um dem historischen Kurpark aus dem barocken Jahr 1770 unsere Aufwartung zu machen. Vielleicht lassen wir uns am Seescheitel weiter ins Herz des Staatsbads Bad Meinberg locken. Nein? Dann rechts zurück.

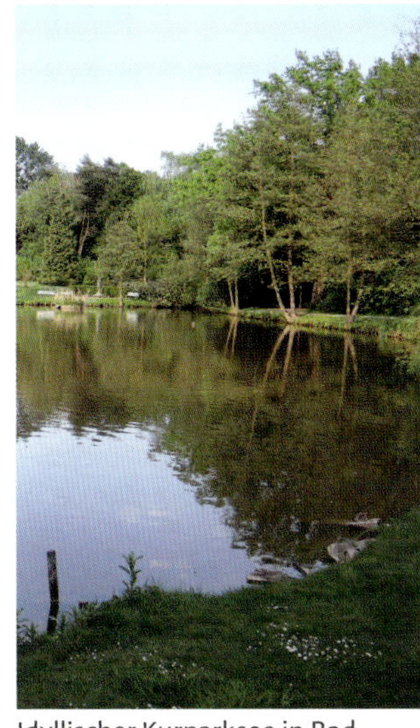

Idyllischer Kurparksee in Bad Meinberg

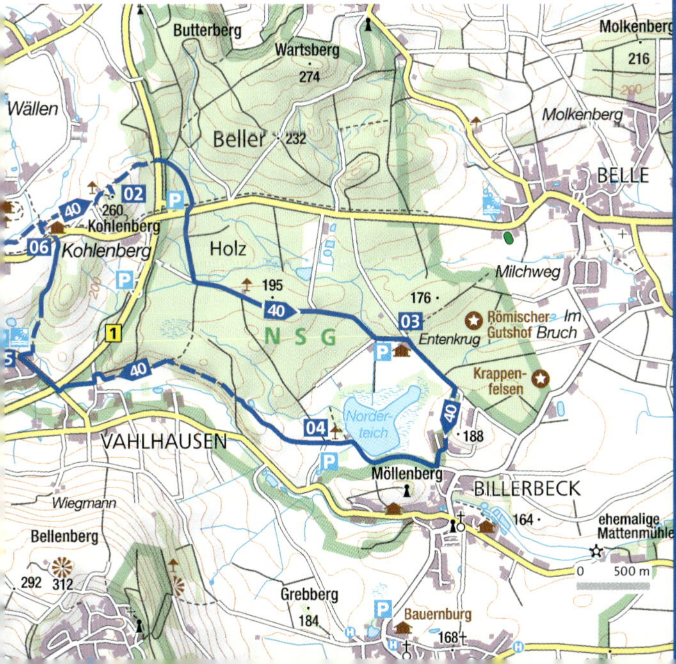

PREUSSISCHER VELMERSTOT • 468 m

Zum höchsten Punkt im Tourengebiet und zum nördlichsten Vulkan Deutschlands

 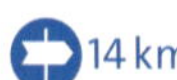 14 km  4:00 h  385 hm  385 hm 844

START | Parkplatz Leopoldstaler Straße 1, Bahnhof Sandebeck der RB72 Herford – Paderborn oder Bushalt Teutoburger-Wald-Straße, Linie R76 Steinheim – Bad Driburg
[GPS: UTM Zone 32 x: 498.418 m y: 5.740.992 m]
CHARAKTER | Steter Aufstieg zum höchsten Gipfel, dann bequemer Kammweg. Zum Vulkan und nach Sandebeck leider asphaltiert.

Diese Tour lockt mit zwei Superlativen, sozusagen himmel- und nordwärts. Der eine ist der Preußische Velmerstot. Mit 468 m die höchste Erhebung dieses Buches und von seinem weniger hochgewachsenen lippischen Namensvetter nur einen Kilometer entfernt. Beim anderen handelt es sich um einen stillgelegten Vulkan. Unter allen unterirdischen Kraftakten deutscher Erdkruste ist der Sandebecker Vulkan der nördlichste. Die Wanderung ist dennoch alles andere als zweidimensional.

▶ Mit gedrehtem T und Winkel für Zugang Eggeweg verlassen wir den **Parkplatz** 01. Gleich stehen wir im Wald und an einer Gabelung (Bärenbruch). Hier nach

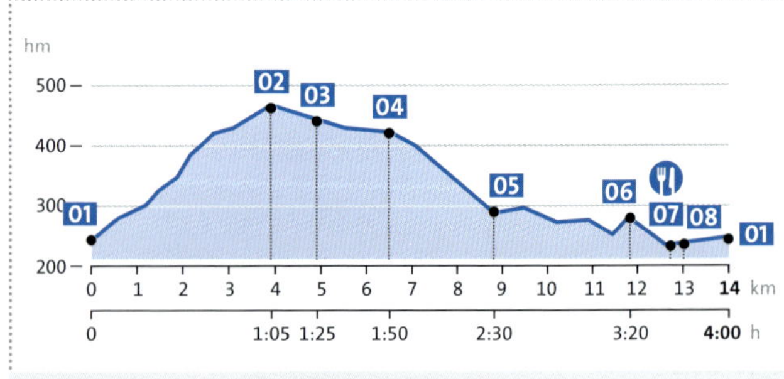

01 Parkplatz, 233 m; 02 Preußischer Velmerstot, 468 m; 03 Feldromer Berg, 446 m; 04 Bedastein, 420 m; 05 Abzweig nach Grevenhagen, 278 m; 06 Sandebecker Vulkan, 271 m; 07 Hotel und Restaurant Germanenhof, 220 m; 08 Eggedom, 224 m

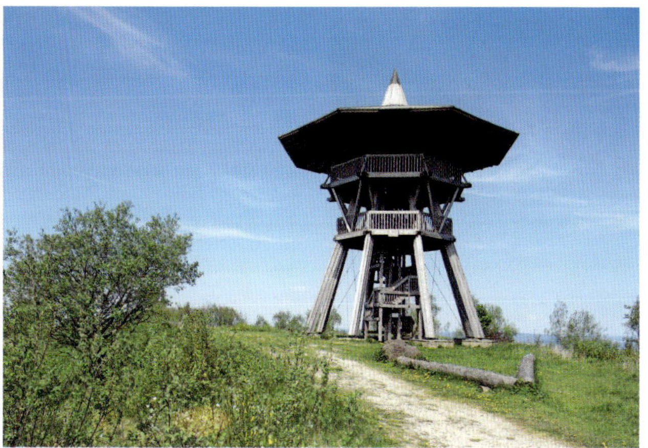

Der Eggeturm krönt den höchsten Punkt

rechts (Leopoldstal 4 km, Feldrom 5 km) mit A5. So auch an der Folgegabelung. Nach etwa 1 km mildem Aufstieg ein Abzweig. Wir verlassen A5 und überlassen uns links dem Zugangs-Winkel (Preußischer Velmerstot 2 km). Wir steigen gleichmäßig dem Kamm entgegen, bis zur Linken eine felsig-senkrechte Aufragung überrascht. Sie kündet vom nahen Gipfel. Sodann ist der Eggeweg (s. S. 24) erreicht. Noch 400 m zum höchsten Punkt. Der Gipfelgang ist steil, das Hochgefühl überwältigend am **Preußischen Velmerstot** 02, 468 m über dem Meer. Die Besteigung des förmlich gelungenen Eggeturmes darf andächtig sein, denn höher geht es nirgends im Tourengebiet. Auch ungehinderter ist kein Blick: Vom Lipperland im Norden zum Sauerland im Süden. Im Westen die Paderborner Hochfläche, im Osten das Oberwälder Land. Wanderinspiration ohne Ende! Links der asphaltierten Fahrstraße führt ein schöner Wanderweg gen Süd. Über den Kamm erhaben ist auch der **Feldromer Berg** 03 (446 m) mit verwittertem Sandsteinkruzifix von 1826. Am Abzweig nach Feldrom und Hinweis Hakehütte 1,3 km bleiben wir obenauf und finden den **Bedastein** 04 zum Gedenken an den Eggepater Dr. Beda Kleinschmidt. In der Nische

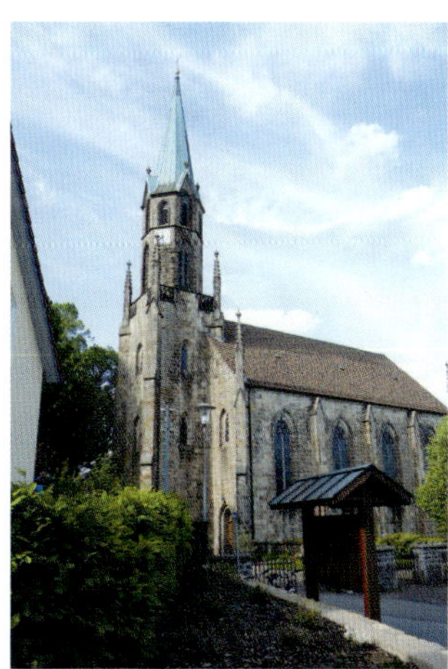

Der neugotische Eggedom in Sandebeck

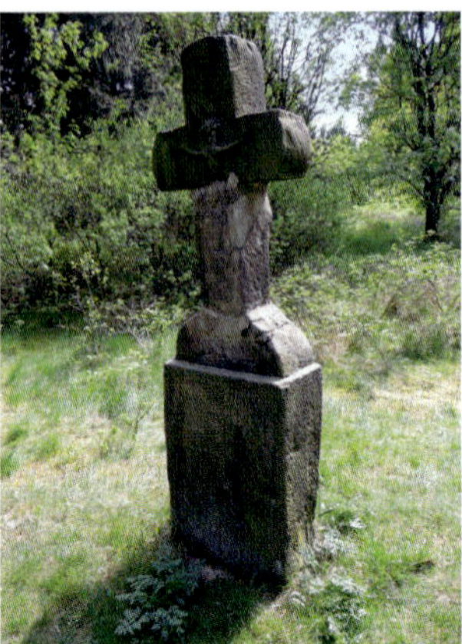

Am Feldromer Berg ein Sandsteinkreuz anno 1826

des barocken Bildstockes von 1772 ist anstelle des hl. Hubertus eine Bronzebüste Bedas eingefügt. Wir queren den Verbindungsweg Kempen-Sandebeck und verlassen den Eggeweg am Abzweig Sandebeck 3,5 km nach links. Gedrehtes T, Raute und weißer Punkt leiten

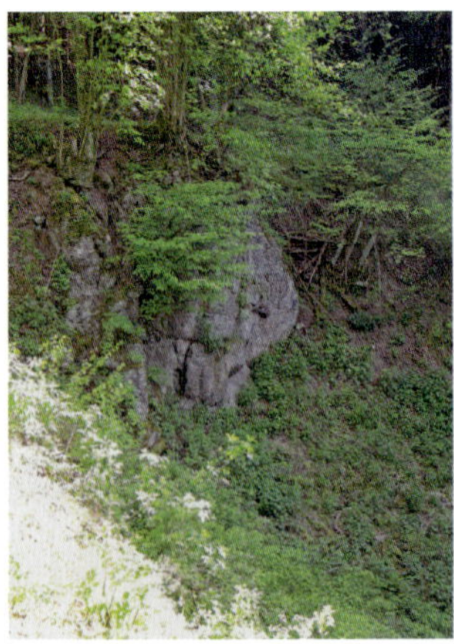

Durfte nie Lava spucken – der Sandebecker Vulkan

einen selten begangenen Pfad hinab, bis wir ein geteertes Querssträßchen vorfinden, dem wir – so markiert – rechts abwärts folgen. Nun ein ganzes Stück auf A2, erst rechts, dann links hinab, am **Abzweig nach Grevenhagen 05** nochmals links. Am Waldrand (A4) in spitzem Winkel rechts hinauf zu einer Schutzhütte wie ein Tipi. Eine Telegrafenmastzeile und eine Teerstraße führen links durch ein Tälchen, jenseits bergan zu einem Bildstock mit Rastbank und einen Feldweg rechts empor zum **Sandebecker Vulkan 06** am Uhlenberg. Wie immer wir uns einen Vulkan vorstellen – das Bild könnte hier ins Wanken geraten, denn wir stehen vor einem Loch. Es handelt sich nämlich um einen Vulkan-Embryo, dem es nicht vergönnt war, das Licht der Erdoberfläche zu erblicken, da er knapp darunter stecken blieb. Der nur 10 m breite, dafür 300 m tiefe Basaltgang wurde nach seiner Entdeckung 1834 für einige Jahrzehnte als Steinbruch zur Schottergewinnung tiefergelegt. Zurück zum Bildstock. Rechts, über die Straße nach Erpentrup, unter die Zuggleise und zum Ortsrand Sandebeck. Auf der Teutoburger-Wald-Straße rechts zum **Hotel und Restaurant Germanenhof 07**. Davor links über Germanen- und Franzstraße zum sogenannten **Eggedom 08**. Der Turm der neugotischen Pfarrkirche St. Dionysius aus dem 19. Jh. ist 48 m hoch, die Hauptglocke mit dem Namen des Kirchenheiligen wiegt 805 kg! Nach einem Blick ins kühle Kirchenschiff kehren wir zur Teutoburger-Wald-Straße zurück und gehen rechts. Vorbei an der gleichnamigen Bushalte aus dem Ort. Über Schienen und Leopoldstaler Straße zum Nullpunkt.

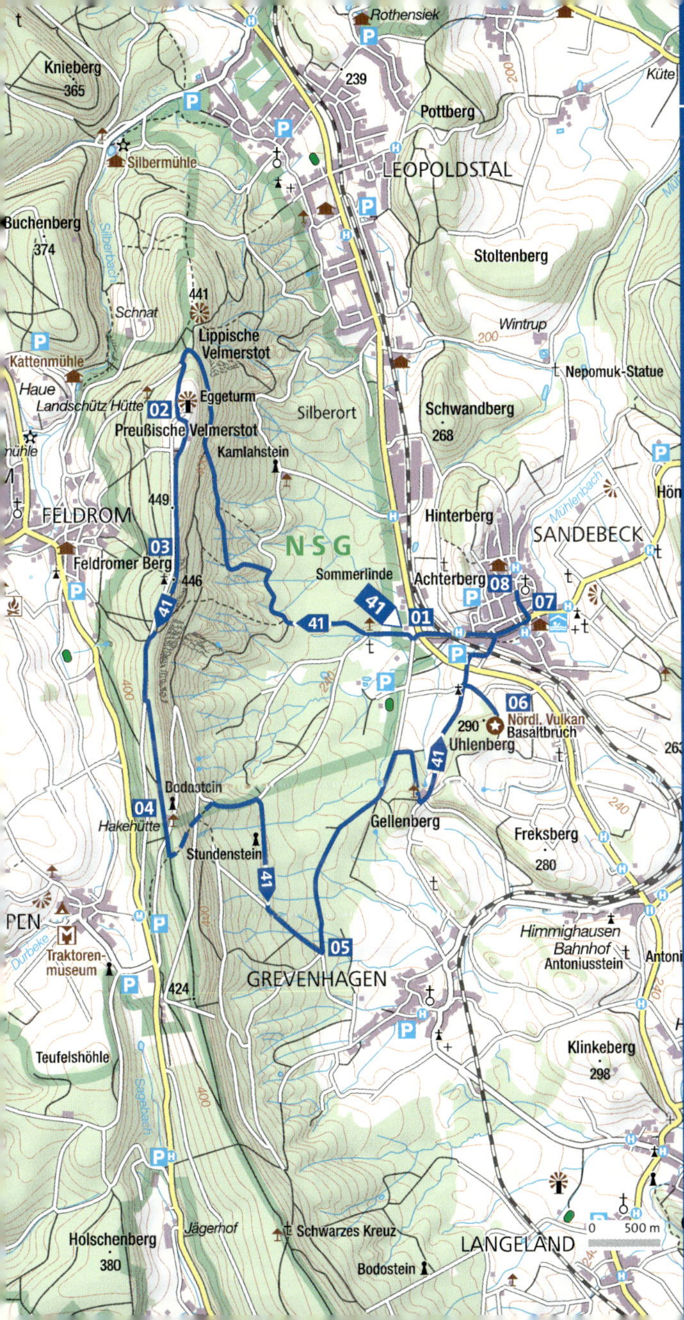

Knieberg
365
Rothensiek
239
Pottberg
Silbermühle
LEOPOLDSTAL
Buchenberg
374
Silberbach
Stoltenberg
441
Schnat
Wintrup
200
Lippische Velmerstot
Kattenmühle
Nepomuk-Statue
Haue
Landschütz Hütte
02
Eggeturm
Silberort
Schwandberg
268
Preußische Velmerstot
Kamlahstein
449
Hinterberg
Mühlenbach
FELDROM
SANDEBECK
03
NSG
Feldromer Berg
446
Sommerlinde
Achterberg
08
07
41
01
06
290
Nördl. Vulkan Basaltbruch
Uhlenberg
263
Bodostein
04
Hakehütte
Gellenberg
Freksberg
280
Stundenstein
240
400
Himmighausen Bahnhof
Antoniusstein
Traktoren-museum
Durbeke
05
GREVENHAGEN
424
Teufelshöhle
Klinkeberg
298
Sagebach
Jägerhof
Schwarzes Kreuz
Holschenberg
380
LANGELAND
Bodostein
0 500 m

HOHLSTEINHÖHLE UND BIELSTEINSCHLUCHT BEI VELDROM

Berge, Täler, Höhlen, Blumen – dichter Wald und freies Feld

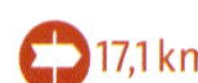

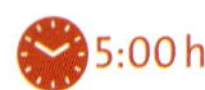

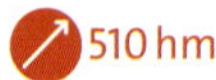

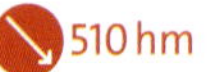

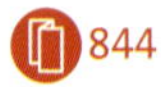

START | Parkbucht an der Bauernkampstraße (K 98) zwischen Veldrom und Schlangen
[GPS: UTM Zone 32 x: 493.534 m y: 5.740.247 m]
CHARAKTER | Diese Tour ist eine der abwechslungsreichsten des Buches und damit zum Highlight gekürt.

Wer auf der Übersichtskarte die Tourspur sieht, könnte denken: Das ist ein einziges Hin und Her! Stimmt. Doch liefert so eine Karte ein flächiges Landschaftsbild. Lässt man aber die 3. Dimension in die Höhe und Tiefe wachsen, ergibt sich ein eng zertaltes Stück Eggegebirge. In dem aufmerksame Pfadfinder ganz schön was zu sehen bekommen – beileibe nicht nur die Höhlen am Hohle- und Bielstein.

▶ A1/A4 an Teersträßchen führen vom **Parkplatz** 01 schnell zum **Café und Restaurant Bauerkamp** 02, einer jahrzehntelang beliebten Sammelstelle für Naturerkundler. Wir sind in der Aufwärmphase, also links vorbei. Am Waldrand rechts. Rechts

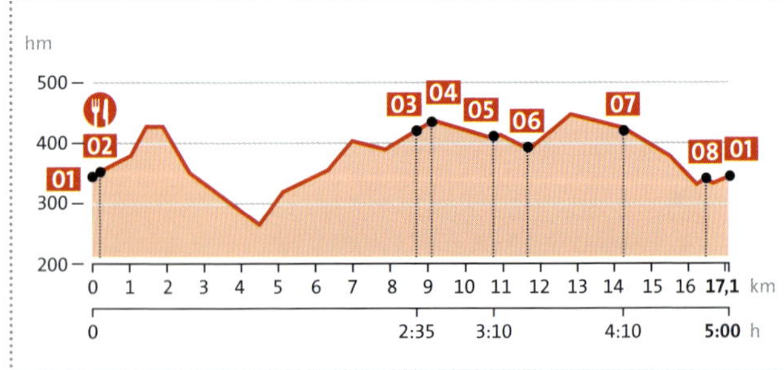

01 Parkplatz, 344 m; 02 Café und Restaurant Bauerkamp, 354 m; 03 Hohlsteinhöhle, 420 m; 04 Hohlestein, 433 m; 05 Schutzhütte Ebersberg, 407 m; 06 Ortsrand Veldrom, 384 m; 07 K 98, 419 m; 08 Bielsteinschlucht, 339 m

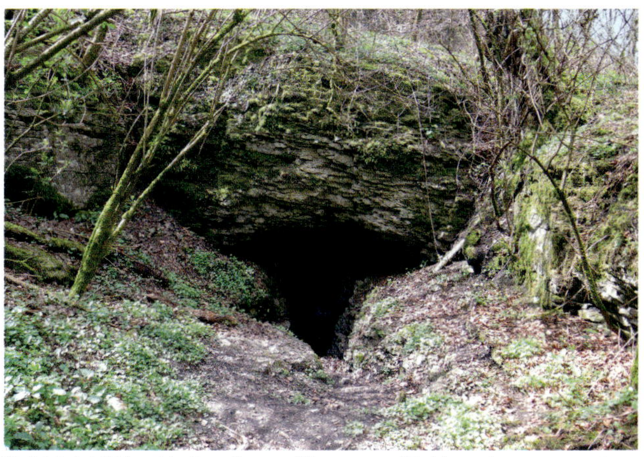

Hohlsteinhöhle – Fledermäuse willkommen, für Menschen versperrt

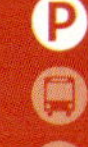
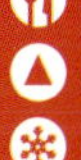
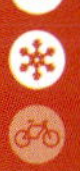

Windräder wie Feldstecher in der Landschaft, links Steilhang in ein Tal, das allmählich unser Niveau erreicht. Kurz vor der Bauernkampstraße links (A1/A4). Breite Wege stehen nun an. Wir wenden uns links, nehmen von zweien den linken ins Langental (A1/A2), an dessen Oberrand wir eben liefen. Die Hänge sind botanisches Augenweideland, besonders im Lenz: Erst flächendeckend Bärlauch, dann massenhaft Hohler Lerchensporn. Dazwischen zur Auflockerung weiße Kalksteinbänke. Zwei Wege führen links zum Bauerkamp zurück. Wir bleiben auf A2 im Langental. An einem Abzweig gehen wir mit A2 nach rechts in ein neues Tal (Hasselhütte 1,2 km). An folgender Kreuzung geradeaus (A5, Kohlstädt 3 km). A5 zieht nach links, wir gehen unmarkiert geradeaus, entsteigen auch dieser Talsohle, lesen „Hohlsteinhöhle 2 km“ nach links zurück. Bald biegen wir rechts weg, geraten auf einen Querweg, halten uns rechts (500 m zur Höhle), folgen nun immer dem Symbol Raute – vorbei an der verfallenen Hohlestein-Hütte, dem Kammobersten entgegen. Skurril gewundene Buchenstämme säumen den Weiterweg, ehe ein Höhlenschild nach links lockt. In kleinem Spannungsbogen senkt sich das Gelände zum vergatterten Eingang der **Hohlsteinhöhle** 03. Laut Infotafel ist diese 360 m lange Klufthöhle eine der größten des Weserberglandes und bietet acht Fledermausarten Winterquartier. Bedächtig ob des hohlräumigen Untergrundes gehen wir zurück zum Hauptweg und links. Das hiesige Fauna-Flora-Habitat wird seinem Namen gerecht, die Blumenvielfalt ist üppig hier oben. Wir überschreiten den **Hohlestein** 04 (433 m), erreichen den Waldrand – und sind überrascht. Vor uns liegt eine fruchtbare Hochfläche mit weiter Blickachse nach Süden und zum Hauptgipfel, dem Velmerstot mit Eggeturm gegenüber. Wir halten uns links (Raute, A4). Sofort eine Kreuzung mit alten Holzwegweisern. Hier rechts, Ebersberg 600 m, Raute, Lönspfad X10

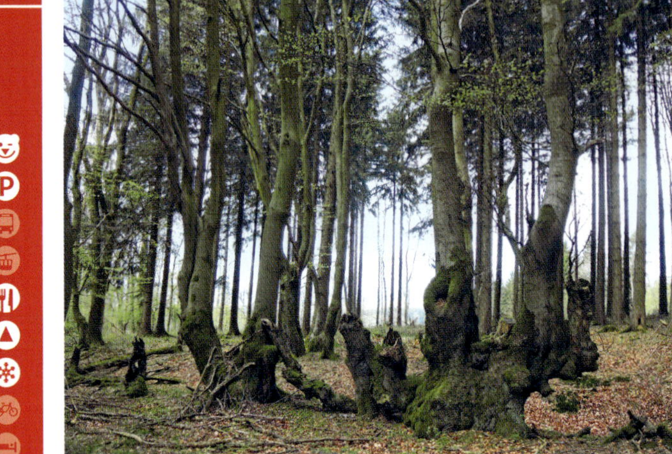

Verwunschene Waldbewohner oder Laune der Natur?

(s. S. 25) und bald zur **Schutzhütte Ebersberg** 05.

Wieder rechts, mit Raute/X 10 Richtung Veldrom. An baldiger Gabelung ohne die Markierungen rechts auf den Ort zu. Zum Waldrand, dann zwar auf Asphalt, dafür weitblickend durch Weidewiesen zum Haus Höhlenweg 18 am äußersten **Veldromer Ortsrand** 06.

Rechts vorbei, sofort links und wieder zum Waldrand. Keine 100 m nach rechts, dann links und ein ganzes Stück geradeaus. Wieder gehen unsere Blicke weit ins Land: Unter uns der Ort Schlangen, dahinter horizontfüllend die Paderborner Hochfläche. Bei erster Gelegenheit links (A 2). Wir berühren den Hinweg eingangs des Langentals, gehen geradeaus (A 4, Bielsteinschlucht 1,8 km) zur **K 98** 07. Etwa 100 m rechts und links auf einen Wirtschaftsweg, der sich talwärts schlängelt, bis wir A 4 in spitzem Winkel nach

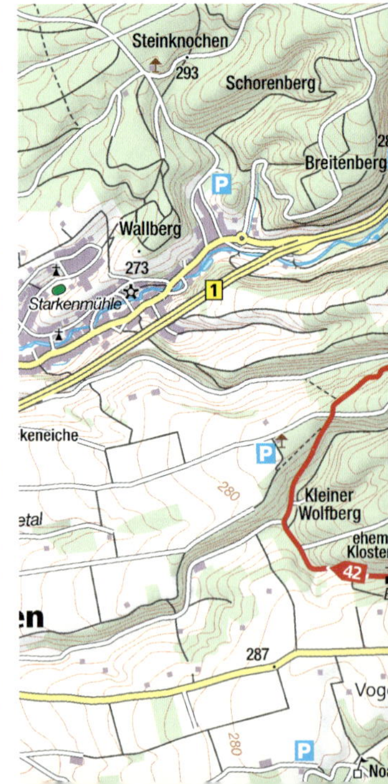

rechts folgen. Der Weg leitet zur **Bielsteinschlucht** 08 mit gleichnamiger **Höhle**. Wir kommen viele Jahre zu spät, denn Lösungsvorgänge im Kalk ließen die einstige Decke einstürzen. Dafür ist die frühere Höhlenseite heute ein 10 m hohes Felsmassiv aus gebanktem Kalkstein. Ein Pfad verführt uns, der Schlucht zu folgen und das Kellerloch zu entdecken, durch das die Unterwelt betreten werden kann. Die Einhaltung einiger Benimmregeln vorausgesetzt! Durch die Schlucht zurück und auf A4 (Bauerkamp 1,3 km) in die Talsohle, der wir sofort entsteigen (A4).

Nochmals stramm empor und milde hinüber zum **Parkplatz** 01. Jetzt wäre Gelegenheit für eine Einkehr in die nahe Wirtschaft.

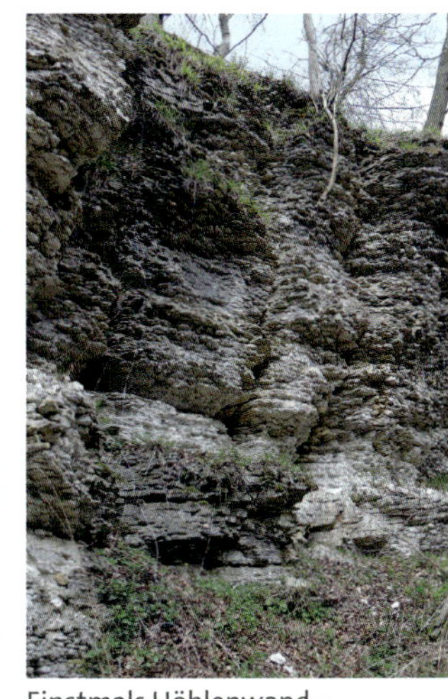

Einstmals Höhlenwand – Felsmassiv in der Bielsteinschlucht

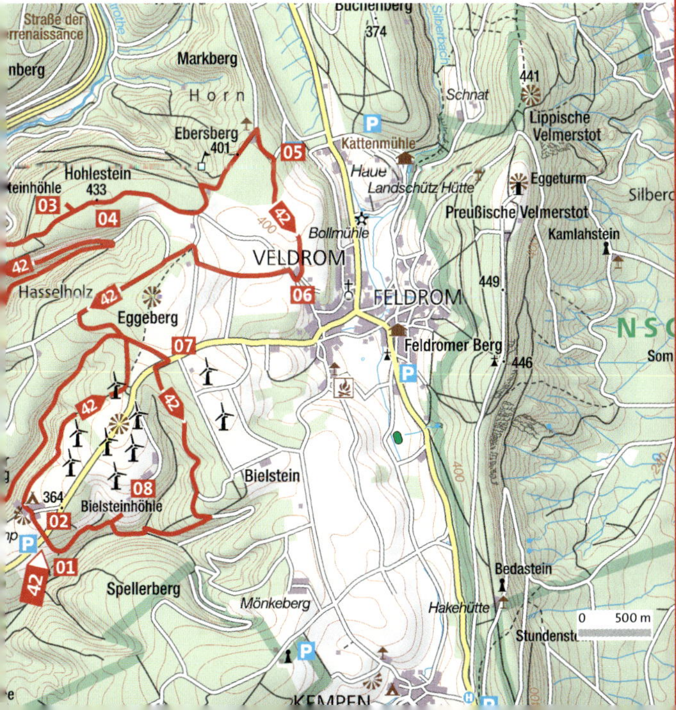

DREI TÄLER UM DEN NEUWALD BEI BAD LIPPSPRINGE

Römergrund, Seiferdune, Durbeketal – drei Naturschönheiten im nördlichen Eggegebirge

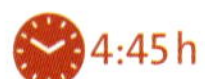

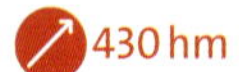

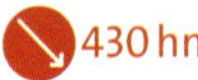

START | Parkplatz am Zollstockweg oberhalb Kempen oder Bushaltestelle Traktorenmuseum, Endpunkt der Linie 357 vom Bahnhof Horn
[GPS: UTM Zone 32 x: 495.310 m y: 5.739.566 m]
CHARAKTER | Sehr naturnahe Tour auf bequemen Wegen, nur der Abstieg von der Burenlinde verlangt etwas Trittsicherheit.

Diese Runde ist nicht sehr lang, dafür hat es mehr Höhenmeter, als man „live" meinen möchte. Das liegt an den lang gezogenen Anstiegen. Und bestimmt am Abwechslungsreichtum des Forstlandes um den Neuwald bei Bad Lippspringe: Anmutig zertaltes Mittelgebirge zwischen Römergrund und Seiferdune, Panoramaschau am Kobbennacken und das idyllische Durbeketal. Wem das zu viel Natur ist, der besuche das gut bestückte Traktorenmuseum.

▶ Wir starten am **Parkplatz** 01 weit oben, auf über 400 m. Und gehen noch weiter hinauf – einen, mit I und gedrehtem T (Egge-Bäder-Weg) markierten Wirtschaftsweg zum Wald, den wir an einem Hüttchen betreten. An

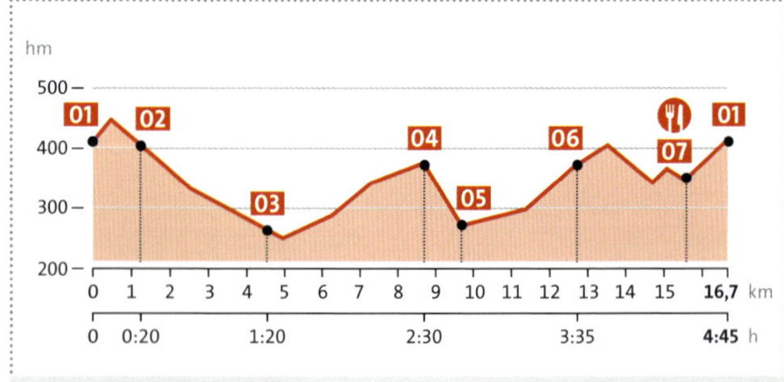

01 Parkplatz, 407 m; 02 Messerkerl, 400 m; 03 Römerhütte, 247 m; 04 Burenlinde, 371 m; 05 Fuchsgrund, 262 m; 06 Ochsenberg, 361 m; 07 Traktorenmuseum, 340 m

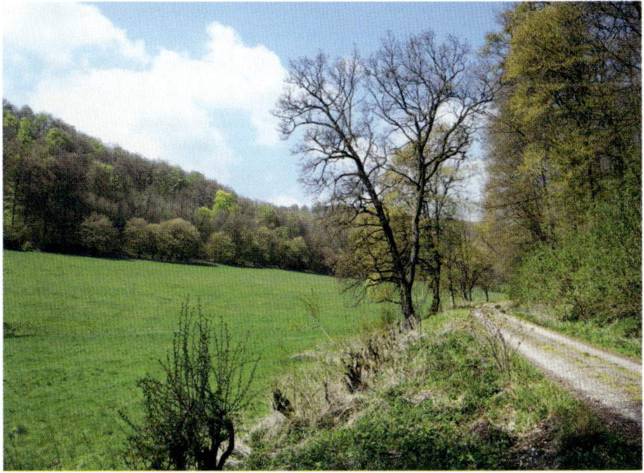

Das grüne Durbeketal – ein Schmuckstück dieser Tour

baldiger Gabelung rechts den breiteren Weg. Nach gedehntem Linksbogen stehen wir an einer Kreuzung mit dem martialischen Namen **Messerkerl** 02. Ein Sandsteinkreuz erinnert an eine Missetat im Jahr 1752, als hier ein sogenannter Handelsmann durch Räuberhand sein Ende fand. Dem Schreckensort entkommen wir rechts hinab gehend (I, gedrehtes T, Römerbrunnen 3,5 km). Wir tauchen ein in den Römergrund. Die Hänge gewinnen an Niveau, werden Stammhalter eines dichten Buchenbestandes und Träger einstiger Kalksteinbrüche, die Einblick geben in den steinigen Untergrund des Wanderlandes. Die Passage des Römerbergs endet im Quertal der Steinbeke an einem holzgezäunten, gemau-

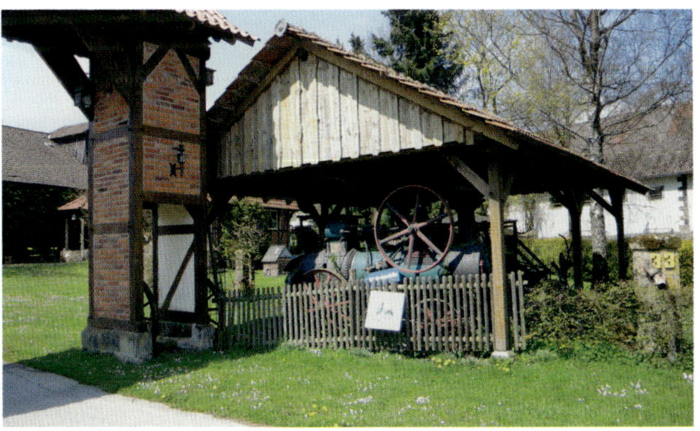

Traktorenmuseum – Kontrastprogramm nach mehrstündiger Natur

erten Loch, dem Römerbrunnen. Dreimal „Römer-" – wer im Teuto ist, könnte an den glücklosen Varus denken, doch geht der Begriff auf die germanische Siedlung Druhem zurück, der sich über Drome zu Römer wandelte. Auch wir wandeln wieder, an der **Römerhütte** 03 in Brunnennähe links (Forsthaus Steinbeke 2,5 km). Am nächsten größeren Abzweig (Seiferdune) links Richtung Burenlinde/Altenbeken. Die abgelaufenen Höhenmeter steigen wir nun wieder hinauf. Am Punkt Kohlberg nicht links zur Burenlinde, das ist uns zu geteert, sondern geradeaus (Kobbennacken 0,5 km). Über einen Querweg, etwas steiler empor, am Kamm links

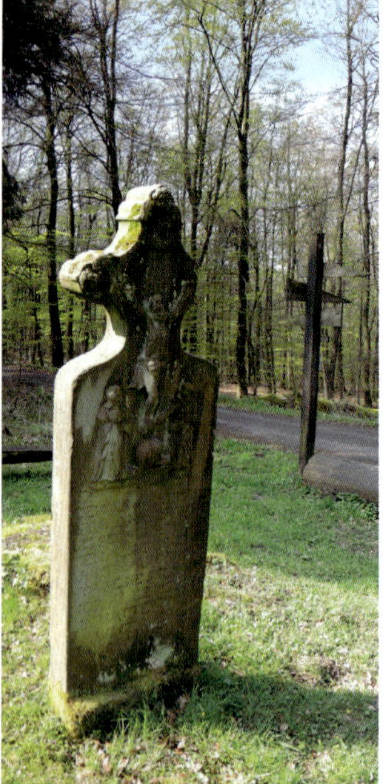

Ort verruchter Tat – der Messerkerl

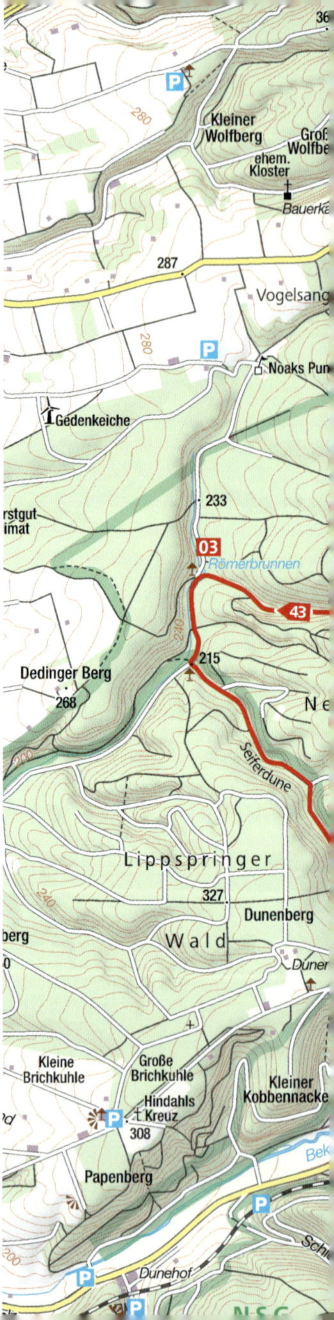

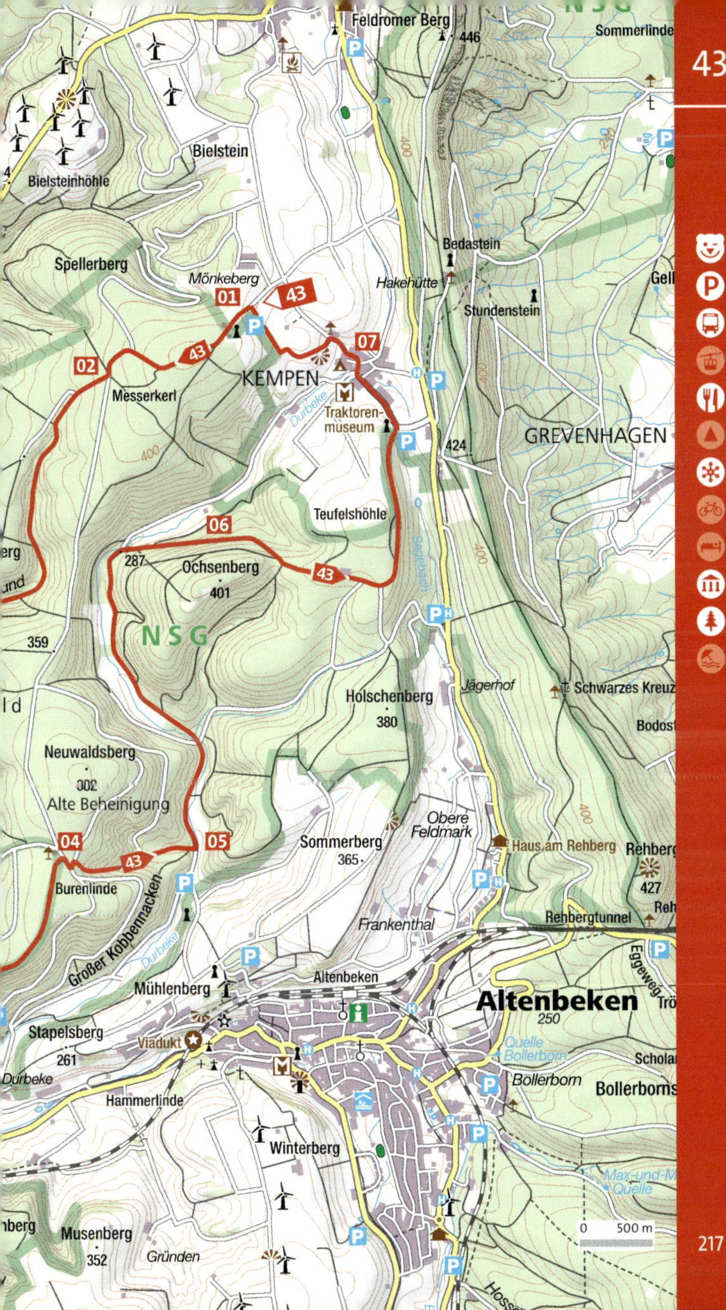

43
Feldromer Berg
446
Sommerlinde
Bielstein
Bielsteinhöhle
Spellerberg
Mönkeberg
01
43
07
02
Messerkerl
KEMPEN
Durbeke
Traktoren-
museum
Bedastein
Hakehütte
Stundenstein
GREVENHAGEN
424
400
06
Teufelshöhle
287
Ochsenberg
401
NSG
359
Sägebach
Holschenberg
380
Jägerhof
Schwarzes Kreuz
Neuwaldsberg
Alte Beheinigung
04
05
Burenlinde
Sommerberg
365
Obere
Feldmark
Haus am Rehberg
Rehberg
427
Großer Kobbenacken
Frankenthal
Rehbergtunnel
Eggeweg
Mühlenberg
Altenbeken
Altenbeken
250
Stapelsberg
261
Viadukt
Quelle
Bollerborn
Bollerborn
Durbeke
Hammerlinde
Winterberg
Max-und-M
Quelle
Musenberg
352
Gründen
0
500 m

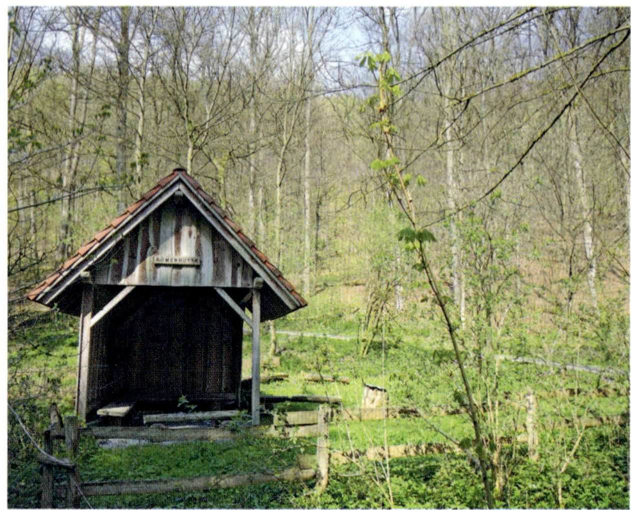

Die Römerhütte ohne antikes Vorbild

(Bäderweg, Raute). Wir erfreuen uns am lockenden Panorama zur Rechten und erreichen Kreuzungspunkt und Schutzhütte **Burenlinde** 04. Auf dem Bäderweg rechts Richtung Fuchsgrund. Etwa 10 m Asphalt, dann links auf einen Waldpfad. Trittsicher erreichen wir einen von links kommenden Forstweg, der uns hinabzieht in den **Fuchsgrund** 05 im schönen Durbeketal. Links. Das folgende Stück Richtung Kempen gehört zum malerischsten der Tour! Zwar führt der Bach nur nach Starkregen oder Schneeschmelze sichtbar Wasser, doch wird der Begriff Trockental nur der Wissenschaft gerecht. Denn die Umwelt hier ist sehr fruchtbar: Ein breiter Wiesengürtel, von Bergwald begrenzt; Weideland für Nutzvieh und Augenweide für uns. Am Schild Kempen 3,5 km nach rechts gönnen wir uns noch einen Umweg. Also rechts, an baldiger Gabelung rechts oben bleiben. Wir kommen dem 401 m hohen **Ochsenberg** 06 nahe, ziehen nördlich daran vorbei. Von rechts münden ein paar Wege ein, dann biegt der unsere nach Norden und zieht ortswärts hinab. An einem Ehrenhain der Weltkriegsopfer verlassen wir den Wald. Ein linkes Sträßchen bringt uns nach Kempen, das den Campingplatz „Eggewald" birgt und das **Traktorenmuseum** 07 (April–September) zur technischen Entwicklung der Landwirtschaft und einer „privaten Sammlung von Landmaschinen und Traktoren aus aller Welt", wie ein Werbeprospekt verrät. Vielleicht überreden wir einen Aussteller zur maschinellen Bewältigung der Reststrecke. Wenn nicht: Links hinterm Museum die Straße Köhlerberg hinauf, an der, zum Grillen anmietbaren Köhlerberghütte links und zum Ende der Teerstraße. Vor einer Busch- und Baumreihe rechts ansteigend auf Häuser zu. Auf der Fahrstraße links zum **Parkplatz** 01.

ÜBER DEN HOLSTERBERG BEI NIEHEIM

44

Abwechslungsreicher Kurztrip zur Aussichtwarte über „Deutschlands Käsehauptstadt“

  6,2 km  1:45 h  160 hm  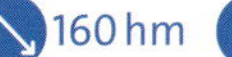 160 hm  844

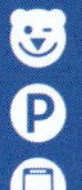

START | Parkplatz eingangs der Adolph-Kolping-Straße oder ZOB mit Linien 230/575/R 81/583/584, Weser-Egge-Bus GmbH & Co. KG (Mo.–Sa.)
[GPS: UTM Zone 32 x: 508.224 m y: 5.739.167 m]
CHARAKTER | Gut ausgebaute Wege, der Wirtschaftsweg am Kamm wird auch von Pferden begangen.

Nieheim gilt als heimliche Käsehauptstadt Deutschlands, denn das würzige Milchprodukt hat den Duft der großen Welt: Am ersten Septemberwochenende jedes geraden Jahres findet der Käsemarkt mit internationalen Ausstellern statt. Es gibt eine Schaukäserei und ein Käsemuseum, das mit drei weiteren Museen zu Brot, Schinken und Bier/Schnaps das Westfalen Culinarium bildet. Nieheim betört den Gaumen und seine Umgebung den Naturfreund.

▶ Mit den Markierungen U und Z als Repräsentanten lokaler Dichter steigen wir recht steil die **Adolph-Kolping-Straße** 01 hinauf. Die Bebauung zur Linken endet und gibt von einer Anhöhe den Blick frei auf das hügelige Oberwälder Land, das hinabzieht zur Oberweser und aufragt zum Köterberg. Er ist mit 496 m der höchste Gipfel des Lipper Berglandes. U und Z verabschieden sich nach rechts und links. Wir folgen dem Waldrand, finden eine

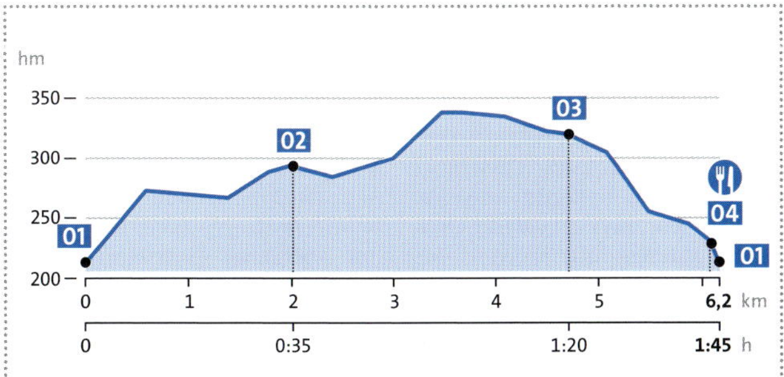

01 Adolph-Kolping-Straße, 220 m; 02 Friedhof Am Holsterberg, 290 m; 03 Holsterturm, 316 m; 04 Hotel Berghof, 233 m

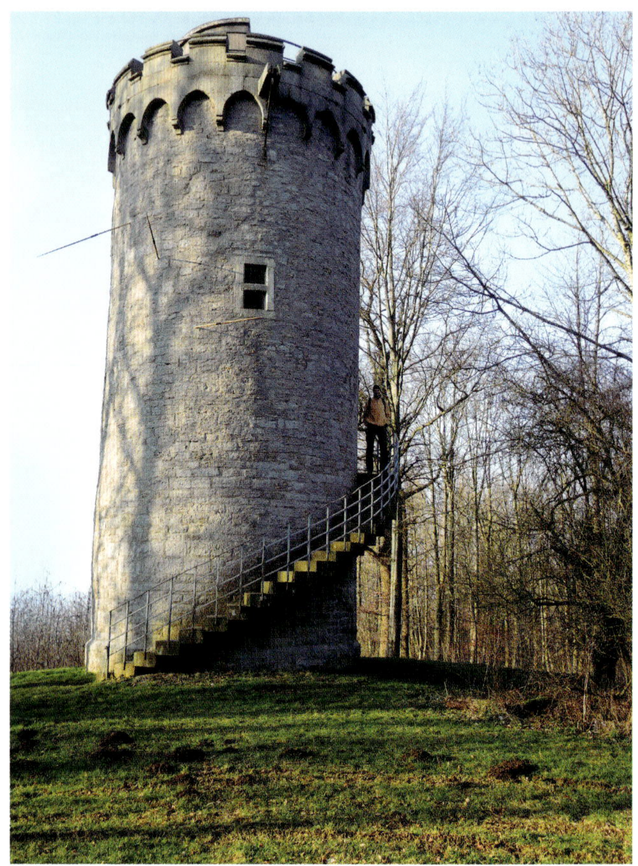

„Attacke am Turm" – Speere im Holsterturm als Kunstpfadobjekt

Station des Kultur-Wald-Landschafts-Erlebnispfads. „Einschlag" heißt sie und bedeutet ein großes Bombenloch im Wald. Links zweigt ein Weg ins Oberdorf von Holzhausen ab. Wir könnten hinabsteigen zu zwei sichtbaren ungewohnten Formen. Es sind zu Raketen umgebaute Silos – Teil eines hiesigen Kunstpfades, dessen Objekte man ein wenig suchen muss. Wenn wir geradeaus weitergehen, erreichen wir einen Querweg, dem wir uns nach rechts anschließen (Z, Holzschilder nach Nieheim/Erwitzen). Zur Linken weist ein Abstecher zum Kunstobjekt Water Diary, wo auf Steinblöcken mit Wasser Tagebuch geführt werden kann. An einer überdachten Sitzgelegenheit eine Gabelung. Wir gehen links (U, Erwitzen 3 km) und befinden uns im **Friedhof Am Holsterberg** 02. Hier werden, wie eine Infotafel verrät, „Urnenbestattungen im vollen Einklang mit der Natur durchgeführt". Weit den Hang hinauf sehen wir an Stämmen angebrachte ovale Plaketten mit laufenden Nummern. Diese Bäume sind die Bestattungsorte. Vielleicht dämpfen wir ein wenig unsere Schritte, bis wir das friedvolle Areal hinter einer Schranke verlassen. Noch ein Stück wandern wir weiter so, dann endet der Wald zur Linken. Mit letztem Blick ins Oberwälder Hügelland wenden wir uns vom Hauptweg ab und gehen unmarkiert und etwas unscheinbar rechts hinauf. Dieser Wirtschaftsweg führt uns in einem Rechtsbogen auf den Rückweg, allmählich zum Kamm des Holsterbergs und schließlich zu einer querenden Forststraße. Etwa 10 m rechts trägt ein Baum den Hinweis „Holsterturm". Dem nach (U). Weit laufen wir nicht, dann erhebt sich der **Holsterturm** 03, in dessen Schaft Speere stecken. „Attacke am Turm" heißt das Kunstpfadobjekt im Rückgriff auf dessen umkämpfte Vergangenheit als Wartturm. Wir wendeln hinauf und haben von der Aussichtsplattform einen magnetisierenden Tiefblick auf Nieheim und nach links zu den Ostausläufern des Eggegebirges. Mit der Überschreitung senkt sich die Kammlinie merklich. Links ein großes Holzkreuz als Kriegsopfergedenkstätte und eine Wassergewinnungs-

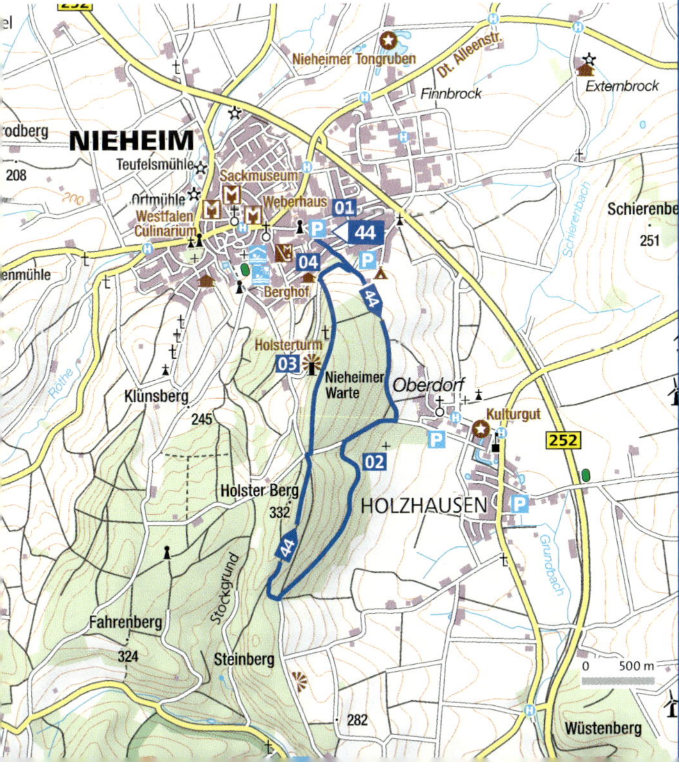

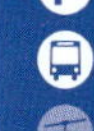
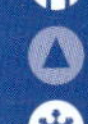

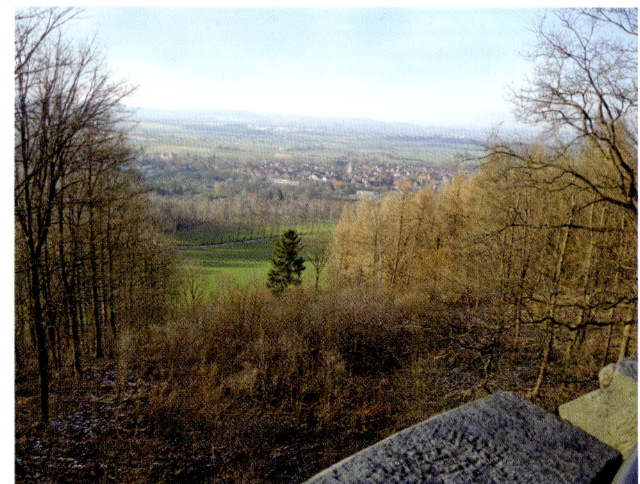

Käsehauptstadt Nieheim zu Füßen des Holsterturms

anlage. Dann ein Rechtsknick im Weg. Ihn flankieren sogenannte Nieheimer Flechthecken. Diese lebenden Zäune zur Abgrenzung von Weideflächen sind typische Botschafter der westfälischen Kulturlandschaft. Bald schwenken wir wieder in die Adolph-Kolping-Straße ein. Bevor wir den Ausgangspunkt erreichen, winkt noch eine Zielprämie: Links in den Piepenborn und nach höchstens 200 m zum **Hotel Berghof** 04. Wir kehren ein, anschließend sind wir gestärkt für einen Nieheimer Stadtbummel.

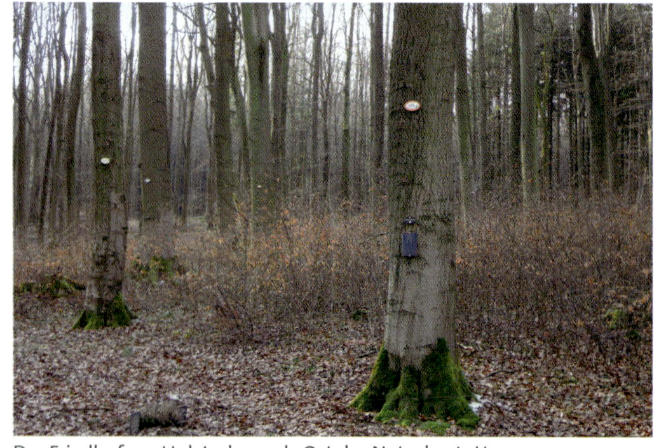

Der Friedhof am Holsterberg als Ort der Naturbestattung

DER VIADUKT-WANDERWEG ALTENBEKEN

Große Paradetour für Eisenbahnfreunde und für alle anderen

 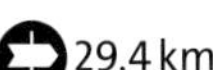 29,4 km 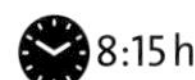 8:15 h 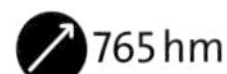 765 hm  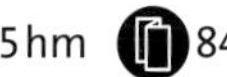 765 hm 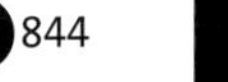 844

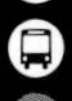

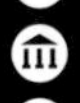

START | Parkplatz am Eggemuseum, Bahnhof Altenbeken oder Bushaltestelle Mittelmühle, Linie R 31, BahnBus Hochstift GmbH (täglich)
[GPS: UTM Zone 32 x: 495.574 m y: 5.734.647 m]
CHARAKTER | In Altenbeken und Buke hat es „naturgemäß" Asphaltstraßen, der sehr große Rest schöne Feld-, Wald- und Wiesenwege.

Eine historische Dampflok, zwei Viadukte, der Rehbergtunnel und jede Menge Gleise. „Abenteurer des Schienenstranges" sind hier in ihrem Element. Wer einfach wandern will, muss nicht Bahnhof verstehen: Die Streckenführung bietet stets schönsten Anschluss. Auf der mit 30 km längsten Tour des Buches ist man viele Stunden

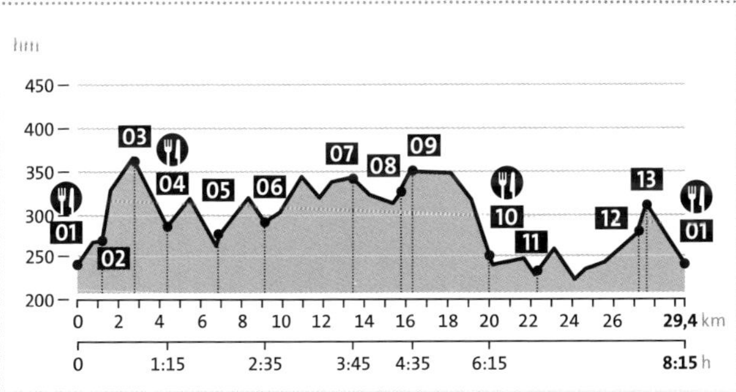

01 Eggemuseum, 240 m; **02** Aussichtsplattform, 268 m; **03** Sommerberg, 365 m; **04** Hotel Restaurant „Haus am Rehberg", 284 m; **05** Bollerbornquelle, 276 m; **06** Driburger Grund, 288 m; **07** Heinrich-Mertens-Platz, 342 m; **08** Eichborn mit Mariengrotte, 318 m; **09** ehemaliges Bauernhofcafé Richts Deele, 346 m; **10** Gasthaus „Zum Dunetal", 251 m; **11** Kleines Viadukt, 217 m; **12** Madonna am Walde, 272 m; **13** Drei Linden, 306 m

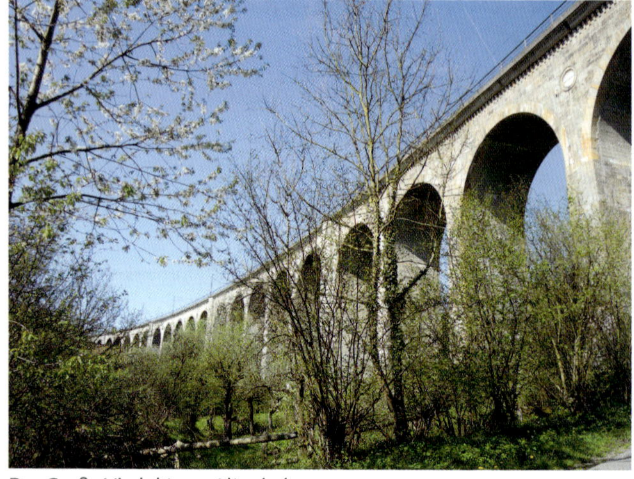

Das Große Viadukt von Altenbeken

unterwegs. Sie werden einprägsam sein, denn jeder hat einen Fensterplatz.

▶ Schon am **Eggemuseum 01** wird klar, was sich heute anbahnt. Hier steht eine original Güterzug-Dampflok von 1941. Dunkelt es bei unserer Rückkehr, wird sie zum Lichtkunstwerk. Am Start findet sich die Markierung ein goldenes stilisiertes Viadukt auf blauem Grund mit Schriftzug Viadukt Wanderweg. Ihre sachkundige Anbringung verhindert den Orientierungslauf. Versprochen. Also alles einsteigen bzw. aufsteigen, denn bald geht es hinauf. Zunächst auf der Hauptstraße rechts und sofort links in die Straße Bollaes (Aussichtsplattform 960 m). Links am lauschigen Mühlenbach und den Treppenweg empor zu einem Sträßchen, das uns links zur **Aussichtsplattform 02** trägt. Ihr Ort ist genial gewählt, denn wir schauen hinab zum Großen Viadukt, das als Europas längste Kalksandsteinbrücke das Beketal überspannt und einen imposanten Eindruck liefert von Altenbekens Tallage vor dem Eggegebirge! Geradeaus weiter, rechts haltend zum Parkplatz Kalkofen. Leicht rechts, geradeaus (Sommerberg). Auch die beachtliche Steigleistung wird fühlbar, wenn wir den **Sommerberg 03** (365 m) begehen. Die Blicke schweifen in die Ferne, doch liegt dem Bahnfreund mit dem Rehbergtunnel das Gute so nah. Eine saisonal blumige Wiese führt hinab zum **Hotel-Restaurant „Haus am Rehberg" 04**. Am Waldrand gegenüber rechts, oberhalb der Straße zu Schienen, die wir nahe dem 1640 m langen Rehbergtunnel queren. Das Folgestück belohnt mit Schaulust auf Altenbeken und das spannende Viadukt. Vor dem Gleisabzweig nach Süd kommen wir die Ahornstraße herab und zur **Bollerbornquelle 05**, einen originellen Rastplatz mit lebensgroßem Wassermann aus Bronze. Am Parkplatz rechts und durch Wald hinab in den malerischen **Driburger Grund 06** mit uriger Freizeitanlage. Wir gönnen uns einen Abstecher zur Max-und-Moritz-Quelle, einer durch Altbergbau entstandenen Quellmulde. Zwei frühere Eisenbahner, Max und Moritz genannt, waren Stammgäste an diesem Picknickplatz. Zurück und an der Schützenhalle links hinauf. Wieder ein Waldstück, wieder eine Eisenbahnbrücke. Am Wasserwerk links in den Hossengrund. Erst Forststraße, dann rechts auf einen Pfad. An einem Waldspielplatz gelangen wir zu einer Örtlichkeit. Links die Straßen Reelsberg und Am Springe. Unter der B 64 hindurch, links hinauf. Am Waldrand zum **Heinrich-Mertens-Platz 07**. Spitzwinklig rechts zurück. Wir haben wieder Schienenkontakt, sind also thematisch noch ganz richtig. Wir passieren ein Baudenkmal: Den stillgelegten Bahnhof Buke, betreten das Eggedorf, begehen die Hauptstraße rechtshaltend nur kurz, biegen links ab (Zu den Krukenwiesen). Hinter der B 64 steht der Dorfkump, aus dem schon 1344 Wasser geschöpft wurde. Nach der ältesten Wasser- nun zur ältesten Waschstelle Bukes, dem **Eichborn mit Mariengrotte 08**. Darüber die erhaltenen Grundmauern der karolingischen St. Dionysioskirche.

Auf der Dorfstraße ortsauswärts zum **ehemaligen Bauernhofcafé Richts Deele 09** und rechts zu Köhlings Kreuz am Standort Im Flachenfeld. Links ab, dann rechts auf einem Pfad über einen Talgrund. An einer großflächigen Schießsportanlage absteigend, geraten wir zum **Gasthaus „Zum Dunetal“ 10**. Diesem Tal wollen wir folgen. Ein bisschen Obacht: vor einer Bergwiese rechts. An deren rechtem Rand wandern wir sehr idyllisch talaus, bis die Kulisse perfekt ist für das **Kleine Viadukt 11**, das sich in Szene setzt und dem Zugverkehr über die Dune hilft. Vor dem Via-

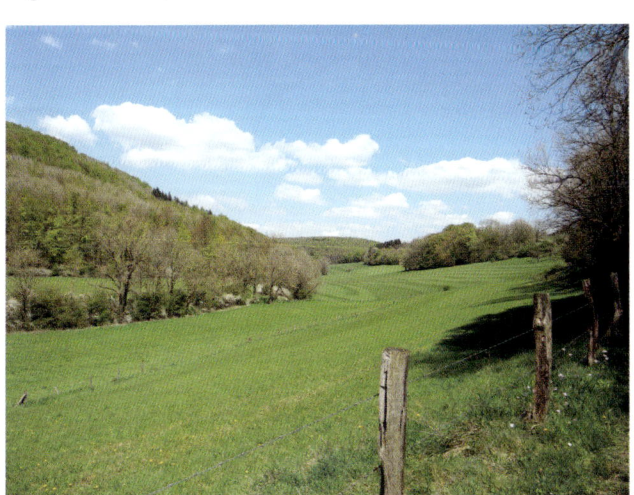

Das idyllische Durbeketal unterm Kobbennacken

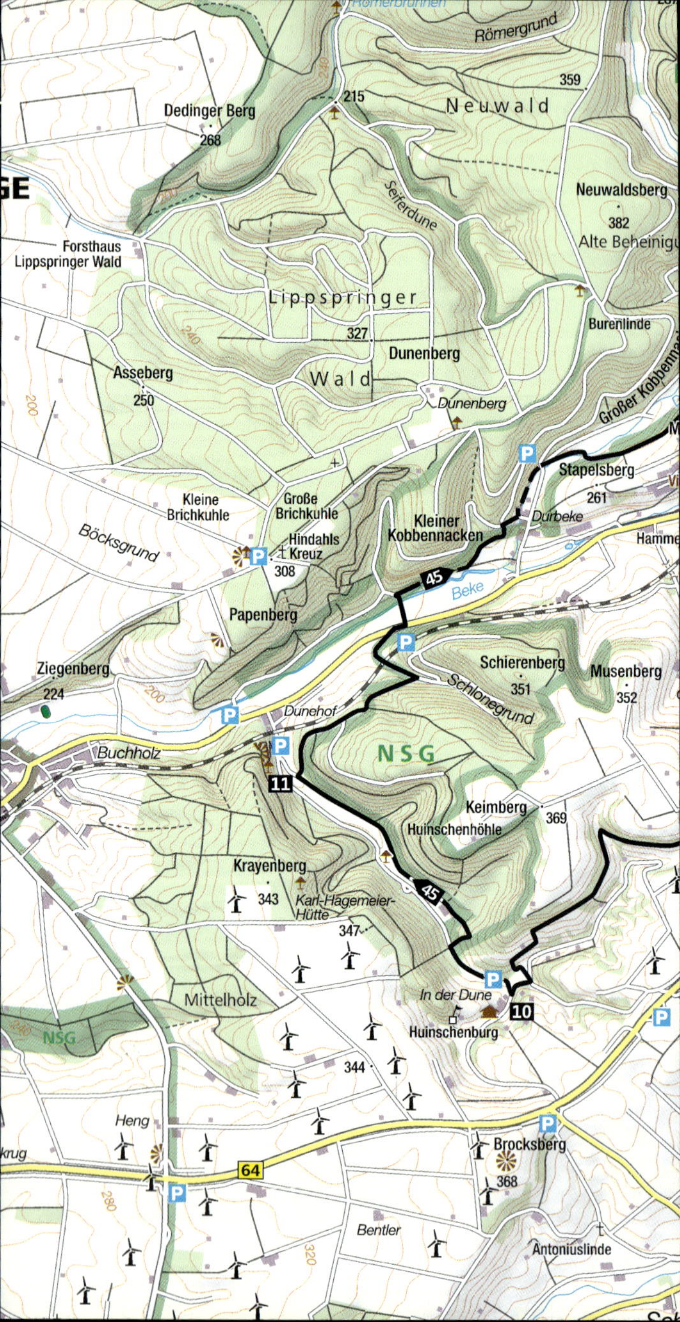

Römerbrunnen
Römergrund
359
215
Neuwald
Dedinger Berg
268
GE
Neuwaldsberg
382
Alte Beheinigu
Seiferdune
Forsthaus
Lippspringer Wald
Lippspringer
327
Wald
Dunenberg
Dunenberg
Burenlinde
Großer Kobbennacken
Asseberg
250
Stapelsberg
261
Durbeke
Kleine Brichkuhle
Große Brichkuhle
Hindahls Kreuz
308
Kleiner Kobbennacken
Hamme
Böcksgrund
45
Beke
Papenberg
Schierenberg
351
Musenberg
352
Schlonegrund
Ziegenberg
224
Dunehof
Buchholz
NSG
11
Keimberg
369
Huinschenhöhle
Krayenberg
343
Karl-Hagemeier-Hütte
347
45
In der Dune
10
Huinschenburg
Mittelholz
NSG
344
Heng
krug
64
Brocksberg
368
Bentler
Antoniuslinde

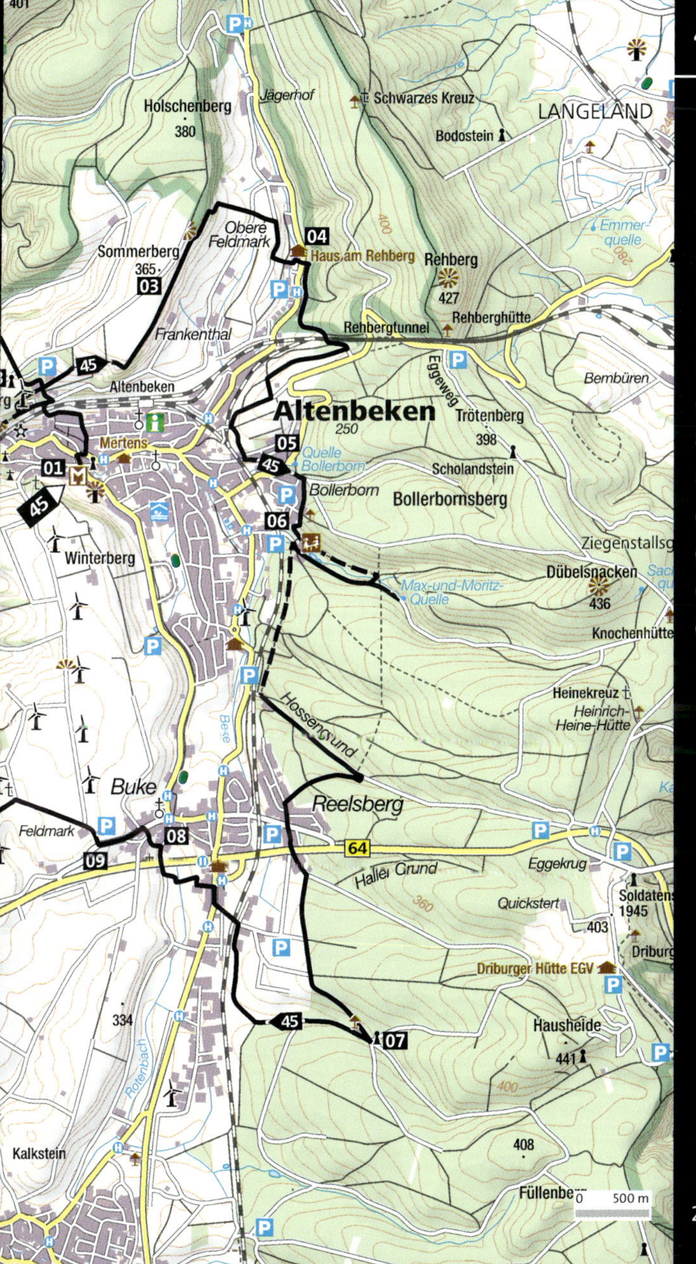
Holschenberg
380
Jägerhof
Schwarzes Kreuz
LANGELAND
Bodostein
Sommerberg
365
Obere Feldmark
Haus am Rehberg
Rehberg
427
Emmerquelle
Frankenthal
Rehbergtunnel
Rehberghütte
Altenbeken
Eggeweg
Bembüren
Altenbeken
250
Trötenberg
398
Mertens
Quelle Bollerborn
Scholandstein
Bollerborn
Bollerbornsberg
Winterberg
Dübelsnacken
436
Max-und-Moritz-Quelle
Knochenhütte
Heinekreuz
Heinrich-Heine-Hütte
Hossengrund
Buke
Reelsberg
Feldmark
64
Haller Grund
Eggekrug
Quickstert
403
Driburger Hütte EGV
334
Hausheide
441
Kalkstein
408
Füllenberg
0 500 m

Das Altenbekener Viadukt

Den Anschluss an die Welt des 19. Jahrhunderts fand Altenbeken wesentlich durch die Eisenbahn: Strecken in die Hauptrichtungen, der Bau des Bahnhofs und des Rehbergtunnels durch das Eggegebirge. Mit der Überspannung des Beketales durch das Große Viadukt wurde Altenbeken zum Verkehrsknotenpunkt der Region. Und zum Standort der Superlative, denn das 482 m lange und bis zu 35 m hohe Bauwerk aus 24 Bögen bildet die längste Kalksandsteinbrücke Europas. Gegen Ende des 2. Weltkrieges zerstört, wurde das Viadukt 1950 wieder in Betrieb genommen – fast 100 Jahre nach seiner Einweihung. Das Viadukt ziert auch das Gemeindewappen Altenbekens und unterstreicht damit seine Symbolkraft.

dukt rechts. Das Bergauf-bergab nimmt seinen Lauf und wir den unseren; unter der Eisenbahnbrücke zur L755, davor rechts. Bald kommen wir darüber hinweg. Über die Beke zum Waldrand. Rechts. 250 m vor dem Waldhaus/Insektenhotel (ist noch Energie für einen Abstecher?) links hinauf zu einem Wanderparkplatz. Hier liegt im Durbeketal ein fast ganzjähriger Trockenfluss. Satt grün dafür sind die Wiesen, denen wir rechts des Bachbettes folgen mit lockendem Blick ins Talinnere und links hinauf zum Kobbennacken. Sanft ansteigend werden wir aus dem Tal geführt. Wir münden geradeaus in ein Teersträßchen, bewundern alsbald die **Madonna am Walde 12**, die als metallische Jungfrau an die Ehrfurcht vor dem Leben gemahnt. Gleich gegenüber letztmalig hinauf (Melkepatt) zu den **Drei Linden 13**. Der Blickpunkt ist so berückend, dass wir innehalten und in der Landschaft unsere Wanderspur suchen. Auf einem Sträßchen hinab zum Parkplatz „Kalkofen" und auf dem Hinweg zurück.

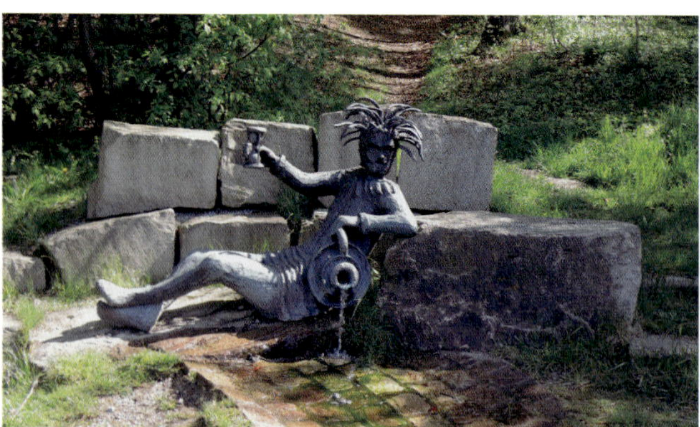

An der Bollerbornquelle wohnt der Wassermann

AUF DEM SACHSENRING UM BAD DRIBURG

Ein Wanderweg und eine Burgruine zur Erinnerung an die Sachsenkriege

 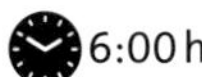 19,9 km 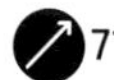 6:00 h 715 hm 715 hm  844

START | P+R am Bahnhof Bad Driburg, Egge-Bahn RB84 Paderborn – Kreiensen, mehrere Buslinien z.B. die 570 vom Bahnhof Brakel [GPS: UTM Zone 32 x: 502.106 m y: 5.731.094 m]
CHARAKTER | Beachtliche Steigleistungen um Bad Driburg! Doch die Sachsenklause bietet Erholung.

Dieser Sachsenring ist keine Rennstrecke, bei der man Angst hat, von Motorvehikeln ausgehupt zu werden. Er zeichnet auch nicht die Zuglinie des sächsischen Heeres im späten 8. Jh. Wohl aber erinnert er an die Kriege Karls des Großen gegen die an- und aufsässigen Sachsen mit der Iburg als wortsinnigem Höhepunkt. Doch ist die Tour nicht nur frühgeschichtsträchtig, sondern bietet viel Panorama, Stadtblick, Verbindung zur Heilbadtradition Driburgs oder taugt einfach „nur" zum Wandern.

▶ Vom **Bahnhof 01**, die Gleise zur Linken, zum letzten Haus der

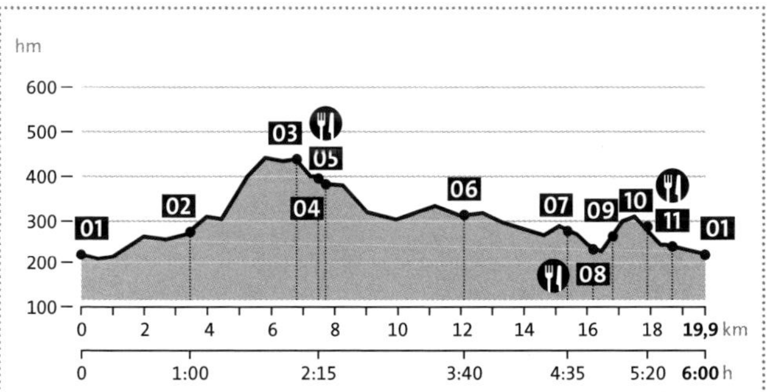

01 Bahnhof, 211 m; **02** Trappistenhof, 254 m; **03** Schöne Aussicht, 422 m; **04** Ruine Iburg, 383 m; **05** Café und Restaurant Sachsenklause, 364 m; **06** Parkplatz Weberhöhe, 295 m; **07** Rosenberg, 268 m; **08** Gräflicher Park, 228 m; **09** Freizeitbad, 211 m; **10** Steinberg, 292 m; **11** Hotel Waldcafé Jäger, 230 m

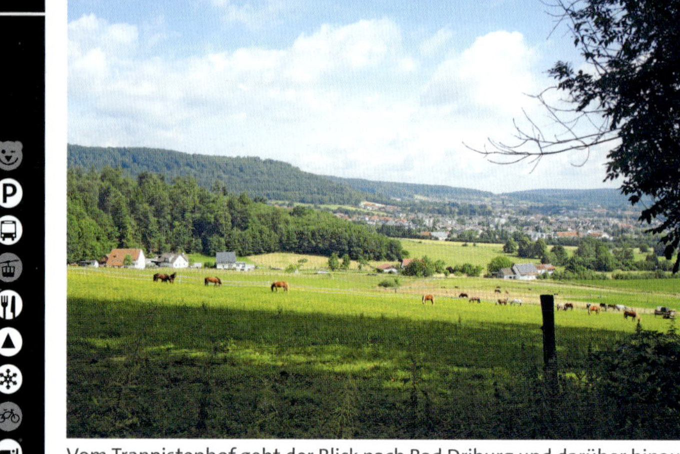

Vom Trappistenhof geht der Blick nach Bad Driburg und darüber hinaus

Bahnhofstraße. Wir betreten den Sachsenring und werden ihn, fast, bis zur Rückkehr nicht verlassen. Das Symbol – weißes gekreistes S auf schwarzem Grund – beherrschen wir bald im Schlaf. Hier rechts, an ortsrandigen Häusern entlang. Wie schön es hier ist: Links bewaldete Höhen, vor uns die mächtige Egge. Nach Unterquerung der B64 steigen wir in den Wald des Sülburgs und genie-

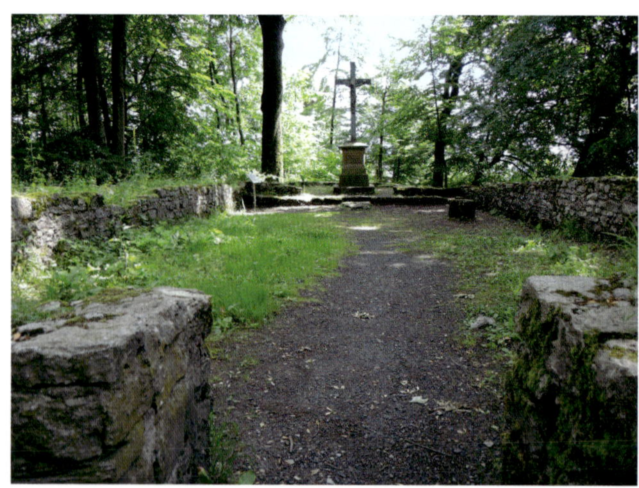

Ruine in der Ruine – Burgkapelle auf der Iburg

ßen eine schattige Forstpassage. Am nächsten Forstweg rechts, über ein Teersträßchen und per Tunnel unter die L954. Dahinter rechts, am Feldrand rechts. Nun viel Pferdestärke: eine Reitvereinshalle und der **Trappistenhof 02** mit Reitschule und Pensionsstall. Wanderritte werden angeboten! Hinterm Waldrand rechts. An Häusern (Aschenhütte) verlassen wir nun den Ring. Aus gutem Grund, denn der Eggekamm lockt. Links hinauf mit Winkel für Zugang Eggeweg, so auch in enger Rechtskehre, hier links. Eine Querung trägt den Eggeweg X/E1 (s. S. 24) und uns rechts zur **Schönen Aussicht 03**. Hier, auf über 400 m wollten wir stehen, denn der Blick auf Bad Driburg und darüber hinaus hat was. A3 (Stichweg zur Iburg 600 m). Die Zufahrt querend via Parkplatz und Straße zur **Ruine Iburg 04**. Graben. Mauerwerk. Burgtor. Dann stehen wir im Frühmittelalter. Stationenschilder erklären die sächsische Fluchtburg. Nach Eroberung durch die Franken fanden sich bis ins 15. Jh. in Benediktinerinnen, Adelsfamilien und Rittern standesgemäße Nachmieter. Die Anlage verfiel und steht nun Besuchern offen. Der geistigen Sättigung fügen wir eine leibliche hinzu – im nahen **Café und Restaurant Sachsenklause 05**. Von Terrasse und nachbarlichem Kaiser-Karl-Turm ist das Blickfeld begnadet. Zurück zum Parkplatz, rechts hinab (A2). Der Sachsenring erkennt uns wieder. Unter die B64, an einer Viehweide links, ein Wassertretbecken passierend und im Kurvenscheitel der K18 links, ein Hangweg, über die Straße. Hinab zu einem gelben Haus. Links. Driburg bleibt, wie es ist, nur unser Blickwinkel ändert sich beständig, wenn wir zur Nordkurve einschwenken. Eine Trinkwassergewinnungsanlage an der Katzohlquelle teilt zwei Talbuchten. Aus der zweiten führt ein Plattenweg hinaus. Und wieder links hinauf. Wir errei-

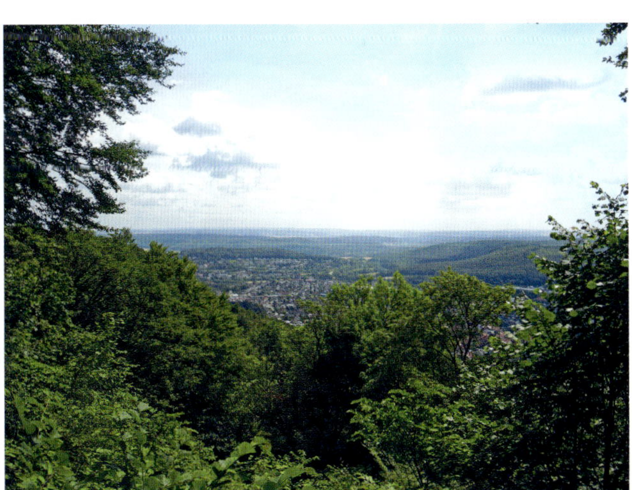

Die Schöne Aussicht macht ihrem Namen sichtbar Ehre

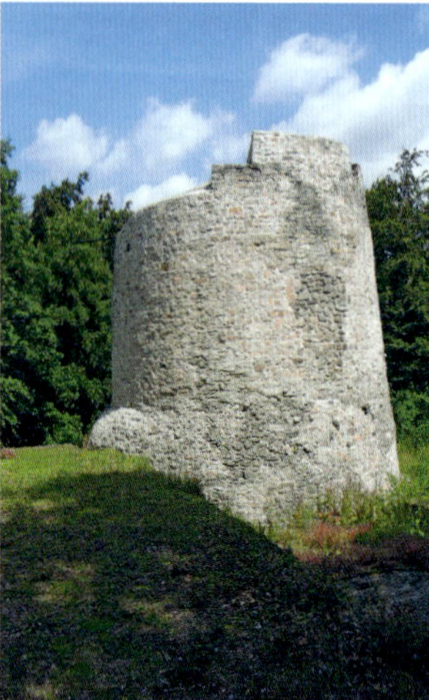

Der Bergfried toppt die Ruine Iburg

chen ein Teersträßchen, das am **Parkplatz Weberhöhe 06** endet. Dort links (Klemensheim/Rosenberg). In Waldrandnähe laufen wir oberhalb des Studienheims St. Clemens, queren eine Straße, die zum Knochen führt und berühren am Abzweig zum Reelser Kreuz den nördlichsten Tourenpunkt. Wir erreichen und überqueren die L954 und steigen in schönem Mix aus Waldpassagen und Freiland mit Option auf das nahe Café-Restaurant Mühlengrund auf den **Rosenberg 07**. Mit Obelisk und Mausoleum der Grafen von Oeynhausen-Sierstorpff, deren Nachfahren noch heute dem Gräflichen Park Stil und Leben spenden. Über die Kammlinie hinab zum Wildgehege, in Bögen zum Osteingang des **Gräflichen Parks 08**, den wir besuchen sollten. Muss ja keine schwarze Tour sein! Breiten Wegs zum **Freizeitbad 09**. Mit Sprung hinein oder rechts vorbei und eine Treppe zum

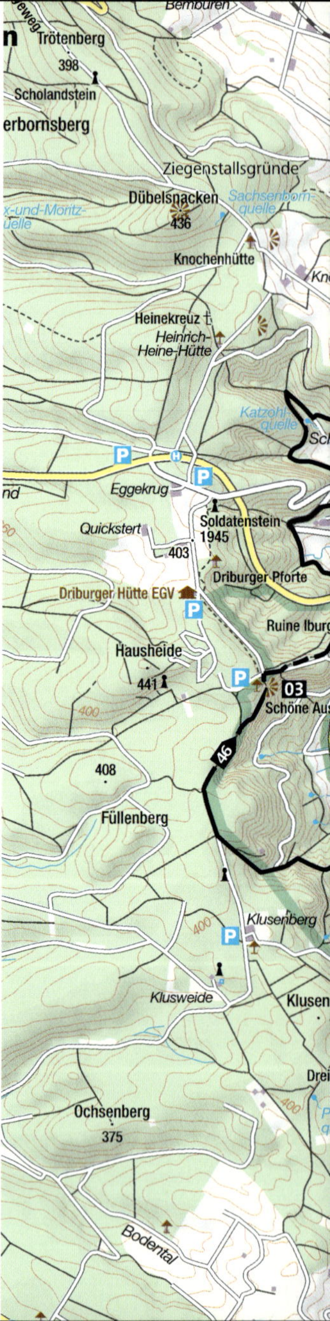

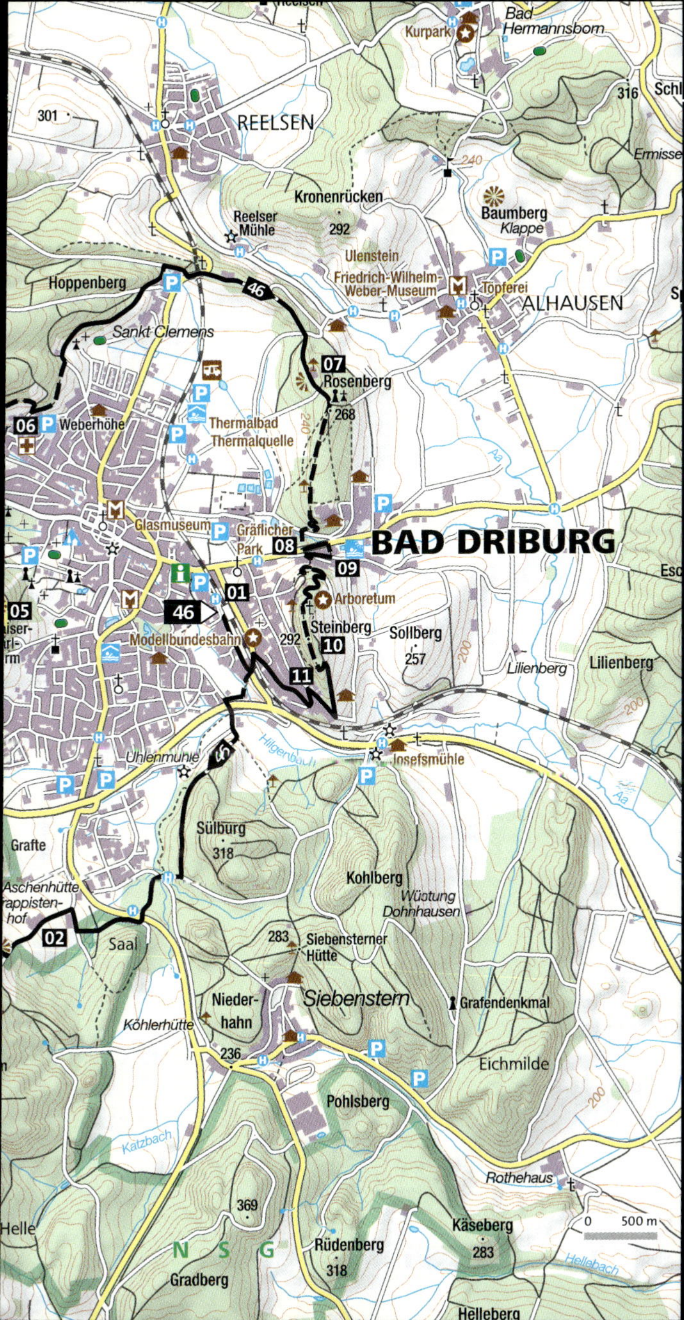

Bad Hermannsborn
Kurpark
316
REELSEN
301
240
Kronenrücken
292
Baumberg
Klappe
Reelser Mühle
Ulenstein
Friedrich-Wilhelm-Weber-Museum
Töpferei
ALHAUSEN
Hoppenberg
46
Sankt Clemens
07
Rosenberg
268
06
Weberhöhe
Thermalbad
Thermalquelle
240
Aa
Glasmuseum
Gräflicher Park
08
BAD DRIBURG
09
05
01
46
Arboretum
Steinberg
Modellbundesbahn
292
10
Sollberg
257
200
Lilienberg
Lilienberg
11
200
Uhlenmühle
Hilgenbach
Josefsmühle
45
Aa
Grafte
Sülburg
318
Aschenhütte
Trappistenhof
Kohlberg
Wüstung Dohnhausen
02
Saal
283
Siebensterner Hütte
Siebenstern
Grafendenkmal
Niederhahn
Köhlerhütte
236
Eichmilde
Pohlsberg
200
Katzbach
Rothehaus
369
Käseberg
283
0 500 m
Helle
N S G
Rüdenberg
318
Gradberg
Hellebach
Helleberg

Der Gräfliche Park Bad Driburg

Der Gräfliche Park ist ein 64 ha großer Landschaftspark. Dicht bestückt mit historischen Anlagen des späten 18. Jhs., die Graf Caspar Heinrich von Sierstorpff nach Kauf und Urbarmachung des Geländes anlegen ließ. Die Driburger Heilquellen erhielten dadurch ein Gesundheit förderndes Ambiente, dem auch Dichter Hölderlin nachspürte. Heute erlebt der Besucher ein reiches, perspektivisch aufeinander abgestimmtes Ensemble aus Gärten, Wiesen, Brunnenarkaden und Teichen. Mit Wildgehege, Insel und Tempel. Mit vielfältiger Gastronomie und dem „Gräflicher Park Grand Resort", einem 4-Sterne-Hotel mit Spa, Therapiezentrum, Kulturveranstaltungen. Von April bis Oktober kostet der Parkbesuch Eintritt. www.graeflicher-park.de

Gästehaus Neuhaus. Rechts und bald links (Arboretum). Wir meistern noch einen kräftigen Anstieg, aufgelockert durch das Buddenberg-Arboretum mit über 200 weltweiten Baum- und Straucharten. Via Wasserwerk und Modell eines bronzezeitlichen Hügelgrabes erreichen wir den Scheitel des **Steinbergs 10**. Beim Abstieg über die „Südschulter" an Querweg links, an Feld- und Waldrand rechts. Noch eine Wasserstation. Das Rommenhöller Eck mit Haus Nr. 94. Die Von-Fincke-Straße zum **Hotel Waldcafé Jäger 11**. Links hinab. Den Gottfried-Büren-Weg hinunter zur Brakeler Straße. Über diese und die Schienen. Hinter dem Bahnhäuschen rechts. Halt: Wir verlassen doch ein zweites Mal den Sachsenring – aber nur für die Restmeter zum **Bahnhof 01**.

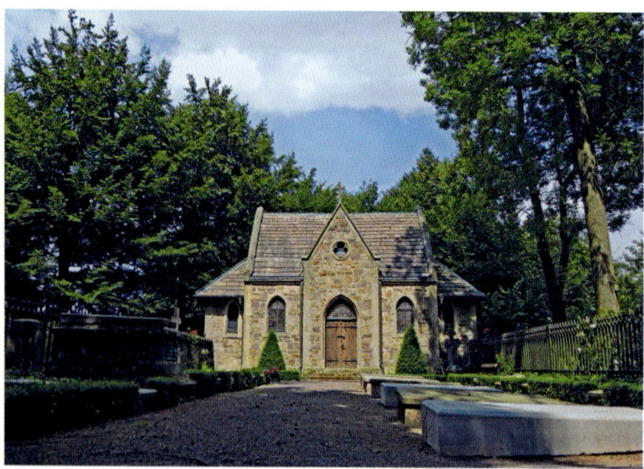

Das Mausoleum der Grafen von Oeynhausen-Sierstorpff

VON DER HANSESTADT BRAKEL INS KULTURMUSTERDORF BÖKENDORF

Eine Wanderung in die Kulturgeschichte des Brakeler Berglandes

  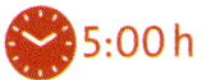 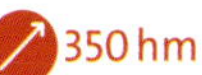 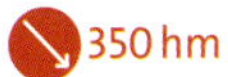 

18 km | 5:00 h | 350 hm | 350 hm | 844

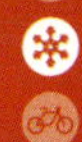

START | Parkplatz Nr. 9 im Bredenweg oder Bushaltestelle Brede, Linie R55/525/553/585, Weser-Egge-Bus GmbH & Co. KG (Mo.–Sa.) [GPS: UTM Zone 32 x: 512.698 m y: 5.729.843 m]
CHARAKTER | Zwei sehenswerte Orte, durch den Hinnenburger Forst erholsam verbunden.

Brakel und Bökendorf liegen einem Bergland zu Füßen, das sich als Teil des Oberwälder Landes sehr malerisch zwischen dem Eggegebirge im Westen und der Oberweser im Osten niedergelassen hat. Brakel ist Hansestadt – eine Stadtwaage und Rolandsäule aus gotischer Zeit bezeugen den alten Handelsrang. Bökendorf ist Kulturmusterdorf – der Romantikerkreis um Annette von Droste-Hülshoff und die Brüder Grimm schrieb sich in die Geschichte ein.

Am **Parkplatz/Bushaltestelle** 01 nehmen wir, das Kloster Brede im Rücken, den Bredenweg. Vor dem Bach Brucht links (Bruchtaue, Rundwanderweg Brakeler Bergland 4+5), seinem mäandrierenden Lauf folgend, zur Linken die Bredenwiesen als Hochwasserschutz. Eine Holzbrücke übersetzt

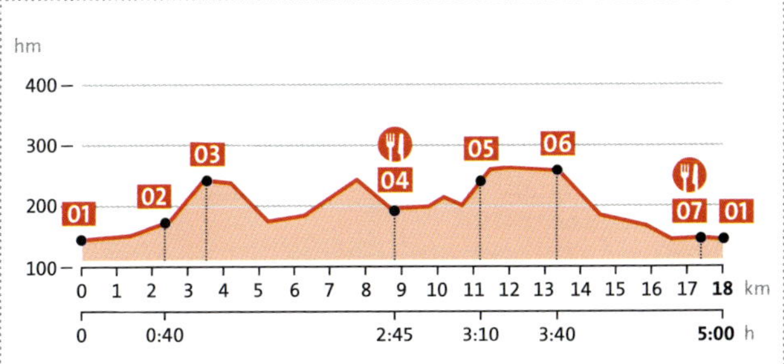

01 Parkplatz/Bushaltestelle, 134 m; 02 Kurpark Kaiserbrunnen, 155 m; 03 Schloss Hinnenburg, 235 m; 04 Schloss Bökerhof, 189 m; 05 Antoniusstandbild, 239 m; 06 Schneekapelle, 250 m; 07 Altstadt, 137 m

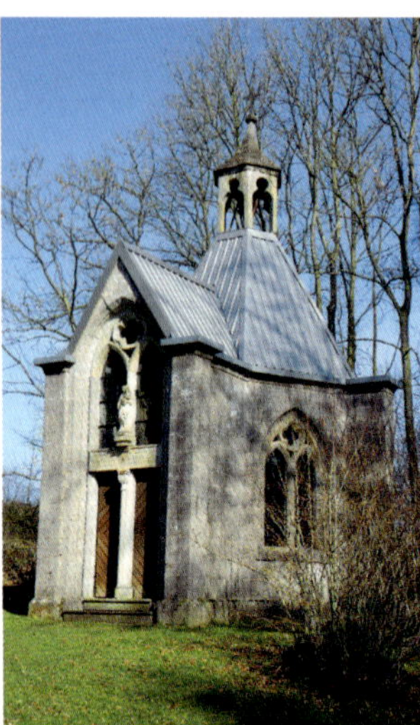

Die Schneekapelle wird noch heute für Gottesdienste genutzt

den Bach. Zur Bruchtauenstraße, links, per Fußgängerampel darüber hinweg (Rundweg 4+5 Richtung Kurpark). Über den Bruchtpfad links in den Heinefelder Weg. Hinter den letzten Häusern, am langen ersten Teich, beginnt der **Kurpark Kaiserbrunnen** **02**, angelegt als erholsamer Rahmen für eine hier entdeckte schwefelhaltige Mineralquelle. Hinter einem zweiten Teich, rechts das Hotel am Kaiserbrunnen, vor uns das Hotel Waldschänke, überqueren wir halblinks einen Parkplatz mit Bushaltestelle (4+5). Die ungeteerte Brunnenallee hinauf. In einer Linkskurve den linken von zwei Abzweigen (4, X16) zu einer Querstraße. Diese Schlossauffahrt 100 m nach rechts, dann fußfreundlich links weg. Wir steigen dem mächtigen Bauwerk entgegen, queren unterhalb nach rechts, vollenden die Annäherung auf der Auffahrt am Zaun. Mehr

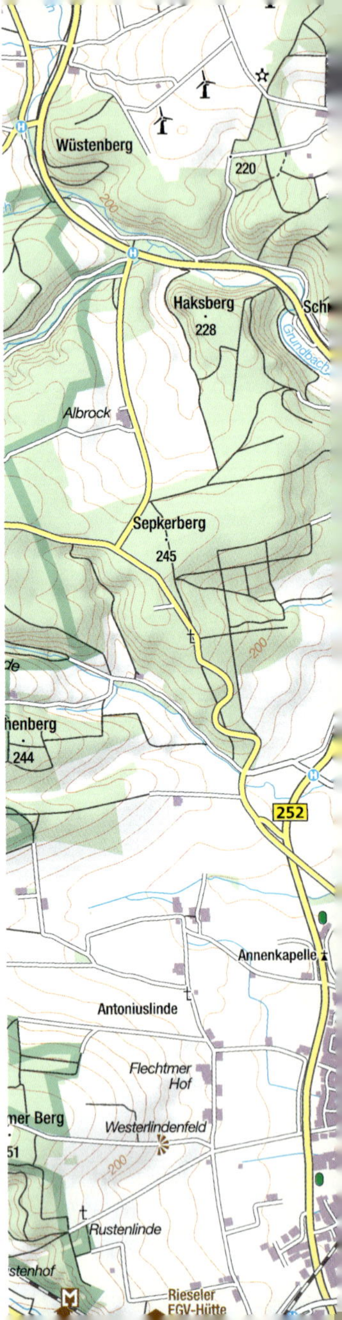

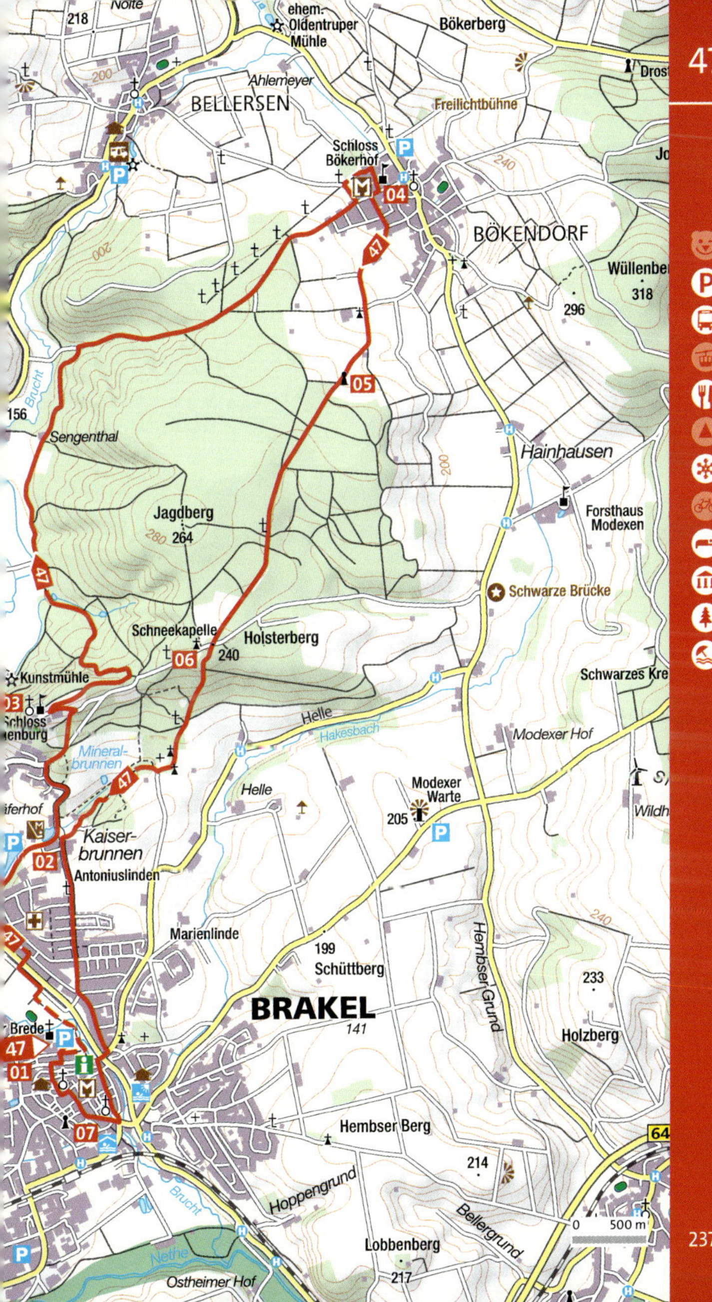
ehem. Oldentruper Mühle
Bökerberg
Drost
Ahlemeyer
BELLERSEN
Freilichtbühne
Schloss Bökerhof
04
BÖKENDORF
Wüllenber
318
296
05
Bracht
156
Sengenthal
Hainhausen
Forsthaus Modexen
Jagdberg
264
Schwarze Brücke
Schneekapelle
Holsterberg
06
240
Kunstmühle
03
Schloss
Schwarzes Kre
Helle
Hakesbach
Mineral-brunnen
Modexer Hof
Helle
Modexer Warte
205
Kaiser-brunnen
02
Antoniuslinden
Marienlinde
199
Schüttberg
Hembser Grund
233
BRAKEL
141
Holzberg
Brede
01
07
Hembser Berg
214
Hoppengrund
Bruchi
Bellergrund
0 500 m
Lobbenberg
217
Nethe
Ostheimer Hof

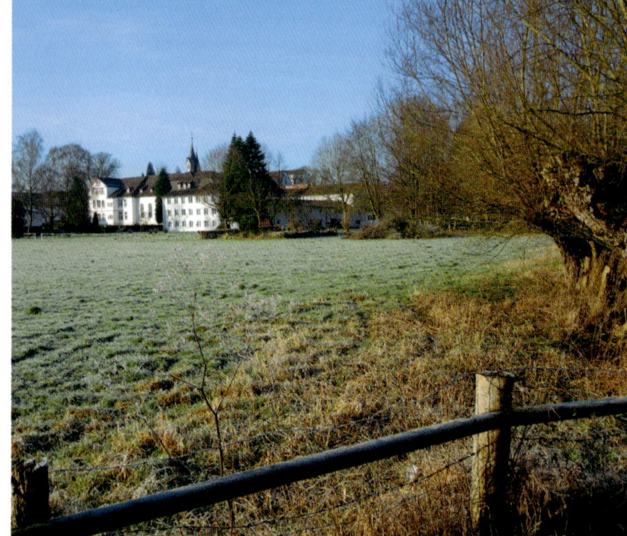

Am Kloster Brede beginnt die Tour

geht nicht, denn **Schloss Hinnenburg** 03 ist Privatbesitz. Schön anzuschauen ist das Renaissance Schloss dennoch. Ein einst adliger Hochsitz am Berg, schon von Weitem sichtbar. Rechts zu einer Forststraße. Auf der nach rechts zu einer Gabelung. Mit 4 links hinab, verlassen wir hinterrücks den Schlossberg bis fast zur Talsohle des Bruchtbaches vor der B 252. Dem Waldrand nach, vorbei am Forsthaus Sengenthal – die Magnetnadel würde uns stramm nach Nord führen. Eine Richtungsänderung bahnt sich an, wenn ein breiter Weg nach Ost abbiegt. Hier noch kurz geradeaus (4) in eine querende Talsohle. Rundweg 4 läuft links ins Tal, wir laufen unmarkiert rechts hinauf. Einer von links einschwenkenden Forststraße schließen wir uns geradeaus an (A19). Dann endet der Wald, der Blick geht frei hinab nach Bökendorf. Dem folgen wir, erreichen über die Drostestraße erste Häuser zur Rechten. Bevor es auch links häuslich wird, links ab (Radlschild Bellersen 1,7 km). Hinter einer Wiese lockt rechts **Schloss Bökerhof** 04 mit seiner auffallend gelben Fassade. Diesen Hort der Dichtung und Literatur begründete im frühen 19. Jh. der Romantikerkreis um die Schwestern Droste-Hülshoff und Brüder Grimm. Erhaltene Reste eines historischen Hainbuchen-Laubenganges leiten uns zum Schloss. Gegenüber steht der Gasthof Pension Bodinkthorpe, der den Urnamen des Dorfes von 965 trägt. Nicht weit von hier lässt sich auch die Freilichtbühne besuchen, die zum Titel Kulturmusterdorf spielerisch beiträgt. Die Straße Bökerhof erklärt den Rückweg. Rechts in die Drostestraße, links Am Neuen Kamp. Wir verlassen Bökendorf kulturvoll auf

Schloss Bökerhof und der Bökendorfer Kreis

Das Schloss war Stammsitz der Familie von Haxthausen, die sich um den Erhalt des literarischen Erbes verdient machte. Zur Sammlung und Aufarbeitung volkstümlicher Märchen, Sagen und Gedichte gründete sich daher im frühen 19. Jh. der sogenannte Bökendorfer Kreis. Diesem Zirkel von Romantikern gehörte neben der Adelsfamilie die verwandte Annette von Droste-Hülshoff, Clemens Brentano, Hoffmann von Fallersleben und die Brüder Grimm an. Letztere fanden auf Bökerhof für ihre berühmten „Kinder- und Hausmärchen“ Inspiration. Von 1989 bis 2012 bestand die Bökerhof-Gesellschaft zur Pflege der romantischen Tradition. Das im Herrenhaus untergebrachte Literaturmuseum kann derzeit leider nicht besucht werden.

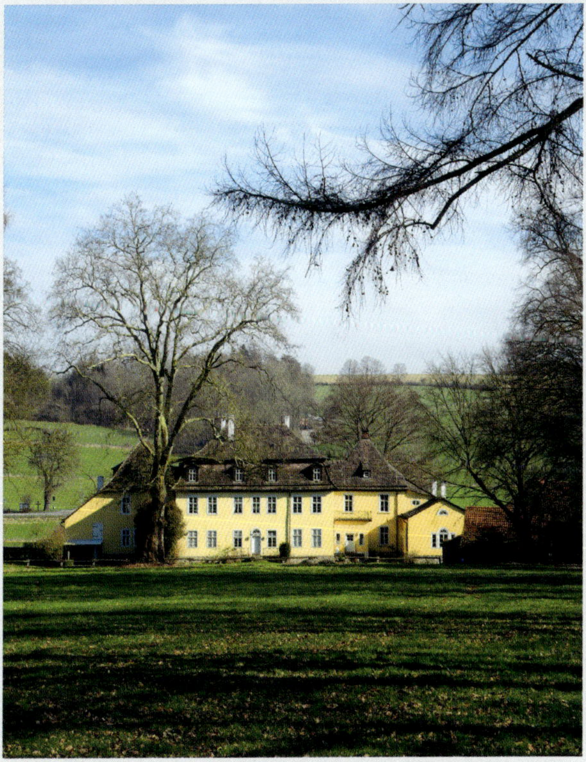

Wo Literatur zum guten Ton gehörte – Schloss Bökerhof

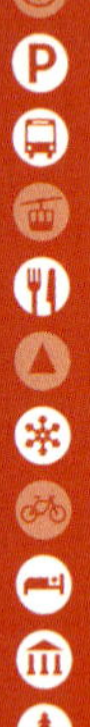

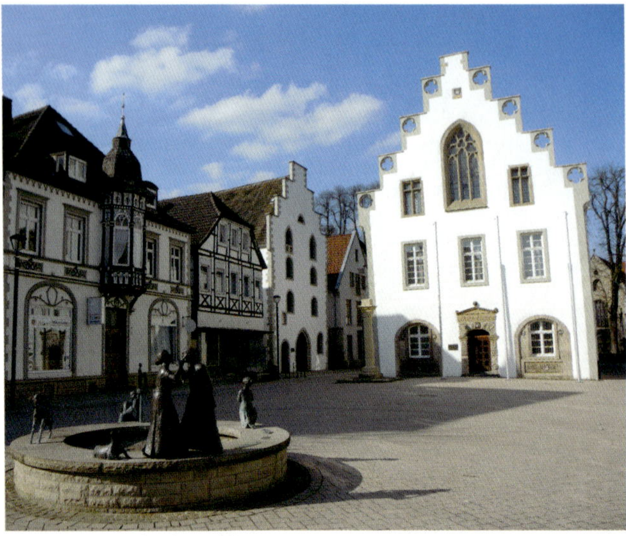

Mitten in Brakels Altstadtherz

dem Brüder-Grimm-Weg. Über freies Land, vorbei an einer Marienkapelle (Rundweg 4), betreten wir an einem **Antoniusstandbild** 05 wieder den Wald. Fast geradlinig auf breitem Forstweg, einen 1852er Bildstock passierend, zu einem querenden Sträßchen. 50 m rechts steht die reizende **Schneekapelle** 06 von 1843, wo jährlich zu Maria Himmelfahrt Gottesdienste stattfinden. Zurück zur Kreuzung und rechts (4) hinab. An einem Ehrenfriedhof rechtshaltend betreten wir wieder Kurgebiet. An einem Weiher geradeaus (X16), via Waldschänke zum bekannten Parkplatz. Nun links vom Hotel am Kaiserbrunnen die Brunnenallee hinauf und hinab nach Brakel. Links in den Heinefelder Weg (Fußweg Innenstadt) zu dessen Ende, rechts über die Bruchtauenstraße in den Bredenweg. Hier wäre Tourenende, doch fehlte ein Gang durch den historischen Stadtkern. Hierzu links mit der Straße Neustadt in die **Altstadt** 07, die wir auf einem Rundgang kennenlernen sollten.

Verlorener Posten?
Der hl. Antonius hilft beim Suchen!

ALTER PILGERWEG PADERBORN

Ein Stück Paderborner Hochfläche mit großer Naturkulisse

 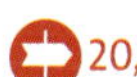 20,7 km  5:45 h  485 hm  485 hm 844

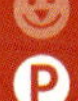
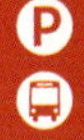

START | Parkplatz am Bistro Waldklang (Haxtergrund 18) oder Haltestelle Haxtergrund Vereinshaus, PaderSprinter-Linie 46 aus Paderborn (telefonische Anmeldung)
[GPS: UTM Zone 32 x: 485.425 m y: 5.726.230 m]
CHARAKTER | Abwechslungsreichtum der Natur und Sehenswürdigkeiten lenken ab vom erheblichen Konditionsbedarf für diese Tour.

Die Paderborner Hochfläche als größte Karstlandschaft Westfalens ist untergründig aufgebaut aus Kalken der Oberkreide-Formation. Das befähigt sie, mit Gewässern nach Belieben umzuspringen: Sie zu verschlucken, im Inneren fließen zu lassen, andernorts wieder auszuspucken. Das gibt ein im Kleinen sehr feingliedriges Landschaftsbild, das im Großen von Teuto, Eggegebirge, Sauerland und Almetal umschlossen wird. Hier wandelten einst Pilger, Kaufleute, kirchliche Würdenträger. Hier wandern heute Erholung Suchende, Wissbegierige, Erlebnisfrohe.

▶ Im lauschigen Haxtergrund finden wir bei der Waldschule eine Holzbrücke. Sie leitet über eine Wiese zum gegenüberliegenden Waldsaum. Mit dem Wegsymbol

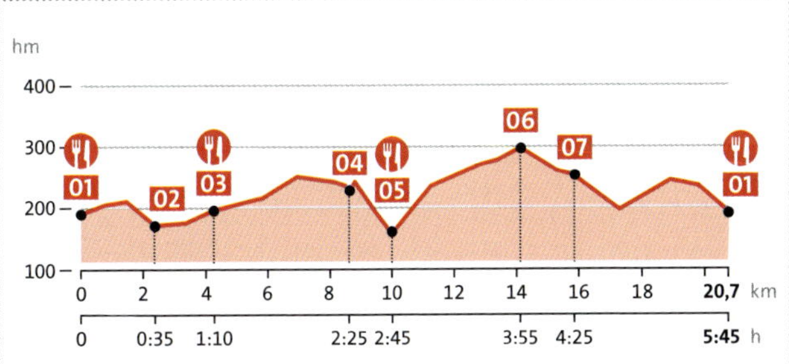

01 Parkplatz Haxtergrund, 193 m; 02 Marienstatue, 181 m; 03 Schloss Hamborn, 195 m; 04 Teufelsstein, 222 m; 05 Kluskapelle St.Lucia, 165 m; 06 FriedWald Nonnenbusch, 296 m; 07 Kapelle „Zur Hilligen Seele", 256 m

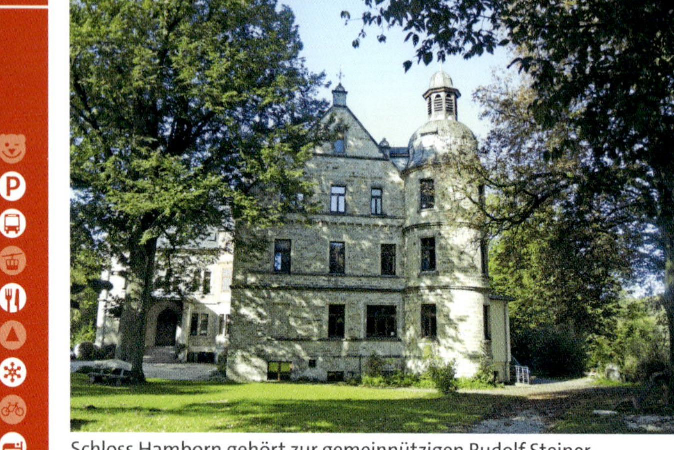

Schloss Hamborn gehört zur gemeinnützigen Rudolf Steiner Werkgemeinschaft

wie naive Malerei – Wiese, Weg, Haus, Baum, Blauhimmel – wissen wir stets, wo's langgeht.

Das malerische Anfangsstück folgt dem gebogenen Lauf des meist trockenen Ellerbaches in üppig grünen Wiesen. Nach einer Schutzhütte an querendem Teerweg links zum „Stern". Die 5-Wege-Kreuzung trägt eine **Marienstatue** 02 aus dem späten 19. Jh. Rechts (Radlschild Schloss Hamborn 1,8 km). Die Straße widmet sich der Talmulde des Ellerbaches, der auf einem Brückchen gewechselt wird. Vor dem ersten Siedlungshaus rechts hinauf. An baldiger Gabelung besteht links die Möglichkeit einer kürzeren Nordvariante des Pilgerweges. Wir machen ihn im Großen und Ganzen, gehen geradeaus zum Café Alte Schule, dem Namen nach pädagogischer Teil des Siedlungskonzeptes **Schloss Hamborn** 03. Die Rudolf Steiner Werkgemeinschaft betreibt hier ein integriertes Konzept aus Bildung, Pflege, Handwerk und Versorgung (www.schloss-hamborn.de). Das eigentliche Schloss wurde stilsicher der Renaissance nachgebaut.

Gleich dahinter links, neben einem Stromkasten, führt ein Treppenweg hinab. Er mündet in einen fallenden Pfad und dieser in eine Fahrstraße. Auf der Kreisstraße von Borchen kurz links und sofort rechts. Hinter einem Forstgürtel schwenken wir links ins Despental. Zwischen Wald und Feld ansteigend erreichen wir eine weitere Kurzoption (Südrunde), ignorieren auch die, gehen rechts. Am Waldrand steilt es auf. Rechts verleiht die Paderborner Hochfläche ihrem Namen Wortsinn. Dahinter hockt der Eggegebirgskamm.

Der Weg nach Westen schneidet eine Strommastschneise, mündet in ein Teersträßchen. Links zum Wanderparkplatz Hunnewinkel. Links im Wald zu einem Querweg.

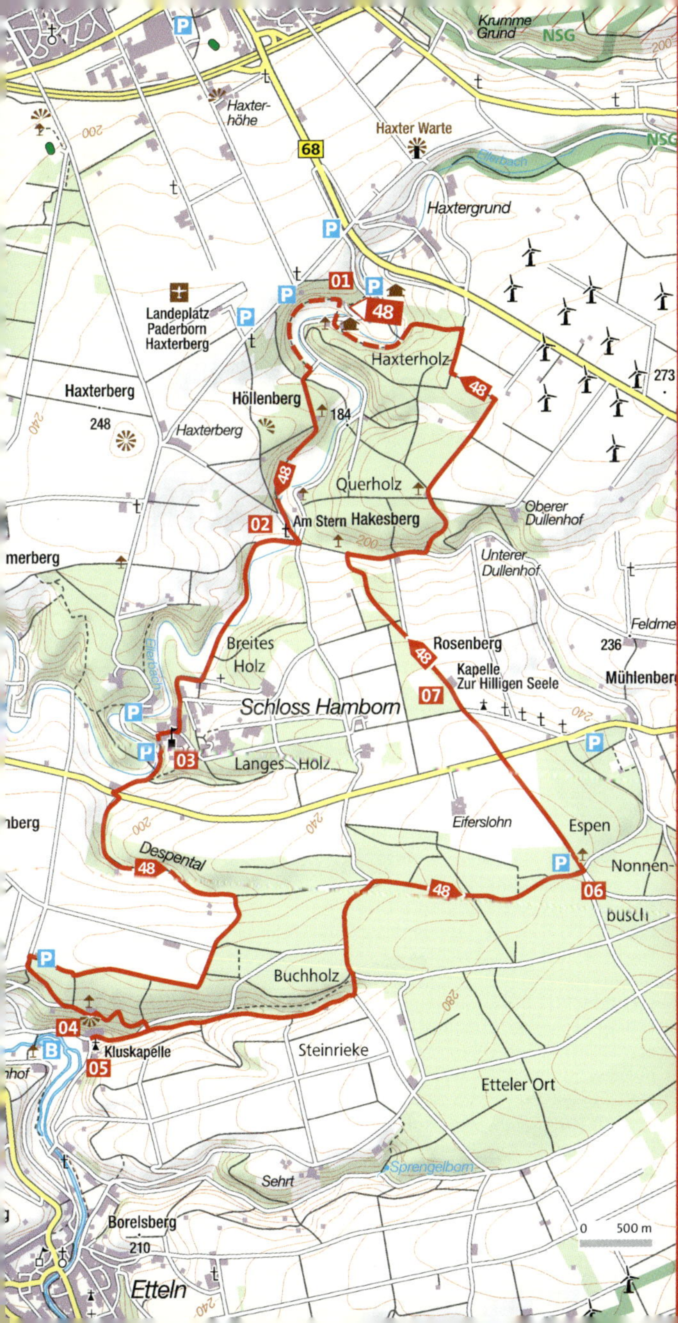

Krumme Grund
NSG
Haxter-höhe
Haxter Warte
68
Ellerbach
Haxtergrund
01
48
Landeplatz Paderborn Haxterberg
Haxterholz
Haxterberg
248
Höllenberg
184
Haxterberg
Querholz
273
Oberer Dullenhof
02
Am Stern
Hakesberg
200
merberg
Unterer Dullenhof
Feldme
Breites Holz
Rosenberg
236
Kapelle Zur Hilligen Seele
Mühlenberg
Schloss Hamborn
07
03
Langes Holz
Eiferslohn
Espen
Despental
Nonnen-busch
06
Buchholz
04
Kluskapelle
05
Steinrieke
Etteler Ort
Sprengelborn
Sehrt
Borelsberg
210
0 500 m
Etteln

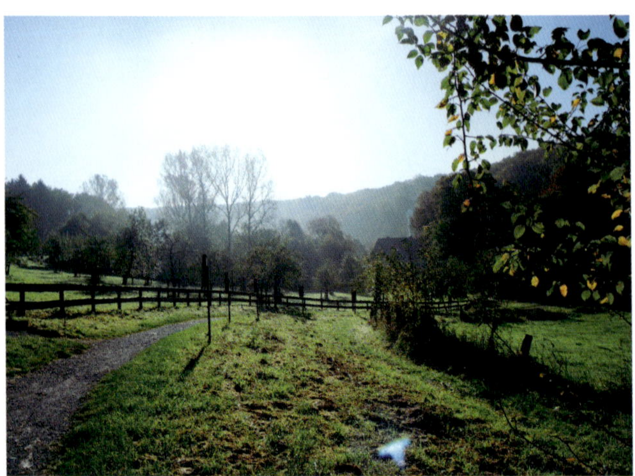

Morgenstimmung im Haxtergrund

Rechts (Stiegweg) lohnt ein Abstecher zum **Teufelsstein** 04 als Aussichtskanzel über das Altenautal und weit hinüber ins Sauerland.

Das bekannte Stück zurück und geradeaus. Die Forststraße schwingt zwei Seitentälern nach und zieht gemächlich talwärts. Wieder ein Querweg, wieder ein Abstecher nach rechts. Nach 350 m finden wir die schmucke weiße **Kluskapelle St. Lucia** 05, errichtet im barocken Jahr 1677 als Genesungsdank des Paderborner Fürstbischofs Ferdinand. Und das Bauernhofcafé Kapellenberg. Nach ca. 300 m Rückweg an einer Abzweigung rechts.

Das folgende Bilkental ist ein besonders schönes Stück Natur. Wir erwandern es in sanftem Aufstieg. Vor einmündendem Asphalt links steil in den Wald und auf einen breiten Weg. Dort, wo von links die Kurzvariante einfließt, rechts (Klingeweg). Wir gehen unseren Weg in Buchen-Eichen-Mischwald und finden den **FriedWald Nonnenbusch** 06 für Bestattungen an Bäumen. Infotafeln erklären das Konzept der naturnahen Ruhestätte.

Am Parkplatz links. Aus dem Wald tretend tut gut zu sehen, was noch vor uns liegt. Geradewegs zur Kreisstraße und zum Karlsplatz. Rechts zur **Kapelle „Zur Hilligen Seele“** 07, einem jahrhundertealten Wallfahrtsort zur Verehrung des Heiligen Kreuzes. Zum Karlsplatz und rechts. Auf einer Kastanienallee, vorbei am Standbild der heiligen Mutter Anna, zu einer Gabelung. Links hinab in eine Talung und am geteerten Querweg rechts hinauf. Nach wenigen 100 m links ein beschranktes Steilstück empor und links in Waldrandnähe zu einem Unterstand. Geradeaus und bald halbrechts dem Waldrand nach. Wir queren in einer Senke eine Freifläche und laufen rechtwinkelig nach links. Rechts und in einem waldrandigen Stück links. Erlebnisreich beschenkt steigen wir hinab in den Haxtergrund und hinüber zum Ausgangspunkt.

ZUM KLUSENBERG BEI NEUENHEERSE

Natur und Geschichte zwischen Dreigrenzstein und Wasserschloss

 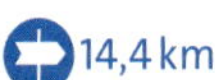 14,4 km  4:00 h  330 hm  330 hm  844

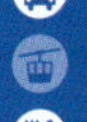

START | Parkplatz Nethehalle oder Bushaltestelle Wendeplatz, Linien 432 aus Paderborn, R31 aus Altenbeken, R54 Bad Driburg - Willebadessen
[GPS: UTM Zone 32 x: 499.898 m y: 5.724.833 m]
CHARAKTER | Bequeme Wanderei im ortsnahen Eggegebirgswald, das letzte Rückwegstück ist geteert.

Östlich des Eggekammes liegt das Dorf Neuenheerse. Und das nicht erst seit der urkundlichen Ersterwähnung im 14. Jh., sondern als „Kaiserliches Freiweltliches Hochadeliges Damenstift Heerse“ schon viel länger. Denn hier entspringt der Weserzufluss Nethe. Was heute ganz weltlich klingt, war einst heidnisches Quellheiligtum, das 868 christlich umgewidmet wurde. Die Verwandtschaft des einflussreichen Bischofs Luithard von Paderborn mit seiner Schwester Walburga machte es möglich. Kaiserlich abgenickt wurde sie erste Äbtissin. Diese Historie ist hier Start und Ziel.

▶ Vom **Parkplatz** 01 streben wir der Stiftskirche entgegen: Mühlenbrede, Taildor und Asseburger Straße leisten Bringdienst. Wir lassen die Kirche einstweilen im Dorf und frönen der Wanderlust. Über Gemmeke- und Saturinen-

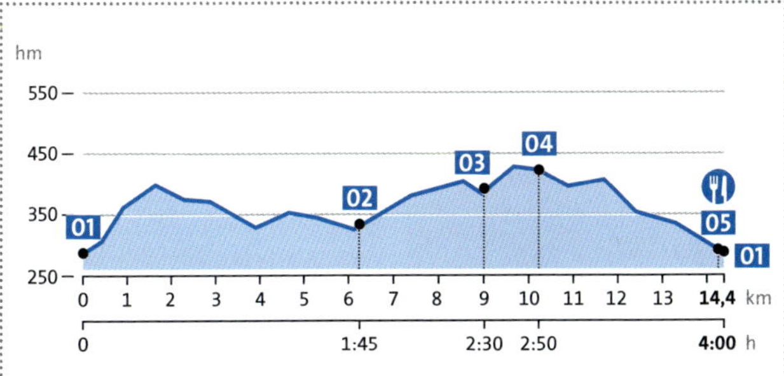

01 Parkplatz, 287 m; 02 Wanderparkplatz an der Bahn, 324 m;
03 Forsthaus Klusweide, 378 m; 04 Dreigrenzstein am Klusenberg, 415 m;
05 Wasserschloss, 292 m

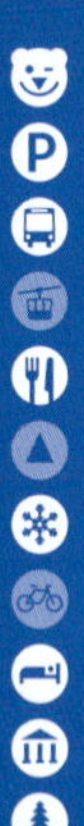

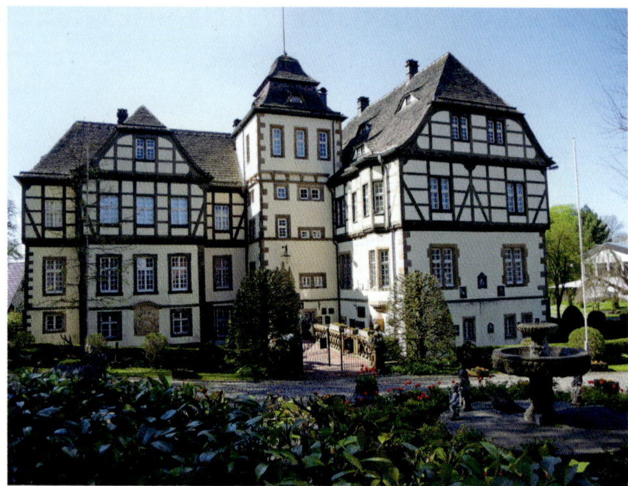

Das Wasserschloss mit Samstagsführungen im Sommerhalbjahr

straße (Z) hinauf zum Ortsrand. Am Ausgangsschild links (Z), vorbei an einer Sendeanlage und einem Gedenkstein zur deutschen Wiedervereinigung. Das Panorama weitet sich: Am Waldrand des Nethebergs überblicken wir baumarm-hügeliges Feldland und vor uns die wuchtigen Höhen des Eggegebirges. Wo von links ein Sträßchen heraufzieht, verlassen wir Z geradeaus, am Waldrand bleibend. Durch ein Gatter und in Linksbogen auf eine Forststraße, der wir im Scheitel einer Kurve nach rechts folgen. Dies sind Eggeweg und Europäischer Fernwanderweg 1 (s. S. 23/24). Ungeachtet weißer Markierungen rechts im Wald bleiben wir auf breiter Forstpiste. An folgender Gabelung rechts (Eggeweg/Bad Driburg) und zu einem Abzweig unterm Ochsenberg. Hier links (Schwaney 4 km). Auf geruhsamem Wegstück nähern wir uns der Bahnlinie nach Altenbeken. Hinter einem Bächlein quert ein Teerweg, der rechts den Rauen Grund begleitet. Hier links (A 2) bis knapp zum **Wanderparkplatz an der Bahn** 02, davor rechts (A 2/Pilgerweg) Richtung Bad Driburg/Klusweide. Mit we-

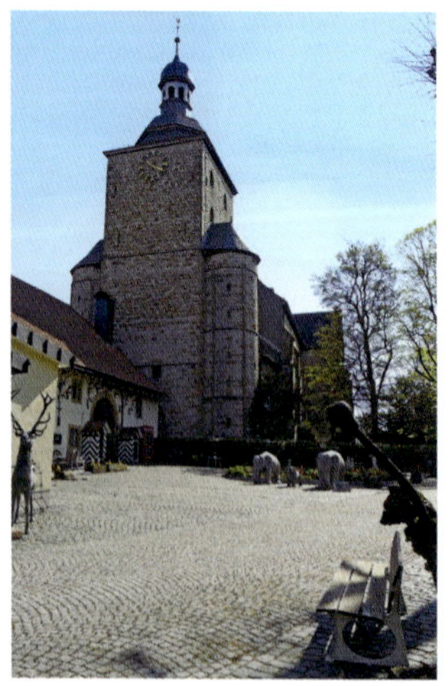

Stiftskirche St. Saturnina, auch als Eggedom bekannt

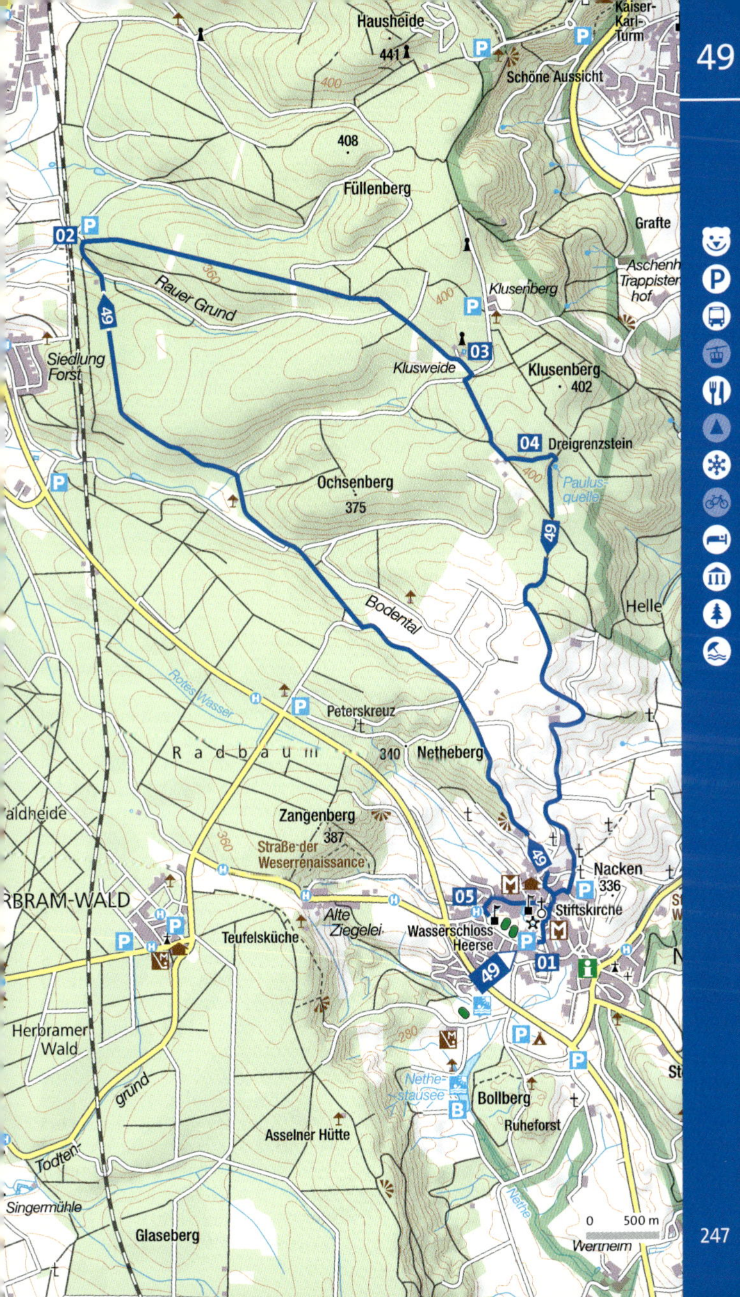
Hausheide
441
Kaiser-
Karl-
Turm
Schöne Aussicht
408
Füllenberg
Grafte
02
Rauer Grund
Klusenberg
Aschenhof
Trappisten
hof
03
Klusweide
Klusenberg
402
Siedlung
Forst
04
Dreigrenzstein
Paulus-
quelle
Ochsenberg
375
Helle
Bodental
Rotes Wasser
Peterskreuz
Radbaum
310
Netheberg
Zangenberg
387
Straße der
Weserrenaissance
Nacken
336
05
Stiftskirche
Teufelsküche
Alte
Ziegelei
Wasserschloss
Heerse
01
Herbramer
Wald
grund
Todten-
Nethe-
stausee
Bollberg
Ruheforst
Asselner Hütte
Singermühle
Glaseberg
Nethe
0
500 m
Wertheim
49

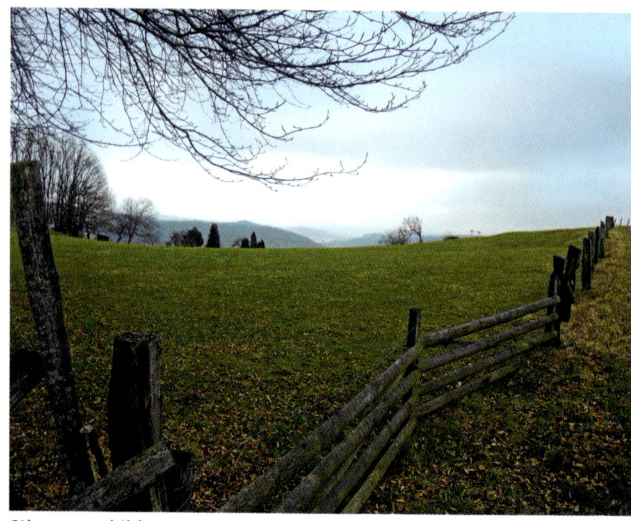
Stimmungsbild unterm Klusenberg

nig Höhengewinn wandern wir in Kammlage vor uns hin. Halten uns an zwei Abzweigen geradeaus an die Klusweide. Das **Forsthaus Klusweide** 03 wird an einem Gedenkstein mit Rastbänken und Kreuz genannt: Hier ließen in den Nachkriegswirren Menschen ihr Leben. Darauf ein Querweg – ca. 50 m rechts (X/Z), dann links (Z) einen Forstwirtschaftsweg hinauf. Zur Rechten eine Lichtung mit Steinhaus und Holzbungalow. An diesem halblinks (Z). Unbemerkt überschreiten wir die 400-m-Höhenlinie am **Klusenberg** und stehen am **Dreigrenzstein** 04. Die Passkontrolle erübrigt sich, denn wo sich einst die Einflusssphären von Höxter, Paderborn und Warburg schieden, herrscht heute Grenzenlosigkeit. Es folgt eine Wegquerung. Wir gehen rechts (Z), schneiden absteigend ein untergeordnetes Weglein, gelangen zum Waldrand – diesmal auf der anderen Seite des Feldlandes. Links, durch ein Metallgatter am Waldrand (I) geradeaus. Wald und I finden links ihre Fortsetzung, wir nehmen ein Sträßchen geradeaus. Es lenkt die Blicke weit ins Eggegebirgsvorland und unsere Schritte hinab und, an einer Straßengabelung geradeaus ein Stallgebäude passierend, nach Neuenheerse zurück. Ab Ortseingang kennen wir den Weg zur Stiftskirche, im Volk Eggedom geheißen. Die älteste Säulenbasilika Westfalens aus dem frühen 12. Jh. birgt die kostbaren Reliquien der hl. Saturnina. Dahinter erhebt sich das sorgfältig restaurierte **Wasserschloss** 05 von 1599 als ehemalige Residenz der Fürstäbtissinnen des Damenstifts mit Naturkunde-, Völker- und Heimatmuseum. Bei guter Führung (April bis Oktober samstags 14 Uhr) lässt sich diese schöne Anlage in Privatbesitz besichtigen. Hinter der Schlossanlage links, vorbei an der Jugendkirche, erwartet uns der Ausgangspunkt.

DIE MITTELALTERLICHE BURGSTADT DRINGENBERG

Durchs Tal der Öse, ins waldige Rietholz und zur Sommerresidenz der Paderborner Fürstbischöfe

 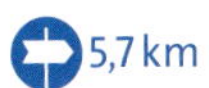 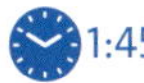 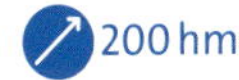  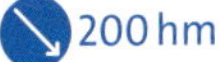 
5,7 km 1:45 h 200 hm 200 hm 844

START | Parkplatz am Friedhof oder Bushaltestelle Burg, Linie 201, Brüggemeier Reisebüros u. Omnibusse GmbH (Mo.–So.) und 540, BahnBus Hochstift GmbH und Ostwestfalen-Lippe-Bus (Mo.–Sa.) [GPS: UTM Zone 32 x: 503.760 m y: 5.724..776 m]
CHARAKTER | Kurztour, die den Berg in Dringenberg unterstreicht und dessen Altbauten würdigt.

Dringenberg wurde auf einem Bergsporn in knapp 300 m Seehöhe erbaut. Vor allem nach Süden, ins Tal der Öse, fällt der Berg steil ab. Die vorgestellte Kleinwanderung macht sich diesen Hochsprung zu Nutze. Vom gegenüberliegenden Rietholz, einer bewaldeten Anhöhe, ist das Panorama der Burgstadt imposant, die überragende Höhenburg ein wahrer Blickfang. Nochmals durchs Ösetal und die steile Südflanke des Wohnbergs zu den mittelalterlichen Stadtwahrzeichen – so soll es hier sein.

▶ Am **Ausgangspunkt** 01 beschließen wir, die baulichen Highlights für den Schluss aufzuheben. Zwar nähern wir uns auf der Straße Zur Dringe der Burg, biegen aber schnell rechts ab (Zum Stadttor). Vor der Bushaltestelle Sied-

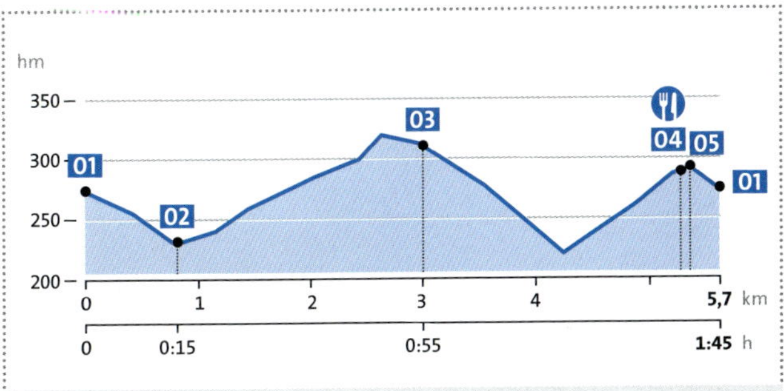

01 Ausgangspunkt, 273 m; 02 Öse, 227 m; 03 Rietholz, 317 m; 04 Kirche Mariä Geburt/Historisches Rathaus, 291 m; 05 Burg Dringenberg, 295 m

lung am Ortsausgang links hinab, via Tennisclub Dringenberg und der Haltestelle Mittelmühle links der Straße nach. Wir überqueren erstmalig die **Öse** 02, die über Nethe und Weser ein wenig die Nordsee versüßt und Antriebsgewässer lokaler Mühlen war. Wieder hält ein Bus (Zum Dornberg), weiter geht's auf der Straße (X2/Nethe-Alme-Weg), bis wir vor dem Dorf Kühlsen links einen unmarkierten Wirtschaftsweg nehmen. Gemächlich hinauf geht es durch lauschigen Forst, dann wendet sich der Weg nach links und Ost, steigt noch ein wenig und erreicht seinen höchsten Punkt unter den eingemessenen 326 m des **Rietholzes** 03. Rechts dünnt der Forst aus, weil der Blick nach Süden so schön ist. Der Wald tritt zurück, eine Baumallee führt uns geradeaus auf freies Feld. Links setzt sich Dringenberg mit seinen Höhepunkten Burg und Kirche in Szene und beherrscht unsere Aufmerksamkeit. Das Feldsträßchen stößt auf einen Querweg. Diesen nach links, der Talsohle entgegen. Hinter einem Weg, der rechts zur historischen Schöpfmühle leitet, die einst der Dringenberger Wasserversorgung diente, geradeaus über eine Holzbrücke an einer Furt der Öse. Den ortstragenden Hausberg schneiden wir recht steil aufsteigend, den über uns aufragenden Häusern entgegen. Die erste Siedlungsstraße links, die nächste rechts. Diese Hans-Krako-Straße führt uns zur Gaststätte Goldener Anker, die schon zur historischen Burgstraße gehört mit ihrem architektonischen Triumvirat. Da sind, wenn wir links gehen, zunächst die **Kirche Mariä Geburt** und daneben das **Historische Rathaus** 04. Das Gotteshaus wird geprägt vom überragenden Turm. Er entstand in den Burgbaujahren des 14. Jhs. und diente als Wehrturm. Er lässt sich heute über steile Treppen besteigen. Die Bauart des Rathaus-Gewölbekellers datiert ebenfalls in die Gründerjahre um 1320. Ein halbes Jahrtausend lang, bis zum

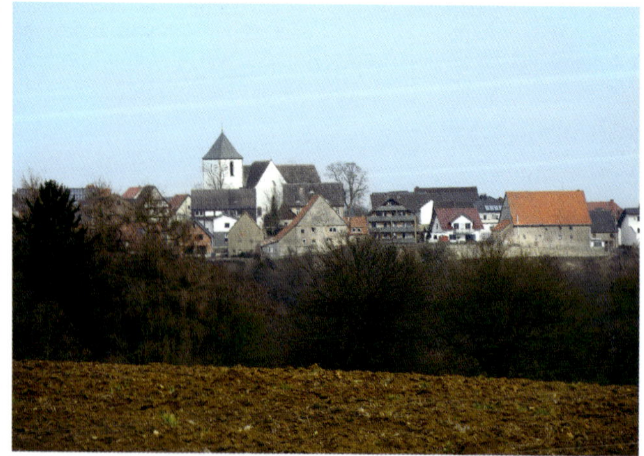

Noch trennt das Ösetal den Wanderer von der Burgstadt

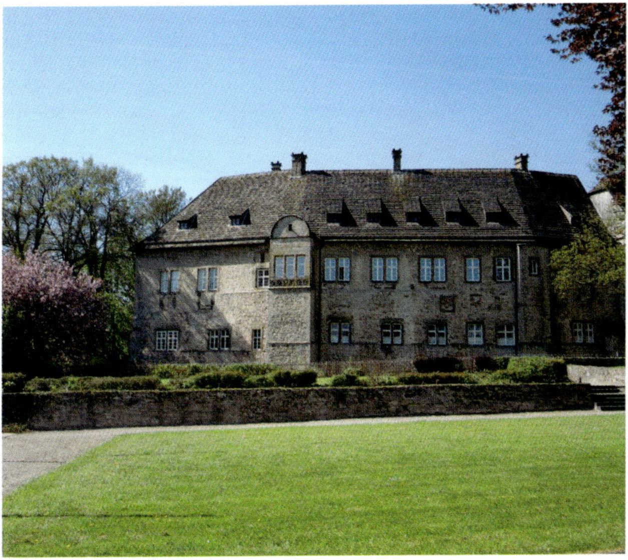

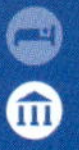

Eine der Sonnenseiten der Burg

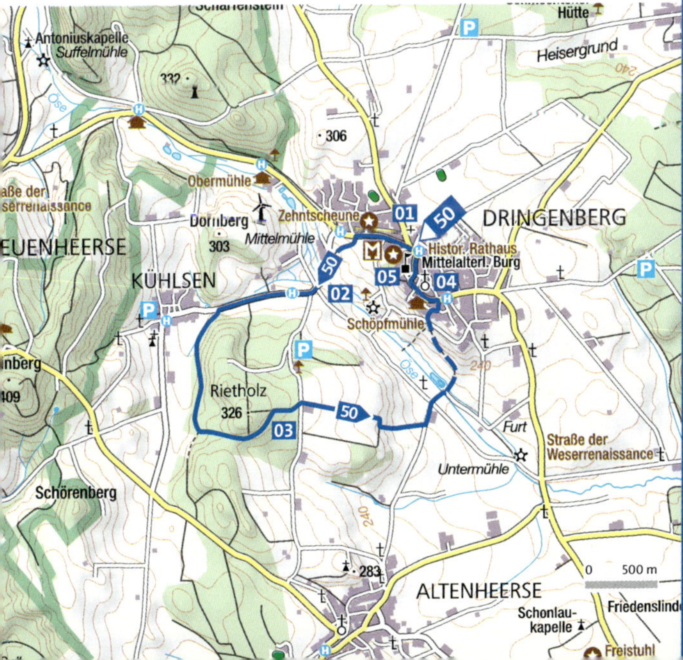

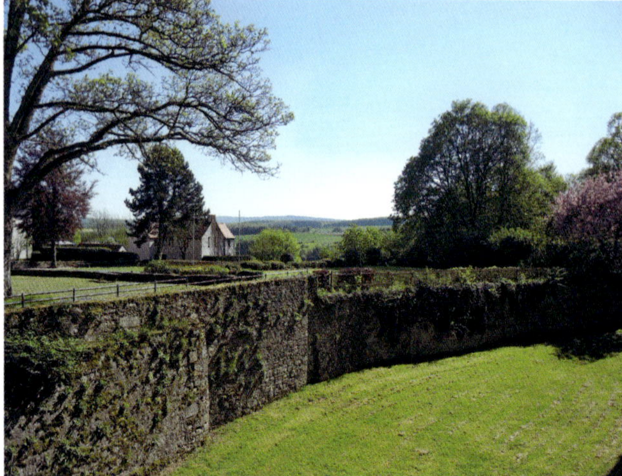

… weil der Blick nach Süden so schön ist

Verkauf der Stadt an Preußen 1825, verwalteten im heutigen Fachwerkhaus Bürgervertretung und Ratsherren das Stadtwohl. Heute locken Kunstausstellungen und ein Café ins Innere. Wir gelangen zur beeindruckend großen **Burg Dringenberg** 05. Wehrmauer, Wehrturm, Burggraben mit Brücke sind Voraussetzungen einer Mittelalterburg. Alles ist vorhanden. Wir betreten den Innenhof, der von Burggeschichte förmlich umschlossen ist. Seit dem ersten seiner machtvollen Art, Bernhard zur Lippe, auf den von 1318–1323 die ersten Baujahre zurückgehen, haben hier die Paderborner Fürstbischöfe bis zur Säkularisation 1802 ihre Sommerresidenz innegehabt und die Anlage allmählich erweitert. Jedem zugänglich ist der 1320 gegrabene 40 m tiefe Brunnen mit schaurig-schöner Sage. Im Sommerhalbjahr (Mi., Sa. + So.) können Burgkapelle, Heimatstuben, Rittersäle und naturkundliche Räume besichtigt werden. Aus der Burg und links, vorbei an der Zehntscheune, wo Anwohner damals nur sagenhafte 10 % ihrer Einkünfte abtreten mussten. Auf der Straße Zur Dringe zurück zum Ausgangspunkt.

Wo die Fürstbischöfe ein und aus gingen

VOM NETHESTAUSEE IN DEN ASSELER WALD

Ein Abschnitt des Eggeweges, für den gilt: Man sieht sich immer zweimal.

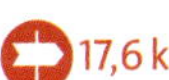

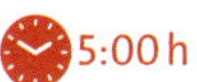

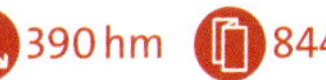

START | Parkplatz „Camping am Stausee" (Am Bolberg 1), nächste Bushaltestelle: Neuenheerse Nackenweg, Linien 432, R31, R54 [GPS: UTM Zone 32 x: 499.701 m y: 5.724.158 m]
CHARAKTER | Ein Eggewegstück, so schön, dass eine Teilbegehung auch in Gegenrichtung lohnt.

Der Asseler Wald ist aus der Greifvogelperspektive (Tour 35) ein ziemlich rechtwinkliges Wege-Etwas. Dazu untertunnelt ihn die Zuglinie Altenbeken-Warburg, was sich oberflächig gesehen in asphaltierten Zugängen zeigt. Ein No-Go fürs Wandern? Keineswegs, denn der Eggeweg ist in diesem Abschnitt besonders malerisch. Außerdem gibt es einen kleinen Stausee – eine Rarität in der Region.

▶ Vom **Parkplatz** 01 gehen wir seewärts. An einer Hinweistafel (links RuheForst 500 m) geradeaus in den Wald. Auf dem breitesten der Wege mit zwei verwitterten Trimm-dich-Schildern bleibend, durchleuchtet bald eine Wasserfläche das Baumland. Sie gehört

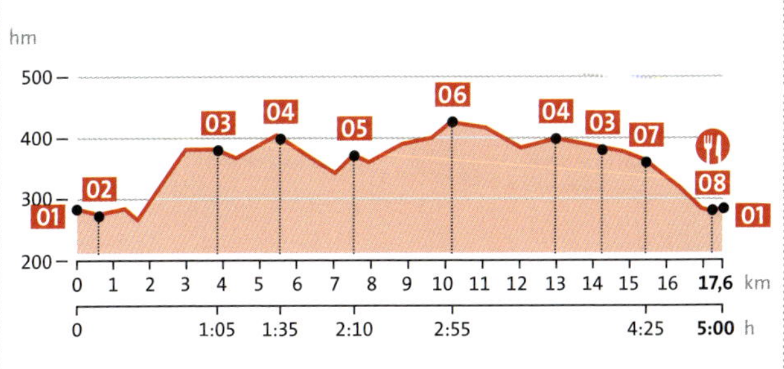

01 Parkplatz, 281 m; 02 Nethestausee, 270 m; 03 Paderborner Berg-Hütte, 383 m; 04 Willebadessener Hütte, 404 m; 05 Eggekreuz, 372 m; 06 Lichtenauer Kreuz, 417 m; 07 Asselner Hütte, 365 m; 08 EGGE-Freibad, 274 m

dem **Nethestausee** 02, an dessen waldgesäumtes Ostufer wir treten. Baden ist nur den Fischen gestattet, die der hiesige Angelsportverein gern an Land zieht. Ein naturbelassener Uferweg führt uns gen Süd. Wir gehen am Wehr zur Eintrittsstelle der dünnen Nethe in den beachtlichen See und wieder zurück. Unser Pfad verlässt das Flüsschen und steigt dem Bollberg entgegen. Eine Andachtsstätte gehört dem RuheForst als Ort der letzten Ruhe unter Bäumen. Einem Forstweg folgen wir rechts zum Waldrand. Auf Teersträßchen rechts über die Nethe. Links weites Feld, darüber der Fernmeldeturm am Lichtenauer Kreuz. Am Rechtsweg nach Neuenheerse halblinks. Zwischen Egge und Korn ein Stück nach Süden, dann rechts auf einen Wirtschaftsweg. Der führt unmarkiert in Buchenwald und hinan. An der Gabelung hinter einer Linkskurve rechts weg vom breiten Weg und nun in Nadelwald zu baldiger Kreuzung. Halbrechts geradeaus, stets markierungsfrei, lenken wir unsere Schritte auf Kammhöhe. Mit X/E1 (s. S. 23/24) links. Das folgende Kammstück ist auch beim Rückweg schön, wie wir noch sehen werden. Im Scheitel einer Kehre links zur **Paderborner Berg-Hütte** 03, einem solide gezimmerten Stück Eggegebirgsverein. Wir bleiben auf X/E1 (plus A7). 1,7 km zum nächsten Hüttenziel. Gelegentliche Grenzsteine unterstreichen die Gebirgskammfunktion, auch queren wir unbeschrankt die unterirdische Tunnellinie der Eisenbahn. Alsdann ist die **Willebadessener Hütte** 04 erreicht. Wir kommen darauf zurück. Einstweilen verlassen wir den Kamm und gehen links (A7+8, Bahnhof Willebadessen 2,4 km). An einem Querweg das Schild Fahrtrichtung. Ob der Lokführer das sieht? Wir haben an Meereshöhe eingebüßt, wenn wir der L763 be-

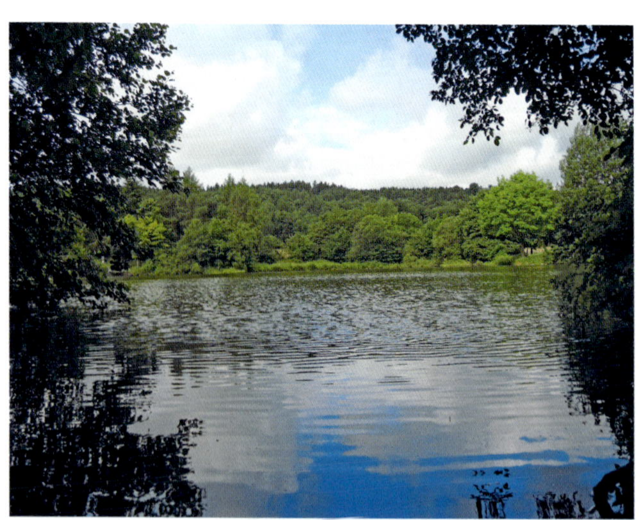

Die schmale Nethe liefert einen beachtlichen Stausee

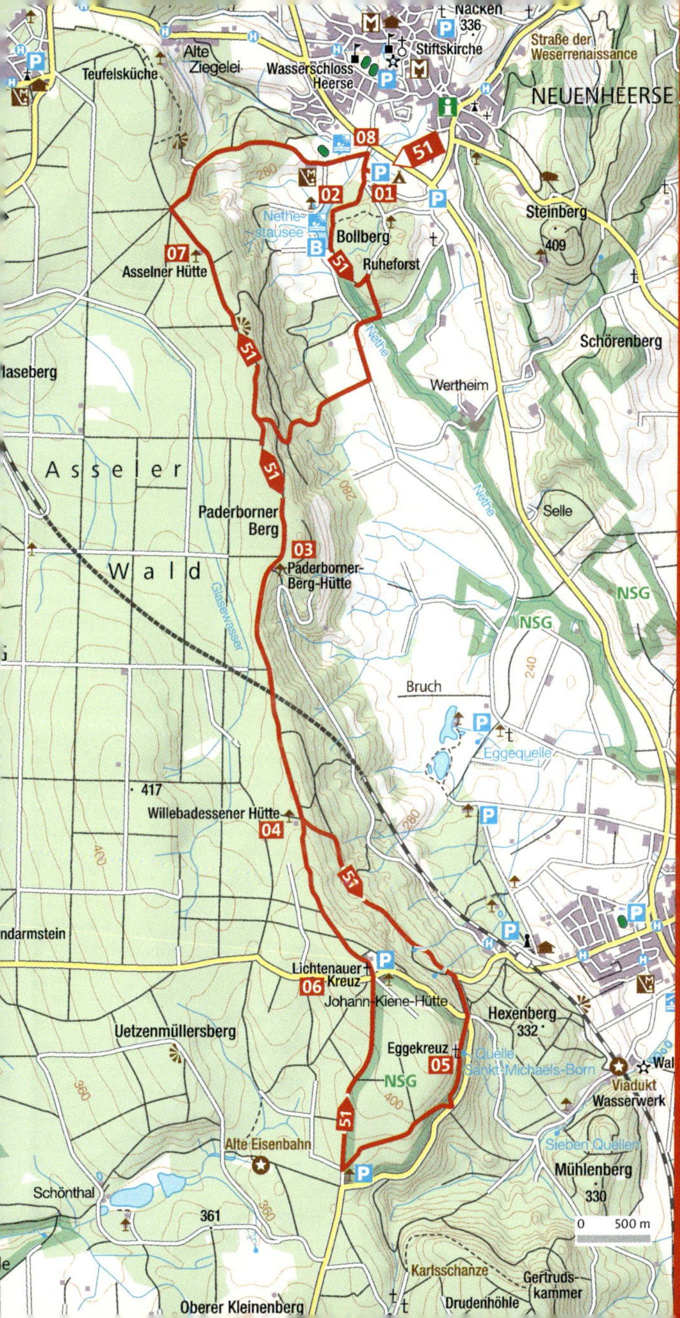

Nacken
336
Alte Ziegelei
Teufelsküche
Wasserschloss Heerse
Stiftskirche
Straße der Weserrenaissance
NEUENHEERSE
08
51
01
02
Nethe-stausee
Bollberg
Ruheforst
Steinberg
409
07
Asselner Hütte
Schörenberg
Haseberg
Nethe
Wertheim
Asseler Wald
Paderborner Berg
03
Paderborner-Berg-Hütte
Selle
Glasewasser
NSG
Bruch
Eggequelle
417
Willebadessener Hütte
04
Lichtenauer Kreuz
06
Johann-Kiene-Hütte
Hexenberg
332
Uetzenmüllersberg
Eggekreuz
05
Quelle Sankt-Michaels-Born
Viadukt
Wasserwerk
Alte Eisenbahn
Sieben Quellen
Mühlenberg
330
Schönthal
361
0 500 m
Karlsschanze
Gertrudskammer
Drudenhöhle
Oberer Kleinenberg

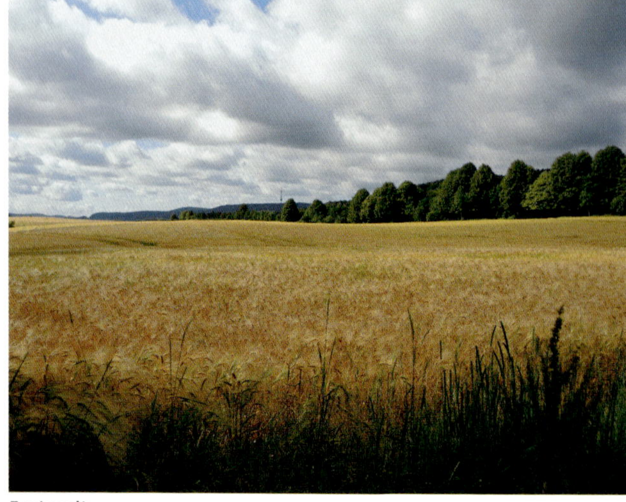

Erntezeit

gegnen. An der ein Stück rechts aufwärts – bis zum Abzweig Lichtenau, dahinter rechts hinauf (A 3/weißes Dreieck/Zustieg Eggeweg). Rechts überrascht das große **Eggekreuz** 05 mit Inschrift für die Weltkriegsopfer an der Felswand dahinter. Auf Sandsteinaltpflaster gehörig empor und durch lichten Nadelwald hinab zur Kreuzung nahe dem Parkplatz Alte Eisenbahn. X/E 1 hat uns wieder, also rechts (Fernsehturm 1,3 km). Ein breites Stück Eggeweg trägt uns dem Turmriesen entgegen, der nach den Naturstunden etwas unwirklich wirkt. An der Johann-Kiene-Hütte überqueren wir die K 26 mit Parkplatz **Lichtenauer Kreuz** 06. Dann der Fernmeldeturm Willebadessen, der sich in engen Grenzen hält. 417 m vom Meer hier herauf und nochmals 132,5 bis hinauf – das ließe tief blicken ins Umland. Der Eggeweg wird ungerader. Das Panorama hält sich in Sichtgrenzen, dafür ist der Berg interessant: Nach Osten steil abfallend, nach Westen gemächlich sich einebnend. An der **Willebadessener Hütte** 04 wäre Gelegenheit für die Brotzeit. Das Folgende kennen wir, aber nicht jeden Baum und Busch. Gelegenheit, näher hinzuschauen. Hinter dem Abzweig der **Paderborner Berg-Hütte** 03 betreten wir Kammneuland und bald die **Asselner Hütte** 07 mit originellem Schilderbaum und Hüttenbuch für kernigen Eintrag. Noch ein Stück Kamm, dann an Kreuzung mit altem Holzschild „Neuenheerse 15 Min." rechts hinab. Durch einen Tunnel, zum Waldrand, über ein Wiesensträßchen. Rechts grüßt Erlebtes: der Stausee im Nethetal, der Fernsehturm am Berg. Vorbei an einer Sportanlage und dem **EGGE-Freibad** 08 mit Einkehrgelegenheit bei gutem Wetter. Vor dem Wasserpumpwerk rechts, nochmals über die Nethe und zum Fahrzeug.

DAS EGGEGEBIRGE BEI WILLEBADESSEN

Mystische Stätten und ein Aussichtsturm der Sehnsucht

  19,9 km  5:30 h  460 hm 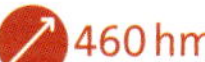  460 hm  844

START | Parkplatz Stadthalle Willebadessen oder Bushaltestelle Wohnpark, Linien 541 (Peckelsheim) und R54 (Bad Driburg) vom Bahnhof Willebadessen
[GPS: UTM Zone 32 x: 502.178 m y: 5.719.190 m]
CHARAKTER | Mit dem Willebadessener Kloster, den mystischen Stätten und Bierbaums Nagel hat diese Tour besonders hohen Erlebniswert.

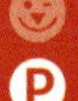
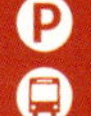
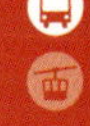
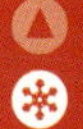

Diese Wanderung ist eine echte kleine Entdeckungsreise! Erst erkundet der Begeher die barocke Anlage des Benediktinerinnenklosters Willebadessen mit sehenswertem Skulpturenpark. Dann begibt er sich auf einen „Rundwanderweg in die Vergangenheit" mit allerlei mystischen Stätten. Er ersteigt Bierbaums Nagel mit anrührender Rahmenerzählung. Und erlebt zwischendurch ganz Eigenes.

▶ Die **Stadthalle** 01 im Rücken nehmen wir den Privatweg Klosterhof. Die Alexandra-von-Wrede-Allee bringt uns zur gepflegten Anlage des ehemaligen **Benediktinerinnenklosters** 02. Sie sah

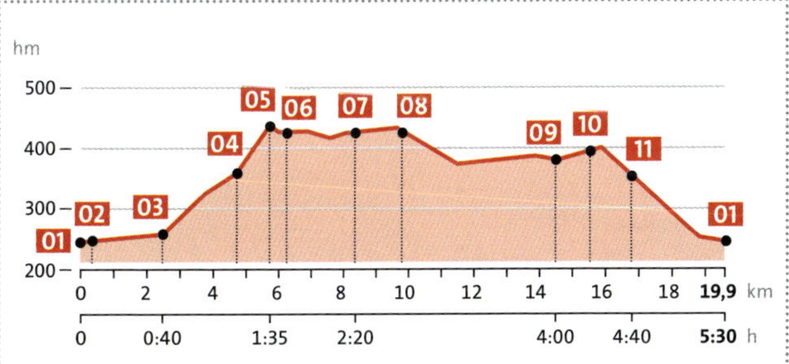

01 Stadthalle, 226 m; 02 Benediktinerinnenkloster, 227 m; 03 Viadukt, 255 m; 04 Karlsschanze, 363 m; 05 Fauler Jäger, 428 m; 06 Krollhütte am Försterkreuz, 427 m; 07 Bierbaums Nagel, 426 m; 08 Borlinghauser Hütte, 430 m; 09 Kleiner Herrgott, 377 m; 10 Parkplatz Alte Eisenbahn, 386 m; 11 Eggekreuz, 375 m

schon im 18. Jh. fast so aus wie heute. Neu ist der Skulpturenpark einer Europäischen Stiftung, der auch Konvents- und Abteigebäude gehören. Wir finden die Pfarrkirche St. Vitus, ein barock umgestaltetes romanisches Schmuckstück aus dem 12. Jh. und, das Areal rechts umrundend, hinter dem Pfarrheim den Kurpark. Über zwei Brückchen. Am Fischteich links. Links ab (weißer Kreis, Borlinghausen) und unter die L828. Dahinter rechts. Links auf die Querstraße mit Ganztagsschule (Kreis, Bahnhof 1,4 km). An baldiger Gabelung links hinauf (Auf den Ängern, Kreis). In hohem Bogen wölbt sich ein **Viadukt** 03. Dahinter geradeaus (A6, gedrehtes T). Via Trinkwassergewinnungsanlage und Schutzhütte zu einer Kreuzung, geradeaus (gedrehtes T/A3/Zu Mystischen Stätten). So markiert an nächster Gabelung. Ein steinig-steiler Weg trägt uns kammwärts. Zweimal lesen wir Karlsschanze, zweimal gehen wir links. Zwei Innen-, ein Außenwall der **Karlsschanze** 04 machen Eindruck von einer 8 ha großen Wallburg aus karolingisch-sächsischer Zeit. Sie gehört zu den „Mystischen Stätten", einer Rundreise in sagenhafte Vorgeschichten. Links des Weges überragt ein Felsen den Wald und bietet weiten Horizont. Ein mehrere Meter hoher Sandsteinblock schmückt den Wegrand. Der Ort heißt **Fauler Jäger** 05, nach einem verschlafenen Wachmann benannt. Tief unten im Felssockel liegt die Gertrudskammer oder Druidenhöhle, der Sage nach eine eremitisch-druidische Wohnhöhlung.

Rechts ab zur **Krollhütte am Försterkreuz** 06 mit Steinsarkophag zum Gedenken zweier ermordeter Förster. Wir nehmen links den Eggeweg X/E1 (s.S. 23/24). Manchmal wandern wir nah der Abbruchkante des Steilhanges, den Teutoniaklippen, fast immer aber mit schönem Blick auf das Oberwälder Land unter uns. Dann ein Abzweig links. Nach 200 m stehen wir vor und auf dem

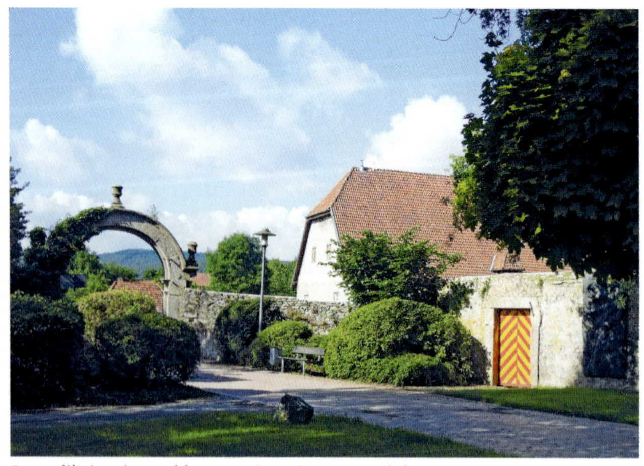

Benediktinerinnenkloster – im Hintergrund die Egge

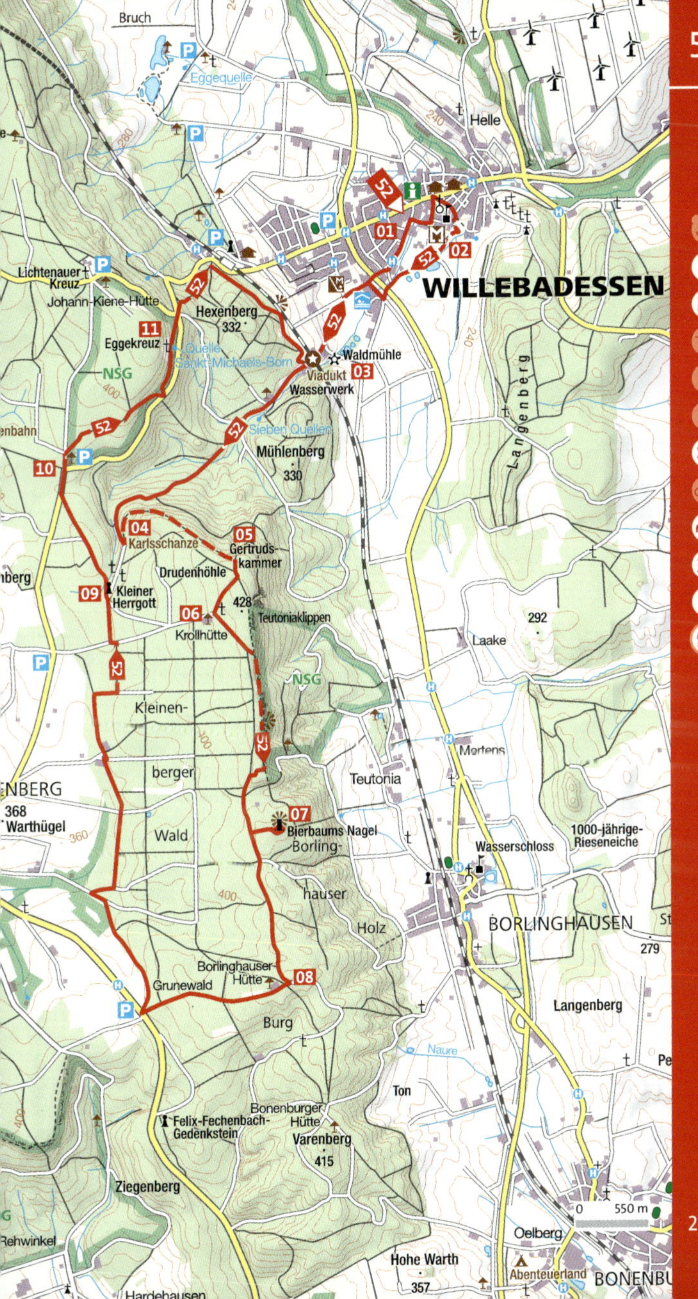
Bruch
Eggequelle
Helle
Lichtenauer Kreuz
Johann-Kiene-Hütte
Hexenberg
332
WILLEBADESSEN
01
02
11
Eggekreuz
Quelle Sankt-Michaels-Born
Waldmühle
Viadukt
03
Wasserwerk
NSG
Sieben Quellen
Mühlenberg
330
Langenberg
10
04
Karlsschanze
05
Gertrudskammer
Drudenhöhle
09
Kleiner Herrgott
06
Krollhütte
428
Teutoniaklippen
292
Laake
Kleinenberger Wald
Mertens
Teutonia
368
Warthügel
07
Bierbaums Nagel
Borlinghauser Holz
Wasserschloss
1000-jährige-Rieseneiche
BORLINGHAUSEN
279
Borlinghauser Hütte
08
Grunewald
Burg
Langenberg
Naure
Ton
Bonenburger Hütte
Felix-Fechenbach-Gedenkstein
Varenberg
415
Ziegenberg
0 550 m
Oelberg
Rehwinkel
Hohe Warth
357
Abenteuerland
Hardehausen

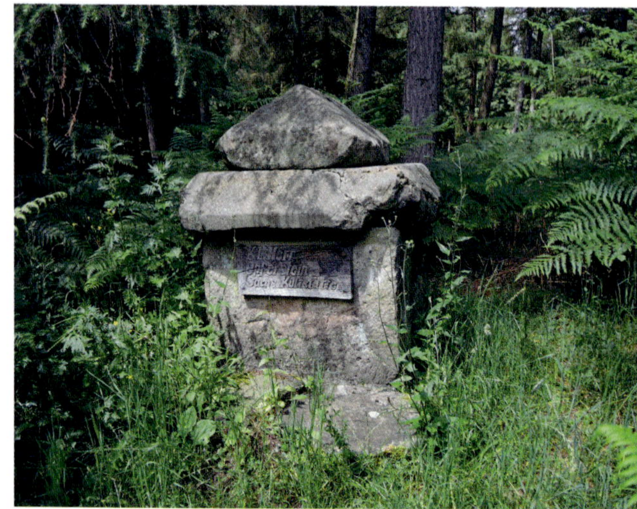

Kleiner Herrgott – mystische Stätte mit Opferstein?

förmlich gelungenen **Bierbaums Nagel** 07, Ostwestfalens ältestem Aussichtsturm. Sein Schöpfer, der Bankier und Gutsherr Bierbaum, hatte eine junge Ehefrau aus Kassel. Diese litt sosehr an Heimweh, dass ihr der Gatte einen Turm bauen ließ, von dem aus sie die Herkules-Statue in Kassel-Wilhelmshöhe sehen konnte. Lieb, gell? 200 m zurück und links. X/E1 führen zu einem Querweg und nach rechts, vorbei an der **Borlinghauser Hütte** 08. Knapp vor der B68 mit „I" auf schmalem Pfad rechts ab. Wir sind dem Waldrand nah, der dies schmale Stück Eggegebirge nach Westen begrenzt und stoßen auf eine Querung: links, „I". Wo der Weg nahe Kleinenberg in Asphalt übergeht, rechts (Borlinghausen/Aussichtsturm, Eggeweg) und unmarkiert nach links. Wieder waldrandnah, vorbei an einem Picknickplatz. Der Weg biegt nach rechts, der unsere unmarkiert nach etwa 100 m nach links. Dieser Naturpfad führt hinter einer Schranke auf einen breiten Querweg. Links und sofort rechts (gedrehtes T, Dreieck). Am **Kleinen Herrgott** 09, einer gemutmaßten heidnischen Kultstätte mit Opferstein, auf X/E1/Mystische Stätten geradeaus. Über die Straße von Kleinenberg und rechts zum **Parkplatz Alte Eisenbahn** 10. Kurz geradeaus und rechts Richtung Willebadessen. Ein schöner Waldweg führt, einmal mit Straßenkontakt, zum beeindruckenden hölzernen **Eggekreuz** 11 vor hoher Felswand mit eingraviertem Andenken an die Weltkriegsopfer. Hinab zur Verbindungsstraße mit Abzweig Lichtenau und jenseits rechts abwärts (Mystische Stätten/A5+6). Vor Schranke, Straße und Schienen rechts (A5+6). Oberhalb des Willebadessener Bahnhofs zum Viadukt und wie hin bis Höhe Ganztagsschule. Auf den Ängern geradeaus und die Borlinghausener Straße komplett zurück.

ZUM KLIPPEN- UND FELSENMEER BEI HARDEHAUSEN

Ein versteinertes Meer am Berg und lebendige Wisente im Tal

  16 km 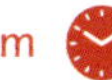 4:30 h  390 hm 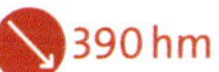 390 hm  844

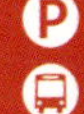

START | Parkplatz See-Wisentgehege oder Bushaltestelle Warburg-Hardehausen Mitte Linie W2 von Warburg Speckgraben mit Halt am ZOB Warburg [GPS: UTM Zone 32 x: 499.893 m y: 5.710.812 m]
CHARAKTER | Der Aufstieg zum „Meer" ist moderat, der Abstieg von der Nadel sehr steil, die Wanderung am Schwarzbach wie ein kleiner Urlaub.

Für diese Tour falte man sich ein Papierschiffchen. Den Bauplan liefern Kindheitserinnerungen oder Leute, die sich damit auskennen. Dies verstaue man vorerst im Rucksack. Wann es vom Stapel gelassen wird, erfährt der geneigte Wanderer an geeigneter Stelle ...

▶ Von **Bushaltestelle oder Parkplatz** 01 zieht es uns zur mächtigen Klosteranlage. Folgen wir der Umfassungsmauer, gewinnen wir einen Einblick in das weitläufige Gelände der einstigen Zisterzienserabtei, die zurückgeht auf das Jahr 1140 und der heute durch die katholische Landvolkshochschule und einen Jugendbauernhof modernes Leben eingehaucht ist. Aber gehen wir ein Stück. Hinter der Bushaltestelle lockt – früher oder später – der **Landgasthof Haus Varlemann** 02. Dahinter ein

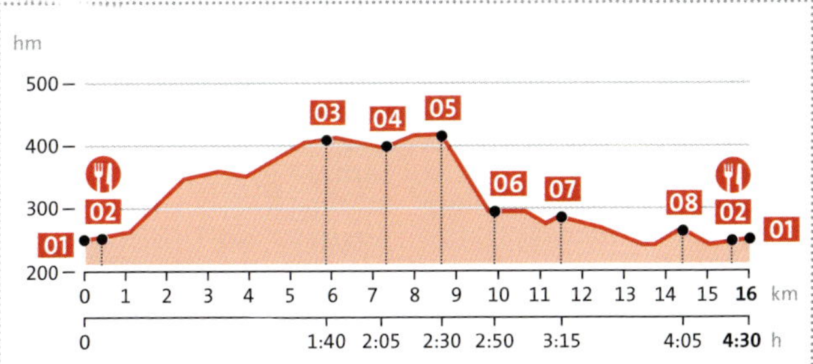

01 Bushaltestelle/Parkplatz, 249 m; 02 Landgasthof Haus Varlemann, 245 m; 03 Klippen- und Felsenmeer, 407 m; 04 Bentenberg, 394 m; 05 Nadel, 413 m, 06 Roters Eiche, 295 m; 07 Schwarzbach, 283 m; 08 Wisentturm, 264 m

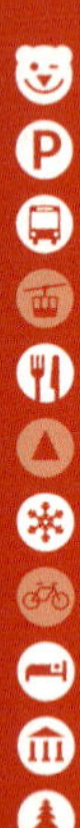

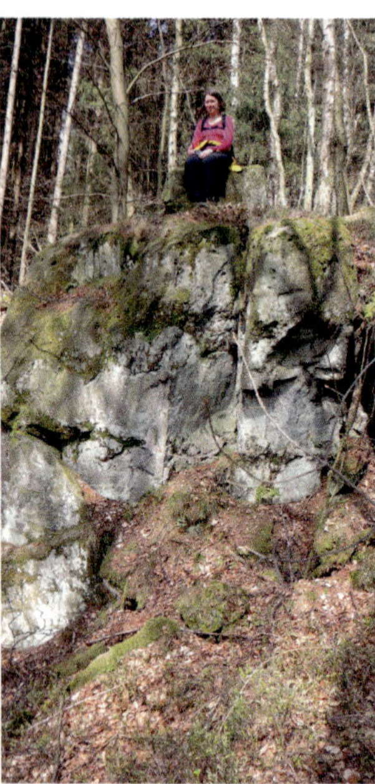

Klippen- und Felsenmeerjungfrau

Wanderparkplatz und die Überschreitung des Hammerbaches. Die Blankenroder Straße biegt nach links, wir finden geradeaus ein Teersträßchen – links des Baches und dem Eggegebirgskamm entgegen.

An einem kleinen Weiher eine Weggabelung. Wir nehmen den linken (A3). Gleich rechts eine Schutzhütte. Der Weg windet sich kammwärts. Links zweigt A4 ab, wir bleiben dem Geradeausweg treu. Vereinzelt, dann gehäufter, fallen zwischen ersten Klippen bemooste Steine auf: Sandsteinbrocken, die sich von ihren Herkunftsfelsen gelöst und hier ihr Wegende gefunden haben. Einem Quersträßchen schließen wir uns links an. Fast auf Kammhöhe verläuft der Eggeweg X/Europäische Fernwanderweg 1 (s.S. 23/24). Ein schöner Pfad führt südwärts an den Rand des **Klippen- und Felsenmeeres** 03. Hier stehen meterhohe schroffe Abbrüche, denen das Geröll von vorhin entstammt. Es macht Spaß, die Abbruchkante ein wenig zu umschiffen und ins Steinmeer zu tauchen. Unvermittelt werden wir nach rechts zu einer schnurgeraden Forststraße geleitet. Wie gewohnt nach links (X) und über den **Bentenberg** 04 zu einem fantasievoll erbauten Insektenhotel mit Rastplatz. Hier rechtwinklig nach – klar! – links (X/E1/Roters Eiche 2,4 km). Etwas hinauf zur 413 m hohen **Nadel** 05, einem alten Grenzstein und Nadelblick, der dem Umgebungsbewuchs gewichen ist.

Auf den genannten Wegen und wieder an Klippen entlang. Links durch einen kleinen Felsdurchlass und hinab. Und das meist richtig steil, also mit Vorsicht genießen! Am Punkt „Ewigkeit" über einen Teerweg und bald zur bekannten Blankenroder Straße. Zur Abwechslung ein Stück rechts bis zu **Roters Eiche** 06 mit Schutzhütte. Links (X) und dem Asphalt rechts auf Pfad ausweichend zum Punkt Mittelwald. Hier verlassen wir den Eggeweg an weiterer Schutzhütte für wenige Meter geradeaus (gedrehtes T), dann sofort links auf den linken, breiteren Weg (weiße Raute/weißer Winkel, Zustieg Eggeweg). Es wird feuchter, sumpfig fast. Doch trockenen Weges zu einer Gabelung und mit weißem Winkel rechts. Das weiche Land gerät zum See, der durchflossen wird vom **Schwarzbach** 07. Dort, wo er dem See entrinnt, erinnern wir uns des Papierschiffchens! Wir überlassen es dem Schwarzbach und seiner Fließgeschwindigkeit. Wir selbst

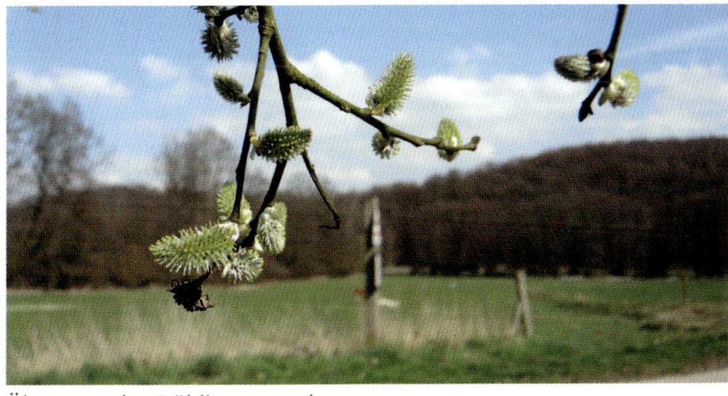

Überragendes Frühlingserwachen

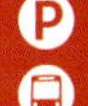

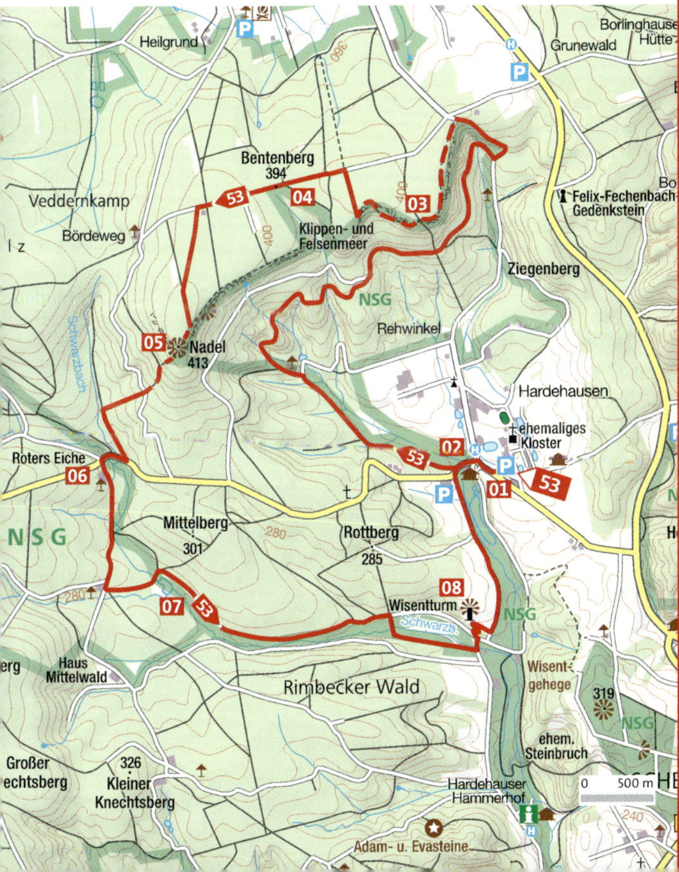

Heilgrund
Borlinghausen Hütte
Grunewald
Bentenberg 394
Veddernkamp
Bördeweg
Klippen- und Felsenmeer
Felix-Fechenbach-Gedenkstein
Ziegenberg
NSG
Rehwinkel
Nadel 413
Schwarzbach
Hardehausen
ehemaliges Kloster
Roters Eiche
Mittelberg 301
Rottberg 285
Wisentturm
Schwarzb.
Wisentgehege
Haus Mittelwald
Rimbecker Wald
319
ehem. Steinbruch
Großer Knechtsberg
326 Kleiner Knechtsberg
Hardehauser Hammerhof
Adam- u. Evasteine
0 500 m
01 02 03 04 05 06 07 08

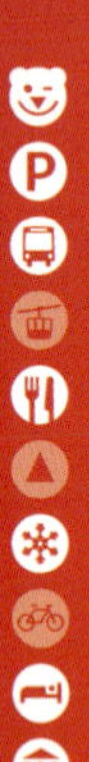

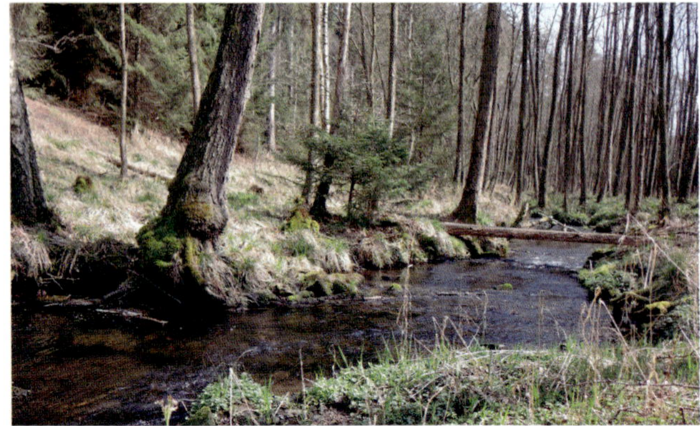

Der Schwarzbach – kilometerlange Erfrischung für Wanderer

wandern in seiner Nähe – und können prüfen, wer rascher vorankommt. Bestens unterhalten vom eigenwilligen Schwung des Baches und seiner Mitteilsamkeit in Licht und Ton, gelangen wir an ein Gatter, das den Weiterweg versperrt. Dahinter erstreckt sich weit und breit das Wisentgehege. 170 ha groß ist der Lebensraum für Europas größte Landtiere, deren Zucht hier seit 1958 zahlreich ist. Also rechts, per überdachter Erlen-Brücke über den Schwarzbach. Als Zaungäste schreiten wir das Gehege ab, passieren eine Wassergewinnungsanlage und folgen einem Holzschild hinauf zum längst gesehenen **Wisentturm** 08. Ein ungewöhnlicher Bau: Oben breiter als unten, die Treppe in Form einer Doppelhelix mit separatem Auf- und Abstieg. Was es alles gibt! Den Turm im Rücken einen Schotterweg hinab und links auf eine Baumallee. Restlaufzeit etwa eine Viertelstunde; nahe dem Hammerbach, oberhalb des Korinteiches und Wiederankunft am Haus Varlemann.

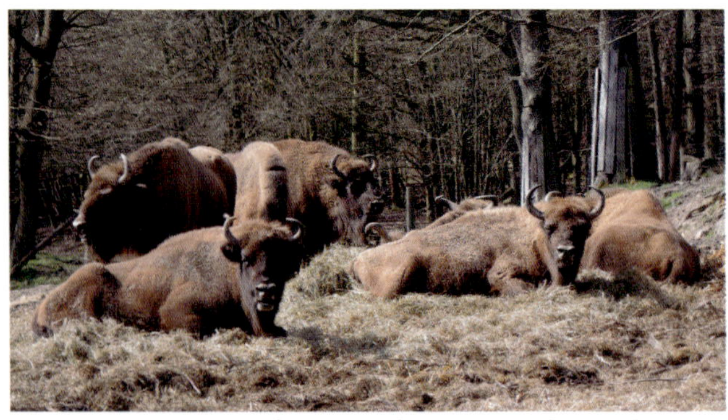

Stutzen den Menschen auf Normalmaß – Wisente in ihrem Gehege

ZUM KLOSTER DALHEIM

Naturerlebnis Wald, Kulturerlebnis Kloster – nah am Sauerland

 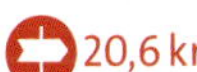 20,6 km   5:45 h 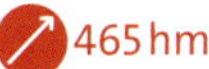  465 hm 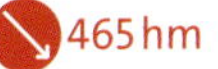 465 hm  844

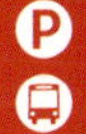

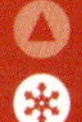

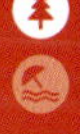

START | Parkplatz an der Bleikuhle südlich von Blankenrode, nächste Bushaltestelle: Lichtenau-Blankenrode, Linien 488 / 489 von Lichtenau
[GPS: UTM Zone 32 x: 493.352 m y: 5.708.956 m]
CHARAKTER | Lange Streckenwanderung erst im, dann am Wald. Auch als Rückweg nie langatmig.

Als Streckenwanderung hat diese Tour einen „Schönheitsfehler“, denn der Rückweg verläuft etwas eigenwillig. Deshalb, weil der Naturerlebnispfad ein Rundweg ist, dessen pfiffige Stationen dem Wanderer vollzählig vorgeführt werden sollen. Eine Streckentour ist es aber doch, denn das attraktive Kloster Dalheim ist End- und zugleich Ausgangspunkt für den Rückweg, der ebenso viel Spaß macht.

▶ Der **Ausgangspunkt** ist doppelt ungewöhnlich: Wir stehen an den Halden der **Bleikuhlen** 01. Sie bezeugen Bergbau auf Blei- und Zinkerze, der vor 900 Jahren begann. An Rissen aufsteigende erzreiche Lösungen kamen dem Bodenschatzsucher auf halbem Weg entgegen. Außerdem wachsen hier Pflanzen, die den kontaminierten Boden geradezu brauchen, allen voran die „Blaue Blume“ von Blankenrode, das blauviolette Gal-

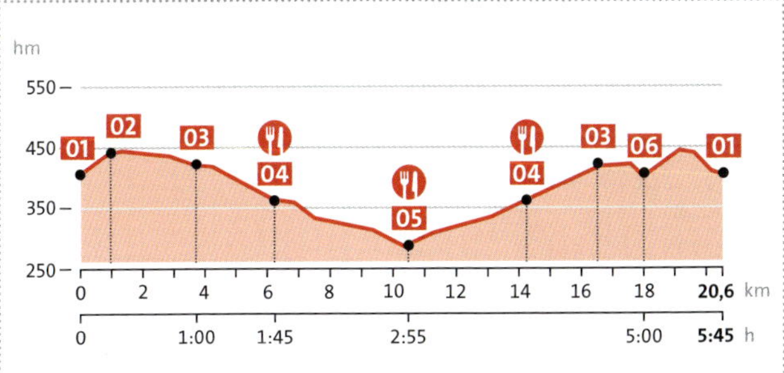

01 Parkplatz Bleikuhlen, 405 m; 02 Wanderparkplatz Nonnenbusch, 439 m; 03 Ortsrand Meerhof, 417 m; 04 EGV-Schutzhütte Meerhof, 358 m; 05 Kloster Dalheim, 271 m; 06 Neuer Brunnen, 397 m

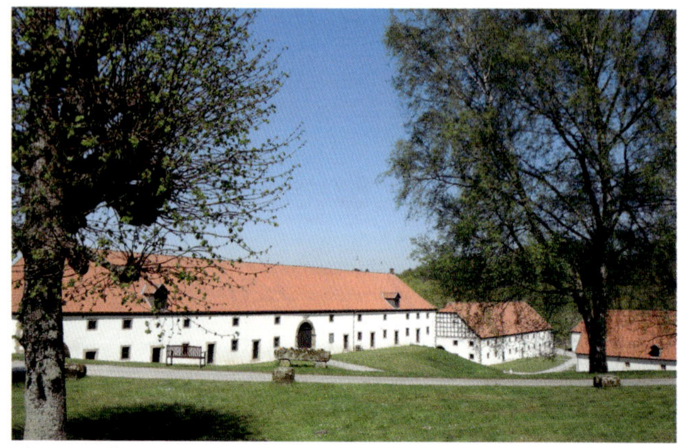

Kloster Dalheim aus einer seiner vielen Perspektiven

meiveilchen. Auf X/E1 (s. S. 23/24) über die A44, dem nahen Sauerland entgegen. Hinter der Autobahn rechts (H/Hüttenpatt, Meerhof 3,5 km). Am Waldrand und über die K69 zum **Wanderparkplatz Nonnenbusch** **02**. Hinter einer Infotafel am Schild Hüttenpatt links auf einen Waldpfad (H). Ein Asphaltsträßchen querend

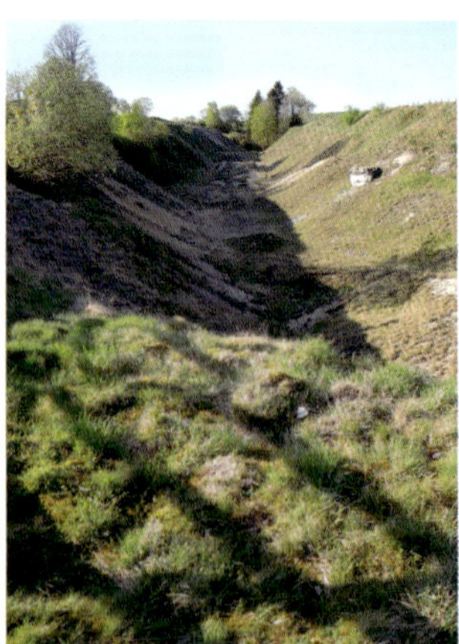

Die Bleikuhlen – Bergbauzeugen und Bodenbildner

gelangen wir an einer Holzwippe, die das ökologische Gleichgewicht symbolisiert, als Quereinsteiger auf den Naturerlebnispfad Wald. 21 Stationen eines Rundkurses laden ein, der facettenreichen Verbindung Mensch – Wald mit allen Sinnen nachzugehen. Kleine und große Wunderdinge aus Holz, die glatt die Gehzeit vergessen lassen, begleiten lehrreich, unterhaltsam und auf H zu einem Quersträßchen. Links zum Ausgangspunkt des Erlebnispfades am Skulpturenbaum und **Ortsrand Meerhof** **03**. Vor dem ersten Haus rechts (EGV-Hütte 3 km, H). Der Waldpfad mündet in einen von links einschwenkenden Forstweg. Geradeaus gehend kommen wir der A44 sehr nahe, bevor uns ca. 200 m vor der Leitplanke H nach links schickt. Wir steigen ab zur bewirtschafteten **EGV-Schutzhütte Meerhof** **04**. Das H für Hüttenpatt erklärt sich nun von selbst. Vor der Hütte rechts (A13, Dalheim 4 km), unter der hochstämmigen A44 hindurch, an folgender Gabelung links (A13). Ein langes Stück durch den Langen Grund in

Kloster Dalheim

Erbaut vor über 800 Jahren diente Dalheim zunächst als Augustinerinnen-Kloster, das im 15. Jh. von ihren Ordensbrüdern, den Augustiner Chorherren übernommen wurde. Aus dem, was die Zerstörungswut des Dreißigjährigen Krieges hinterließ, entstand im Barock das heutige Bild der 7,5 ha großen Anlage und wurde bis zur Säkularisation 1803 eines der geistlichen Zentren des Bistums Paderborn. Erworben vom Landschaftsverband Westfalen-Lippe, wurde 2007 das LWL-Landesmuseum für Klosterkultur eingerichtet. So konnte der Reiz dieses hervorragend erhaltenen Ensembles aus weitläufigen Gartenanlagen und sakralen Gebäuden wieder erlebbar gemacht werden. Das Kulturfestival Dalheimer Sommer, Europas größter Klostermarkt und der Dalheimer Advent bezeugen die Anziehungskraft des einstigen Klosters auf das kulturelle und wirtschaftliche Leben; damals wie heute.
www.stiftung-kloster-dalheim.lwl.org

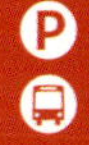

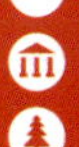

Waldrandnähe zu einer Freifläche. Wir gehen geradeaus und am Hinweisschild Dalheim 2 km (A 2) links. Sehr entspannend durch den Wiesengrund des Piepenbaches, bis hinter einem Teich der Chorherrenweg (stilisiertes gotisches Fenster) quert. Dem folgen wir nach links, einige Stufen hinauf auf Häuschen zu und rechts zu einer Mauer. Sie umschließt das ehemalige **Kloster Dalheim** 05. Links entlang. Die Größeren unter uns gewinnen erste Einblicke ins bauliche Klosterleben. Spätestens am Aposteltor, Station 14 des Klosterrundganges, haben wir alle den Durchblick. Am Haupteing-

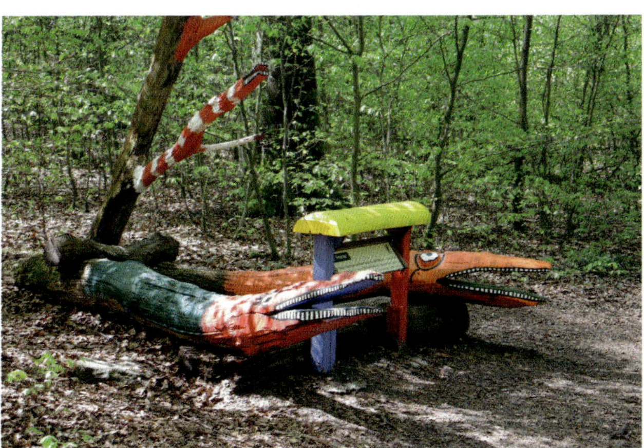

Am Naturerlebnispfad Wald auf dem Holzweg, der zum Entdecken einlädt

gang stoppen wir die Gehzeituhr und entscheiden uns für die Besichtigung des gesamten, in 800 Jahren, historisch gewachsenen Ensembles. Oder für eine eintrittsfreie Begehung der Anlage bis zum Wirtshaus mit eigenem Klosterbier. Da der angrenzende Wald am Paschenberg schön anzuschauen, aber voll asphaltierter „Wanderwege" ist, wählen wir für den Rück- den Hinweg, der auch in Gegenrichtung nie langatmig ist. Auf bekannter Strecke wandern wir zum Start des Naturerlebnispfades. Das Schild mit Inschrift EGV-Hütte 3 km gibt auch den Hinweis Bleikuhlen 2,5 km. Hier links auf breite Forststraße (A12), von der wir in einer Rechtskurve links abbiegen, um besonders reizvolle Stationen kennenzulernen: Eine Köhlerhütte, eine Aussichtskanzel, eine überdachte Brücke über den **Neuen Brunnen** 06 mit Rastplatz, einen Barfußpfad, bei dem es uns die Schuhe auszieht, um einen Eindruck von den Waldbodenbelägen zu bekommen. An einem Querweg mit Insektenhotel geradeaus (A14) zur Holzwippe und bekanntermaßen heim.

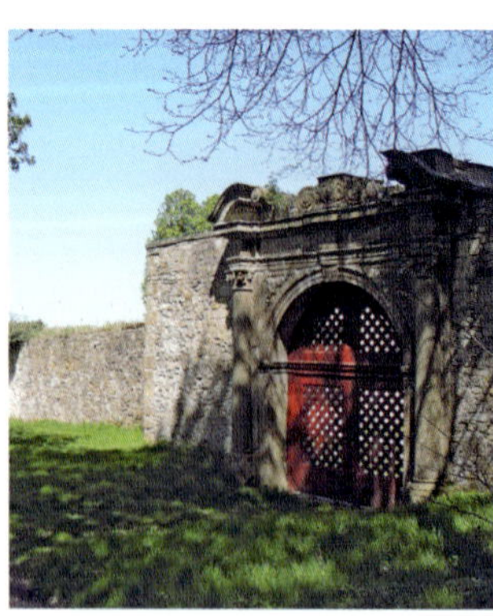

Das Aposteltor ist Teil der Klostermauer

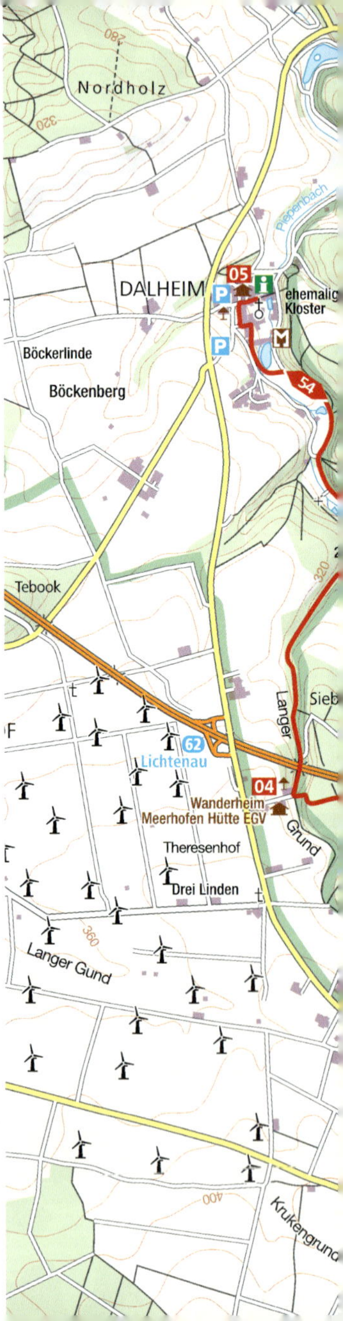

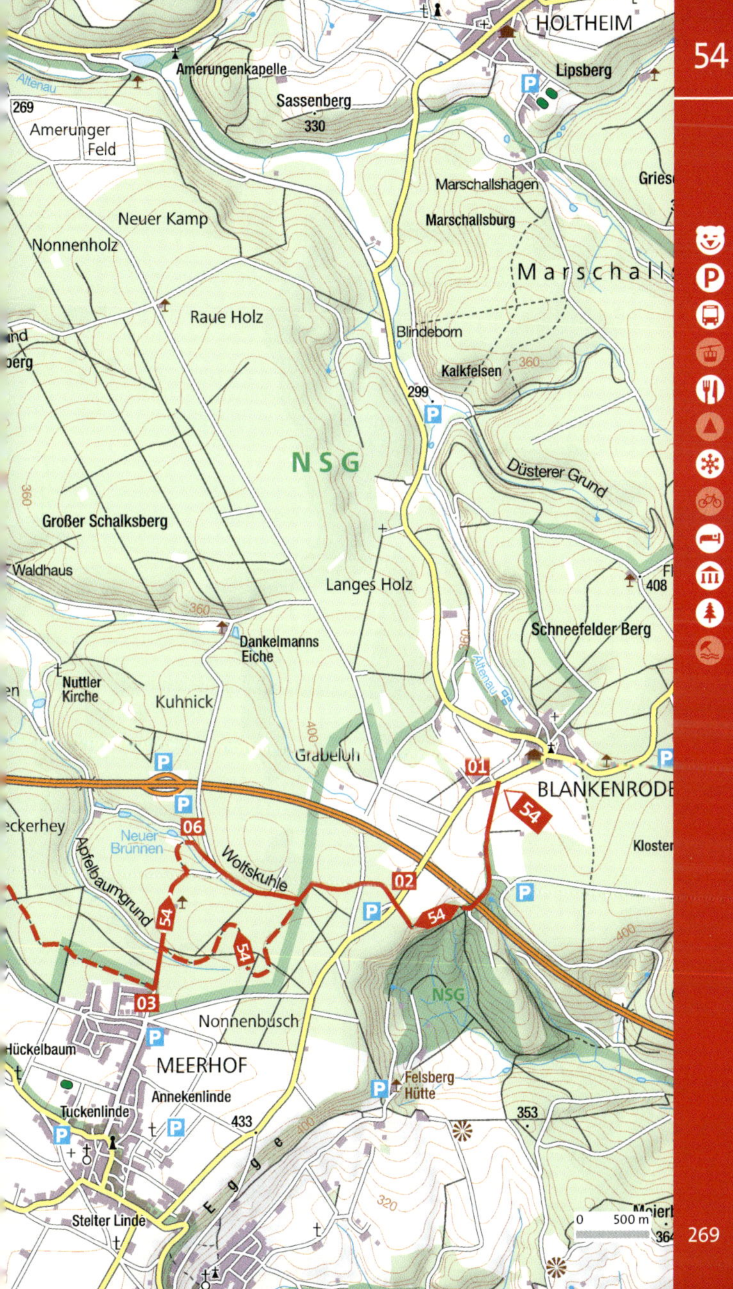
HOLTHEIM
Lipsberg
Amerungenkapelle
Sassenberg
330
Altenau
269
Amerunger Feld
Marschallshagen
Marschallsburg
Neuer Kamp
Nonnenholz
Marschalls
Raue Holz
Blindeborn
Kalkfelsen
360
299
NSG
Düsterer Grund
Großer Schalksberg
Waldhaus
Langes Holz
408
Schneefelder Berg
Dankelmanns Eiche
Nuttler Kirche
Kuhnick
400
Grabeluh
01
BLANKENRODE
54
06
Neuer Brunnen
Wolfskuhle
Apfelbaumgrund
02
Kloster
03
Nonnenbusch
Hückelbaum
MEERHOF
Annekenlinde
Felsberg Hütte
Tuckenlinde
433
353
Egge
320
Stelter Linde
0 500 m

IM WARBURGER WALD BEI SCHERFEDE

Walderlebnis und Waldinformation im Süden des Eggegebirges

  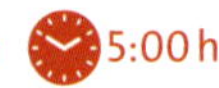 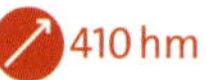 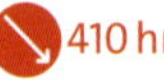 

START | Parkplatz Stadtwüstung Blankenrode oder Bushaltestelle Blankenrode, Linie 479 (Mo.–Sa.), BahnBus Hochstift GmbH (dann aber ca. 1 km „Zustieg")
[GPS: UTM Zone 32 x: 494.413 m y: 5.709.712 m]
CHARAKTER | Trotz vielem Wald sehr abwechslungsreich. Das „WIZ" auf Streckenmitte bietet informative Einkehr.

Die Südegge zwischen Schwarzbach und Diemel mit dem dichten, verwirrend zertalten Warburger Wald birgt eine richtige, wenn auch zugewachsene Altstadt. Der Wanderer wird hier nicht sesshaft, sondern bleibt Nomade. Ist er dem Wald entstiegen und konnte sich davon abhalten, über die Diemelbrücke ins angrenzende Sauerland einzudringen, erlebt er im Waldinformationszentrum Hammerhof den Forst von einer ungewöhnlichen, modern-traditionellen Seite. Und wird staunen!

▶ Vom **Parkplatz** 01 wandern wir auf X/E1 (s. S. 23/24) waldeinwärts. Der Eggekamm, so die Rückenlehne einer Bank, bildet eine Wasserscheide zwischen Rhein und Weser. Die alsbald auftauchenden Graben- und Wallanlagen kommen nicht von ungefähr, sondern gehören zur **Stadtwüstung Blankenrode** 02. Besser ih-

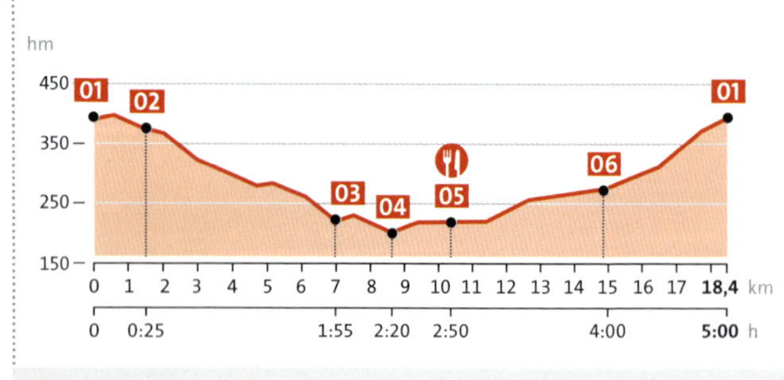

01 Parkplatz, 413 m; 02 Stadtwüstung Blankenrode, 395 m; 03 Diemelbrücke nach Wrexen, 224 m; 04 Klusmühle, 201 m; 05 Waldinformationszentrum Hammerhof, 227 m; 06 Haus Mittelwald, 283 m

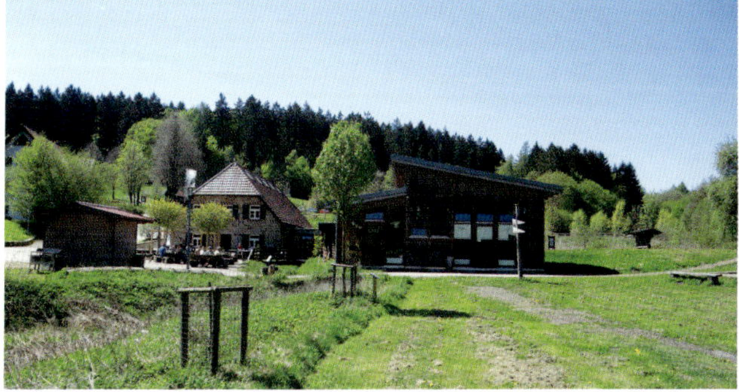

Das Waldinformationszentrum lockt mit leiblicher und geistiger Kost

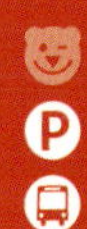

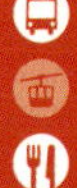

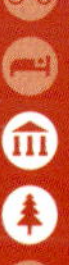

rer „Altstadt“, denn hier stand im 13. Jh. eine Burgstadt und Grenzfestung gegen die Grafen von Waldeck. Auf dem historischen Gelände gibt es einen Querweg. Wer lesen will von der traurigen Sage vom Jungfernbrunnen samt holzgefasstem Schöpfloch, geht hier 100 m links und wieder zurück. Auf einem Befestigungswall verlassen wir die bisherigen Markierungen, überlassen uns geradeaus absteigend und bis zur Diemel X3 (Diemel-Weser-Weg). An einem querenden Forstweg links. Im Linksbogen am Stuckenberg mit Lichtung aufpassen: Hier rechts auf schmalen Pfad. Dieser Weg wird breiter – immer geradeaus, vorbei an einer Schutzhütte in der Nähe des Kleinen Knechtsbergs. An einer Gabelung geradeaus. Einmal lichtet sich der Wald und entlässt unsere Blicke nach rechts auf die mächtigen Sauerlandhöhen. Wir steigen weit hinab, passieren eine Deponie in einem ehemaligen Sandsteinbruch und begehen deren Zufahrt. Dann stehen wir an gleich vier Querverbindungen: Der B7, der Zugstrecke Westheim–Warburg, der Diemel und der Landesgrenze NRW-Hessen. Links ab. An der **Diemelbrücke nach Wrexen 03**, dem südlichsten Wanderpunkt dieses Buches, steigen wir diesseits mit A12/A13 links hinauf. Am Steilrand eines Sandsteinbruches weckt ein Aussichtspunkt Wanderträume ins nahe Sauerland. An einer Gabelung rechts weg von der Abbruchkante und oberhalb der Bundesstraße einen Hangweg. Er berührt Scherfede-West, an dessen ersten Häusern wir rechts gehen (Walme). Links die Straße Trift und links zur **Klusmühle 04**. Ein geteerter Feldweg führt zu einem Bildstock nahe einer Un-

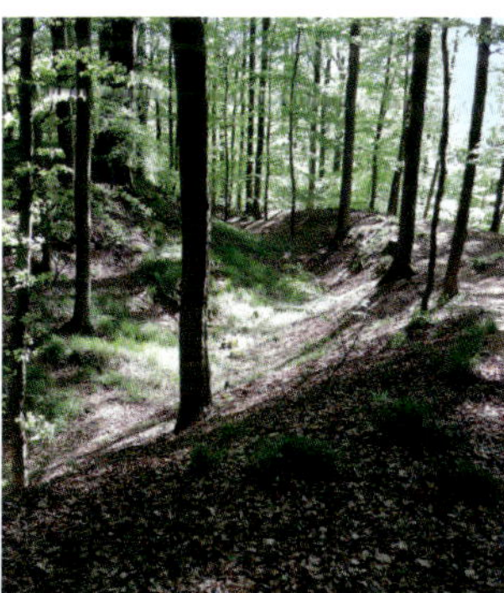

Graben und Wall umringen die Stadtwüstung Blankenrode

terführung der B 252. Nochmals links (Schwarzer Weg) und hinauf zu einer Milchviehwirtschaft, die die Freilandidylle bereichert. An einem Quersträßchen links in den Wald, und mit Hinweis Hammerhof 0,5 km geradeaus. Auf dem Wisentweg Ost rechts und hinab zum Hammerbach. Eine Brücke hilft uns hinüber zum **Waldinformationszentrum Hammerhof 05**, einer namentlich etwas sperrigen Umweltbildungseinrichtung des Regionalforstamtes Hochstift mit dafür sehr lebendigem Innenleben zu nachhaltiger Forstwirtschaft – und sehr einladendem Café. Nach informativer Einkehr zurück über den Hammerbach und links (Johannes-Wieschmann-Weg). Bei nächstmöglicher Überbrückung wieder über den Bach, knapp zurück, über die überdachte Wisentbrücke nach Norden. Das eingezäunte Wisentgehege gehört zum Natur-Kultur-Konzept des Hammerhofes. Ein Querweg – wir verlassen den Wisentweg Ost, überqueren links letztmalig den Bach, vorbei am Infostand zum Gehege, links (Wisentweg West) vorbei an einer Wassergewinnungsanlage und bei zweiter Gelegenheit rechts (Kleiner Rundweg/A 9). Ein Forstweg führt oberhalb des munter mäandrierenden Schwarzbaches durch lauschigen Wald, zieht nach Südwesten und überlässt sich rechts einer Forststraße (gedrehtes T). Wir passieren das **Haus Mittelwald 06** und gelangen zu einer Schutzhütte des Eggegebirgsvereines. Dahinter links und wieder auf X/E1

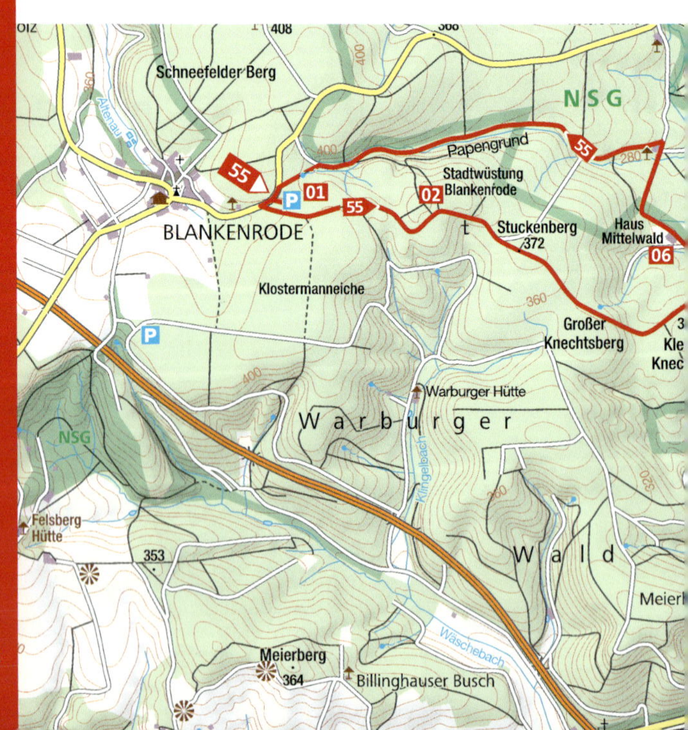

Das Waldinformationszentrum Hammerhof

Der Hammerhof wurde Anfang des 17. Jhs. erbaut und diente dem nahen Kloster Hardehausen zur Verarbeitung von Eisenerz aus dem nordhessischen Waldeck. 2004 wurde der Hof samt weitläufigem Wisentgehege vom Landesbetrieb Wald und Holz NRW übernommen und unter Leitung des Regionalforstamtes Hochstift eine Umweltbildungseinrichtung geschaffen. Das Waldinformationszentrum mit modernen Ausstellungs- und Seminarräumen und dem gastlichen Café Hammerhof wirbt heute mit vielfältigen Informationen für nachhaltige, naturnahe Forstwirtschaft. Ein Überblick über das breite Veranstaltungsspektrum zu Wald, Holz und Natur findet sich unter www.wald-und-holz.nrw.de/wald-erleben/infozentren/wiz-hammerhof-wisentgehege-hardehausen

(Blankenrode 6,5 km). Wandern den Papengrund hinauf, bis wir am gleichnamigen Standort X/E1 nach links zur Stadtwüstung abbiegen. Die kennen wir schon, also geradeaus (A2). Der Weg gerät zum Pfad, steigt links im Wald hinauf. Wir folgen, berühren fast die K23, bleiben links und betreten den **Parkplatz 01**. Ende Gelände!

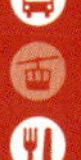

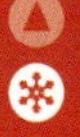

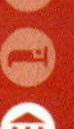

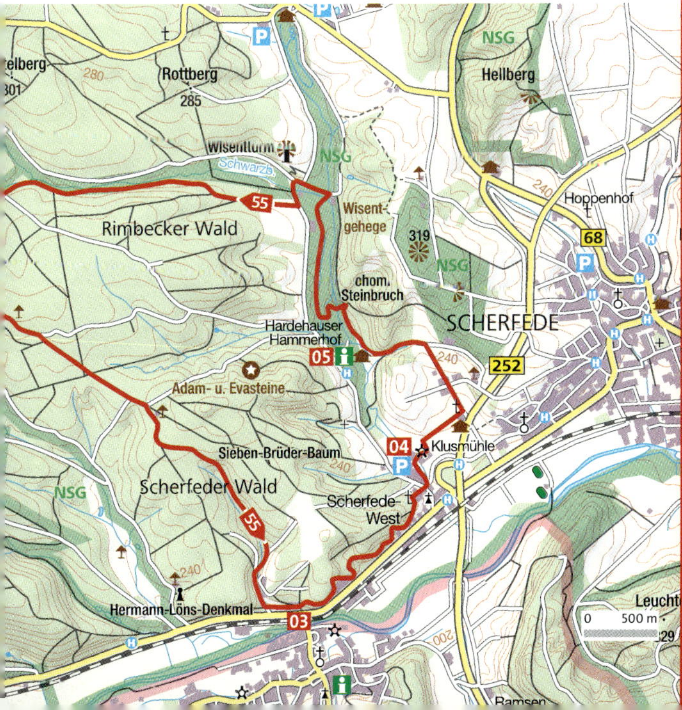

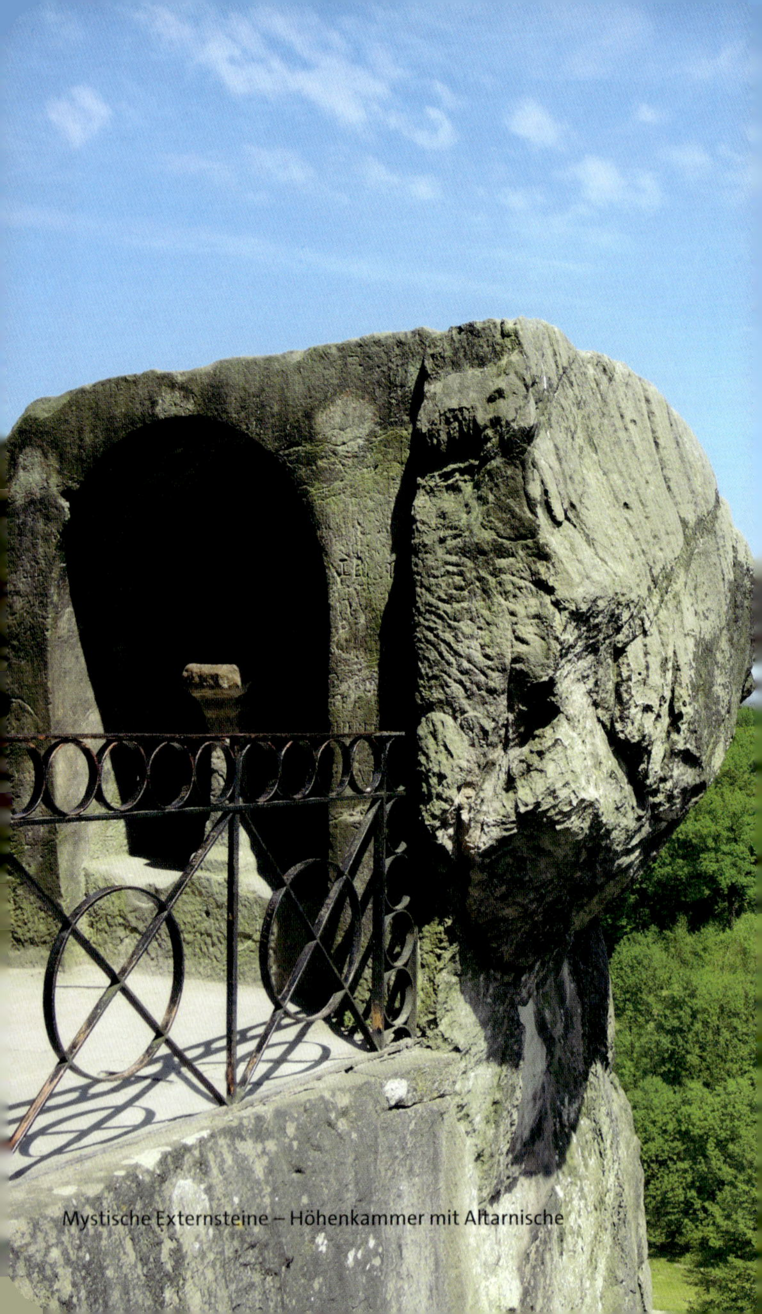

Mystische Externsteine – Höhenkammer mit Altarnische

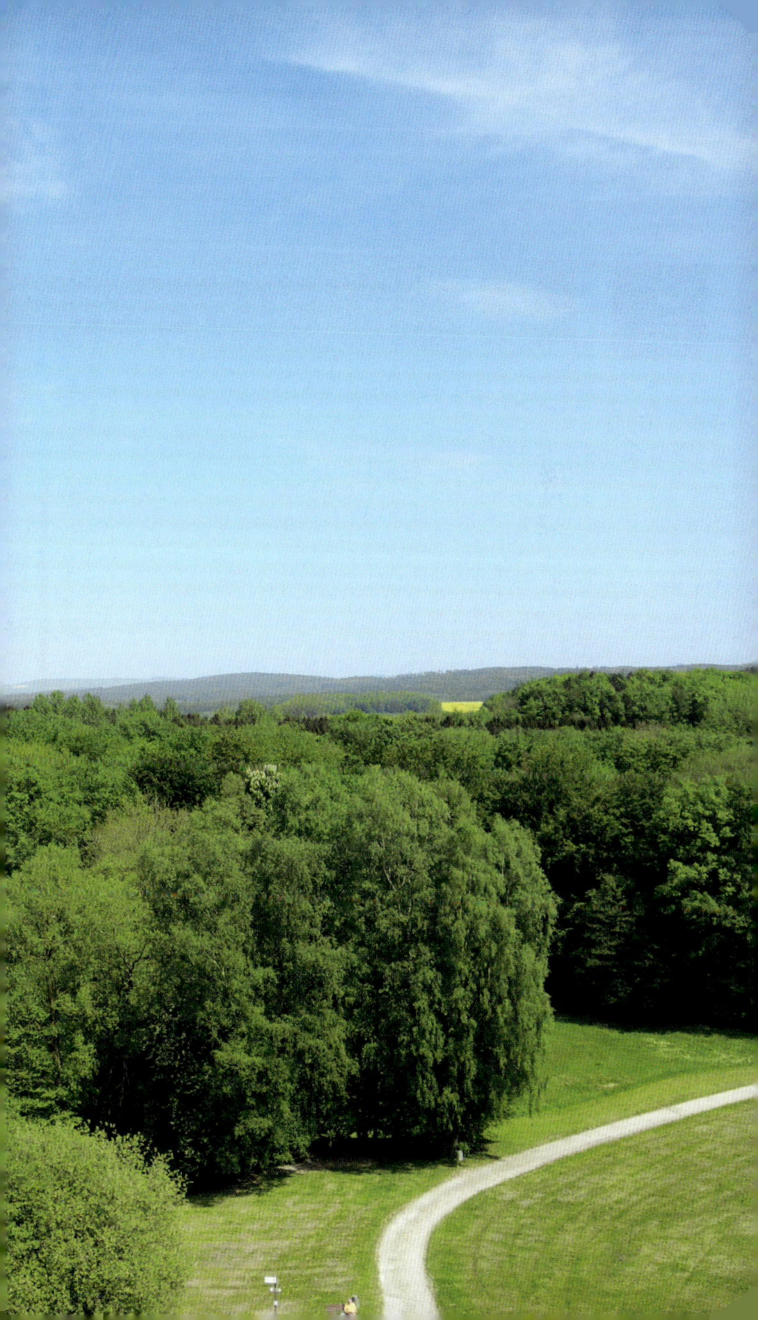

Die Mittelgebirgslandschaft zwischen Wiehen- und Eggegebirge ist wahrlich bühnenreif: Kulisse, Darsteller, Tontechnik, Licht, Inszenierung – vieles von dem, was den Wanderer hier erwartet, ist natürlich gefügt, bodenständig, traditionell verwurzelt. Er kann das Stück „Naturpark Teutoburger Wald" jederzeit, von allen Seiten und eintrittsfrei kennenlernen. Und wenn er des Wanderns müde ist? Oder wenn der Besucher mit Schusters Rappen gar nichts am Hut hat? Dann seien ihm eine oder gleich mehrere der hier vorgestellten Freilichtbühnen empfohlen. Hier und dort erlebt er diese ganze niedersächsisch-westfälische Welt auf künstlerische Weise: Mit Bühnenbildern, die der hiesigen Architektur folgen, Ensembles, die sich regional kleiden und mundartlich sprechen, im Ambiente alter Steinbrüche und noch älterer Burgen. Und zugleich ist er inmitten der Natur, den typischen Orten und unter Einheimischen. Nur eben ohne zu wandern.
Vorhang auf für „Alles außer Wandern"!

Goethe-Freilichtbühne Porta Westfalica

Unter dem Titel „ ... wir machen Theater" arbeitet sich der Verein der Portabühne, wie sie meist genannt wird, „Stück"weise durch die Weltliteratur und -kultur. Ob lustige Programme für Kinder („Die kleine Hexe") oder nachdenkliche Aufführungen für Erwachsene („Das Tagebuch der Anne Frank") – seit 1928 ist in diesem Steinbruch unterhalb des Kaiser-Wilhelm-Denkmals Jahr für Jahr viel los. Der Naturraum, der mehr als 600 Besuchern Platz bietet und gemäß der einstigen Nutzung zur Steingewinnung auf 4 Ebenen ausgebaut ist, ist so groß, dass er der Gestaltung der Kulissen und der Spielfreude kaum Grenzen setzt. Und von Regisseuren und Ensemble genutzt wird – nach allen Regeln der Theaterkunst.
(Tour 1, Internetkontakt: www.portabuehne.de)

Freilichtbühne Kahle Wart

Um zu dieser Bühne zu gelangen, muss man auf einen fast 300 m hohen Berg. Da diese Empfehlung zum Kapitel „Alles außer Wandern" gehört, gern auch mit Bus oder Auto. Und was erwartet den Ankömmling? Komödien, Lustspiele und Volksmusik, aufgeführt von der Theater-, Volkstanz- und Blockflötengruppe. Es erwartet sie und ihn von Anfang Juni bis Ende August vor allem eine Sprachspezialität: plattdeutsche Stücke. Die Verbundenheit zum Niederdeutschen, seit 1948 hier in Szene gesetzt, wird von der traditionellen Tracht der Darbietenden unterstrichen. Auch die Kulisse ist außergewöhnlich: Echte Fachwerkhäuser, farbige Schnitzereien, jahrhundertealte Inschriften. Und alles ist komplett barrierefrei.
(Tour 4, Internetkontakt: www.kahlewart.de)

Waldbühne Melle

Die Waldbühne Melle hat zwei Locations: Sich selbst und den Festsaal. Die Waldbühne ist eingerichtet in einem ehemaligen Steinbruch nahe der Meller Berge. Bespielt wird sie von Mai bis August sonntagnachmittags mit einem Kinderstück und im Juli/August zusätzlich am Samstagabend mit einer Aufführung für

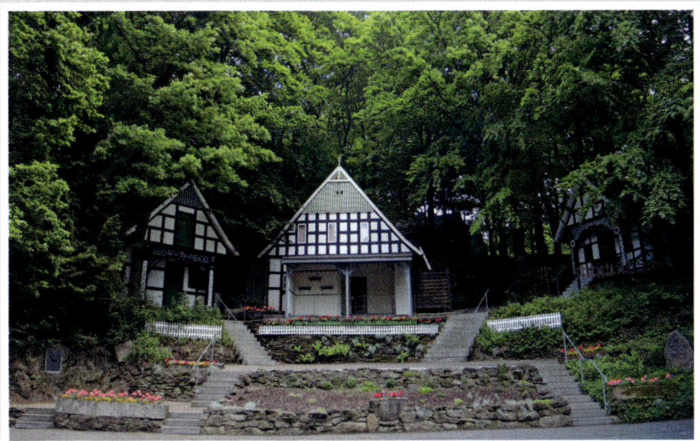

Freilichtbühne Kahle Wart

Erwachsene. Und wenn ab Mitte November die Samstag- und Sonntagnachmittage schon abendlich sind, hält das Wintermärchen Einzug in den Festsaal. Aber die Waldbühne Melle hat noch mehr zu bieten. Sie macht mit Kunst- und Requisitenworkshops oder Kursen zu Kostüm- und Maskenbild viel Theater um die Kinder- und Jugendförderung. Und bietet Älteren eine Theaterplattform zur Weiterbildung rund um die schöne alte, neue Welt der Bühne.
(nahe Tour 7, Internetkontakt: www.waldbuehne-melle.de)

Freilichtbühne Tecklenburg
Ein Superlativ zum Anfang: Das Areal fasst 2300 Besucher, damit ist es das größte Freilicht-Musiktheater Deutschlands. Außerdem wurde hier 2006 das Musical „Les Misérables“ unter freiem Himmel welturaufgeführt. Die künstlerische Palette der 1924 eröffneten Bühne reicht historisch von Volksstücken, Märchen, Operetten und Opern über Sonderveranstaltungen (Open Air-Festival) in eine Gegenwart, die hochkarätig choreografierte Musicals zeigt. Die Anlage mit neu überdachtem Zuschauerraum wurde in die Ruinen der um 1100 entstandenen Burg Tecklenburg gebaut. Das große und mehrfach preisgekrönte Repertoire, der stete Anspruch an hohes künstlerisches Niveau und die einzigartige Location der Freilichtbühne adeln Tecklenburg zur Festspielstadt.
(Tour 16, Internetkontakt: www.freilichtspiele-tecklenburg.de)

Waldbühne Kloster Oesede
Die Nutzung dieser Bühne war zeitlich und thematisch weniger kontinuierlich als andere hier vorgestellte Locations. In den 50ern war sie Ort klassischer Freilichtspiele, später fanden Sport- und Konzertveranstaltungen statt. Dann passierte einige Jahre nichts, ehe 2003 der Waldbühne Kloster Oesede e.V. gegründet

wurde, die seither für reibungslosen Spielverlauf sorgt. Zu Gemüte geführt werden den bis zu 1200 Besuchern jährlich je drei Musicals – zwei für Erwachsene, eines für Kinder. Es handelt sich hinsichtlich seines umfassenden Baumbestandes um eine echte Waldbühne, seitlich vom „Arbeitsplatz" der Begleitband flankiert. Zukunftsweisend ist die intensive Kinder- und Jugendarbeit vor Ort. Eine Bühnenentwicklungsgruppe hat die Verbesserung der Infrastruktur im Blick.
(nahe Tour 19, Internetkontakt: www.waldbühne.com)

Freilicht- und Naturbühne Borgholzhausen
Im Bönkerschen Steinbruch im Teutoburger Wald nahe Borgholzhausen wurde lange Jahre Kalkstein gebrochen. Nach seiner Stilllegung konnte in der weiträumigen Hinterlassenschaft 1993 eine Freilicht- und Naturbühne eingerichtet werden, die seither den Rahmen bietet für Open Air-Konzerte, die sogenannte Sommerakademie mit verschiedenen Kreativkursen und vor allem Theateraufführungen. Hauptnutzer ist der PIUMER Bauerntheater Borgholzhausen e.V., dem die Pflege plattdeutschen Brauchtums sehr am künstlerischen Herzen liegt und der hier in den Sommermonaten mundartige Theaterstücke aufführt. Immer im Dezember zeigt die Bühne auch die Weihnachtsgeschichte. Diese allerdings auf hochdeutsch.
(nahe Tour 23, Internetkontakt: https://piumer-bauerntheater.de)

Freilichtbühne Bellenberg
Nachdem 1949 der Geselligkeits- und Spielverein Bellenberg gegründet wurde, gab es im Folgejahr die erste Aufführung. „Und wieder grünet der Lindenbaum" war zugleich eine Abkehr von den Schrecken des Krieges. Seither gab es kein spielfreies Jahr und seit 1997 werden stets drei Stücke gespielt: eins für Kinder, zwei für Erwachsene. Falls da beim Theater klar unterschieden werden kann, was für Zuschauer und Ensemble gleichermaßen gilt. Das Arbeitsmotto lautet: „Über uns dürfen Sie lachen – Theater für die ganze Familie" . Der Rahmen für das Lachen: Bühne und Bänke für 850 Zuschauer als amphitheatralischer Kreis, teilüberdachte Tribüne, barrierefreie Ausstattung und viele helfende Hände vom Parkeinweiser bis zum Bühnentechniker.
(nahe Tour 39, Internetkontakt: www.freilichtbuehne-bellenberg.de)

Freilichtbühne Bökendorf
Ein halbes Jahrhundert führte der vormalige „Theaterverein Frohsinn" ein ausschließliches Innenleben mit Winterspielen in einem Saal. Das erste Freilicht der Welt erblickte die Bühne 1950 mit einer Aufführung vor Schloss Bökerhof. Im Folgejahr zog der Verein in den stillgelegten Hasenholzer Steinbruch um und führt sich seither jährlich auf. Das anfänglich klassische Repertoire aus der literarisch-kulturellen Tradition des Ortes erweiterte sich kontinuierlich um Musicals, Operetten und Aufführungen für Kinder. Mehr als eine halbe Million Bühnenschaulustige folgten seither dem Ruf des abwechslungsreichen Programms.
(nahe Tour 46, Internetkontakt: www.freilichtbuehne-boekendorf.de)

TOURISMUSKONTAKTE DER LANDKREISE

Die Bergzüge von Wiehengebirge, Teutoburger Wald und Eggegebirge sind auf insgesamt neun Landkreise verteilt. Einen in Niedersachsen und acht in Nordrhein-Westfalen. Die Wiedergabe der Kontaktdaten der zugehörigen Gemeinden und Städte nähme überhand, da es einfach zu unübersichtlich viele sind. Deshalb werden im Folgenden die Tourismus-Adressen aller Landkreise angegeben. Hierüber findet der Interessierte viele Detailinfos zu seinem favorisierten Wandergebiet.

Minden-Lübbecke
Amt für Wirtschaftsförderung und Kreisentwicklung
Portastraße 13, 32423 Minden
Tel. +49 (0) 571 / 807 23170
Fax +49 (0) 571 / 807 33170
info@muehlenkreis.de
www.minden-luebbecke.de/Region/Freizeit-und-Tourismus
oder www.muehlenkreis.de

Herford, Tourist-Information
Rathausplatz 2
32052 Herford
Tel. +49 (0) 5221 / 189-1526
Fax +49 (0) 5221 / 189-1560
tourist-info@herford.de
www.herford.de/Tourismus-Kultur/Tourismus/Tourist-Information

Osnabrück, Tourist Information
Bierstraße 22-23
49074 Osnabrück
Tel. +49 (0) 541 / 323-2202
Fax +49 (0) 541 / 323-15-2202
tourist-information@osnabrueck.de
https://erleben.osnabrueck.de/de/ankommen

Steinfurt
Steinfurt Marketing und Touristik e.V.
Markt 2, 48565 Steinfurt
Tel. +49 (0) 25 51 / 18 69 00
Fax +49 (0) 25 51 / 73 26
info@steinfurt-touristik.de
www.steinfurt-touristik.de

Gütersloh
Freizeit und Tourismus
Berliner Straße 63, 33330 Gütersloh
Tel. +49 (0) 52 41 / 82 - 1
Fax +49 (0) 52 41/82 - 2044
info@guetersloh-marketing.de
www.guetersloh.de/de/tourismus.php

Bielefeld
Tourist-Info im Neuen Rathaus
Niederwall 23, 33602 Bielefeld
Tel. +49 (0) 521 / 51 69 99
touristinfo@bielefeld-marketing.de
www.bielefeld.jetzt/tourist-information

Kreis Lippe
Tourist Information Detmold
Lange Straße 16
32756 Detmold
Tel. +49 (0) 5231 / 977-328
tourist.info@detmold.de
www.detmold.de/startseite/zu-gast-in-detmold/tourismus

Höxter
Tourist-Info
Weserstraße 11, 37671 Höxter
Tel. +49 (0) 52 71 / 963 4242
info@hoexter-tourismus.de
www.hoexter-tourismus.de

Paderborn Tourist Information
Marienplatz 2a, 33098 Paderborn
Tel. +49 (0) 52 51 / 88 12 980
Fax +49 (0) 5251 / 88 29 90
tourist-info@paderborn.de
www.paderborn.de/tourismus-kultur

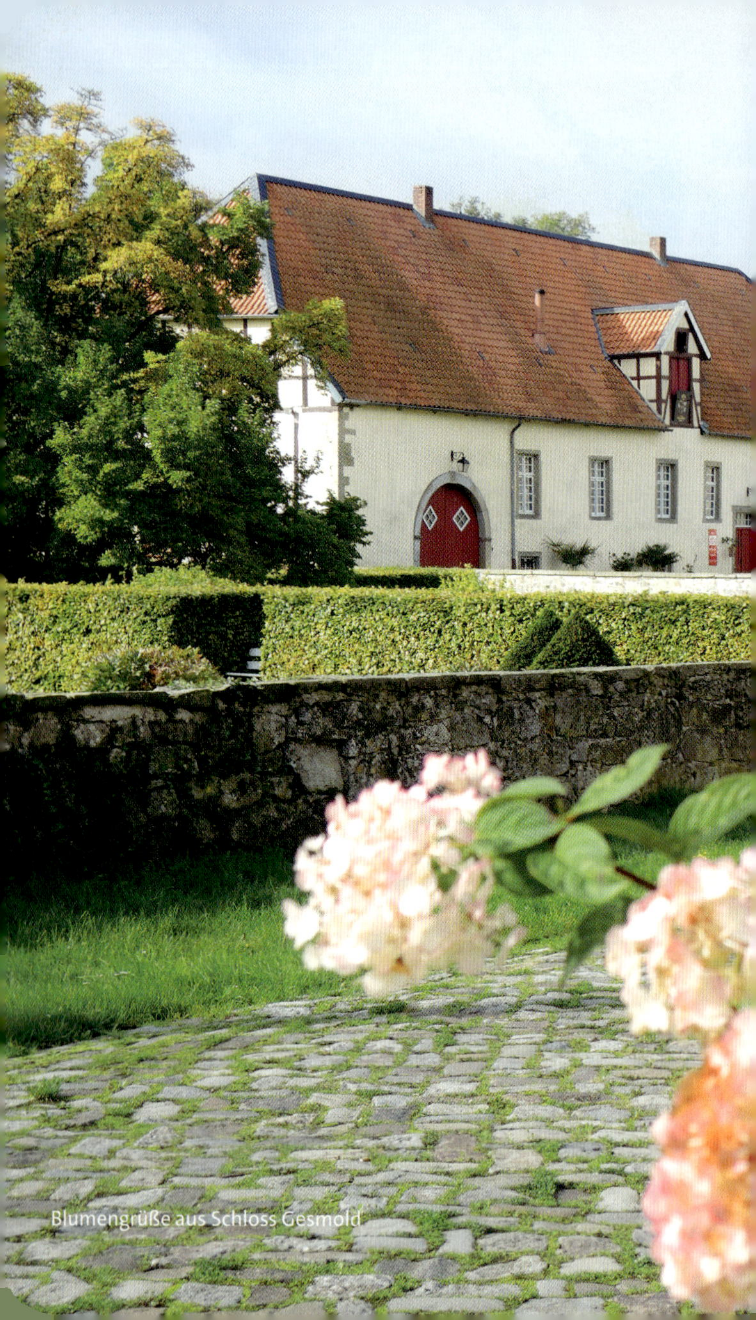
Blumengrüße aus Schloss Gesmold

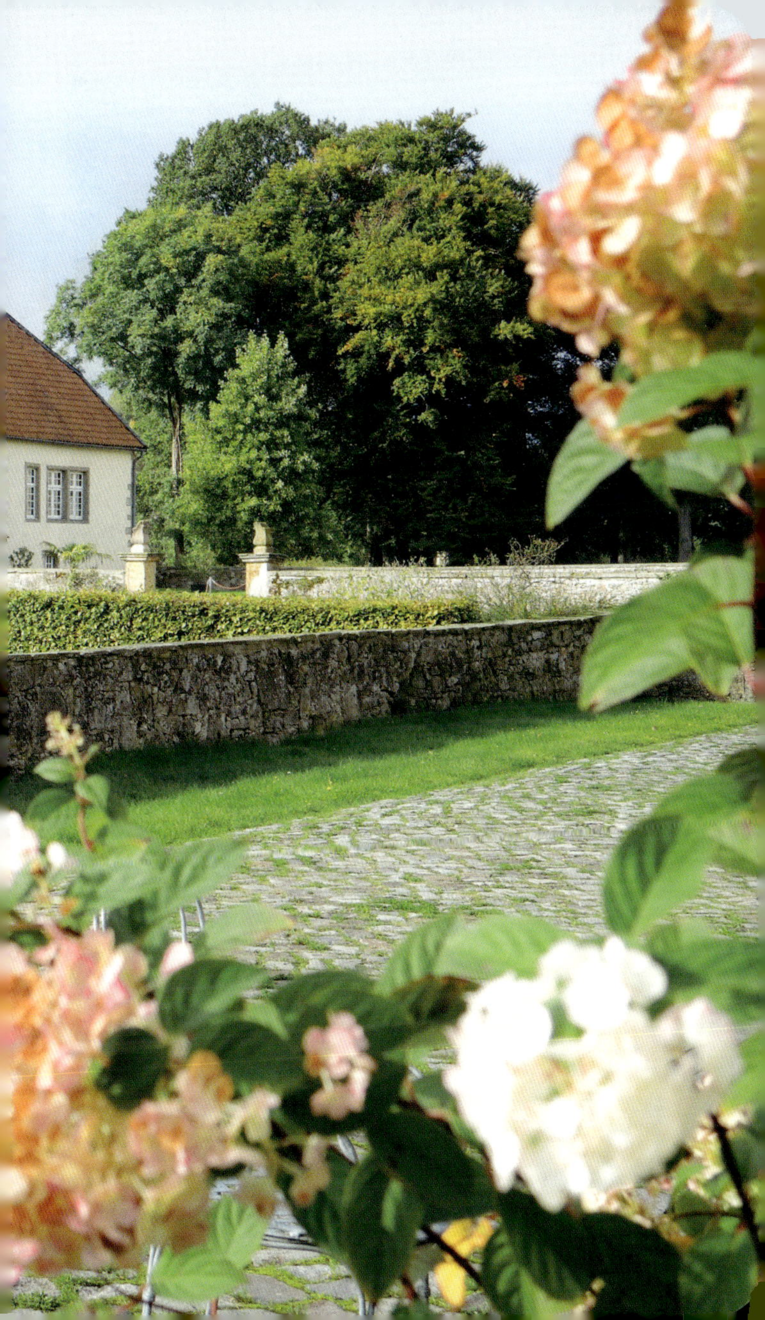

ÜBERNACHTUNGSVERZEICHNIS

€ unter 30 EUR €€ 30 - 60 EUR €€€ über 60 EUR
(pro Pers/DZ/incl. Frühstück)

Hier finden sich Infos zu Aktuellem, Arrangements oder Serviceangeboten:
www.naturpark-terravita.de/www.hermannshoehen.de

Altenbeken .... Plz 33184, Tel. +49 (0) 5255
Hotel Mertens (€€), Christian-Schütze-Str. 1, Tel. 207, www.hotel-pension-mertens.de

Bad Driburg .... Plz 33014, Tel. +49 (0) 5253
Hotel Am Rosenberg (€€€), Hinter dem Rosenberg 22, Tel. 9797-0, www.hotel-am-rosenberg.de
Hotel Pension Haus Kanne (€€), Elbringhausener Str. 36, Tel. 976256, www.haus-kanne.de
Hotel Egge Wirt (€€), Mühlenstraße 17, Tel. 9792-0, www.egge-wirt.de
Pension Ethner (€€), Detmolder Str. 4, Tel. 1845, www.pension-ethner.de
Camping am Stausee (€), Am Bolberg 1, Tel. +49 (0) 178 7878177, www.camperplatz.de/camping/campingplatz-am-stausee-neuenheerse-bad-driburg
Jugendherberge Bad Driburg (€€), Schirrmannweg 1, Tel. 2570, www.jugendherberge.de

Bad Essen .... Plz 49152, Tel. +49 (0) 5472
Höger's Hotel (€€€), Kirchplatz 25, Tel. 94640, www.hoegers.de

Bad Iburg .... Plz 49186, Tel. +49 (0) 5403
Gasthaus Wiemann-Sander (€€), Kirchstraße 7, Tel. 2475, www.wiemann-sander.de
Landidyll Gasthof zum Freden (€€€), Zum Freden 41, Tel. 4050, www.hotel-freden.de
Waldhotel Felsenkeller (€€), Charlottenburger Ring 46, Tel. 7470-0, www.waldhotel-felsenkeller.de

Bad Rothenfelde .... Plz 49214, Tel. +49 (0) 5424
Campotel (€), Heidland 65, Tel. 210600, www.campotel.de

Barntrup .... Plz 32683, Tel. +49 (0) 5263
Ferienpark Teutoburgerwald (€), Badeanstaltsweg 4, Tel. 2221, www.ferienparkteutoburgerwald.de

Belm .... Plz 49191, Tel. +49 (0) 5406
Gasthaus Hotel Meier (€€), Lindenstr. 125, Tel. 9831, www.meier-belm.de
Landgasthaus Hotel H. Kortlüke (€€€), Venner Str. 5, Tel. 8350-0, www.hotel-kortlueke.de

Bielefeld .... **Plz 33602 / 33615 / 33619 / 33649, Tel. +49 (0) 521**

Hotel Bielefelder Hof (€€€), Am Bahnhof 3, Plz 33602, Tel. 5282-0, www.bielefelder-hof.de

Mercure Hotel BI Johannisberg (€€€), Am Johannisberg 5, Plz 33615, Tel. 92380, https://all.accor.com/hotel/B0Q9/index.de.shtml

Waldhotel Peter auf'm Berge (€€), Bergstr. 45, Plz 33619, Tel. 911260, www.peter-aufm-berge.de

Meyer zu Bentrup Campingpark (€), Vogelweide 2, Plz 33649, Tel. 450 100, www.meyer-zu-bentrup.de

Jugendgästehaus Bielefeld (€€), Hermann-Kleinewächter-Str. 1, Plz 33602, Tel. 522050, www.bielefeld.jugendherberge.de

Borhholzhausen .... **Plz 33829, Tel. +49 (0) 5425**

Landgasthof Potthoff (€€), Barnhauser Straße 3, Tel. 7012, https://landgasthof-potthoff.de/

Brakel .... **Plz 33034, Tel. +49 (0) 5272**

Gasthof Zum Herzog (€€), Bornstr.3, Tel. 7101, https://www.gasthof-zum-herzog.de

Bramsche .... **Plz 49565, Tel. +49 (0) 5461**

Hotel garni Zur Krim (€€), Lindenstr. 69, Tel. 3348, www.zur-krim.com

Hotel Idingshof (€€€), Bührener Esch 1, Tel. 8890, www.idingshof-hotel-bramsche.de

Campingplatz Waldwinkel (€), Zum Dreschhaus 4, Tel. (0) 5468/938235, www.camping.info/de/campingplatz/campingplatz-waldwinkel

Detmold .... **Plz 32760/32756, Tel. +49 (0) 5231**

Gästehaus Berg-Café (€€), Hangsteinstr. 1, Plz 32760, Tel. 47563

H&S Residenzhotel Detmold (€€€), Paulinenstr. 19, Plz 32756, Tel. 937-0, www.residenz-detmold.de

Hotel-Pension Haus am Wasserfall (€€), Schlehenweg 3a, Plz 32760, Tel. 9424-0, www.haus-am-wasserfall.de

Hotel Lippischer Hof (€€€), Willy-Brandt-Platz 1, Plz 32756, Tel. 9360, www.lippischerhof-detmold.de

Campingplatz Quellental (€), Quellenstr. 55, Plz 32758, Tel. +49 (0) 151 55903499, www.campingplatz-quellental.net

Jugendherberge Detmold (€), Schirrmannstr. 49, Plz 32756, Tel. 24739, www.jugendherberge.de

Dissen .... **Plz 49201, Tel. +49 (0) 5424**

Eventhaus Schamin (€€€), Osnabrücker Straße 61, Tel. 3648482, www.eventhaus-schamin.de

Hagen .... **Plz 49170, Tel. +49 (0) 5481**

Campingplatz Teutoburger-Waldsee (€), Am Höhneberg 7, Tel. 3056125, www.teutoburger-waldsee.de

ÜBERNACHTUNGSVERZEICHNIS

Halle (Westfalen) .... Plz 33790, Tel. +49 (0) 5201

Hotel Hollmann (€€€), Alleestr. 20, Tel. 8118-0, www.hotelhollmann.de
Hotel Grünwalde (€€€), Wertherstraße 84, Tel. 65910-0, www.gruenwalde.de
Landhotel Buchenkrug (€€€), Osnabrücker Str. 52, Tel. 9712302, www.hotel-buchenkrug.de
B&B Rosindell-Cottage (€€€), Lange Straße 4, Tel. 663604, www.rosindell-cottage.com

Hilter .... Plz 49176, Tel. +49 (0) 5409

Altes Gasthaus Ellerweg (€€), Osnabrücker Str. 45, Tel. 321, www.altes-gasthaus-ellerweg.de

Horn – Bad Meinberg .... Plz 32805, Tel. +49 (0) 5234

Gästehaus Kehne (€€), Blomberger Str. 6, Tel. 98926, www.hauskehne.de
Aparthotel Stibbe (€€), Kleppergarten 8, Tel. 89330, www.aparthotel-stibbe.de
Hotel Lammerts (€€), Kleppergarten 5, Tel. 879200, www.hotel-lammerts.de
Landhotel Haus Weber (€€), Hasenwinkel 4, Tel. 8493-0, www.landhotel-haus-weber.de
Havergoh Wander- & Fahrrad-Hotel (€€), Brunnenstr. 67, Tel. 9754, www.havergoh.de
Waldhotel Bärenstein (€€€), Am Bärenstein 44, Tel. 2090, www.hotel-baerenstein.de
Landhaus Blumengarten (€€), Bangern 17+20, Tel. 3186, www.landhaus-blumengarten.de
Campingplatz Eggewald (€), Kempener Str. 33, Tel. (0) 5255/236, www.campingplatz-eggewald.de
Jugendherberge Horn – Bad Meinberg (€), Jahnstr. 36, Tel. 2534, www.jugendherberge.de

Hörstel .... Plz 48477, Tel. +49 (0) 5459

Haus Hilckmann (€€), Ostenwalder Str. 1, Tel. 7513, www.hotel-hilckmann.de
Akzent Hotel Saltenhof (€€€), Kreimershoek 71, Tel. 805000, www.saltenhof.de
Campingplatz Erholungsanlage Hertha-See (€), Herthaseestr. 70, Tel. 1008, www.hertha-see.de

Hörstel-Riesenbeck .... Plz 48477, Tel. +49 (0) 5454

Gästehaus am Hermann (€€), Beethovenstr. 5, Tel. 7477, www.gaestehaus-am-hermann.de
Hotel Riesenbeck (€€€), Sünte-Rendel-Str. 5, Tel. 3969895, www.hotel-riesenbeck.de

Hüllhorst .... Plz 32609, Tel. +49 (0) 5741

Gesundheitshaus am Wiehengebirge (€), Wiehengebirgsweg 274, Tel. 2337815, www.gesundheitshaus-am-wiehengebirge.de
Hotel Kahle Wart (€€€), Oberbauerschafter Str. 220, Tel. 8525, www.hotelkahlewart.de
Hotel Wiehen-Therme (€€€), Am Reineberg 18, Tel. 50655-0, www.wiehen-therme.com/hotel

Ibbenbüren .... **Plz 49479, Tel. +49 (0) 5451**
Hotel Hubertushof (€€€), Münsterstr. 222, Tel. 9410-0,
www.hotelhubertushof.de
Campingplatz Dörenther Klippen (€€), Münsterstr. 419, Tel. 2553,
www.doerenther-klippen.de

Lage-Hörste .... **Plz 32791, Tel. +49 (0) 5232**
Hörster Krug (€€), Teutoburger-Wald-Str. 1, Tel. 88945,
www.hoersterkrug.de
Haus Berkenkamp (€€€), Im Heßkamp 50, Tel. 96100,
www.haus-berkenkamp.de

Lengerich .... **Plz 49525, Tel. +49 (0) 5481**
Hotel Zur Mühle (€€€), Tecklenburger Str. 29, Tel. 9447-0,
www.lengerich-hotel.de

Lichtenau .... **Plz 33165, Tel. +49 (0) 5647**
Gasthaus Engemann (€€), Hauptstr. 40, Tel. 230, www.hotel-lichtenau.de

Lienen .... **Plz 49536, Tel. +49 (0) 5483**
Hotel Altes Farmhaus (€€), Zum Teich 1, Tel. 8363,
www.altes-farmhaus.de
Eurocamp im Holperdorper Tal (€), Holperdorp 44; Tel. 290,
www.camping-lienen.de

Lübbecke .... **Plz 32312, Tel. +49 (0) 5741**
Deeke's Quellenhof (€€€), Obernfelder Allee 1, Tel. 34060,
www.quellenhof-luebbecke.de

Marsberg .... **Plz 34431, Tel. +49 (0) 2992**
Landgasthof Mücke (€€€), Stobkeweg 8, Tel. 2629,
www.landgasthofmuecke.de
Zeitlers Hotel & Apartments (€€€), Trift 1, Tel. 655277,
www.zeitlers-hotel.de

Melle .... **Plz 49324 / 49326, Tel. +49 (0) 5422**
Hotel Bayrischer Hof (€€), Bahnhofstr. 14, Tel. 9465-0,
www.bayrischerhof-melle.de
Gasthaus Hubertus (€€€), Westerhausener Str. 50, Tel. 9829-0,
www.gasthaus-hubertus.de
Grönegau-Park Ludwigsee (€), Nemdener Str. 12, Tel. (0) 5402/2132,
www.camping-ludwigsee.de

Oerlinghausen .... **Plz 33813, Tel. +49 (0) 5202**
Hotel Mügge am Iberg (€€€), Währentruper Str. 59–61, Tel. 3599,
www.hotel-muegge.de

Osnabrück ......Plz 49074 / 49076 / 49080 / 49082 / 49084 / 49090, Tel. +49 (0) 541
B&B Hotel Osnabrück (€€€), Hamburger Str. 10, Plz 49084, Tel. 18176-0, www.hotelbb.de/de/osnabrueck
Hotel Westermann (€€€), Koksche Str. 1, Plz 49080, Tel. 98114-0, www.westermann-hotel.de
Dom-Hotel (€€€), Kleine Domsfreiheit 5, Plz 49074, Tel. 35835-0, www.dom-hotel-osnabrueck.de
Hotel Welp (€€€), Natruper Str. 227, Plz 49090, Tel. 91307-0, www.hotel-welp.de
Camping- und Freizeitgelände Attersee (€), Zum Attersee 50, Plz 49076, Tel. 124147, www.camping-attersee.de
Campingplatz Niedersachsenhof Osnabrück (€), Nordstr. 109, Plz 49084, Tel. 77226, www.osnacamp.de
Jugendherberge Osnabrück (€€), Iburger Str. 183a, Plz 49082, Tel. 54284, www.jugendherberge.de

Ostercappeln-Schwagstorf ....Plz 49179, Tel. +49 (0) 5473
Freizeitpark Kronensee (€), Zum Kronensee 9, Tel. 2282, www.kronensee.de

Ostercappeln-Venne .... Plz 49179, Tel. +49 (0) 5476
Gasthaus Beinker (€€), Vördener Str. 1, Tel. 91939-0, www.beinker.de

Porta Westfalica ....Plz 32457, Tel. +49 (0) 571
Gasthaus Zur Alten Fähre (€€), Fährstr. 25, Tel. 3852269, www.xn--zuraltenfhre-ocb.de
Pension Westfalica (€€), Untere Breede 8, Tel. 77534, www.pension-westfalica.de
Hotel-Café Berghof (€€), Stufenweg 7, Tel. 72437
Campingplatz und Badesee Großer Weserbogen (€), Zum Südlichen See 1, Tel. (0) 5731/6188, www.grosserweserbogen.de
Jugendherberge Porta Westfalica (€), Kirchsiek 30, Tel. 70250, www.jugendherberge.de

Preußisch Oldendorf .... Plz 32361, Tel. +49 (0) 5742
Landhaus Röscher (€€), Heddinghauser Str. 13, Tel. 2640, www.landhaus-roescher.de
Hotel Forsthaus Limberg (€€€), Burgstr. 3, Tel. 96990, www.forsthaus-limberg.de
Hotel-Restaurant Lindenhof (€€), Im Glanetal 66, Tel. 4286, www.lindenhof-buescherheide.de

Rödinghausen .... Plz 32289, Tel. +49 (0) 5746
Jugendgästehaus Kreis Herford (€), Zum Nonnenstein 21, Tel. 8173, www.jgh-roedinghausen.de

Schloß Holte-Stukenbrock .... Plz 33758, Tel. +49 (0) 5257
Campingplatz am Furlbach (€), Am Furlbach 33, Tel. 3373, www.campingplatzamfurlbach.de

Sennestadt (Bl) .... **Plz 33689, Tel. +49 (0) 5205**
Haus Neuland (€€), Senner Hellweg 493, Tel. 91260, www.haus-neuland.de

Steinheim-Sandebeck .... **Plz 32839, Tel. +49 (0) 5238**
Ringhotel Germanenhof (€€€), Teutoburger-Wald-Str. 29, Tel. 98900, www.germanenhof.de

Tecklenburg (Brochterbeck) .... **Plz 49545, Tel. +49 (0) 5455**
Landhaus Pension Upmeyer (€€), Dorfstr. 49, Tel. 1491
Ringhotel Teutoburger Wald (€€€), Im Bocketal 2, Tel. 93000, https://rhtw.de/
Campingplatz Regenbogen Tecklenburg (€), Grafenstr. 23-25, Tel. (0) 5405/1007, www.regenbogen.ag/ferienanlagen/tecklenburg.html
Campingplatz am Knoblauchsberg (€), Königsstr. 8, Tel. (0)5482/396, www.knoblauchsberg.de
Jugendherberge Tecklenburg (€), Am Herrengarten 5, Tel. (0)5482/360, www.jugendherberge.de

Versmold .... **Plz 33775, Tel. +49 (0) 5423**
Campingpark Sonnensee (€), Seenstr. 25, Tel. 6471, www.campingpark-sonnensee.de

Wallenhorst .... **Plz 49134, Tel. +49 (0) 5407**
Hotel Lingemann (€€€), Vehrter Landstr. 21, Tel. 6126, www.hotel-lingemann.de

Warburg .... **Plz 34414, Tel. +49 (0) 5642**
Landgasthof Haus Varlemann (€€), Blankenroder Str. 1, Tel. 94573,
Campingplatz Eversburg (€), Zum Anger 1, Tel. (0)5641/8668, www.camping-eversburg.de
Zeltplatz Abenteuerland (€), Zur Regentenhöhe 15, Tel. 99800, www.der-zeltplatz.de

Willebadessen .... **Plz 34439, Tel. +49 (0) 5646**
Wohlfühlhotel Der Jägerhof (€€€), Am Jägerpfad 4–6, Tel. 8010, www.jaegerhof-willebadessen.de
Haus Dorothea Ferienappartements & Wohnungen (€€), Augustin-Gockel-Weg 9, Tel. 201, www.haus-dorothea.de

REGISTER

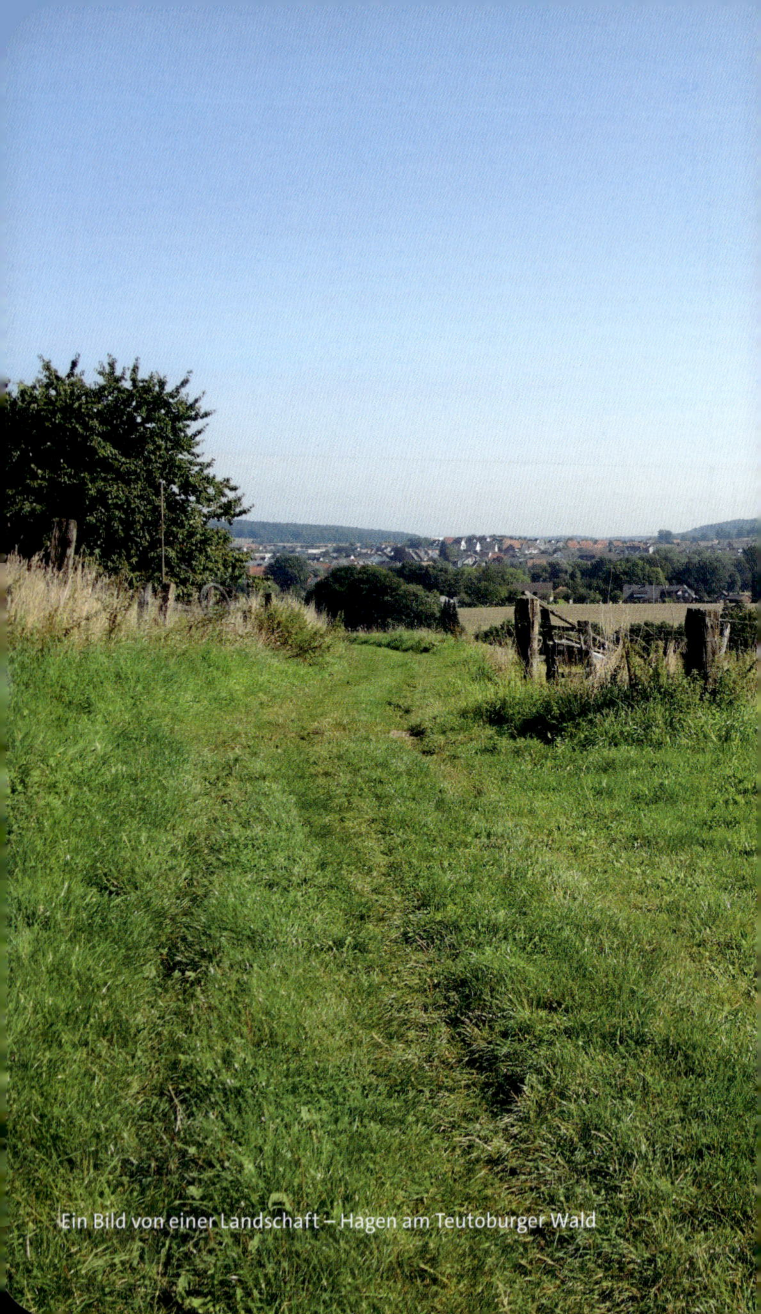
Ein Bild von einer Landschaft – Hagen am Teutoburger Wald

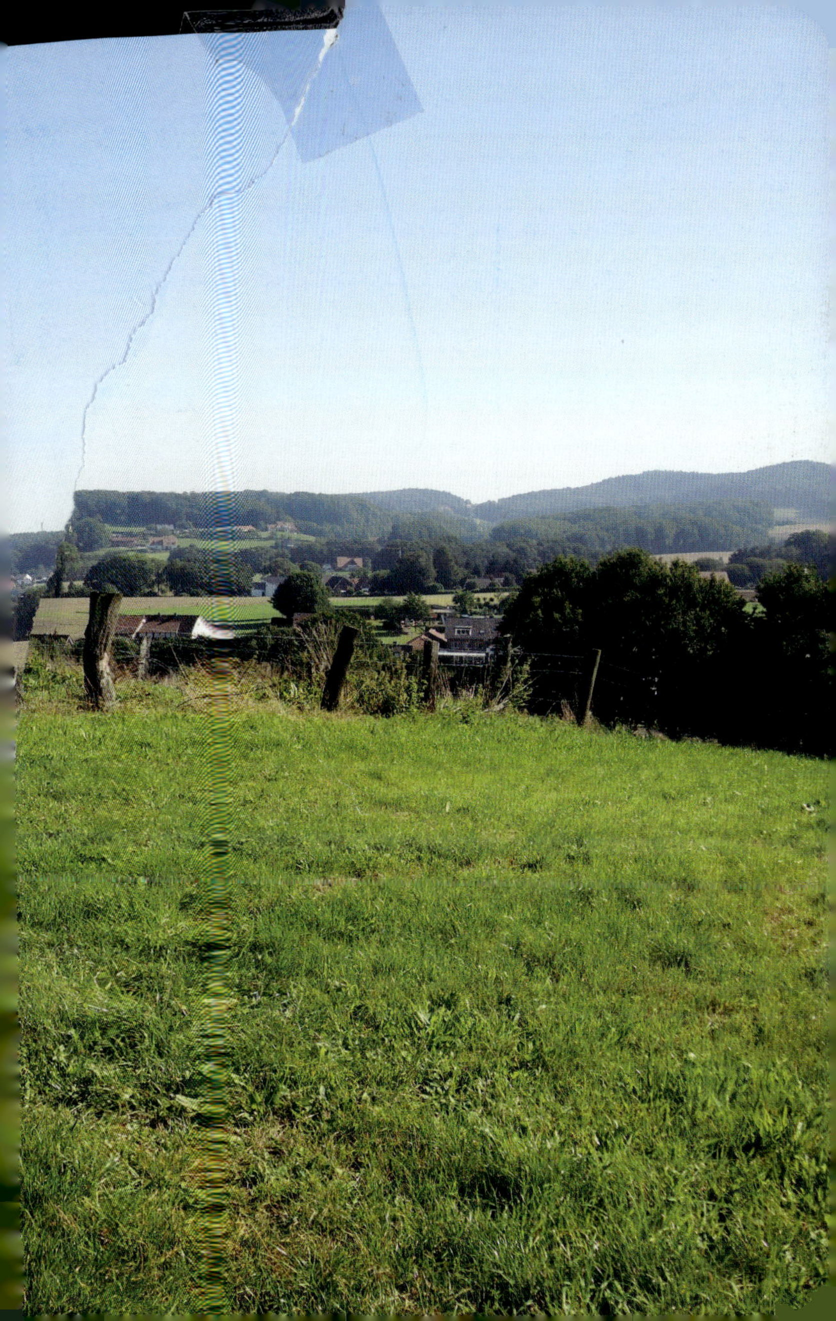

IMPRESSUM

© KOMPASS-Karten, A-6020 Innsbruck (23.01)
1. Auflage 2023 Verlagsnummer 5106 ISBN 978-3-99121-752-7

Text und Fotografie: Sylvia und Thilo Behla
Bildnachweis: Alle Bilder stammen von den Autoren

Titelbild: Herrliches Panorama vom Teutoburger Wald
(© carstenzuendorf - stock.adobe.com)

Grafische Herstellung und
Wanderkartenausschnitte: © KOMPASS-Karten GmbH

Kartengrundlage für Gebietsübersichtskarte S. 10-11, U4:
© MairDumont, D-73751 Ostfildern 4

KOMPASS-Karten GmbH
Karl-Kapferer-Straße 5, A-6020 Innsbruck
www.kompass.de/service/kontakt

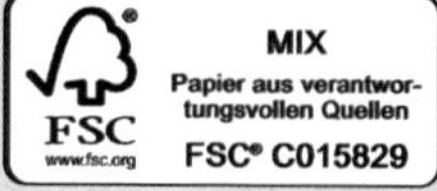